OS PARADOXOS DA JUSTIÇA

MARCELO SEMER

JUDICIÁRIO E POLÍTICA NO BRASIL

CONTRACORRENTE

Marcelo Semer

OS PARADOXOS DA JUSTIÇA

judiciário e política no Brasil

2ª edição

SÃO PAULO
2024

CONTRACORRENTE

Alameda Itu, 852 | 1º andar |
CEP 01421 002
www.editoracontracorrente.com.br
contato@editoracontracorrente.com.br

EDITORES
Camila Almeida Janela Valim
Gustavo Marinho de Carvalho
Rafael Valim
Walfrido Warde
Silvio Almeida

EQUIPE EDITORIAL
COORDENAÇÃO DE PROJETO: Erick Facioli
REVISÃO: Fernanda Zandoná
PREPARAÇÃO DE TEXTO E REVISÃO TÉCNICA: Amanda Dorth e Beatriz Duarte Lopes
DIAGRAMAÇÃO: Pablo Madeira
CAPA: Gustavo André
ILUSTRAÇÕES: Rafael Fernandes Semer

EQUIPE DE APOIO
Carla Vasconcelos
Regina Gomes
Nathalia Oliveira
Geovanna Sales

Dados Internacionais de Catalogação na Publicação (CIP)
(Câmara Brasileira do Livro, SP, Brasil)

Semer, Marcelo
Os paradoxos da justiça : judiciário e política no Brasil / Marcelo Semer. -- 2. ed. -- São Paulo : Editora Contracorrente, 2024.

Bibliografia.
ISBN 978-65-5396-163-0

1. Ciências políticas 2. Direito 3. Direito – Aspectos políticos 4. Poder judiciário – Brasil I. Título.

23-183956 CDD-320

Índices para catálogo sistemático:

1. Ciências políticas 320
Eliane de Freitas Leite – Bibliotecária – CRB 8/8415

@editoracontracorrente
Editora Contracorrente
@ContraEditora
Editora Contracorrente

A gente vai contra a corrente
Até não poder resistir
Na volta do barco é que sente
O quanto deixou de cumprir
Faz tempo que a gente cultiva
A mais linda roseira que há
Mas eis que chega a roda viva
E carrega a roseira pra lá

Chico Buarque (Roda Viva)

À Ida Semer e Leon Semer (z'l)

SUMÁRIO

PREFÁCIO À SEGUNDA EDIÇÃO

Isaiah Berlin dizia que há dois tipos de filósofos, os filósofos-raposa e os filósofos-ouriço. Os primeiros seriam aqueles que entendem um pouco de cada coisa; os segundos os que entendem de uma só coisa, mas a entendem muito bem.

Marcelo Semer traria problemas para a classificação de Berlin. Esse "escritor", como ele mesmo se define na biografia do Twitter – plataforma das redes sociais onde nos conhecemos e, por meio da qual, nos tornamos amigos –, entende muito bem de uma coisa: o sistema de justiça, com o qual sua vida praticamente se confunde. Graduado em Direito pela Universidade de São Paulo, Marcelo tornou-se magistrado de carreira, foi Presidente da Associação Juízes para a Democracia (AJD), fez mestrado e doutorado. Mas Marcelo também entende essa coisa (a justiça) de múltiplas formas, o que se traduz no modo como ele é capaz de se expressar a respeito dela, no ofício com o qual, aparentemente, é o que ele mais se identifica.

Marcelo já produziu livros estritamente "técnicos", em temas que vão de *Crime Impossível* a *Princípios Penais no Estado Democrático de Direito*. Também trafegou por gêneros tipicamente literários, em romances como *Certas Canções* ou crônicas como

Entre Salas e Celas. Escreveu, ainda, dezenas de textos curtos analisando a conjuntura político-jurídico brasileira, os quais publicou nos sites Terra Magazine e Justificando, na Revista Cult, e em seu próprio blogue, de provocativo título *Sem Juízo*. E, por fim, adentrou – talvez sem bem sabê-lo – no terreno do que chamo "ciência social do direito", coletando e analisando dados para tecer conclusões mais abrangentes sobre os tribunais e seu papel na vida nacional. Aqui, insere-se a tese de doutorado que ele defendeu em 2019, depois vertida no influente livro *Sentenciando Tráfico* e, ao menos de meu ponto de vista, as agora duas edições de *Os Paradoxos da Justiça*.

A emergência desse Marcelo Semer cientista social do direito sempre me suscitou inúmeras curiosidades, as quais jamais consegui saciar, pois nossos encontros pessoais são bastante episódicos e sempre ocupados pela avalanche de acontecimentos envolvendo o sistema de justiça que não para de se abater sobre o Brasil desde, pelo menos, 2014, quando eclodiu a operação Lava Jato. Já cheguei a pensar que ela refletiria um pouco do "espírito do tempo" da academia jurídica, para onde Marcelo retornou ao final dos anos 2010 para cursar o doutorado a que fiz referência. Afinal, nos últimos anos, a pesquisa jurídica no Brasil tem se sofisticado, na linha de um silencioso, porém notável, "giro realista". Se, nos anos 1990, o estudo do Direito era sinônimo de sistematização de doutrina e análises de julgados; hoje este não pode ser conduzido sem que se leve em conta a "realidade vivida" de "institutos": a maneira como são interpretados e aplicados; os efeitos que produzem no mundo; a medida em que reduzem ou aprofundam desigualdades como de classe, gênero e raça; a forma como ajudam ou não a realizar algum sentido de "justiça". Nessa minha hipótese, talvez idealizada e um pouco autointeressada – como professor, quero crer que fazemos alguma diferença na vida das pessoas –, o retorno de Marcelo a uma academia jurídica em transformação teria aguçado nele uma nova sensibilidade em relação ao seu objeto de sempre, habilitando-o a navegar, com proficiência, num novo gênero de escrita.

Ao final, cheguei à conclusão de que isso pode ter tido alguma importância, mas que Marcelo jamais teria despontado como um destacado cientista social do direito sem outro ingrediente fundamental. Trata-se de seu pertencimento a uma geração peculiar no Brasil, a qual viu o país se reencontrar com a democracia e apostou alto no sistema de justiça como vetor da nossa transição para um regime político fundado não só em eleições (democracia formal), mas também na realização do amplo rol de "direitos" que perpassa o texto da Constituição de 1988, tais como à saúde, à educação, ao trabalho, à moradia digna, ao meio ambiente ecologicamente equilibrado, entre outros (chamem, se quiserem, de democracia material ou substantiva).

O sistema de justiça não é, pois, para Marcelo, fonte de emprego e salário – como, temo, as carreiras da Magistratura e do Ministério Público passaram a ser vistas por muitos que vieram depois dele –, mas sim um projeto de vida pessoal e cívica. Interrogar o funcionamento desse sistema, a partir de dados – estatísticos, como ele faz em *Sentenciando o Tráfico*, ou históricos, como ele faz em *Os Paradoxos da Justiça*, – é uma das maneiras pelas quais ele pode avaliar as escolhas e apostas que fez, mas que também fizemos com ele.

A tese central do livro, como o próprio título deixa entrever, é que o sistema de justiça no Brasil contemporâneo/pós-Constituição Federal de 1988 se assenta, ou mesmo se move sobre grandes "paradoxos". Quatro deles já haviam sido tratados na primeira edição; esta edição traz mais um – o que, em favor da tese do autor, leva-me a crer que seria melhor ele alterar o título da obra para apenas "Paradoxos da Justiça", já que estes visivelmente não se encerraram nos quatro identificados na primeira edição e tampouco podem se encerrar nos cinco tratados nesta segunda edição.

Os paradoxos apontados por Marcelo operam em níveis distintos, mas alimentam uns aos outros. O primeiro deles, *Comida do Asilo*, nasce em meio às disputas pela (re)configuração do sistema de justiça, iniciadas logo após a redemocratização e a promulgação da CF/1988. A tensão se dá entre os que querem um sistema mais aberto e acessível e os que, sobretudo, em busca da certeza e previsibilidade caras ao neoliberalismo, demandam um sistema hierarquizado, com poderes concentrados nos tribunais superiores. Os primeiros tiveram alguns ganhos, como a criação dos juizados especiais pela Lei n. 9.099/1995 e o prestígio dado à Defensoria Pública pela EC 45/2004, mas, no geral, o sistema se moveu mais em direção do que queriam os segundos. Para os progressistas, isso não foi de todo ruim: a possibilidade de demandar diretamente os tribunais superiores permitiu avançar rapidamente no reconhecimento de vários direitos que o conservadorismo dos tribunais estaduais tenderia a negar. Mas também alimentou, entre ministros daqueles tribunais e membros do Ministério Público, a compreensão equivocada e, nos dizeres de Raul Seixas, "um tanto quanto perigosa", de que tinham funções "representativas" e o dever de "empurrar a história". E, em todo caso, colocou a justiça no centro das disputas políticas das quais se pretendia afastá-la.

O segundo paradoxo, *protagonismo submisso*, emerge da alta visibilidade alcançada por magistrados, sobretudo a partir de casos que tinham por objeto a corrupção política, começando pela Ação Penal 470, vulgo *mensalão*, e terminando com a Lava Jato. Essa visibilidade alimenta tanto a ilusão de que magistrados e membros do Ministério Público estão liderando processos de modernização da sociedade, como os transforma em alvos da crítica de que caminham para se tornarem "ditadores". Mas isso nem é o pior: ela vem com as amarras próprias das funções escancaradamente políticas, entre as quais se destaca a necessidade de "prestar contas" não à lei e à Constituição, mas à "sociedade". Isso anula a função contramajoritária da justiça e, em casos penais, corrompe o modelo acusatório, criando incentivos para a associação entre juízes e promotores que marcou e maculou a Lava Jato. Além disso, cria um instrumento que os setores mais reacionários, não sem algum apoio da grande imprensa, aprenderam a mobilizar com muito mais competência que os progressistas, semeando pânico moral contra juízes e decisões judiciais que beneficiarão "os criminosos" ou "os devedores". Tudo isso resulta em um ambiente propício para o surgimento e a viralização do que Marcelo chama do "juiz neoliberal", para o qual a "realidade" deve se impor à gramática dos direitos. Na caneta desses juízes, o Brasil é uma democracia racial, a fome não é desculpa para um furto de supermercado, a mulher que usa saia curta pode ser culpada pelo próprio estupro e empregadas domésticas que eram "quase da família" deveriam ter mais consideração quando demandam direitos trabalhistas – os exemplos são todos meus; infelizmente estão longe de serem hipotéticos.

O terceiro paradoxo, *tigre de papel*, poderia bem ocupar a dianteira do livro, ou servir de sua conclusão, pois trata da questão que anima todo o volume. Nesse capítulo, Marcelo demonstra que o sistema de justiça não apenas foi incapaz de dar efetividade ao rol de direitos trazido pela CF/1988, mas, em alguns casos, operou para negar esses direitos, em temas que vão da presunção de inocência (prisão em segunda instância) à garantia da liberdade religiosa. Parte dessa lentidão ou mesmo resistência do sistema em dar vazão às expectativas que emanam da nossa já não tão nova ordem política, resulta da dificuldade de democratização desse próprio sistema, cujos critérios de seleção (concursos), promoção e governança seguem privilegiando homens, brancos e cristãos.

O quarto e o quinto paradoxos merecem, na minha opinião, uma leitura conjunta. Na exposição do quarto paradoxo, *estrada para perdição*, Marcelo resgata os tempos difíceis vividos pelo Brasil desde 2014, período no qual tivemos a ascensão e queda da Lava Jato; o *impeachment* sem crime de responsabilidade que afastou Dilma Rousseff do poder; a prisão e a soltura do hoje Presidente Lula da Silva; e a eleição e derrota (suada) de Jair Bolsonaro. Foi um tempo de desafios extraordinários para os quais, obviamente, nosso *paradoxal* sistema de justiça, que à essa altura ele já bem descreveu, teve dificuldades de dar respostas. E na medida em que deu, como ele demonstra da exposição do quinto paradoxo, *o estado de exceção em legítima defesa*, foi buscando resguardar a sua própria autoridade e fazendo o uso de instrumentos controversos e perigosos, como os inquéritos das *fake news* e das milícias digitais, instaurados no STF pelo Ministro Dias Toffoli e conduzidos pelo Ministro Alexandre de Moraes.

Ninguém há de negar que tais inquéritos são o produto de várias anomalias. Não é normal que uma Suprema Corte e seus membros se tornem vítima de ataques como os de 8 de janeiro de 2023, nem que a autoridade, encarregada de investigar os autores desses ataques, incorra em tamanha omissão. Mas, como eu disse em entrevista ao jornal *Folha de São Paulo*, na qual fui instado a comparar os inquéritos de Moraes com a Lava Jato, não é correto depositar sobre os ombros de um juiz uma tarefa tão hercúlea como "acabar com a corrupção" ou "salvar a democracia". É preciso, pois, que Moraes faça "pousar o avião" que hoje pilota, compartilhando com outros juízes e membros do Ministério Público a tarefa de responsabilizar Bolsonaro e seus colaboradores pelos inúmeros crimes que cometeram, tudo segundo o devido processo legal. E, se no cerne dos *paradoxos* apontados por Marcelo está uma crítica à excessiva *judicialização da política* e seu correspondente de *politização da justiça,* também é preciso que a classe política e a própria cidadania brasileiras participem desse processo, suplantando Bolsonaro como líder da direita – o que ele, inegavelmente é – e retomando compromissos com formas democráticas de fazer oposição e política.

É cedo para saber se, ao menos, esse *paradoxo*, apontado por Marcelo, será superado. Mas nunca será tarde para contarmos com a ajuda dele para entender o terreno minado no qual pisamos e vislumbrarmos, juntos, os caminhos por onde devemos seguir, para proteger, no curto prazo, e para aprofundar, no longo, a democracia.

De Norman, Oklahoma, para o Brasil.

FABIO DE SA E SILVA

PREFÁCIO À PRIMEIRA EDIÇÃO

Em 1981, Leonardo Boff escreveu *Igreja: carisma e poder*, um livro que se tornou clássico por desvelar as distorções que existem na estrutura e na hierarquia da Igreja Católico-Romana. A partir da obra de Boff, novas perspectivas se abriram para a análise da Igreja Católica, bem como serviu de inspiração para movimentos direcionados à superação do caráter medieval, autoritário e patriarcal dessa instituição repleta de contradições que a cercam e movimentam. Em razão desse livro, Leonardo Boff foi tratado como herege e processado junto à Congregação para a Doutrina da Fé, então controlada por Joseph Ratzinger, intelectual conservador que depois se tornaria o Papa Bento XVI. A obra, que segundo os inquisidores colocava em perigo a sã doutrina da fé, rendeu ao autor a pena de um ano de "silêncio obsequioso", a perda da cátedra e das funções editoriais que exercia na estrutura da Igreja Católica.

Em 2021, Marcelo Semer rompe o silêncio que cerca outra instituição marcada por uma forte tradição autoritária e patriarcal: o Poder Judiciário. Em *Os Paradoxos da Justiça*, Semer apresenta o mais importante diagnóstico das contradições encontradas na Agência Judicial brasileira. A crise de confiança no Judiciário, a tendência populista, a ideologia punitivista, as práticas autoritárias e a contribuição dos juízes brasileiros à derrocada do Estado Democrático de Direito, dentre outras distorções, são analisadas com profundidade e clareza neste livro, que nasce com a vocação de se tornar um clássico.

Marcelo Semer, como Leonardo Boff, é um intelectual que faz a crítica (que é também uma autocrítica) de dentro da Instituição, a partir de uma experiência marcada pelo esforço voltado à democratização do poder. Na construção de seu diagnóstico, Semer aposta em uma leitura das distorções do Poder Judiciário a partir dos quatro paradoxos que nos descreve: *Comida do Asilo*, *Protagonismo submisso*, *Tigre de papel* e *Estrada para perdição*. E, assim, apresenta um texto original e necessário à compreensão do Poder Judiciário brasileiro.

Vale lembrar que, no imaginário democrático, o Poder Judiciário ocupa posição de destaque. Espera-se dele a solução para os conflitos e os problemas que as pessoas não conseguem resolver sozinhas. Diante dos conflitos intersubjetivos, de uma cultura narcísica e individualista – que incentiva a concorrência e a rivalidade ao mesmo tempo em que cria obstáculos ao diálogo –, de sujeitos que se demitem de sua posição de sujeito – que se submetem sem resistência ao sistema que o comanda e não se autorizam a pensar e solucionar seus problemas – e da inércia do Executivo em assegurar o respeito aos direitos individuais, coletivos e difusos, o Poder Judiciário apresenta-se como o ente estatal capaz de atender às promessas de respeito à legalidade descumpridas tanto pelos demais agentes estatais quanto por particulares. E, mais do que isso, espera-se que seus integrantes sejam os responsáveis por exercer a função de guardiões da democracia e dos direitos.

A esperança depositada, como demonstra a leitura deste livro, cede rapidamente diante do indisfarçável fracasso do Sistema de Justiça em satisfazer os interesses daqueles que recorrem a ele. Torna-se gritante a separação entre as expectativas geradas e os efeitos da atuação do Poder Judiciário no ambiente democrático. Ao longo da história do Brasil, não foram poucos os episódios em que juízes, desembargadores e ministros das cortes superiores atuaram como elementos desestabilizadores da democracia e contribuíram à violação de direitos, não só por proferirem decisões contrárias às regras e aos princípios democráticos como, também, por omissões.

A compreensão da democracia como um horizonte que aponta para uma sociedade autônoma construída a partir de deliberações coletivas, com efetiva participação popular na tomada das decisões políticas e ações voltadas à concretização dos direitos e garantias fundamentais, permite identificar que, não raro, o Poder Judiciário reforça valores contrários à soberania popular e ao respeito aos direitos e garantias fundamentais, que deveriam servir de obstáculos ao arbítrio, à opressão e aos projetos políticos autoritários.

Nos últimos anos, para dar respostas – ainda que meramente formais ou simbólicas – às crescentes demandas dos cidadãos – percebidos como meros consumidores –, controlar os indesejáveis aos olhos dos detentores do poder econômico, satisfazer desejos incompatíveis com as "regras do jogo democrático" ou mesmo atender a pactos entre os detentores do poder político, o Poder Judiciário tem recorrido a uma concepção política antidemocrática, forjada tanto a partir da tradição autoritária em que a sociedade brasileira está lançada quanto da racionalidade neoliberal, que faz com que ora se utilize de expedientes "técnicos" para descontextualizar conflitos e sonegar direitos, ora se recorra ao patrimônio gestado nos períodos autoritários da história do Brasil na tentativa de atender aos objetivos do projeto neoliberal. Impossível, portanto, ignorar a função do Poder Judiciário na crise da democracia liberal. Uma crise que passa pela colonização da democracia e do direito pelo mercado, com a erosão dos valores democráticos da soberania popular e do respeito aos direitos fundamentais.

Vive-se um momento no qual os objetivos e o instrumental típico da democracia acabaram substituídos por ações que se realizam fora do marco democrático. No Brasil, uma das características dessa mutação antidemocrática foi o crescimento da atuação do Poder Judiciário correlato à diminuição da ação política, naquilo que se convencionou chamar de ativismo judicial, isso a indicar um aumento da influência dos juízes e tribunais nos rumos da vida brasileira. Hoje, percebe-se claramente que o Sistema de Justiça se tornou um *locus* privilegiado da luta política.

Por evidente, não se pode pensar nessa luta e na atuação do Poder Judiciário desassociadas da tradição em que os magistrados estão inseridos. Adere-se, portanto, à hipótese de que há uma relação histórica, teórica e ideológica entre o processo de formação da sociedade brasileira – e do Poder Judiciário – e as práticas observadas na Justiça brasileira. Em apertada síntese, pode-se apontar que, em razão de uma tradição autoritária, marcada pelo colonialismo e a escravidão, na qual o saber jurídico e os cargos no Poder Judiciário eram utilizados para que os rebentos da classe dominante (aristocracia) pudessem se impor perante a sociedade, sem que existisse qualquer forma de controle democrático dessa casta, gerou-se um Poder Judiciário marcado por uma ideologia patriarcal, patrimonialista e escravocrata, constituída de um conjunto de valores que se caracteriza por definir lugares sociais e de poder, nos quais a exclusão do outro – não só no que toca às relações homem-mulher ou étnicas – e a confusão entre o público e o privado somam-se ao gosto pela ordem, ao apego às formas e ao conservadorismo.

Pode-se, portanto, falar em um óbice hermenêutico para uma atuação democrática no âmbito do sistema de justiça. Isso porque há uma diferença ontológica entre o texto e a norma jurídica produzida pelo intérprete: a norma é sempre o produto da ação do intérprete condicionada por uma determinada tradição. A compreensão e o modo de atuar no mundo dos atores jurídicos ficam comprometidos em razão da tradição em que estão lançados. Intérpretes que carregam uma pré-compreensão inadequada à democracia – em especial, a crença no uso da força, o ódio de classes e o medo da liberdade – e, com base nos valores em que acreditam, produzem normas autoritárias, mesmo diante de textos tendencialmente democráticos.

No Brasil, os atores jurídicos estão lançados em uma tradição autoritária que não sofreu solução de continuidade após a redemocratização formal do país com a Constituição da República de 1988. Os mesmos atores jurídicos que serviam aos governos autoritários continuaram, após a redemocratização formal do país, a atuar no sistema de justiça com os mesmos valores, a mesma crença no uso abusivo da força, que condicionavam a aplicação do direito no período de exceção. Nas estruturas hierarquizadas das agências que atuam no sistema de justiça, os concursos de seleção e as promoções nas carreiras ficam a cargo dos próprios membros dessas instituições, o que também contribui à reprodução de valores e práticas comprometidos com o passado. O conservadorismo, porém, acabava disfarçado através do discurso da neutralidade das agências do Sistema de Justiça. Interpretações carregadas de valores autoritários eram apresentadas como resultado da aplicação neutra do direito.

Não se pode desconsiderar também que o Poder Judiciário se tornou o que Eugênio Raúl Zaffaroni chama de uma *máquina de burocratizar*. Esse processo, que se inicia na seleção e treinamento dos magistrados, pode ser explicado: em parte, porque assim os juízes dispensam a tarefa de pensar – há em grande parcela dos juízes um pouco de Eichmann – e, ao mesmo tempo, ao não contrariar o sistema – ainda que arcaico –, evitam a colisão com a opinião daqueles que podem definir sua ascensão e promoção na carreira; em parte, porque há uma normalização produzida pelo senso comum e internalizada pelo juiz, através da qual esse ator jurídico passa a acreditar no papel de autoridade diferenciada, capaz de julgar despido de ideologias e valores. Assume, enfim, a postura que o processo de produção de subjetividades lhe outorgou, o que acaba por condicioná-lo a adotar posturas conservadoras no exercício de suas funções com o intuito de preservar a tradição.

A transformação da tendência conservadora dos atores do sistema de justiça em práticas explicitamente ligadas aos interesses dos detentores do poder econômico, por sua vez, se dá a partir da adesão do mundo jurídico à racionalidade neoliberal. Com o empobrecimento subjetivo e a mutação do simbólico produzidos por essa racionalidade, uma verdadeira normatividade que leva tudo e todos a serem tratados como objetos negociáveis, os valores da jurisdição penal democrática ("liberdade" e "verdade") sofrerem profunda alteração para muitos atores jurídicos. Basta pensar no alto número de prisões contrárias à legislação – como as prisões decretadas para forçar "delações" –, nas negociações com acusados em que "informações" – por evidente, apenas aquelas "eficazes" por confirmar a hipótese acusatória e que não guardam relação necessária com o valor "verdade" – são trocadas pela liberdade dos imputados, dentre outras distorções.

O neoliberalismo é, na verdade, um modo de ver e atuar no mundo que trata tudo e todos como objetos negociáveis e se mostra adequado a qualquer ideologia conservadora e tradicional. A racionalidade neoliberal altera as expectativas acerca do próprio Poder Judiciário. Desaparece a crença em um poder comprometido com a realização dos direitos e garantias fundamentais. O Poder Judiciário, à luz dessa racionalidade, que condiciona instituições e pessoas, passa a ser procurado como um mero homologador das expectativas do mercado ou como um instrumento de controle tanto dos pobres, que não dispõem de poder de consumo, quanto das pessoas identificadas como inimigos políticos do projeto neoliberal.

A burocratização, marcada por decisões conservadoras em um contexto de desigualdade e insatisfação, e o distanciamento dos valores democráticos fazem com que o Judiciário seja visto cada vez mais como uma agência seletiva a serviço daqueles capazes de deter poder e riqueza. Se, por um lado, pessoas dotadas de sensibilidade democrática são incapazes de identificar no Poder Judiciário um instrumento de construção da democracia ou de barreira ao arbítrio; por outro, pessoas que acreditam em posturas autoritárias – na crença da força em detrimento do conhecimento, na negação da diferença etc. – aplaudem juízes que atuam a partir de uma epistemologia autoritária.

Não causa surpresa, portanto, que considerável parcela dos meios de comunicação de massa, a mesma que propaga discursos de ódio e ressentimento, procure construir a representação do "bom juiz" a partir dos seus preconceitos e de sua visão descomprometida com a democracia. Não se pode esquecer que os meios de comunicação de massa têm a capacidade de fixar sentidos e alimentar ideologias, o que interfere na formação da opinião pública e na construção do imaginário social acerca do Poder Judiciário. Assim, o "bom juiz", construído/vendido por essas empresas de comunicação e percebido por parcela da população como herói, passa a ser aquele que considera os direitos fundamentais como óbices à eficiência do Estado (ou do mercado). Para muitos, alguns por ignorância das regras do jogo democrático, outros por compromisso com posturas autoritárias, o "bom juiz" é justamente aquele que, ao afastar direitos fundamentais, nega a democracia.

As mudanças provocadas no Estado pelo neoliberalismo, entendido não apenas como uma teoria econômica ou como uma mera ideologia, mas como um modo de governabilidade e de subjetivação, que faz do mercado o modelo para todas as relações sociais e da concorrência a lógica a ser seguida pelos indivíduos, transformou o Poder Judiciário em uma empresa que percebe os direitos e garantias fundamentais, as teorias jurídicas e as formas processuais como obstáculos à eficiência repressiva do Estado e ao livre funcionamento do mercado, ou seja, aos ganhos dos detentores do poder econômico. A ausência de uma cultura democrática, a falta de uma compreensão acerca da necessidade de limites jurídicos e éticos ao exercício do poder, facilita a transformação do Estado em empresa, com juízes reproduzindo em suas atuações a ilimitação típica do capitalismo. Se o que importa é sempre aumentar o capital e vencer a concorrência – o que amplia a rivalidade entre os indivíduos e transforma parcela da sociedade em "inimigos"

–, juízes de todo o Brasil passaram a atuar sem compromisso com a legalidade estrita – correlato ao sistema de freios e contrapesos entre os órgãos estatais –, princípio historicamente construído com objetivo de evitar o arbítrio e a opressão.

Com o desaparecimento dos vínculos legais que estabeleciam "quem pode" e "como se deve decidir", bem como "o que se deve" e "o que não se deve" decidir, instaurou-se uma espécie de vale-tudo normativo no qual juízes passam a criar, em um tipo procedimento paranoico, pautado por certezas – por vezes, delirantes – e preconceitos, as soluções dos casos postos à apreciação judicial.

Diante de tudo isso, entender o funcionamento e as distorções da Agência Judicial torna-se imprescindível para todos aqueles que querem compreender o Brasil e/ou estão comprometidos com a defesa da democracia. Diante desse desafio, *Os Paradoxos da Justiça* tende a se tornar leitura obrigatória. Parabéns ao autor pela obra! Parabéns ao leitor que tem o livro em mãos!

RUBENS CASARA

OS QUATRO PARADOXOS. E MAIS UM PARA A SEGUNDA EDIÇÃO

Se há uma matéria-prima que raramente está em falta no sistema de justiça é a contradição. Da seletividade que representa o Direito Penal como uma serpente que só pica os pés descalços a peculiares definições de cidadania e direitos humanos; da difícil convivência entre os papéis de servidor e autoridade à crítica persistente aos que ainda julgam um processo pela capa. Mas se há algo de que os juízes podem se orgulhar é de jamais estarem sozinhos nessa empreitada, pois, no universo que os circunda e que interage com o sistema de justiça, a incoerência também não é um atributo raro. A começar pelos políticos que lutam pelo poder, mas o entregam na mão dos juízes ao sinal da primeira intempérie.

Este livro é uma busca pela compreensão das contradições que cercam a justiça e aquelas que a movimentam. Aproveito aqui três décadas de experiência na magistratura e pelo menos duas delas lançando também reflexões fora dos autos, em boletins da Associação Juízes para a Democracia, em debates no meio jurídico e em jornais de grande circulação. Desde 2010, tenho engatado uma coluna atrás da outra: Terra Magazine, com Bob Fernandes, site Justificando (Coluna Contra Correntes) e, mais recentemente, Além da Lei, na *Revista Cult*, muito bem acompanhado de Rubens Casara, Giane Alvares, Marcio Sotelo Felippe, Patrick Mariano e Márcia Semer.

A escrita tem sido, sobretudo, um exercício de crítica e autocrítica: a falta de democracia nos tribunais, a desigualdade que marca cada escaninho do poder, o rigorismo punitivo que fez dos juízes corresponsáveis pelo grande encarceramento, os excessos do corporativismo que esvaziavam o veio republicano. Foro privilegiado, publicidade eleitoral, privilégios da carreira, ataques recorrentes à independência judicial. E tantos outros assuntos que, ao longo do tempo, foram fazendo do Judiciário e seus juízes, protagonistas do cotidiano – não por outro motivo, várias reflexões feitas ao longo dessa trajetória, e que me auxiliaram nessas conclusões, são aqui referenciadas.

O fio condutor deste livro é um artigo que comecei a escrever em 2018 e não parei mais. Fui gradativamente encorpando-o com reflexões já publicadas e outras ainda inéditas, em um tema aparentemente inesgotável, os paradoxos da Justiça.

Cada um dos capítulos narra um dos paradoxos e a dialética de sua superação. *Comida do Asilo* pretende entender por que o momento de menor credibilidade da Justiça é, ao mesmo tempo, aquele em que o Judiciário é mais procurado. *Protagonismo Submisso* discute os reflexos da judicialização extremada da política e como enfraquecemos enquanto juízes ao tentar agradar ao público e, assim, tornar-se dependentes das maiorias. *Tigre de Papel* é um mergulho na contradição de legislações liberais emolduradas por práticas autoritárias, que formata uma duplicidade histórica entre o que é lei e o que realmente vale. *Estrada para perdição* é uma descrição do tumultuado percurso de construção do Estado Democrático de Direito que esboçamos na Constituição de 1988 e como o temos deixado escorrer pelos dedos.

Novidade desta edição é a autonomia de descrição de um outro paradoxo, considerando a realidade em que vivenciamos desde a publicação deste livro e a magnitude das respostas que geraram o conflito mais aberto entre política e Judiciário. O quinto capítulo se chamará *Estado de exceção em legítima defesa* e pretende narrar, e assim oferecer uma contribuição para a análise, como o Judiciário reagiu, distante muitas vezes de seus princípios informadores, às ameaças persistentes de um autocrata como Bolsonaro, com destaque para as decisões do Ministro Alexandre de Moraes como condutor dos Inquéritos das *Fake News* e dos Atos Antidemocráticos. O sucesso da travessia e a incerteza sobre as sequelas darão o colorido da novidade desta edição, com que se remanejou a parte final do capítulo II.

Continuo esperando que sirva como ponto de partida para algumas discussões que, faz tempo, vimos empurrando com a barriga, engolidas pela demagogia ou o populismo. E que ajude a nos libertar dos grilhões do senso comum, que ainda têm produzido parte significativa de nossos discursos, quando não de nossas próprias leis.

CAPÍTULO I

COMIDA DO ASILO

Não é fácil lembrar-se de um período em que a credibilidade do Judiciário estivesse tão arranhada. A falta de confiança generalizada e uma avaliação negativa de forma assim persistente. Paradoxalmente, todavia, vivemos um dos momentos de maior demanda à Justiça, seja pelo extraordinário volume de ações que ingressam diariamente, seja pela competência cada vez mais ampliada dos pedidos, levando a judicialização ao patamar *nunca antes na história* – a começar pela própria incumbência de substituir nada menos do que o eleitor. Essa inusitada contradição lembra a historieta que Woody Allen conta em Noivo Neurótico, Noiva Nervosa (Annie Hall, 1977), sobre duas idosas residentes em um asilo. A primeira diz algo como: "nossa, é muito ruim a comida daqui não é mesmo?" A outra responde: "e o pior é que é pouca..."

Medida, entre outros, pelo ICJ, da Escola de Direito da Fundação Getúlio Vargas, o percentual de confiança no Judiciário, que orbitou em 30% a 40% entre 2010 e 2015, atingiu na última mensuração, em 2017, o patamar de apenas 24%.[1] Não faltam pesquisas com resultados similares. A pesquisa da CNT/MDA, por exemplo, divulgada em 2018 aponta que 52,8% consideram o Poder Judiciário pouco confiável; 36,5% nada confiável; e apenas 6,4% muito confiável.[2] Mesmo pesquisa da Associação dos

---

1 FGV. "Relatório ICJ Brasil". *FGV Direito SP*, 2017. Disponível em: http://bibliotecadigital.fgv.br/dspace/bitstream/handle/10438/19034/Relatorio-ICJBrasil_1_sem_2017.pdf?sequence=1&isAllowed=y. Acessado em: 14.06.2021.

2 CNT. "Maioria dos brasileiros avalia de forma negativa atuação da Justiça no Brasil". *Agência CNT Transporte Atual*, 2018. Disponível em: https://

Magistrados Brasileiros, não chega a resultados lá muito positivos: entre pessoas fora do mundo jurídico, 76% avaliam seu desempenho entre regular, ruim e péssimo.[3]

Do outro lado da equação, a litigiosidade brasileira alcança níveis também alarmantes.

Ao final de 2018, o Conselho Nacional de Justiça contabilizou um volume de algo em torno de 80 milhões de processos tramitando pelas diversas áreas e instâncias do Judiciário. E assim comemorava-se uma redução de pouco mais de 1% em relação ao ano anterior, devido, em certa parte, ao aumento de produtividade dos juízes. Mais de vinte e oito milhões de processos haviam ingressado no ano que se encerrava, patamar que tem sofrido poucas alterações ao longo do tempo.[4]

Se os brasileiros desconfiam tanto assim da Justiça, por que a procuram cada vez mais?

Pode-se dizer que a desconfiança tem um viés muito subjetivo, uma impressão, em certa medida relacionada com a própria forma crítica como a mídia encara a Justiça – ou, de acordo com determinada decisão que se tornou muito conhecida; enquanto a necessidade de litigar não admite, via de regra, alternativas com igual eficácia. Isso significaria dizer que, mesmo não confiando, o brasileiro não tem outra forma de disputar seus direitos e, portanto, vai à Justiça.

---

www.cnt.org.br/agencia-cnt/maioria-dos-brasileiros-avalia-forma-negativa--atuacao-justica-brasil. Acessado em: 14.06.2021.

3 ASSOCIAÇÃO DOS MAGISTRADOS BRASILEIROS (AMB). "Estudo da Imagem do Judiciário Brasileiro". *IPESPE – Judiciário*, 2019. Disponível em: https://www.amb.com.br/wp-content/uploads/2019/12/ESTUDO-DA-IMAGEM-DO-JUDICIA%cc%81RIO-BRASILEIRO.pdf. Acessado em: 14.06.2021.

4 CNJ. "Justiça em Números". *Conselho Nacional de Justiça*, 2019. Disponível em: https://www.cnj.jus.br/wp-content/uploads/conteudo/arquivo/2019/08/justica_em_numeros20190919.pdf. Acessado em: 14.06.2021.

Mas não é bem assim.

A amplitude do acesso à justiça tem mostrado que a via judicial passou a ser a preferida, mesmo antes de serem acionadas outras tentativas de solução de conflito. Os juizados especiais, por exemplo, representam, em grande medida, uma alternativa menos desgastante do que os serviços de atendimento ao consumidor das empresas. Muitas vezes acaba sendo mais fácil e menos sofrido entrar no Juizado para reclamar direitos do consumidor do que insistir nas ligações aos SACs. O Judiciário acaba servindo a este fim, inclusive para a economia das próprias empresas, que se permitem manter com um número menor de funcionários. O espaço que se abriu à justiça do consumidor revela que o Judiciário, faz tempo, deixou de ser a última opção.

Mas não é só.

O Judiciário está sendo acionado não apenas antes de ser a última alternativa, mas em situações que, tradicionalmente, nem sequer seria uma alternativa. A judicialização de um sem-número de conflitos está expandindo ainda mais rápido do que o odômetro do Judiciário: as demandas distintas estão ampliando as próprias competências do poder. De pedidos de aquisição de medicamentos de alto custo ao questionamento das votações no Congresso pelos partidos derrotados, um vasto campo que medeia a administração e a política tem se descortinado diante dos juízes. E, dado ao tradicional princípio da inércia – ou seja, o Judiciário só age quando provocado –, isso ocorre por obra e graça daqueles que estão se sentindo ainda mais frustrados com a ação dos demais poderes.

Há uma longa trajetória para compreender este movimento. O primeiro passo para entender por que a litigiosidade supera a desconfiança é esmiuçar a vastidão destes números, cuja ordem de grandeza se altera, sobretudo, na década posterior à promulgação da Constituição Federal em 1988. O salto foi considerável e dele, até o momento, ainda não conseguimos nos recuperar.

O Supremo Tribunal Federal, por exemplo, teve a seguinte escalada de ações, no correr das décadas:

	1940	1950	1960	1970	1980	1990	2000	2001
NOVOS	2419	3091	6504	6367	9555	18564	105307	110771
JULGADOS	1807	3371	5717	6486	9007	16449	86138	109692

Contabilizando o Judiciário como um todo, o registro é similar.

Em 1990, houve um ingresso de 3.617.064 novos processos; doze anos depois, o volume de entrada tinha quase multiplicado por três: 9.764.616. Um acréscimo de 270% para um crescimento populacional de não mais do que 20%, no mesmo período. Como resume Maria Tereza Sadek, pesquisadora do Poder Judiciário e uma das cronistas da Reforma de 2004: "trata-se de um serviço público com extraordinária procura".[5]

E, de fato, há evidências seguras de que essa procura se tornou extraordinária, após a Constituição de 1988, com o desenho do Estado Democrático de Direito que balizou o retorno gradual

5 SADEK, Maria Tereza. "Judiciário: mudanças e reformas". *Revista de Estudos Avançados*, vol. 18, nº 51, 2004, p. 87.

à institucionalização. Bem gradual, no caso. Depois de vinte e um anos de ditadura, o país ainda demoraria mais quatro para poder escolher diretamente seu Presidente.

A criação de novos instrumentos pela Constituição Cidadã, o fortalecimento e capacitação de personagens-chaves, como o Ministério Público e a Defensoria Pública, à parte o resgate da independência e prerrogativas do próprio Judiciário, certamente influenciaram nesse estrondo de procura. Como também são relevantes a descompressão do autoritarismo, a liberalização da política partidária, o fim da censura e a ampliação da liberdade sindical. A Constituição viria a reconhecer uma plêiade de direitos típicos de um Estado Democrático e Social, como a obrigação de prover saúde, educação, atendimento à família.[6] Tudo em nome do resgate de uma desigualdade social expressiva, marca do país com a mais longeva escravidão moderna, desigualdade que só aumentou nos anos de chumbo, quando o governo dizia esperar o bolo crescer para ser dividido.

Sérgio Adorno elabora em *Os aprendizes do poder* o retrato dos movimentos que culminaram na descolonização brasileira, e explica por que um liberalismo de fachada acabou servindo como ponte entre as elites, e expeliu dele a questão democrática, desde quando começamos como país.[7] 1988 prometia ser um resgate do

---

6 "Com a reconquista das liberdades democráticas, o cidadão percebeu que tinha direitos contra o Estado. A demanda judicial passou a ser vista enquanto expressão da cidadania". (CINTRA Jr., Dyrceu Aguiar Dias. "O Judiciário brasileiro às portas do Terceiro Milênio". *In*: MESSUTI, Ana; SAMPEDRO ARRUBLA, Julio Andrés. *La Administración de Justicia.* Buenos Aires: Editorial Universidad, 2001, p. 56).

7 "(...) a cisão entre princípios liberais e princípios democráticos, sistematicamente reatualizada pelo jogo entre duas opções políticas antagônicas - o radicalismo e o conservadorismo - manifestou-se desde as lutas pela independência do país, ganhou corpo nos movimentos verificados do Nordeste ao Sul do Brasil, ao longo de quase sete décadas de vida monárquica, e encontrou seu ponto de convergência e apoio na ação do Estado. Progressivamente, as forças populares foram expulsas do âmbito institucional e foram silenciadas

modelo democrático, ou ao menos um esboço de sua instauração: a dignidade humana ganhou o patamar de compromisso da República e a redução de desigualdades transpôs a linha de plataforma política para a de obrigação de Estado. A construção de nosso *welfare state* parecia estar finalmente iniciando, no contraditório momento em que o neoliberalismo se fazia hegemônico no centro do poder mundial.

A Constituição não deixou o país ingovernável, como praguejava José Sarney, o então Presidente da República que nela lutou, sobretudo, pela extensão de seu próprio mandato. O que torna o país ingovernável é a desigualdade que a Constituição, com todos os louvores de que é merecedora, não foi capaz de espancar.

É inegável, portanto, que a nova Constituição teve um impacto significativo na ampliação geométrica das lides, o aumento de demanda que também se relacionava com a confiança crescente nas instituições, típica de um processo de redemocratização. A transição para a democracia projetou o Judiciário como um de seus principais atores, inclusive assinalando a inafastabilidade da jurisdição a quem quer que tenha sofrido lesão ou ameaça a direito – vacina contra instrumentos draconianos, como o AI-5, que expressamente excluiu da apreciação dos juízes os atos assinados pelos militares.

"A Constituição escancarou as portas do Judiciário", afirmou o Ministro Enrique Lewandowski,[8] em relação à possibilidade de acesso ao próprio Supremo Tribunal Federal, fortemente ampliada

---

as reivindicações verdadeiramente democráticas. Em contrapartida, a luta pelas liberdades se sobrepôs e mesmo obscureceu a luta pela igualdade". (ADORNO, Sérgio. *Os aprendizes do poder*: o bacharelismo liberal na política brasileira. São Paulo: Edusp, 2019, p. 28).

8 LEWANDOWSKI, Enrique Ricardo. "O protagonismo do Poder Judiciário na era dos direitos". *Palestra na FGV-Rio no Projeto "Diálogos com o Supremo"*, 2009. Disponível em: http://bibliotecadigital.fgv.br/ojs/index.php/rda/article/view/7529/6043. Acessado em: 14.06.2021.

pelo espraiamento da legitimidade ativa para propor diversas medidas, como por exemplo, uma ação direta de inconstitucionalidade.[9] Fato é que ela não escancarou o Judiciário a todos, mas isso veremos mais adiante.

E, a bem da verdade, o Poder acabara de receber novas incumbências, sem ter tido êxito suficiente em se livrar das anteriores, considerando que a própria Constituição também serviu de reforma para o Judiciário, que já antes dela acumulava mais processos que sua capacidade de vazão. Como se viu posteriormente – os dados da Tabela 1 não deixam dúvidas – a escala ia se tornar muito mais impressionante.

Para Flávio Quinaud Pedron, o STF teria sido um dos primeiros a sentir o impacto do crescimento da demanda ao longo da história: já em 1931 passou a fixar um número obrigatório de julgamentos por semana, para fazer frente à pauta, e isso em um tempo em que o número de feitos não atingia a casa dos duzentos.[10] A chamada *Crise do Supremo* norteou, de certa forma, as alterações que se produziam sob a vigência das Constituições posteriores. Em 1934, acrescenta Pedron, acreditou-se que a criação da Justiça Eleitoral, a Justiça Militar e de um mecanismo de solução de conflitos trabalhistas, representassem uma solução para a crise; em 1946, a medida para desafogar teria sido a criação do Tribunal Federal de Recursos (TFR), substituindo o STF na

---

9 Sidney Sanches outro ex-Presidente do STF, chamava a atenção para o número de 500 ADIs nos dois primeiros anos pós-88, enquanto em toda a história, o tribunal houvera recebido pouco mais de mil. (SADEK, Maria Tereza; ARANTES, Rogério Bastos. “A crise do Judiciário e a visão dos juízes”. *Revista USP*, nº 21, 1994. Disponível em: https://www.revistas.usp.br/revusp/article/view/26934/28712. Acessado em: 14.06.2021).

10 PEDRON, Flávio Quinaud. “Um olhar reconstrutivo da modernidade e da crise do Judiciário: a diminuição de recursos é mesmo uma solução?” *Revista do TRT*, vol. 44, nº 74, 2006. Disponível em: https://juslaboris.tst.jus.br/bitstream/handle/20.500.12178/73836/2006_pedron_flavio_olhar_reconstrutivo.pdf?sequence=1&isAllowed=y. Acessado em: 14.06.2021.

segunda instância de causas contra a União; em 1969, abrindo a possibilidade para que o STF, em seu regimento, pudesse instituir a arguição de relevância da questão federal,[11] condicionando para o conhecimento do recurso extraordinário (ao STF), a demonstração de reflexos sociais dos julgamentos. Tal qual o espírito da emenda outorgada pela ditadura, a arguição de relevância seria então prevista para ser decidida em sessão secreta, sem fundamentação e por decisão irrecorrível.

Em 1988, a proposta de desafogo do STF viria com a criação do Superior Tribunal de Justiça, a quem estaria afeta a uniformização da legislação federal – deixando o STF com as questões constitucionais. Não houve, como se viu, qualquer impacto na eficiência, considerando que, com uma Constituição analítica e mais extensa, como a transição efetivamente exigia, a limitação à matéria constitucional acabou por não representar propriamente um alívio ao tribunal.

Rejeitaram-se, na Constituinte, propostas de transformação do STF em uma corte exclusivamente constitucional[12] – fora da linha recursal –, bem ainda a criação de um outro tribunal com este propósito, cuja finalidade, mais do que eficiência, seria a de qualificar o processo de transição. Tal como ocorreu na transição espanhola, que saiu de uma longeva ditadura para a redemocratização,

---

11 PEDRON, Flávio Quinaud. "Um olhar reconstrutivo da modernidade e da crise do Judiciário: a diminuição de recursos é mesmo uma solução?" *Revista do TRT*, vol. 44, nº 74, 2006, p. 220. Disponível em: https://juslaboris.tst.jus.br/bitstream/handle/20.500.12178/73836/2006_pedron_flavio_olhar_reconstrutivo.pdf?sequence=1&isAllowed=y. Acessado em: 14.06.2021.

12 É o caso da proposta formulada pelo jurista Fábio Konder Comparato, a pedido do PT, apresentada no livro *Muda Brasil – uma Constituição para o desenvolvimento democrático*. Ademais dos julgamentos originários de crimes atribuídos a autoridades, a competência do tribunal se centraria no julgamento de ações de inconstitucionalidade e recurso extraordinário, quando decisão de outro tribunal declarasse incidentalmente a inconstitucionalidade de lei ou tratado.

os poderes políticos foram fácil e rapidamente trocados, mas o estamento judiciário dependia de uma demorada transição; tratando-se de uma estrutura ainda hierarquizada e, sobretudo, pautada no critério da antiguidade, as cúpulas do poder são justamente aquelas que mais tempo conviveram com os postulados mais tradicionalistas. A solução lá veio por intermédio de um Tribunal Constitucional, composto por membros dos três poderes e fora da jurisdição ordinária, reconhecendo a natureza política, a despeito do caráter jurisdicional da atividade. Como afirma Pablo Pérez Tremps, "não parecia que o Poder Judiciário existente em 1978 fosse adequado para cumprir essa tarefa de 'constitucionalização', diante da composição basicamente franquista".[13]

De fato, como teremos a oportunidade de apreciar mais adiante, esta também é uma questão delicada, a responsabilidade que a Constituição colocou sobre os ombros do Judiciário, em especial o papel de garantidor de direitos, que ainda não foi suficientemente absorvido pela magistratura.

A criação do STJ, como se sabe, em quase nada desafogou o STF, resultando no estabelecimento de uma "terceira instância", também submetida a recurso ao Supremo[14]. De outro lado, para a jurisdição geral, a inovação da Constituição foi a criação dos juizados especiais para julgamentos de causas de menor complexidade. Havia a expectativa de que, com um processo com muito menos formalidades – inclusive a possibilidade de ajuizamento sem

---

13 PÉREZ TREMPS, Pablo. *Tribunal Constitucional y Poder Judicial.* Madri: Fundación Alternativas, 2003, p. 9.

14 André Ramos Tavares elenca as propostas que orbitavam antes da CF acerca da criação do novo Tribunal: "O ministro Carlos Velloso, por exemplo, admitia a 'instituição de tribunais superiores de direito público, de direito privado e de direito penal (...) ora se o direito eleitoral e o direito do trabalho já têm os seus tribunais de recurso especial, por que não tê-los, também a Justiça Comum, nos seus três campos...". (TAVARES, André Ramos. *Manual do Poder Judiciário Brasileiro.* São Paulo: Saraiva, 2012, p. 147).

advogado – e uma extensa área de conciliação, pudesse haver um desafogo para as causas cíveis.

Deu-se o inverso: o sistema de juizados recepcionou, na verdade, uma altíssima demanda reprimida, de pessoas que, pelo desconhecimento ou pelo custo, não procuravam o Poder Judiciário para resolver problemas de pequenos valores. O sucesso do sistema foi inequívoco e trouxe, consigo, a ampliação progressiva das demandas –mas não se pode de dizer que, de alguma forma, reduziu o congestionamento ou gargalo das varas comuns.

O crescimento geográfico da demanda nos tribunais pode ser creditado, sobretudo, à reinstitucionalização trazida pela Constituição Federal em 1988, com grande abertura à democratização da sociedade, mas isso seria insuficiente para explicá-lo. Uma sociedade mais complexa, entidades mais estruturadas, informações mais acessíveis, instituições fortalecidas. Ainda assim, há algo de diferente que explicita a contradição que inicia esse capítulo e que é muito bem escrutinada por Antoine Garapon, juiz e cientista político francês, na figura que deu nome ao seu estudo: *O guardião das promessas*.

Em um brevíssimo resumo, na falência dos Estados de bem-estar social e a incapacidade do Poder Executivo de prover os pleitos cada vez mais complexos, a sociedade se volta para o Judiciário, em busca de soluções que o Executivo não consegue dar, e ainda para suprir lacunas de uma crônica crise de representação que esvazia a confiança no Legislativo. Paulatinamente, os juízes vão ocupando os espaços vazios, e se transformando em *guardiões das promessas* de uma sociedade que, mais tarde, frustrada, os responsabilizará pelos insucessos.

Garapon escreve na França nos anos 1990, mas o que relata acerca das mudanças da vida política e judiciária se amoldam muito à situação que hoje vivenciamos. Vejamos:

> O controle crescente da justiça sobre a vida coletiva é um dos maiores fatos políticos deste final do século XX. Nada

> mais pode escapar ao controle do juiz. As últimas décadas viram o contencioso explodir e as jurisdições crescerem e se multiplicarem, diversificando e afirmando, cada dia um pouco mais, sua autoridade.[15]

Atentemos para algumas das evidências desta transformação: "Essa reviravolta judiciária da vida política – primeiro fenômeno – vê na justiça o último refúgio de um ideal democrático desencantado";[16] "O ativismo judiciário, de que ele é o sintoma mais aparente, é apenas uma peça de um mecanismo mais complexo que necessita de outras engrenagens, como o enfraquecimento do Estado";[17] "O juiz surge como um recurso contra a implosão de sociedades democráticas que não conseguem administrar de outra forma a complexidade e diversificação que elas mesmo geraram".[18]

Há um misto de messianismo e moralismo na assunção de muitas tarefas pelos juízes, sobretudo a compreensão de que os equívocos das políticas seriam decorrentes de perversões morais dos próprios administradores, e que as providências seriam mesmo melhor adequadas às decisões judiciais. A imprensa é uma importante catalisadora deste sentimento, seja na ampliação e exposição das mazelas dos agentes públicos, seja com a imersão na cultura de espetáculo, da qual a produção de heróis e vilões é uma consequência inseparável. Não à toa, a depreciação do político se dá concomitante à espetacularização do processo; ao mesmo tempo

---

15 GARAPON, Antoine. *Juiz e a Democracia*: o guardião das promessas. Rio de Janeiro: Revan, 1996, p. 24.

16 GARAPON, Antoine. *Juiz e a Democracia*: o guardião das promessas. Rio de Janeiro: Revan, 1996, p. 26.

17 GARAPON, Antoine. *Juiz e a Democracia*: o guardião das promessas. Rio de Janeiro: Revan, 1996, p. 26.

18 GARAPON, Antoine. *Juiz e a Democracia*: o guardião das promessas. Rio de Janeiro: Revan, 1996, p. 27.

em que esgarça direitos fundamentais e a privacidade dos cidadãos, a mídia projeta ao estrelato acusadores e juízes.[19]

A bem da verdade, a mudança de campo não favorece especificamente a nenhum dos jogadores, mas produz a sedução de uma nova alternativa para contornar problemas até então insolúveis. Também os movimentos sociais se acomodam a esta lógica, de buscar as brechas da Justiça de modo a garantir a realização de algumas políticas públicas que o administrador relega, em face dos privilégios históricos. É justamente a população mais vulnerável que é mais credora de políticas públicas, porque o Estado tradicionalmente dá mais a quem precisa menos. A longo prazo, o resultado leva a disputa a lugares em que a mobilização tem pouca valia e a capacidade de enfrentamento político vai se tornando cada vez menos usual.

Para Tate e Vallinder, autores de uma obra seminal, referência acerca da universalidade da judicialização da política, *The Global Expansion of Judicial Power*, a disseminação desta depende, sobretudo, da ineficiência das instituições majoritárias, por exemplo, reflexo da fragilidade dos partidos ou dos vícios da representatividade; e ainda, da percepção dos gargalos das próprias instituições, como a paralisação do Congresso, pela disputa partidária, e a reputação de probidade da justiça.[20] A ansiedade de buscar um caminho potencialmente mais rápido ou com menos enfrentamento não é animadora a longo prazo, seja pela atrofia dos meios políticos, seja pela supervalorização dos meios judiciais,

---

19 GARAPON, Antoine; SALAS, Dennis. *La Republique penalisée*. Paris: Hachette, 1996. Os autores atentam para uma questão que caminha ao lado da judicialização da política, que é o crime como epicentro da sociedade, tema também caro a Jonathan Simon, em *Governing Through Crime*. Simon relata a mudança da sociedade norte-americana (e a consequente depreciação de sua democracia) pela imersão institucional nas questões criminais, e aponta o Ministério Público como a instituição que mais se expande neste campo.

20 Especialmente nos textos "Where the courts go marching in" de Torbjorn Vallinder, e "Why the Expansion of Judicial Power" de Neal Tate.

e a contaminação que o resultado produz, respectivamente, a seus integrantes. Voltaremos a essa questão, depois de examinar com um pouco mais de cautela as diversas mudanças no Judiciário brasileiro que contribuíram para aguçar o arcabouço desta judicialização.

1.1 Reformando o Judiciário

Da Reforma de 2004, pode-se dizer que foi longa, sobretudo em tempos de tramitação. Entre a primeira proposta de emenda constitucional que serviu de trilha para a discussão e a sua promulgação se passaram nada menos do que doze anos. A proposta original do Deputado Hélio Bicudo (PT-SP) tinha como objetivo a vinculação maior do juiz à comunidade e condicionamento de suas promoções a um conselho do qual fizessem parte promotor e advogado[21] – quase nada dela, todavia, seria aproveitada. A reforma

---

21 A despeito de uma proposta aparentemente progressista, a exposição de motivos de Hélio Bicudo continha algumas afirmações no mínimo discutíveis, para um líder petista em 1992: "(...) a situação presente decorre da defasagem entre o conservadorismo tão típico das classes jurídicas e o ímpeto desenvolvimentista que se espalhou pelo resto da vida do país desde a revolução de 1964". Nem tanto pela crítica ao conservadorismo, quanto pela celebração do ímpeto desenvolvimentista que, infelizmente (parece ser a conclusão), não chegara ao Poder: "Por um desses absurdos inerentes a todo processo revolucionário, o Judiciário foi o único dos poderes do Estado que manteve uma estrutura praticamente inalterada; enquanto o Legislativo e o Executivo foram modificados – e, diga-se de passagem, nem sempre de maneira feliz, o Judiciário foi esquecido". De todo o modo, não é preciso muito para entender por que não foram necessárias grandes mudanças no Judiciário, com a chegada da ditadura – Ingo Muller, relatando a história d'Os Juristas do Horror, explica como os magistrados alemães tiveram muito mais dificuldade em conviver com a República de Weimar do que propriamente com o nazismo, a quem saudaram logo de cara, em 1933. Também Zaffaroni: "A Revolução bolchevique e a fragilidade de Weimar ameaçavam a paz burocrática dos juízes e, somadas a seus preconceitos classistas, os dispôs contra a república. A benignidade da justiça penal, não só em relação ao processo contra Hitler e seus cúmplices, mas também em relação aos crimes do nazismo em ascensão, foi manifesta". (ZAFFARONI, Eugenio Raul. *Doutrina Penal Nazista*. Florianópolis: Tirant lo Blanch, 2019, p. 81).

tal qual encampada pelos governos sucessivos, primeiro FHC e, em seguida, Lula, continha um conjunto de propostas distintas, contribuições que vieram dos vários setores do mundo jurídico – mais centrada na verticalização do poder, do que propriamente em uma permeabilidade "comunitária".

Processo bem diferente da reforma anterior, forjada em 1977, pelo general Ernesto Geisel – sem votos, como convém a uma ditadura. A impossibilidade de votar a Reforma do Judiciário no Congresso, ante a oposição do MDB – que exigia se discutisse, junto, a revogação do AI-5 e a volta das garantias da magistratura[22] –, foi o pretexto para o Pacote de Abril. Foram duas semanas de Congresso fechado, com aprovação *manu militari* de alterações constitucionais pelo Executivo, com destaque a mudanças no processo eleitoral, com o objetivo de impedir, ou ao menos amenizar, a derrota do partido do governo (ARENA) no pleito que se avizinhava. Com esse propósito, foram criados os cargos de senadores biônicos – indicados por um colégio eleitoral nos Estados, a ARENA ganhou 21 das 22 vagas –, a sublegenda ao Senado, para acomodar as múltiplas candidaturas oficiais e realizada a alteração da distribuição das cadeiras na Câmara dos Deputados, de modo a comprimir a proporcionalidade e valorizar os menores Estados, onde o partido do governo tinha mais penetração. Ampliou-se, ainda, o mandato presidencial, que era fruto de eleição indireta, portanto, sob controle do regime, e reduziu-se

---

22 Garantias, aliás, invalidadas pelo art. 6°, do AI-5: "Ficam suspensas as garantias constitucionais ou legais de: vitaliciedade, inamovibilidade e estabilidade, bem como a de exercício em funções por prazo certo". Tancredo Neves, respondendo ao líder do governo Bonifácio de Andrada, os motivos pelos quais a oposição se opunha aos termos da reforma, que se dirigiria a questões menores: "Quem ofende a Justiça são aqueles que lhe negam e retiram as suas garantias constitucionais. Poder Judiciário, sem vitaliciedade, inamovibilidade e irredutibilidade de seus membros deixa de ser Poder e se transforma em serviço público". (MARKUN, Paulo. *Farol alto sobre as diretas*: brado retumbante 2. São Paulo: Benvirá, 2014, p. 199).

o quórum de emenda constitucional, viabilizando mudanças com maiorias menos amplas.

É o caso de observar que foi justamente com esse Congresso formatado ilegitimamente para dar sobrevida à ditadura que se votou a Lei da Anistia, em 1979 –em um movimento politicamente controlado para impedir punições futuras, e muitas vezes mal compreendido como fruto de um acordo político. Voltaremos ao tema mais adiante. Para o momento, importa traçar algumas linhas sobre a influência central no Judiciário do Pacote de Abril, recuperando, aliás, temas que viriam mais adiante a tomar corpo no processo de 2004.

A proposta de Reforma do Judiciário nascera de um pedido de Geisel, para que o STF fizesse um diagnóstico dos problemas da Justiça e sugestões para mudanças. Mas, como relata Andrei Koerner, a participação do Tribunal não foi apenas técnica:

> (...) o STF atua como coadjuvante do governo em todos os momentos do processo. Os ministros combinam com o governo a encenação do lançamento da reforma, executam o roteiro de preparação do diagnóstico, participam da comissão interministerial que elabora o projeto de reforma e defendem-no em manifestações públicas de diversos tipos, bem como em pressões sobre os parlamentares.[23]

O objetivo do governo, continua Koerner, era chegar a uma democracia tutelada – e aqui residiu a divergência da oposição, que pretendia aproveitar a oportunidade para regressar ao Estado de Direito, a começar pela revogação dos atos institucionais. De outro lado, a reforma judiciária se impunha como relevante, porque

---

23 KOERNER, Andrei. "Um Supremo coadjuvante: a reforma judiciária da distensão do pacote de Abril de 1977". *Revista Novos Estudos CEBRAP*, vol. 37, nº 1, 2018. Disponível em: https://www.scielo.br/pdf/nec/v37n1/1980-5403-nec-37-01-81.pdf. Acessado em: 14.06.2021.

envolvia questões de organização e de procedimento e poderia se tornar etapa preliminar para o diálogo com a oposição – antes das reformas institucionais que o regime pretendia fazer sem perder o controle político.

Embora o panorama geral fosse a promessa de melhoria da eficiência dos sistemas de justiça, sobretudo em relação à chamada "crise do STF" – a ênfase no projeto, que restou apoiado, fundamentalmente, pelos membros do próprio Supremo, com reações contrárias no meio jurídico, estava baseado, segundo bem delineou Koerner, na:

> (...) centralização dos poderes no STF e a maior discricionariedade das suas decisões, com a restrição do acesso ao controle difuso de constitucionalidade por meio do requisito de relevância da questão federal para o recurso extraordinário, a avocatória e a representação para interpretação de lei em tese. Dada a vigência da legislação de exceção, essas reformas significavam que o tribunal asseguraria a validade dos atos governamentais, suprimindo o debate no âmbito judicial, ao mesmo tempo em que bloquearia leis do Congresso ou iniciativas de governos estaduais.[24]

O Pacote teve uma função estruturante, resultando, como sua principal consequência, um esforço de nacionalização da carreira, constitucionalizando atributos que até então eram regidos por leis estaduais, e abrindo caminho para a Lei Orgânica da Magistratura (LOMAN), que viria logo depois, em 1979. Solidificou, por assim dizer, regras que teriam enorme dificuldade de ser alteradas posteriormente. Até hoje a Lei Orgânica da Magistratura mantém-se intacta, porque sua alteração depende de proposta a ser enviada

---

24 KOERNER, Andrei. "Um Supremo coadjuvante: a reforma judiciária da distensão do pacote de Abril de 1977". *Revista Novos Estudos CEBRAP*, vol. 37, nº 1, 2018. Disponível em: https://www.scielo.br/pdf/nec/v37n1/1980-5403-nec-37-01-81.pdf. Acessado em: 14.06.2021.

ao Legislativo exclusivamente pelo próprio STF, que resiste em fazê-la há mais de 30 anos.

A Emenda 7/77 (Pacote de Abril) instituiu uma fissura na vitaliciedade, ao inserir a regra do estágio probatório, antes do qual o atributo não era aplicável aos juízes de primeira instância. Mas seria a LOMAN que disciplinaria de uma forma bem rígida a sobreposição da antiguidade sobre o exercício do poder, numa réplica da disciplina militar. A impossibilidade de que juízes de primeiro grau tomassem parte nas eleições internas permanece até os dias de hoje, em especial pelas omissões das reformas posteriores, já no âmbito da democracia, sinal inequívoco de que, no que respeita à democratização interna, as diferenças não se mostram muito relevantes. O poder normativo da LOMAN, um entulho autoritário de grande longevidade, resistiu mais fortemente do que as próprias normas constitucionais, que seriam alteradas algumas vezes depois (1988 e 2004).

Se a função do Pacote de Abril no âmbito eleitoral foi a de retardar o retorno à democracia,[25] no âmbito do Judiciário isso significou praticamente impedi-lo. A carreira foi exaustivamente organizada, com mais regras de âmbito nacional e, com estas, a hierarquização acabou por se tornar um elemento distintivo. Os reflexos dessa hierarquização, enfim, seriam mais sentidos justamente após a Constituição de 1988, quando a contradição entre o aparelhamento de instrumentos próprios para a defesa dos direitos humanos, e a incapacidade judicial de utilizá-los, viria à tona. Em grande medida, o desestímulo do novo, a perseguição ao diferente, a incompreensão de outros paradigmas, faz da jurisprudência um

---

25 Para reduzir a influência de debates e da propaganda eleitoral que havia vitaminado a campanha oposicionista, viera um ano antes a Lei Falcão (Lei n. 6.399/76), prevendo que: "na propaganda, os partidos limitar-se-ão a mencionar a legenda, o currículo e o número do registro dos candidatos na Justiça Eleitoral, bem como a divulgar, pela televisão, suas fotografias, podendo, ainda, anunciar o horário local dos comícios"; "Falcão" referia-se ao idealizador da lei, o então ministro da Justiça Armando Falcão.

grilhão aos juízes. Quanto maior o senso de hierarquia e disciplina, menor a capacidade de decidir de forma independente e, por isso mesmo, imparcial.

Com maestria, Zaffaroni nos ensinaria o porquê uma carreira como o Judiciário, tão dependente da imparcialidade e, assim, da independência, jamais poderia se traduzir em uma analogia da carreira militar, hierarquizada:

> A independência interna somente pode ser garantida dentro de uma estrutura judiciária que reconheça igual dignidade a todos os juízes, admitindo como únicas diferenças aquelas derivadas da diversidade de competência. Este modelo horizontal constitui justamente a estrutura oposta à verticalizada bonapartista, cuja expressão máxima foi a judicatura fascista. Deve-se logo dizer que o modelo fascista foi amplamente superado por alguns disparates originais latino-americanos.[26]

Entre os pontos essenciais do Pacote de Abril, que indicavam elementos de nacionalização da carreira, e assim o aprofundamento de sua verticalização, encontram-se ainda a criação da avocatória – pelo qual o STF poderia antecipar sua jurisdição, se assim provocado –, a constitucionalização da arguição de relevância – como trava ao recurso extraordinário – e a criação do Conselho Nacional da Magistratura,[27] propostas que voltariam, com uma embalagem um pouco reciclada, na Reforma do Judiciário em 2004.[28]

---

26 ZAFFARONI, Eugenio Raul. *Poder Judiciário*: crise, acertos e desacertos. São Paulo: RT, 1995, p. 89.

27 Formado por sete ministros do STF, com competência puramente disciplinar, restrito à aplicação de duas penas: aposentadoria ou disponibilidade.

28 CONJUR. "Comissão de Reforma do Judiciário aprova adoção da avocatória". *Consultor Jurídico*, 1999. Disponível em: https://www.conjur.com.br/1999-nov-10/deputados_aprovam_adocao_avocatoria. Acessado em: 14.06.2021. Ao final, a avocatória acabou excluída do projeto.

A lei orgânica que viria em sua complementação não apenas prestigiou em demasia a antiguidade, como silenciou juízes com proibições draconianas e desnecessárias, como a de tolher manifestações sobre decisões de outros juízes. Essa espécie de incorporação de um padrão ético como norma – que foi, sintomaticamente, reproduzida pelo CNJ décadas depois (Código de Ética da Magistratura Nacional, aprovado em agosto de 2008) – instaurou uma verdadeira confusão entre preceitos que deveriam garantir a independência – evitar ações que signifiquem pressões a juízes, ainda que partindo de dentro da carreira – para ações que pretendiam, simplesmente, amputar a cidadania. E embora se possa dizer que um desrespeito sem tamanho à liberdade de expressão jamais poderia ter sido recepcionado pela Constituição que veio a seguir, o STF nunca reconheceu a incompatibilidade destas proibições com a ordem constitucional.

Ainda assim, com toda a construção de uma jurisprudência defensiva, e a instituição da arguição de relevância, trava para recursos extraordinários, de fundamentação oculta, como incumbia a um Judiciário na ditadura, não se impediu a permanência do gargalo no STF, tanto que a Constituição que nasce em 1988 foi tentar resolvê-la com a criação de outro tribunal superior.

Por outro lado, a LOMAN estende e cristaliza o direito dos magistrados a sessenta dias de férias, que havia sido consignado aos juízes federais, com a Lei n. 5.010/66 – que organizava a Justiça recriada pelo AI-2. Férias especiais que se mantém até os dias atuais, além de uma plêiade de gratificações (ajuda de custo para moradia, ajuda para transporte e mudança, diárias, verbas de representação etc.).

Uma carreira encastelada entre benefícios e restrições foi o legado que a estrutura da ditadura deixou aos magistrados; no âmbito jurídico, a aposta na atomização das demandas, cujo resultado, ao longo dos anos, não poderia ser diferente do que foi: milhões de processos repetidos, cujo equacionamento inviável resiste a quaisquer mudanças organizacionais dos novos tempos.

Como já vimos, os gargalos deixados pelo Judiciário da ditadura somente foram aguçados com a redemocratização, justamente pelo maior incentivo ao ajuizamento de ações, maior liberdade sindical e de imprensa, e fortalecimento institucional de todos os atores envolvidos – o que levou a concluir que, passados alguns anos da Constituição, o impacto dos novos e pujantes números viriam com toda a força, como vimos nas estatísticas dos anos 1990.

Embora a proposta de Reforma do Judiciário tenha pegado carona no projeto de emenda constitucional do deputado Hélio Bicudo, é importante constatar que o primeiro esboço de como ela efetivamente se configuraria, seria feito pouco depois, no processo de revisão constitucional, pelo então relator, deputado Nelson Jobim, que mais adiante se tornaria ministro da Justiça do governo FHC.

Como apontam Sadek e Arantes,

> (...) muito pouco do projeto original (de Bicudo) remanesceu ao longo das sucessivas versões discutidas e votadas na Câmara dos Deputados. A rigor, o primeiro ponto de inflexão desse processo pode ser localizado na tentativa de revisão constitucional de 1993-94, quando o então deputado e relator Nelson Jobim (PMDB-RS) ampliou o debate sobre a crise do Judiciário.[29]

A Revisão Constitucional, prevista pelo art. 3°, do Ato das Disposições Constitucionais Transitórias, não despertou o interesse esperado, por vários motivos. Chegou em meio a uma crise política, logo após a cassação e renúncia de parlamentares, pouco depois do *impeachment* do primeiro Presidente eleito após a redemocratização. Ao final, aprovaram-se, poucas emendas sem grande repercussão, de cujo movimento trataremos adiante.

---

29 SADEK, Maria Tereza; ARANTES, Rogério Bastos. "A crise do Judiciário e a visão dos juízes". *Revista USP*, n° 21, 1994. Disponível em: https://www.revistas.usp.br/revusp/article/view/26934/28712. Acessado em: 14.06.2021.

Como assinalam Sadek e Arantes, apesar disso, Nelson Jobim incendiou o debate, quando propôs a criação das súmulas de efeito vinculante dos tribunais superiores, bem como de novas formas de controle e responsabilização da atividade dos magistrados, debate este que ressurgiria a partir de 1995, com a instalação de uma Comissão Especial na Câmara para analisar, em tese, a proposta de Bicudo (PEC 96/92).

Pressões pela Reforma do Judiciário foram recorrentes ao longo da vigência da Constituição de 1988, ainda que por motivos nem sempre convergentes. Como os gargalos da crise anterior não haviam sido resolvidos e a explosão de litigiosidade deixou o sistema de justiça entupido, sem que houvesse quaisquer mecanismos de gestão que efetivamente confrontassem, por exemplo, a permanência de práticas tradicionais, como o represamento de julgamento de recursos em tribunais, uma certa sensação de insatisfação pela *Justiça que tarda*, foi recorrente. Mas a nova configuração política da Justiça também atraía críticas de lado a lado.

A expectativa de ampla democratização foi uma frustração para o reclamo dos setores progressistas, sobretudo acerca do invocado elitismo do Judiciário, que as normas constitucionais por si só não teriam sido suficientes para debelar. A redemocratização tinha no Judiciário seu campo mais hostil, com menor permeabilidade a mudanças, inclusive pelo formato mais tradicionalista. E ainda a circunstância, diversa dos demais poderes, de não haver qualquer alternância de poder, que não a antiguidade. O Judiciário continuaria intacto – e some-se a isto a persistência do recrutamento classista para seus quadros, sobretudo pelos concursos teóricos, dirigidos em regra pelos próprios membros do poder, tendendo à sua autorreprodução, pela seletividade da propalada meritocracia, em face do conhecido e profundo desnível educacional.

À esquerda, falava-se em controle externo do Judiciário como elemento de contraposição ao padrão conservador e de elite que se enxergava no poder, na promiscuidade com poderosos e na enorme distância para com os vulneráveis. Acrescia a esse mal-estar a ideia de que a desigualdade para os desiguais, quase sempre se dirigia a estabelecer facilidades aos que delas menos precisavam, como o foro privilegiado, que mantinha tanto políticos quanto altos servidores, juízes ali incluídos, relativamente inacessíveis ao escrutínio de suas ações.

De outro lado, o reclamo dos setores mais conservadores da política partidária de que o Judiciário, a partir de uma nova hermenêutica constitucional, paulatinamente se libertava da clausura do positivismo. Também pela crescente judicialização das políticas públicas e da atividade institucional do Ministério Público, era inexorável que os juízes começassem a decidir questões sensíveis à vida política, transformando-se, assim, em atores de maior presença e menor controle, fragilizando, portanto, a previsibilidade no jogo político. À direita, a ideia do controle externo era também recorrente, sobretudo, para tolher os tímidos avanços sociais da magistratura ou a interferência exagerada nas disputas partidárias.

Havia, portanto, duas crises correlatas buscando soluções: a crise de desempenho e a crise de legitimidade. Mas, ainda que houvesse pleitos da esquerda e da direita por alterações, além de um conjunto de interesses corporativos, dos juízes e carreiras contíguas, a reforma só iria se corporificar em uma proposta consistente, a partir de sua compreensão como uma das reformas de Estado, como outras que haviam sido propostas na mesma presidência de FHC: reforma administrativa, reforma patrimonial e reforma previdenciária – ou seja, quando o governo assumisse sua articulação e a inserisse em sua pauta neoliberal de redesenho do Estado.[30]

---

30 Sobre a diversidade de projetos, Fabiano Engelmann: "A proposta de Hélio Bicudo é representativa de um conjunto de posições que aponta na direção da ampliação do acesso à justiça e à democratização do Poder Judiciário. O conteúdo político da proposta de reforma defendida por Bicudo se opõe a outro conjunto relacionado aos movimentos de adequação do sistema judicial às necessidades da organização do mercado econômico". (ENGELMANN,

O ponto central da proposta patrocinada pelo governo FHC era a necessidade de garantir eficiência e previsibilidade para viabilizar a segurança do investimento estrangeiro, que passou a se deslocar fortemente com a globalização.[31] Mascarada como uma forma de reduzir gargalos ou diminuir lentidão, a proposta tinha como centro o fortalecimento das instâncias superiores e o esvaziamento do controle difuso de constitucionalidade dos juízes das primeiras instâncias, o que vinha provocando impasses em determinadas políticas públicas (concessão de liminares contra privatizações, racionamento de energia, ou planos econômicos).

Essa redução de poder das instâncias inferiores, aliás, já vinha acontecendo mesmo antes da reforma: em 1993, advém a Emenda Constitucional 3, que cria a ação direta de constitucionalidade – possibilitando ao governo que levasse temas diretamente ao STF, evitando o pipocar de ações nas instâncias inferiores[32] –, além da

---

Fabiano. "Sentidos políticos da Reforma do Judiciário no Brasil". *Revista Direito & Práxis*, vol. 7, nº 12, 2015, p. 404).

31 Grazielle Albuquerque: "(...) os anos 2000 abriram espaço para as Reformas de Estado propagadas pelo Banco Mundial, dentre as quais a Reforma do Judiciário estava inserida. O pacote de Reformas do Estado que começou com o Governo Collor e teve sequência nos Governos FHC e Lula (2003-2010) – no qual se destaca a Reforma da Previdência, em 2003 – não apenas criou condições apropriadas para a promulgação da Emenda nº 45 como também influenciou no seu formato. Isto se refletiu no desenho centralizado de controle das instituições do Sistema de Justiça e na criação de instrumentos que visassem tanto a redução da carga processual como a previsibilidade das decisões". (ALBUQUERQUE, Grazielle. "O papel da imprensa na reforma do Judiciário brasileiro". *Revista Direito & Práxis*, vol. 6, nº 12, 2015, p. 420).

32 O que gerou um cipoal de críticas de juristas, em face da ação sem réu nem contraditório. Como aponta Laurentiis, a ADC acabou sendo o instrumento destinado a cumprir o objetivo inicialmente almejado pela avocatória: obstar o controle difuso de constitucionalidade e refrear a proliferação de liminares contra o poder público. Em suas palavras: "(...) uma vez que o tribunal constitucional passe a aferir não só a inconstitucionalidade, mas também a constitucionalidade de leis e atos normativos, ele não será mais um simples órgão de defesa e guarda da Constituição, transformando-se também em uma instância de defesa da lei e do legislador. E, assim, ele deixa de ser um

tentativa de uma proibição mais direta de concessão de medidas liminares contra a União, também no ano de 1993,[33] no governo Itamar Franco (MP 375).

A regulamentação da ADPF se deu pela Lei 9.882/99, que seria vista, inicialmente, como uma espécie de avocatória – a possibilidade de levar diretamente ao STF temas divergentes nas instâncias inferiores. Curiosamente, foi empregada, sobretudo após a reforma, como um mecanismo para evitar a jurisprudência excessivamente conservadora da Justiça nos Estados.

As primeiras propostas da reforma, a partir de 1995, se sustentavam, portanto, no tripé: Súmula vinculante; avocatória e órgão de controle externo, com capacidade de punir quem desrespeitasse as súmulas.[34]

Verdade seja dita, como outros movimentos empreendidos pelo governo no mesmo ano, este também não era tipicamente nacional. Fabiano Engelmann faz referência às "ondas de reformas

---

órgão jurisdicional para se transformar em um instrumento de governo". (LAURENTIIS, Lucas Catib de. "Tenho medo, do medo, do medo da ADC: uma resposta a Breno Magalhães". *Revista de Direito Administrativo e Constitucional*, ano 18, nº 73, 2018, pp. 144-147. Disponível em: http://www.revistaaec.com/index.php/revistaaec/article/view/958/741. Acessado em: 14.06.2021).

33 Medida Provisória 375, que previa que: "A concessão de medida cautelar ou de liminar contra órgão ou entidade da Administração Pública, bem assim contra ato ou omissão dos respectivos agentes ou administradores, somente será possível após a audiência do representante judicial da pessoa jurídica de direito público, ou da entidade da administração indireta, que deverá ser pessoalmente notificado para manifestar-se no prazo de setenta e duas horas". Acabou perdendo a eficácia pelo decurso de prazo.

34 Como aponta Hugo Melo: "Até aqui, não logramos êxito, embora tenhamos reduzido, sobremodo, os efeitos maléficos do instituto (a responsabilização do juiz que decidir contra a súmula). Na verdade, na concepção original, previa-se a responsabilização do magistrado que julgasse contra o teor da súmula. Tal aspecto foi eliminado". (MELO FILHO, Hugo Cavalcanti. "A Reforma do Poder Judiciário brasileiro: motivações, Quadro atual e perspectivas". *Revista CEJ*, Brasília, nº 21, abr. 2003, p. 85).

do Judiciário que varriam diversos países latino-americanos";[35] não havia nenhuma casualidade. Os anos 1990 foram os anos em que o neoliberalismo se espalhou pelo continente e, especificamente, em relação à reforma do Judiciário, o texto-guia do reformador era o Documento 319 do Banco Mundial (1996) com recomendações ao Judiciário da América Latina; a preocupação residia em aumentar o grau de previsibilidade jurídica para estímulo a investimentos:

> Estes elementos tomados como um todo foram desenvolvidos para aumentar a eficiência e eficácia do Judiciário - isto é, sua habilidade em solver conflitos de uma maneira previsível, justa e rápida. Um governo eficiente requer o devido funcionamento de suas instituições jurídicas e legais para atingir os objetivos interrelacionais de promover o desenvolvimento do setor privado, estimulando o aperfeiçoamento de todas as instituições societárias e aliviando as injustiças sociais.[36]

---

35 ENGELMANN, Fabiano. "Sentidos políticos da Reforma do Judiciário no Brasil". *Revista Direito & Práxis*, vol. 7, nº 12, 2015, p. 397.

36 MELO FILHO, Hugo Cavalcanti. "A Reforma do Poder Judiciário brasileiro: motivações, Quadro atual e perspectivas". *Revista CEJ*, Brasília, nº 21, abr. 2003, p. 85. Com PEDRON, Flávio Quinaud: "O Documento Técnico n. 319 é o que apresenta o maior nível de detalhamento quanto às propostas e expectativas do Banco Mundial para a reforma dos Judiciários latino-americanos, mas não é o único. Merece menção ainda o Relatório Anual n. 19, de 1997, "O Estado num mundo em transformação", e o de nº 24, de 2002, "Instituições para os mercados". Conforme Silva Candeas (2004:19), o relatório de 1997 "discute o novo papel do Estado diante de acontecimentos como desintegração das economias planejadas da ex-União Soviética e da Europa Oriental, a crise fiscal do Estado-Providência, o papel do Estado no 'milagre' econômico do leste da Ásia, a desintegração de Estados e as emergências humanitárias em várias partes do mundo. Já o relatório de 2002 trata da criação de instituições que promovem mercados inclusivos e integrados e contribuem para um crescimento estável e integrado, para melhorar a renda e reduzir a pobreza". "Um olhar reconstrutivo da modernidade e da "crise do judiciário". (PEDRON, Flávio Quinaud. "Um olhar reconstrutivo da modernidade e da crise do Judiciário: a diminuição de recursos é mesmo uma solução?" *Revista do TRT*, vol. 44, nº 74, 2006. Disponível em: https://juslaboris.tst.jus.br/bitstream/handle/20.500.12178/73836/2006_pedron_flavio_olhar_reconstrutivo.pdf?sequence=1&isAllowed=y. Acessado

Para Hugo Melo, os técnicos do Banco Mundial deixavam claro que a Reforma do Judiciário faria parte de um processo de redefinição do Estado para reforçar o desenvolvimento econômico, com a

> definição e interpretação dos direitos e garantias sobre a propriedade. Mais especificamente, a reforma do Judiciário tem como alvo o aumento de eficiência (...) da Justiça que atualmente não tem promovido o desenvolvimento do setor privado.[37]

Em resumo, conclui o juiz, que foi Presidente da Associação Nacional dos Magistrados do Trabalho (Anamatra) entre 2001 e 2003, fase final da reforma:

> O que a agência financeira internacional pretende, na realidade, é redesenhar as estruturas dos Poderes Judiciários da América Latina, a partir das premissas neoliberais, com o fito de adequá-las à prevalência do mercado sobre qualquer outro valor. O reflexo deste vigoroso ressurgimento do liberalismo estaria propiciando a imposição aos Estados periféricos da exigência de que os seus magistrados se transformassem em garantidores de previsibilidade.[38]

A visão não era exclusiva de juízes, nem a compreensão limitada pelas fronteiras. Para Megan Ballard, pesquisadora da

---

em: 14.06.2021. Bonelli também registra "a preocupação em preparar o Judiciário para o novo contexto democrático, com mercados que estavam se privatizando no impacto da globalização da economia". (BONELLI, Maria da Glória. "Os magistrados, a autonomia profissional e a resistência à reforma do judiciário no Brasil". *Novos Estudos*, CEBRAP, vol. 39, nº 1, p. 148).

37 MELO FILHO, Hugo Cavalcanti. "A Reforma do Poder Judiciário brasileiro: motivações, Quadro atual e perspectivas". *Revista CEJ*, Brasília, nº 21, abr. 2003, p. 80.

38 MELO FILHO, Hugo Cavalcanti. "A Reforma do Poder Judiciário brasileiro: motivações, Quadro atual e perspectivas". *Revista CEJ*, Brasília, nº 21, abr. 2003.

Universidade de Wisconsin, o interesse generalizado nos tribunais pode ser explicado, pelo menos em parte, por um consenso global a favor do modelo neoliberal. Essa estratégia de liberalização econômica, muitas vezes rotulada como "consenso de Washington" incentivou um papel reduzido para o governo, privatização, estabilização econômica por meio de ajuste fiscal e liberalização do comércio exterior.[39] Para Ballard, que escreve durante os trabalhos da reforma,[40] isso aponta seu *leitmotiv*: "as reformas judiciais apoiadas por Cardoso provavelmente reduzirão o poder do judiciário para bloquear suas reformas econômicas", fundamente porque "O objetivo atual da reforma da lei não é melhorar a maneira como o Estado usa a lei, mas diminuir o papel do Estado e criar uma estrutura legal para facilitar a operação do sistema de mercado".[41]

Assim também traduziu Élida Lauris:

---

39 BALLARD, Megan J. "The Clash Between Local Courts and Global Economics: The Politics of Judicial Reform in Brazil". *Berkeley Journal of International Law*, vol. 17 (2), nº 230, 1999, p. 232.

40 BALLARD, Megan J. "The Clash Between Local Courts and Global Economics: The Politics of Judicial Reform in Brazil". *Berkeley Journal of International Law*, vol. 17 (2), nº 230, 1999.

41 Tradução livre. BALLARD, Megan J. "The Clash Between Local Courts and Global Economics: The Politics of Judicial Reform in Brazil". *Berkeley Journal of International Law*, vol. 17 (2), nº 230, 1999, p. 238. Fazendo um balanço da votação na Reforma na Câmara dos Deputados, aponta Dyrceu Cintra: "Os resultados obtidos não correspondem à necessidade de maior acesso da população à Justiça. Esboçam-se mudanças para: 1) atender os interesses da Administração Pública, assegurando que as atividades de governantes não fiquem à mercê de um controle judiciário difuso; 2) concentrar nas altas esferas do Judiciário o poder de decidir as questões mais importantes, desprezando a base do sistema, fórmula oferecida ao capital estrangeiro e ao Banco Mundial, que exigem perfeita previsibilidade das decisões do Judiciário, impossíveis, entretanto, num país tão multifacetado e com legislação repleta de contradições e inconstitucionalidades como o Brasil". (CINTRA Jr., Dyrceu Aguiar Dias. "O Judiciário brasileiro às portas do Terceiro Milênio". *In*: MESSUTI, Ana; SAMPEDRO ARRUBLA, Julio Andrés. *La Administración de Justicia*. Buenos Aires: Editorial Universidad, 2001, p. 56).

> (...) sob o pretexto do crescimento econômico, o paradigma hegemônico de reforma judicial resultou numa instrumentalização dos serviços de justiça em nome da eficiência, celeridade, previsibilidade dos negócios, segurança jurídica e proteção dos direitos de propriedade.[42]

Enfim, como resumiu o Ministro Gilmar Mendes, já como Presidente do STF e do recém-criado Conselho Nacional de Justiça, no título do artigo publicado após a aprovação da Emenda 45: "A reforma do sistema judiciário: elemento fundamental para garantir segurança jurídica ao investimento estrangeiro no país".[43]

Com esse panorama, não é muito difícil responder à pergunta que fizeram Sadek e Arantes:

> (...) por que razões, numa agenda constitucional de reformas, a modernização do Judiciário dividiria espaço com a privatização de estatais, o fim dos monopólios, a reforma tributária ou a reforma política? É fato que a lentidão da prestação jurisdicional representa um grande problema para a sociedade, mas teria ela o mesmo impacto econômico, social ou político que os monopólios estatais do petróleo ou das telecomunicações, o sistema presidencialista multipartidário ou as empresas públicas deficitárias?[44]

---

42 CARDOSO, Luciana Zaffalon Leme. *A política da justiça*: blindar as elites, criminalizar os pobres. São Paulo: Hucitec, 2018, p. 80.

43 MENDES, Gilmar. "A Reforma do Sistema Judiciário no Brasil: elemento fundamental para garantir segurança jurídica ao investimento estrangeiro no país". *Conferência promovida pela Organização para a Cooperação e o Desenvolvimento Econômico (OCDE)*, Paris, 2009. Disponível em: http://www.stf.jus.br/arquivo/cms/noticiaArtigoDiscurso/anexo/discParisport.pdf. Acessado em: 01.04.2023.

44 SADEK, Maria Tereza; ARANTES, Rogério Bastos. "A importância da Reforma Judiciária". *In*: SADEK, Maria Tereza (Coord.). *Reforma do Judiciário*. Rio de Janeiro: Centro Edelstein de Pesquisas Sociais, 2010, p. 2.

Não se descura da integridade da resposta que a eles pareceu mais segura: o papel político do Judiciário lhe autorizaria esta posição. Mas deve se compreender que o controle da jurisdição é tão ou mais relevante do que o conteúdo de todas as reformas anteriores, justamente porque tinha o condão de promovê-las ou, ao menos, o de impedir os obstáculos que se antepunham contra elas. Em outras palavras, num tom de chantagem com que acabaríamos nos acostumando: o fim dos monopólios e as privatizações são importantes para a obtenção de investimentos estrangeiros, mas sem segurança jurídica, sem previsibilidade, sem confiança em que as regras do jogo estipuladas pelo governo não serão alteradas pelo sistema de justiça, elas ficariam sem sentido.

O exagero deste argumento, mais emocional e ideológico do que propriamente pragmático, pode ser bem descrito pela pesquisa de Vanessa Elias de Oliveira, que estudou a fundo os processos judiciais travados por quem se opunha às privatizações no miolo dos anos 1990. A conclusão: "(...) embora os leilões de privatização tenham sido interrompidos ou retardados em função de diversos tipos de recursos que foram impetrados nas varas judiciais de todo o país, nenhuma venda foi anulada por sentença judicial".[45] Ou seja, o sistema encontrou seus mecanismos com os quais fez prevalecer justamente a conclusão dos tribunais superiores. O equívoco de acreditar que o empoderamento das cortes superiores, esvaziando o trabalho das primeiras instâncias, tornaria o serviço "mais rápido", antecipando decisões, se verificaria problemático nos anos posteriores à reforma. Costuma-se dizer que o STF tem o direito de errar por último – com a reforma, permitiu-se que errasse primeiro também.

A perversão desse sistema, que ignora o amadurecimento da jurisprudência, é a criação de decisões que já nascem definitivas.

---

45 OLIVEIRA, Vanessa Elias de. "Judiciário e privatizações no Brasil: existe uma judicialização da política?" *Revista Dados*, vol. 48, nº 3, 2005, pp. 575/576.

Efetivamente é mais rápido, economiza um percurso, mas a tentação de uma decisão *ad hoc* acaba se tornando muito maior, pois ela jamais será pensada, interpretada, corrigida enfim. A ausência deste caminho lógico das decisões pode ter contribuído para uma judicialização ainda mais abrangente depois da reforma.

Um processo de mais de dez anos que ultrapassou dois governos – de partidos opositores, inclusive – não é um processo simples. Não há dúvidas de que o empenho dos governos acabou sendo decisivo (FHC na Câmara e Lula no Senado) e que havia pesados e tradicionais interesses a serem demovidos.[46] A estratégia para fazer essa transposição, todavia, pode ter provocado um desgaste que, já se supunha, não seria superado tão facilmente.

Assim, combustível indispensável para agregar a articulação da reforma foi a criação da questionada CPI do Judiciário no Senado, com a pressão, sobretudo, do então Presidente da Casa, Antônio Carlos Magalhães.[47] Da relação estreita e promíscua que

---

46 Para Frederico Almeida, a articulação da liderança da reforma contou com o aval das elites jurídicas: "Meu argumento é que a obtenção de consensos mínimos para a aprovação da Reforma do Judiciário, no período entre 2003 e 2004, após 13 anos de tramitação da Proposta de Emenda Constitucional n. 96/1992 no Congresso Nacional, deveu-se à articulação, pela liderança executiva da Reforma, de grupos de elites jurídicas associados a trajetórias e posições bastante consolidadas no campo jurídico, em torno de uma agenda reformista que acabou por fortalecer as posições do polo dominante do campo da administração da justiça estatal; nesse sentido, a prevalência da agenda "racionalizadora" (central no resultado final da Reforma e voltada para a centralização do sistema e o aumento de sua eficiência decisória) sobre a agenda "democratizante" (associada à ampliação do acesso à justiça e presente em medidas marginais aprovadas no conjunto das mudanças introduzidas) pode ser explicada pelo protagonismo desses grupos de juristas, cujas trajetórias se associam a processos políticos de longo prazo na estruturação do campo jurídico". (ALMEIDA, Frederico de. "As elites da Justiça: instituições, profissões e poder na política da justiça brasileira". *Revista de Sociologia e Política*, vol. 22, nº 52, 2014, p. 92).

47 Como aponta Grazielle Albuquerque: "Na questão conjuntural, a CPI do Judiciário criada pelo senador Antônio Carlos Magalhães (ACM), em 1999, foi de extrema importância para chamar atenção da opinião pública para o

manteve com o Judiciário de seu Estado por décadas, num claro exemplo de mandonismo – dizem que nenhum juiz era promovido sem antes pedir sua benção –, é difícil crer que a revelação das mazelas do poder tivesse mesmo como projeto a purificação de seus membros. ACM impulsionou a Reforma através da exposição midiática de irregularidades (algumas concernentes, outras nem tanto). Ou, como traduziu Megan Ballard: "A campanha do executivo se concentrou em acusações sensacionais de corrupção judicial, proferidas por um colega próximo de Cardoso no Senado para reunir apoio à criação de uma comissão de investigação".[48]

A comissão chegou a termo, sobretudo, em relação à construção do edifício da Justiça do Trabalho em São Paulo, e o seu responsável, ex-Presidente do Tribunal Regional do Trabalho-2, Nicolau dos Santos Neto, cuja condenação, todavia, derivou de processo judicial já instaurado. O desprestígio do Judiciário, mecanismo para colocar a reforma na agenda, alargado pela exposição midiática de alguns poucos membros do poder – como uma enorme generalização – custou um descrédito que ainda não foi recuperado, com mais propensão para vitaminar a instabilidade institucional do que propriamente para criar um ambiente saudável para investidores estrangeiros.

---

tema". (ALBUQUERQUE, Grazielle. "O papel da imprensa na reforma do Judiciário brasileiro". *Revista Direito & Práxis*, vol. 6, nº 12, 2015, p. 425).

48 BALLARD, Megan J. "The Clash Between Local Courts and Global Economics: The Politics of Judicial Reform in Brazil". *Berkeley Journal of International Law*, vol. 17, (2) nº 230, 1999, p. 232 (tradução livre). Para Bonelli, foi um pouco mais amplo: "Em meados da década de 1990, a mídia fez forte divulgação das deficiências do Poder Judiciário, em especial a morosidade, as dificuldades de acesso à justiça, a falta de transparência, os casos de nepotismo, de corrupção, e os salários de marajá. Desta forma, colocavam o Judiciário sob julgamento, visando quebrar a resistência às mudanças". (BONELLI, Maria da Glória. "Os magistrados, a autonomia profissional e a resistência à reforma do judiciário no Brasil". Trabalho apresentado no *X Congreso Nacional de Sociología Jurídica*, novembro de 2009 e publicado no *Latin American Studies Association Congress*, 2010). Tradução livre.

É de se observar que a CPI não vitaminou a reforma do Judiciário apenas pelo sensacionalismo e espetacularização; como forma de contrariar o Presidente do Senado e sua implicância em levar adiante a comissão de inquérito, o Presidente da Câmara, deputado Michel Temer (PMDB-SP) reabriu, também em 1999, a Comissão de Reforma do Judiciário, da Câmara dos Deputados, em ato simbólico repleto de autoridades do meio jurídico.[49] E foi justamente a reabertura da comissão que permitiu a continuidade da reforma, que viria a ser aprovada na Casa no ano seguinte.

Como expôs Flávio Dino, em uma dissertação que dissecou os trabalhos da reforma, no campo de ideias havia a disputa por dois projetos distintos sobre o Judiciário. Um, a que chamou de perfil racionalizador, balizado pelas propostas de calculabilidade e eficiência, cujo ponto central era a redução do controle difuso de constitucionalidade – que supostamente traria riscos para a estabilidade –, e o consequente esvaziamento do poder decisório das primeiras instâncias; e outro, que denominou de perfil democratizador, que pretendia aumentar o acesso à justiça, fortalecer a democracia interna, e a permeabilidade do Poder Judiciário ao contato com a sociedade, preservando o pluralismo ideológico. Na disputa parlamentar propriamente dita, não havia padrões de comparação: a racionalidade neoliberal era muito mais potente. Tão mais potente que acabou prevalecendo ainda quando a principal força de oposição, o Partidos dos Trabalhadores, chegou ao poder no primeiro dia de 2003. O então Ministro da Justiça Marcio Thomaz Bastos sinalizou que iria tocar a reforma "a partir do zero".[50] Mas o texto enfim aprovado não era tão diferente daquele proposto com as bençãos de FHC. Como a reforma previdenciária empreendida

---

49 SADEK, Maria Tereza; ARANTES, Rogério Bastos. "A importância da Reforma Judiciária". *In*: SADEK, Maria Tereza (Coord.). *Reforma do Judiciário*. Rio de Janeiro: Centro Edelstein de Pesquisas Sociais, 2010.

50 BERGAMO, Mônica; FREITAS, Silvana de. "Bastos quer recomeçar do zero Reforma do Judiciário". *Folha de S. Paulo*, 29 dez. 2002. Disponível em: https://www1.folha.uol.com.br/fsp/brasil/fc2912200202.htm. Acessado em: 22.11.2023.

por Lula no ano em que tomou posse também continuava a mesma trilha da reforma de seu antecessor.

Mas a dubiedade de projetos e a multiplicidade de interesses permitiu, paradoxalmente, um crescente engajamento dos atores do meio na reforma do Judiciário, inclusive das categorias que se opunham ao projeto calcado na ideia de previsibilidade para a segurança do investidor estrangeiro. A amplitude dos temas em disputa fez com que ferrenhos opositores da condução internacionalista da reforma trabalhassem para reduzir ou compensar os seus efeitos com outras medidas de cunho democratizador ou meramente corporativista.

A propósito, o alerta de Hugo Melo, clamando para que os trabalhos da reforma não fossem desperdiçados, considerando a produção de diversos avanços, especialmente na Justiça do Trabalho:

> Logramos reverter quadro absolutamente adverso, eis que proposta, em certo momento, a nossa extinção e sairemos extremamente fortalecidos. São criados mais dez cargos de Ministro do TST, singular possibilidade de oxigenação da Corte. Os Tribunais Regionais passarão a ter, no mínimo, nove membros. Houve uma redistribuição, mais racional, de competências entre os diversos segmentos do Judiciário. A competência da Justiça do Trabalho foi ampliada, passando a englobar dissídios decorrentes de qualquer relação de trabalho, incluídos os trabalhadores autônomos e servidores públicos; as ações acidentárias; os crimes contra a organização do trabalho; as ações decorrentes da fiscalização do trabalho; aplicação e execução de multas pelo descumprimento da norma trabalhista; questões previdenciárias onde não houver Vara Federal; habeas corpus e habeas data; entre outros aspectos igualmente relevantes.[51]

---

51 MELO FILHO, Hugo Cavalcanti. "A Reforma do Poder Judiciário brasileiro: motivações, Quadro atual e perspectivas". *Revista CEJ*, Brasília, nº 21, 2003.

De fato, contemplando alguns avanços mais ou menos significativos em outras áreas – como a constitucionalização da autonomia da Defensoria Pública, por exemplo – o projeto foi acolhendo interesses originalmente contrários a ele. Essa plêiade de interesses envolvidos ajudou, portanto, no engajamento à reforma, mas não há dúvidas de que atrapalhou na produção de um texto consensual que tivesse condições de ser aprovado com presteza. As tensões foram tão intensas que os três relatores da mesma base partidária apresentaram, na Câmara dos Deputados, pareceres profundamente distintos.

Jairo Carneiro (PFL-BA) apresentou o relatório na primeira fase dos trabalhos, em 1997, tendo a comissão especial da Câmara se desfeito dele sem votá-lo. Recebeu inúmeras críticas pela adesão à concentração de poder nos tribunais superiores, sendo evocado a lembrança do Pacote de Abril, pelo retorno da avocatória.[52] Era injusta a comparação, principalmente levando-se em conta o parecer que o sucederia. Aloysio Nunes Ferreira Filho (PSDB-SP) foi o relator na Câmara depois da retomada dos trabalhos em 1999: seu relatório foi ainda mais governista que o governo e entre as pérolas, continha a ideia de extinguir a Justiça do Trabalho para que ela fosse incorporada pela Justiça Federal;[53] o documento previa súmulas vinculantes sem limitações, por todos os tribunais superiores, e um Conselho Nacional de Justiça com competência para, excluindo a vitaliciedade (o que o regime militar não fizera de todo) permitir a demissão do juiz negligente ou daqueles que

---

52 SADEK, Maria Tereza; ARANTES, Rogério Bastos. "A importância da Reforma Judiciária". *In*: SADEK, Maria Tereza (Coord.). *Reforma do Judiciário*. Rio de Janeiro: Centro Edelstein de Pesquisas Sociais, 2010 [kindle], l. 30.

53 Extinção da Justiça do Trabalho que era uma das principais preocupações do senador Antonio Carlos Magalhães, aliado de primeira hora do governo. A proposta, como se viu, nunca morreu, sendo recorrente entre políticos conservadores e ligados ao empresariado – como se pôde ver mais recentemente no governo tampão de Michel Temer e no princípio do governo Bolsonaro.

agissem com uma genérica falta de decoro – sendo, portanto, muito mais adequada no caso à lembrança da reforma da ditadura. O parecer foi tão mal-recebido que tampouco foi à votação, mas ao deputado rendeu um convite para assumir a Secretaria-Geral da Presidência de FHC.

O terceiro relatório da Câmara foi o que mais incorporou observações críticas e propostas alternativas. A deputada Zulaiê Cobra afastava a avocatória (que não mais voltou), substituía as Súmulas de Efeito Vinculante pelas Súmulas Impeditivas de Recurso (que não compelia o juiz a decidir de uma forma ou outra), abriu a rede de participantes do CNJ, também para fora da magistratura, acolheu o pleito pelas ouvidorias e mantinha a Justiça do Trabalho (eliminando apenas a representação classista). Mas tampouco se manteve intacto; algumas das propostas mais arrojadas, como a extinção da Justiça Militar estadual e o fim do foro privilegiado para julgamentos de autoridades em caso de crimes comuns, foram descartadas.[54]

Com relação aos pontos centrais, houve certa divergência nas posições durante o processo da reforma.

A rejeição das Súmulas Vinculantes foi bem expressiva no meio jurídico, especialmente entre os juízes. O possível engessamento da atividade criadora da magistratura e o impacto da perda da independência eram os principais argumentos em contrariedade.

---

54 Na edição de outubro de 1999, o jornal *Juízes para a Democracia*, nº 18 saudava, entre outros, a extinção das férias forenses ("reconhecendo o caráter essencial do serviço público prestado na administração da Justiça") e a federalização dos crimes contra os Direitos Humanos, tendo sido "acolhida a ideia central da proposta da AJD de criação de um incidente de deslocamento de competência da Justiça Estadual para a Federal a ser dirimido pelo STJ", apontando, ainda, que "Seria recomendável atribuir, além do Ministério Público, a legitimidade para suscitar o incidente às vítimas e às entidades proponentes de ações coletivas". (Disponível em: https://ajd.org.br/publicacoes/jornal/179-3jornal-18. Acessado em: 15.06.2021).

Antonio Villen e Dyrceu Cintra chamavam a atenção para o fato de que haveria "uma verdadeira cristalização da jurisprudência, que deixará de sofrer os influxos da saudável discussão daqueles temas pelos magistrados";[55] Antonio Cortez lembrava que, se as súmulas já existissem

> não teria havido no Brasil a evolução que tivemos no reconhecimento dos efeitos do concubinato, continuaríamos tendo imóveis desapropriados sem depósito prévio de valor digno, próximos do real; os valores bloqueados no Plano Collor não seriam liberados.[56]

O Ministro Celso de Mello levou o tema das Súmulas Vinculantes ao discurso de sua posse como Presidente do STF, em 1997:

> (...) o juiz não pode ser despojado de sua independência. O Estado não pode pretender impor ao magistrado o veto da censura intelectual, que o impeça de pensar, de refletir e de decidir com liberdade.[57]

Fábio Comparato alertou para a invasão das competências do Legislativo:

> (...) a súmula com efeito vinculante absoluto para os juízes de primeira instância significa a introdução de um sucedâneo da lei em nosso sistema jurídico, produzindo a

---

55 AJD. "A reforma da constituição". *Jornal Juízes para a Democracia*, nº 5, 1995. Disponível em: https://ajd.org.br/publicacoes/jornal/135-59jornal-05. Acessado em: 14.06.2021.

56 CORTEZ, Antonio Celso Aguilar. "O avanço do atraso". *Folha de S. Paulo*, 1994. Disponível em: https://www1.folha.uol.com.br/fsp/1994/3/24/cotidiano/8.html. Acessado em: 14.06.2021.

57 Supremo Tribunal Federal, pasta dos Ministros.

superposição ou conflito de atribuições entre os Poderes Legislativo e Judiciário.[58]

Até mesmo Alexandre de Moraes, que posteriormente viria a se transformar em ministro do STF, criticaria as súmulas, quando de sua regulamentação, alertando para a possibilidade de transformar o STF em um legislador positivo: "O Congresso Nacional deu um cheque em branco ao Supremo Tribunal Federal quando aprovou a Lei de Súmulas Vinculantes".[59]

A luta entre eficiência e garantia dos direitos de certa forma distinguiu o meio jurídico, com a firme oposição dos campos progressistas. Parecia que, com a sucessão de FHC por Lula, as súmulas estariam riscadas do mapa da reforma, mas deu-se exatamente o oposto. Foi com a conversão da então oposição ao governo que o mecanismo pôde, enfim, ser aprovado.[60]

Importante ressaltar que a ideia das súmulas vinculantes tinha como propósito limpar o excesso de processos repetitivos, que entravam aos borbotões nos tribunais e ajudava, e muito, a

---

58 AJD. "Juízes para a democracia promove seminário internacional". *Jornal Juízes para a Democracia*, nº 7, 1996. Disponível em: https://ajd.org.br/publicacoes/jornal/144-68jornal-07. Acessado em: 15.06.2021.

59 MATSUURA, Lilian. "Súmula Vinculante pode tornar o STF um legislador positivo". *Consultor Jurídico*, 2008. Disponível em: https://www.conjur.com.br/2008-out-18/sumula_vinculante_tornar_stf_legislador_positivo. Acessado em: 15.06.2021.

60 Não sem um desgaste considerável. Veja-se, a propósito, notícia sobre a demissão do chefe de gabinete do Ministério da Justiça, o advogado Sérgio Sérvulo da Cunha, em resposta à adesão do PT à proposta das Súmulas Vinculantes: "Súmula Vinculante tira assessor da Justiça", *Folha*, 2004. Disponível em: https://www1.folha.uol.com.br/fsp/brasil/fc0105200412.htm. Acessado em: 15.06.2021; e a crítica do então Presidente nacional da OAB, Roberto Busato, lembrando compromissos de Lula e Marcio Thomaz Bastos contra as súmulas vinculantes. (CONJUR. "OAB reforça cobrança de promessas de Lula à entidade". *Consultor Jurídico*, 2004. Disponível em: https://www.conjur.com.br/2004-mai-02/oab_lula_esqueceu_promessas_campanha. Acessado em: 15.06.2021).

estrangular o sistema. Mas o próprio Judiciário sempre teve uma parcela de responsabilidade na criação desses esqueletos, em especial por uma contundente jurisprudência defensiva que teimava em colocar óbices – reais ou imaginários – à litigância coletiva. Ora entendendo que os casos não eram de direito coletivo, mas difuso; de interesses individuais, porém não homogêneos, ou que a multiplicação das partes num mesmo processo traria enorme dificuldade. Boaventura de Souza Santos já havia chamado a atenção para a importância estratégica da "trivialização dos conflitos" para a lógica capitalista[61] – o mesmo acontecia, de forma muito frequente, com o controle concentrado. No caso do Plano Collor, por exemplo, foram dezenas de milhares de processos buscando a liberação de contas bancárias de um confisco ilegal, que poderiam tranquilamente ter sido substituídos por apenas um, mas o STF optou por não aceitá-lo.[62]

---

61 "Segundo a teoria da dialética negativa do Estado capitalista, a função política geral do Estado consiste em dispersar as contradições sociais e as lutas que elas suscitam, de modo a mantê-las em níveis tensionais funcionalmente compatíveis com os limites estruturais impostos pelo processo de acumulação (...). Para tal são acionados, através, sobretudo do direito, diferentes 'mecanismos de dispersão' (mecanismos de socialização, integração, trivialização, neutralização, repressão e exclusão...". (SANTOS, Boaventura de Souza. "O Direito e a Comunidade: as transformações recentes da natureza do poder do Estado nos países capitalistas avançados". *Revista Crítica de Ciências Sociais*, nº 10, dez. 1982, p. 12. Disponível em: http://www.boaventuradesousasantos.pt/media/pdfs/O_direito_e_a_comunidade_RCCS10.PDF. Acessado em: 14.06.2021).

62 Os exemplos são enormes. Lembro de memória própria da decisão de mais de vinte mil mandados de segurança que haviam sido interpostos contra uma portaria da Secretaria de Estado da Educação do Estado de São Paulo que impedia a matrícula no ensino fundamental a quem ainda não completara sete anos, enquanto as Prefeituras soltavam as crianças do ensino infantil com seis. O Ministério Público tentara uma ação civil pública que pudesse resolver em nome de todos, mas não foi atendido pelo Tribunal de Justiça que, ao final, concedeu o direito um a um e quando dos recursos, julgou milhares prejudicados porque, pelo decurso do tempo, as crianças já haviam, enfim, completado sete anos.

De outro lado, no caso peculiar do controle externo, a distinção ideológica já não explica tão facilmente a situação, porque o mecanismo teve apoio tanto entre os conservadores quanto entre os progressistas. Aliás, o conselho encorpava, como já dissemos, a PEC matriz proposta pelo deputado Helio Bicudo, que apenas sugeria um conselho, com participação de representante da OAB e do Ministério Público, para apreciar promoções e vitaliciamentos.

Voltemos um pouco no tempo, para analisar o nascimento do Conselho.

O Pacote de Abril criara o Conselho Nacional da Magistratura, composto por sete ministros do STF e com a exclusiva finalidade de aplicação das penas de disponibilidade e aposentadoria – um primeiro esforço de controle dos juízes, diretamente por parte do STF, com finalidade exclusivamente repressiva. A ausência de membros externos se justificava, segundo os ministros do STF, para preservar a "independência dos Poderes" – como se a vigência do AI-5 já não a estivesse turvando suficientemente. Não se marcou pela efetividade, todavia. Como relatou o Ministro Moreira Alves, citado por Flávio Dino, "a imensa maioria das representações disciplinares decorriam de atrasos em julgamentos e eram solucionados mediante a notificação para prestar informações".[63]

A ampliação da composição do Conselho Nacional da Magistratura, para incluir outros membros do poder que não apenas os ministros do STF, e abri-la também à participação de representante da OAB, foi pautada pelo anteprojeto oferecido pela Comissão Afonso Arinos, prévio aos trabalhos da Constituinte. Como aponta Flávio Dino, já havia por parte dos advogados e de entidades da sociedade civil, a pretensão de criar um órgão de controle externo – com participação de representantes de fora da magistratura ("representantes do Poder Legislativo, do Poder Executivo e da

---

63 COSTA, Flávio Dino C. *Autogoverno e controle do Judiciário*. UFPE, 2001, p. 56. (Dissertação de Mestrado).

comunidade"). Ambas as pretensões foram rejeitadas no plenário da Constituinte, sobretudo, pelos votos do Centrão – apenas os partidos de centro-esquerda e esquerda votaram a favor.[64]

Enfim, o controle externo sempre foi apoiado pelos partidos de esquerda e grupos progressistas dentro da magistratura, como a Associação Juízes para a Democracia.[65] Para Flávio Dino, inclusive, a questão do controle externo era uma das poucas que estavam na confluência dos dois campos da reforma, o *racionalizador* e o *democratizador*. Mas repelida, sobretudo, pela ampla base dos juízes, movimentos corporativistas e com enorme resistência no Supremo Tribunal Federal. Ao final, o Conselho Nacional de Justiça foi criado, mas como parte integrante do Poder Judiciário (não externo) – logo sem poder censório sobre os ministros do STF. Ainda assim, houve ação direta de inconstitucionalidade promovida pela Associação dos Magistrados Brasileiros, tão logo promulgada a Emenda 45. O STF assentou a constitucionalidade do órgão por maioria (ADI 3.367).

Ao final, como mencionado, vários temas acabaram encorpando a Emenda 45, por meio das costuras entre parlamentares e interesses dos atores da justiça. Adicionou-se um direito fundamental, o direito à razoável duração do processo; afirmou-se o quórum constitucional para incorporação de tratados como normas

---

64 COSTA, Flávio Dino C. *Autogoverno e controle do Judiciário*. UFPE, 2001, p. 57. (Dissertação de Mestrado).

65 À época, seu Presidente Dyrceu Cintra apresentou em audiência pública na Comissão da Câmara dos Deputados a proposta de criação do Conselho de Planejamento e Ouvidoria. A proposta contemplava um conselho federal e diversos conselhos estaduais e, além da competência de estabelecer metas gerais de política judiciária e de planejamento administrativo, previa manifestação prévia acerca da proposta orçamentária e iniciativa legislativa concorrentes aos tribunais. A proposta previa também a instalação da Ouvidoria, com *ombudsman* estranho aos quadros do Judiciário. (*Jornal Juízes para a Democracia*, ano 5, nº 17, 1999. Disponível em: https://ajd.org.br/publicacoes/jornal/178-2jornal-17. Acessado em: 15.06.2021).

constitucionais (exigindo os mesmos 3/5 das emendas); operou-se um tímido avanço na democratização interna do judiciário (proibição de sessões secretas; eleição de metade dos integrantes dos Órgãos Especiais); um importante condimento para o acesso à justiça, na autonomia das Defensorias Públicas estaduais (que a Emenda 74 alargaria para atingir também a Defensoria Pública da União); uma certa racionalização dos tribunais (extinção dos tribunais de alçada; distribuição imediata de todos os processos; suspensão das férias forenses); algumas disciplinas da carreira da magistratura (inscrevendo a produtividade como elemento do merecimento, exigindo três anos de experiência após a graduação para ingressar em concurso, e criando a quarentena na aposentadoria); ampliação da competência da Justiça do Trabalho[66] e reconhecimento da federalização dos crimes contra direitos humanos (por intermédio do incidente de deslocamento de competência).

Dada a essa multiplicidade de temas, não é simples fazer um balanço da efetividade da reforma. Vamos nos concentrar, portanto, em seus pilares.

Sobre as Súmulas Vinculantes podemos dizer que não representaram, ao fim e ao cabo, a extinção dos gargalos, ainda que

---

66 Ampliação mais comemorada do que efetivada, como adverte Manoel Carlos Toledo Filho: "Assim é que, em um primeiro momento, diversas vozes sustentaram que, a partir dali a Justiça do Trabalho seria competente para o julgamento de todas as controvérsias que, direta ou indiretamente, envolvessem uma relação de trabalho, inclusive as que se firmassem entre trabalhadores autônomos, ou, mesmo, entre pessoas jurídicas. Logo, aquela sua função tradicional histórica, fundamentalmente agregada à análise das premissas e consequências de relações de emprego ou de trabalho dependente, pertenceria ao passado. Mas este deslumbramento durou pouco: esqueceram-se aqueles que o compartilharam que o sucesso de suas teses dependeria da adesão a elas de outros segmentos da comunidade jurídica e do próprio Poder Judiciário, e isto pura e simplesmente não se consumou". (TOLEDO FILHO, Manoel Carlos. "Formação Histórica e Política da Justiça do Trabalho do Brasil". *Revista LTr*, ano 84, 2020, pp. 934-946).

tenham provocado um efeito positivo no montante de julgamentos do STF. Várias razões explicam o resultado insatisfatório.

Não há um volume expressivo de súmulas, compatível com as questões apreciadas pelo STF (foram 58 súmulas aprovadas em um espaço de 15 anos, bem menos que o montante de súmulas então existentes no tribunal). Nossa capacidade de criar litígios de massa é insuperável. No tempo que leva para a maturação do processo e a edição da súmula, outras tantas questões com potencialidade similar já estão em plena produção. Sem contar o fato de que a existência das súmulas não impede, em si, a interposição dos recursos, considerando que a discussão acerca da aplicação ou não dela para o caso determinado continua municiando apelos.[67] E não são raras as ações em que a Súmula é apenas uma das questões envolvidas.

Em certas situações, as súmulas foram empregadas, sobretudo, como sucedâneo da legislação – como no caso da SV 13, que vedou o nepotismo nos três poderes, a partir do princípio da moralidade administrativa – após o tribunal ter afirmado a constitucionalidade da intepretação que o CNJ fizera na Resolução n. 7. Mas não era tão simples assim.

A diferença é a que a decisão do CNJ tinha alcance administrativo, em relação aos membros do Poder Judiciário, no âmbito de sua competência regulatória. A transposição da proibição aos demais poderes até poderia ser objeto de interpretação judicial

67 Um exemplo interessante é a multiplicidade de recursos no TJSP acerca da possibilidade/impossibilidade de estabelecimento de exame psicotécnico para o concurso de policiais militares, discussão que sobreviveu à edição da SV 44 ("Só por lei se pode sujeitar a exame psicotécnico a habilitação de candidato a cargo público"), porque em várias decisões se compreendia que existiam leis que indiretamente podiam ser aplicadas (como a lei que exige exame psicotécnico para o porte de arma). A redação da Súmula também não deixava expresso tratar-se de lei em sentido estrito, razão pela qual o aproveitamento de decreto regulamentador da lei geral também vinha sendo empregado como justificativa para a legalidade do psicotécnico.

do princípio da moralidade, mas a construção das hipóteses e excludentes não era matéria fácil. Para o objetivo constitucional das Súmulas Vinculantes isso ocorreria somente após a reiteração de decisões em um mesmo sentido, o que tampouco existia no STF neste momento. Lembremos que o objetivo primordial da Súmula era unificar procedimentos, a partir do impedimento da multiplicação de recursos.

O "ativismo do bem" permitiu flexibilizar a exigência, buscando precedentes muito pouco similares. A bem da verdade, dos precedentes referidos pelo STF na formação da Súmula, o único caso julgado em que a proibição decorria do próprio princípio constitucional e não de alguma norma infraconstitucional, era de uma situação que o Supremo viria a descartar como caracterizadora do nepotismo: a nomeação de um secretário de município, irmão de um vereador. A SV 13 não alcançou o nepotismo cruzado entre diferentes poderes e mesmo a proibição de nomeação de parentes tem sido atenuada, quando se tratar de representante do primeiro escalão (ministro, secretário) – a existência de uma norma genérica sem os predicados da legalidade, facilita bastante este bailar hermenêutico – um dia pode, outro não.

No caso da SV 11, limitação do uso de algemas, erigiu-se quase um tipo penal, inscrevendo-se nela, "sob pena de responsabilidade disciplinar, civil e penal". A questão que pautou politicamente a edição da Súmula foi a exibição na televisão, com algemas, de presos de notoriedade, como havia sido recentemente o caso do ex-governador Jader Barbalho, em operações da Polícia Federal, típico instrumento de espetacularização do processo.[68] Os

68 Durante o julgamento, Ministro Marco Aurélio, relator da ação, citou o exemplo de Jader Barbalho que foi preso e algemado, logo depois de ter renunciado ao mandato de senador. Para o ministro, o uso de algemas em Jader Barbalho foi uma "presepada". (CORREIO BRAZILIENSE. "Algema em prisão e julgamento é exceção, decide STF". *Correio Braziliense*, 2008. Disponível em: https://www.correiobraziliense.com.br/app/noticia/politica/2008/08/07/

precedentes judiciais anteriores, todavia, eram mais proximamente ligados ao prejuízo ao réu preso, em um plenário do Júri, de ter sua culpa deduzida pelos jurados, em face de ser apresentado algemado diante deles.[69] O teor abrangente da súmula impactaria, sobretudo, ainda uma terceira hipótese, que é a apresentação e participação dos réus presos em audiências criminais – caso, é óbvio, tivesse sido aplicada. Em relação a estes casos, pode-se dizer que ela não pegou.

Os debates que ensejaram a criação da SV 11,[70] por sua vez, deixam claro que, mais do que decidir uma questão reiterada para diminuir litígios, a intenção dos neolegisladores era justamente a de fazer cumprir suas determinações, sobretudo, pelos agentes policiais. Como assentou o Ministro Menezes Direito:

> O que estarrece é que realmente, diante de uma decisão tomada à unanimidade da Corte Suprema do país, um delegado da Polícia Federal, pura e simplesmente, desqualifique essa decisão do Supremo, entendendo que é normal o uso de algemas, que depende do uso de algemas em uma situação de fato.

Direito foi acompanhado por Marco Aurélio, concordando com esse teor moralizador das Súmulas: "Isso revela o que tenho consignado – e já consigno há uns três ou quatro anos –, que estamos vivendo um período de perda de parâmetros, de abandono a princípios, princípios caros em uma sociedade que se diga democrática".

---

interna_politica,24000/algema-em-prisao-e-julgamento-e-excecao-decide-stf.shtml. Acessado em: 15.06.2021).

69 O único "precedente" que versava sobre uso de algemas em audiências de instrução vinha do ano de 1978, e, brevemente, negava a ordem, ao reconhecer que "Não constitui constrangimento ilegal o uso de algemas durante instrução se necessário à ordem dos trabalhos, à segurança das testemunhas e como meio de evitar fuga de presos" (HC 56465).

70 Os debates envolvendo a produção das Súmulas estão disponíveis no site do STF, em: http://www.stf.jus.br/arquivo/cms/jurisprudenciaSumulaVinculante/anexo/SUV_11_12_13__Debates.pdf. Acessado em: 20.06.2021.

Até o preciosismo na preocupação com a linguagem, normal na construção de uma lei, que não pode dizer nem mais nem menos, aparecia, como revela a contribuição de Ayres Britto neste debate: "O grande objetivo é dizer que o emprego de algemas é excepcional. Quando a frase começa com o advérbio 'só é lícito', ela ganha em ênfase".

Por fim, a SV 5 representou uma ducha de água fria para quem acompanhava a maturação da jurisprudência em direção à consolidação da ampla defesa. O texto aprovado ("A falta de defesa técnica por advogado no processo administrativo disciplinar não ofende a Constituição") foi de encontro a quase todo o arcabouço garantista que vinha sendo construído pelo próprio STF, e foi provocado por um pedido do então Advogado Geral da União, José Antônio Dias Toffoli, alegando receio da nulidade de milhares de procedimentos que poderiam provocar a reintegração de servidores públicos, afastados em governos anteriores.[71]

A formação da Súmula também não contou com o requisito primeiro estabelecido na Emenda 45, ou seja, a existência de reiteradas decisões do STF sobre a matéria. A questão chegou a ser aventada pelo Ministro Marco Aurélio, mas foi rebatida pelos demais, seja porque afirmavam existir decisões anteriores no

---

71 "Ao defender a posição da União na sessão plenária de hoje, o advogado-geral, José Antônio Dias Toffoli, advertiu para o risco de, a se consolidar o entendimento do STJ, servidores demitidos a bem do serviço público, nos Três Poderes, 'voltarem a seus cargos com poupança, premiados por sua torpeza'. Isto porque, para todos eles, o processo administrativo disciplinar é regido pelo artigo 156 da Lei 8.112 (Estatuto do Funcionalismo Público). E a decisão do STJ daria ensejo a demandas semelhantes, em que os servidores, além de sua reintegração ao cargo, poderiam reclamar salários atrasados de todo o período em que dele estiveram ausentes. Toffoli informou, neste contexto, que o chefe da Controladoria-Geral da União, Jorge Hage, informou-lhe que, de janeiro de 2003 até hoje, 1.670 servidores da União foram demitidos a bem do serviço público". (Disponível em: https://stf.jusbrasil.com.br/noticias/1228/stf-decide-que-nao-e-obrigatoria-defesa-elaborada-por-advogado-em-processo-administrativo-disciplinar. Acessado em: 20.06.2021).

mesmo sentido – mas longe de serem precedentes iguais à causa[72] – seja porque, enfim, era necessário para tornar inócua a Súmula 343 do STJ, recém-aprovada, que, justamente exigia a presença de advogado.[73] Como explicitou Cezar Peluso, uma Súmula Vinculante seria importante para revogar esta "já que não podemos fazê-lo diretamente".

Como se imaginava, a Súmula foi objeto posteriormente de pedido de revisão formulado pela Ordem dos Advogados do Brasil, sendo a ausência de reiterados precedentes o ponto central do pedido. O Ministro Marco Aurélio viu, então, configurado o vício formal na edição da SV 5. Mas a proposta de cancelamento acabou derrotada, em novembro de 2016, por 6x5. Celso de Mello, que votou com a minoria nesta oportunidade, embora tivesse estado presente na aprovação da Súmula, optou por manifestar-se sobre o mérito do tema:

> Reconheço, Senhora Presidente, que o teor de referido enunciado sumular tem constituído, para mim, motivo de grave inquietação, tanto que, após detida reflexão sobre a matéria ora em análise, já não mais tenho qualquer dúvida de que o conteúdo da Súmula Vinculante nº 5 efetivamente vulnera o direito ao contraditório e à plenitude de defesa.

---

72 O mais próximo era o acórdão no Mandado de Segurança 24961/DF que tratava de procedimento no TCU e sua ementa inicia com a advertência "*A Tomada de Contas Especial não constitui procedimento administrativo disciplinar*", praticamente brandindo a inadequação; os outros dois processos citados tampouco se enquadravam no mesmo figurino fático, envolvendo pessoas jurídicas.

73 "*É obrigatória a presença de advogado em todas as fases do processo administrativo disciplinar*", esta sim com inúmeros precedentes similares no STJ (MS 7.078-DF (3ª S, 22.10.2003 – DJ 09.12.2003) MS 9.201-DF (3ª S, 08.09.2004 – DJ 18.10.2004) MS 10.565-DF (3ª S, 08.02.2006 – DJ 13.03.2006) MS 10.837-DF (3ª S, 28.06.2006 – DJ 13.11.2006) RMS 20.148-PE (5ª T, 07.03.2006 – DJ 27.03.2006).

A Súmula Vinculante 5 não teria sido aprovada nestas condições; mas o quórum havia sido alcançado na sua edição e isto foi suficiente para deixar a jurisprudência (mal) engessada.

É preciso reconhecer, todavia, que, com instrumentos melhores, a cultura da uniformização de jurisprudência tem se alastrado, seja com o instituto da repercussão geral – que mais do que trava ao recurso extraordinário, serve como forma de solução uniforme dos casos –, seja com o mais moderno instituto de resolução de demandas repetitivas (IRDR) que, graças ao novo CPC, foi estendido a todos os tribunais, não apenas ao STF.

O caráter vinculante destas decisões, pela via da lei, acabou sendo muito menos combatido do que a própria reforma da Constituição, em tese com mais condições jurídicas de estabelecer o mecanismo. Mas esses novos mecanismos não representam o mesmo poder dado ao STF na confecção das Súmulas Vinculantes e, como vimos, ainda assim alargados pelo próprio Supremo. Nas repercussões gerais e demandas repetitivas, o que se tem é efetivamente a uniformização de temas discutidos em outras instâncias, sem transformar o STF, ao mesmo tempo, em prolator da primeira e da última palavra.

A mesma mudança cultural que permitiu o trânsito das mais recentes soluções para uniformização da jurisprudência também precisa impactar a ideia de ações coletivas, pois quase sempre se está em juízo para demandar direitos iguais. A confirmação da legitimidade da Defensoria Pública para a tutela de direitos coletivos – fortemente combatida pelas associações do Ministério Público, foi um passo importante.[74] Se é certo dizer que o Ministério Público é o advogado da sociedade, também é correto inferir

---

74 OLIVEIRA, Mariana. "STF rejeita embargos e afirma que defensoria pode propor ações coletivas". *Consultor Jurídico*, 2018. Disponível em: https://www.conjur.com.br/2018-mai-18/stf-mantem-decisao-autoriza-defensoria-propor-acoes-coletivas. Acessado em: 15.06.2021.

que a Defensoria é a advogada de quem ainda luta para entrar na sociedade. O empoderamento constitucional da Defensoria Pública (constitucionalização, implantação, autonomização, universalização, expansão da competência) pode se tornar um fator decisivo, seja na ampliação das ações coletivas, seja na equalização do acesso à justiça, que é efetivamente um problema central.

Dois levantamentos estatísticos realizados pelo CNJ (sobre os maiores litigantes) e pelo Departamento Penitenciário Nacional (Depen), sobre o perfil da população prisional, mostram que o problema da justiça não é apenas lentidão, mas como ela se distribui de forma desigual.[75]

Assim, é possível constatar que no âmbito penal, quem superlota as cadeias é, sobretudo, a população mais vulnerável.[76] Considere-se, aí, que algo em torno de 1/3 desta população prisional ainda aguarda decisão definitiva, sendo, portanto, presos provisórios. Isto de certa forma, rebate alguns dos argumentos empregados a favor da chamada "prisão em segundo grau", com o que se pretendeu esvaziar o comando constitucional da presunção de inocência.

Mas se um em cada três presos está nesta situação supostamente "excepcional", é sinal de que ela não é assim tão excepcional. Nestes casos, de prisão provisória, a demora atinge frontalmente direitos dos acusados. Pesquisa do IPEA constatou que 37% dos réus presos são

---

75 Tenenblat: "(...) percebe-se que o problema reside na péssima distribuição do acesso ao PJ entre a população. Em outras palavras, a mesma Justiça, que permanece praticamente desconhecida e inacessível para grande parcela do povo brasileiro, é utilizada de forma excessiva e abusiva por determinados setores da sociedade". (TENENBLAT, Flávio. "Limitar o acesso ao Poder Judiciário para ampliar o acesso à Justiça". *Revista CEJ*, Brasília, ano XV, nº 52, 2011, p. 24).

76 51,3% com ensino fundamental incompleto (só 14, 9% com ensino médio completo e 0,5%, com ensino superior); 30% até 24 anos; 54% até 29. 63,6% entre pretos e pardos Infopen, 2017. Disponível em: http://antigo.depen.gov.br/DEPEN/depen/sisdepen/infopen/relatorios-sinteticos/infopen-jun-2017-rev-12072019-0721.pdf. Acessado em: 15.06.2021.

soltos ao final do julgamento.[77] Ou seja, como é expressivo o volume de prisões provisórias, em muitas situações, mesmo a absolvição vai ter resultado no cumprimento de alguma pena.

Ademais, se há uma área do direito em que a uniformização da jurisprudência não vem produzindo resultados é justamente no campo penal.[78] Há uma enorme divergência entre a jurisprudência dos tribunais estaduais e a dos tribunais superiores. Tribunais são refratários a várias decisões já consolidadas no STJ ou STF, o que obriga, muitas vezes a Defesa a acessar os recursos à Brasília, onde têm significativo ganho de causas.[79] A tendência, no entanto, é que a vitória, quase sempre uma diminuição da pena, chegue quando esta já foi inteiramente cumprida. A dificuldade de acesso aos tribunais superiores e a resistência dos tribunais estaduais em

---

77 IPEA. "Aplicação de Penas e Medidas Alternativas". *IPEA*, 2015. Disponível em: http://repositorio.ipea.gov.br/bitstream/11058/7517/1/RP_Aplica%c3%a7%c3%a3o_2015.pdf. Acessado em: 15.06.2021. Na pesquisa que realizamos para o *Sentenciando Tráfico. O papel dos juízes no grande encarceramento*, a conclusão é que, mesmo em um crime de alta condenação como é o de tráfico de drogas, 18% dos réus que acompanharam o processo custodiados, receberam alvará de soltura com a sentença – uma outra parte foi colocada em liberdade no curso do processo, muitas vezes depois de meses de prisão –, verificando-se uma média de prisão cautelar excessiva elevada, como se todos os réus ficassem pelo menos dois meses presos, mesmo que não tivessem qualquer pena para cumprir.

78 Mesmo na recentíssima Lei Anticrime (Lei n. 13.964/19), ficou disciplinado que (art. 492, §3º, introduzido no CPP): "O Presidente poderá, excepcionalmente, deixar de autorizar a execução provisória das penas de que trata a alínea e do inciso I do caput deste artigo, se houver questão substancial cuja resolução pelo tribunal ao qual competir o julgamento possa plausivelmente levar à revisão da condenação". A par da impropriedade do termo "revisão" como se fosse recurso – atecnia comum neste diploma –, percebe-se que, diferentemente do processo civil (em que a evasão do precedente compromete a própria decisão), aqui a turma não é sequer estimulada a acompanhar o precedente superior; sendo previsível a "revisão" da condenação, é um despropósito que assim mesmo proceda ao julgamento.

79 AMARAL, Thiago Bottino do. *Habeas corpus nos Tribunais Superiores*: uma análise e proposta de reflexão. Rio de Janeiro: Escola de Direito-FGV, 2016.

segui-los, tende a solidificar aplicações da pena de formas distintas entre os Estados.[80]

De outro lado, a pesquisa do CNJ, com os 100 maiores litigantes dos tribunais superiores, mostra que são os entes públicos e as grandes corporações que entopem o Judiciário.[81]

Primeiro, a enorme resistência do próprio Estado em cumprir com suas obrigações – utilizando o Judiciário como forma de postergá-las, inclusive para que se projetem sobre os próximos governos. Isso faz com que a dívida cobrada em precatórios constantemente se multiplique, especialmente pela continuidade da cobrança de juros. Talvez o país careça de uma Lei de Responsabilidade Judiciária, para impor regras e penalidades para o administrador que, desnecessária e custosamente, posterga pagamentos de decisões judiciais para seus sucessores.

Para grandes corporações, prorrogar gastos pode significar capitalização para investimentos e lucros.[82] A lógica do apego à

---

80 Em Sentenciando Tráfico, expusemos também resultados de pesquisa que mostra a disparidade de fixação de regime inicial em condenação por tráfico de drogas em relação aos diversos tribunais estaduais, na análise de 800 sentenças: São Paulo com taxa de 90% de regime inicial fechado e Maranhão e Bahia, por exemplo, com pouco mais de 30%. Assim concluímos: "A regionalização que se constata com a pesquisa desmente, de certa forma, todos os esforços legislativos de nacionalização da jurisdição, que compreenderam: a) a competência privativa da União para legislar sobre normas penais e processuais; b) a criação do Superior Tribunal de Justiça para a uniformização da interpretação da lei federal; c) os mecanismos de verticalização instalados com a reforma do Judiciário, cumprindo a vocação de um caráter essencialmente nacional (entre eles, a própria criação do CNJ, a as súmulas vinculantes etc.). (SEMER, Marcelo. *Sentenciando Tráfico*: o papel dos juízes no grande encarceramento. 2ª ed. São Paulo: Tirant, 2020, p. 320).

81 CNJ. "100 maiores litigantes: 2012". *Conselho Nacional de Justiça*. Disponível em: https://www.cnj.jus.br/wp-content/uploads/2011/02/100_maiores_litigantes.pdf. Acessado em: 15.06.2021.

82 E não só, como aponta Sadek: "Pesquisa conduzida pelo Idesp junto a empresários, em 1996, revelava que, embora a principal crítica dirigida ao Judiciário fosse a falta de agilidade, esta deficiência nem sempre era

litigiosidade, no caso, favorece empregadores e fornecedores, e se aparenta como mais vantajoso deixar de cumprir normas para toda a coletividade e responder em juízo apenas a uma parcela – prática muito comum em relação a direitos trabalhistas, considerando-se, ademais, que parte significativa dos trabalhadores não ingressa com ação por medo ou desconhecimento. Isso ocorre também na esfera do direito do consumidor, porque grandes fornecedores se aproveitam de normas mal cumpridas e apenas uma pequena parte dos atingidos reclama. Para cada infração que causa reclamação, existem milhares de outras que passam em branco.

Em boa medida, podemos caracterizar a enorme litigiosidade, muitas vezes, como uma escolha do réu e não propriamente de quem demanda. A forma de resolvê-la não se dará com súmulas vinculantes ou mecanismos que assegurem julgamentos repetitivos por repercussão geral. Mesmo nestas condições, a criação de novas demandas será sempre mais rápida do que a forma, ainda que abreviada, de resolvê-las. Em relação a grandes empresas de massa, que absorveram os serviços públicos nas privatizações, e que são hoje, em regra, as mais processadas na área do consumo, o que falha, sobretudo, é a ação reguladora. Não são raros os casos em que a ideia de "regulação independente" acabou significando uma regulação dependente das próprias empresas que se regula, de onde saem parte significativa dos executivos das agências. A tolerância na regulação, o esvaziamento do poder de polícia que se deu com o enxugamento do estado neoliberal – mais aprofundado, ainda, desde que inicia o governo Bolsonaro, aliás –, é que projeta tantas demandas para o horizonte judiciário. Menos Estado não está repercutindo em mais estabilidade de negócios – apenas em redução de encargos das empresas sobre os mais vulneráveis, como

---

avaliada como prejudicial para as empresas. Muitos empresários admitiram que a morosidade é por vezes benéfica, principalmente na área trabalhista". (SADEK, Maria Tereza. "Judiciário: mudanças e reformas". *Revista de Estudos Avançados*, vol. 18, nº 51, 2004, p. 86).

trabalhadores e consumidores. Para o Judiciário, esta substituição é, para dizer o menos, dramática.

Concentrar os problemas da justiça na lentidão, tal como no passado se elegia domar o "dragão" da inflação como objetivo primordial, é restringir o âmbito de análise e ocultar, em ambos os casos, o caráter que efetivamente nos distingue: a desigualdade. Nesse sentido, como bem concluía Tereza Sadek:

> Resumidamente, pode-se sustentar que o sistema judicial brasileiro nos moldes atuais estimula um paradoxo: demandas de menos e demandas de mais. Ou seja, expressivos setores da população acham-se marginalizados dos serviços judiciais, utilizando-se, cada vez mais, da justiça paralela, governada pela lei do mais forte, certamente menos justa e com altíssima potencialidade de desfazer todo o tecido social. De outro lado, há os que usufruem em excesso da justiça oficial, gozando das vantagens de uma máquina lenta, atravancada e burocratizada.[83]

A outra aposta forte da reforma foi a criação do Conselho Nacional de Justiça. O CNJ representou, não se pode negar, um inequívoco avanço na gestão do Poder Judiciário, sobretudo, na construção de bons indicadores e, a partir destes, de metas que paulatinamente foi impondo aos membros do Judiciário, bem como a padronização de rotinas – mesmo com sistemática oposição de tribunais pela manutenção de seus próprios métodos.

O CNJ ganhou praticamente todas as quedas de braço com os tribunais, como a resolução do nepotismo, a imposição do teto salarial ou a competência concorrente na atividade disciplinar. Isto, todavia, não representou um enfraquecimento do corporativismo, que, passo a passo, foi sendo alimentado pelo próprio órgão de

---

83 SADEK, Maria Tereza. "Judiciário: mudanças e reformas". *Revista de Estudos Avançados*, vol. 18, nº 51, 2004, p. 86.

controle (como a universalização do auxílio-alimentação e a gambiarra do auxílio-moradia). O CNJ se popularizou por evidenciar e cassar excessos quase folclóricos, como auxílios não previstos nas leis ou em suas próprias resoluções, ou situações teratológicas, como a recente antecipação do recebimento em dinheiro de férias ainda não gozadas, durante a pandemia, mas manteve, de forma geral, as estruturas de pagamentos dos tribunais dos Estados. Enfim, reúne também um lado paradoxal: os grupos que mais se opuseram à sua criação, são os mais presentes em sua composição, como membros das cúpulas do Poder e representantes das associações nacionais.

E embora tenha se notabilizado pelo afastamento de alguns desembargadores, casos de grande repercussão, no campo geral não tem sido mais punitivista do que os próprios tribunais. Ao disciplinar a questão temporal da disponibilidade, por exemplo, o CNJ acabou por forçar o reaproveitamento aos quadros da magistratura de diversos juízes que haviam sido afastados com a pena máxima. Curiosamente, também não rompeu com a lógica do foro privilegiado interno, pela qual juízes de primeiro grau são fiscalizados pelas Corregedorias (dotadas de expertise e pessoal), mas desembargadores apenas pelas Presidências dos Tribunais (com assessorias mais enxutas e focadas no gerenciamento).

O CNJ tampouco se preocupou com a democratização interna da carreira, por uma crença ingênua, de que seria possível modernizar o Judiciário, sem abri-lo. Sem acreditar na racionalidade que a democracia tem condições de trazer. Do mesmo modo tem demonstrado pouco interesse na questão da independência do juiz – para a qual, a preservação do princípio do juiz natural seria indispensável. Inexoravelmente, a preferência do órgão tem convergido para as medidas de eficiência.[84]

---

84 A Associação Juízes para a Democracia levou ao CNJ, por exemplo, um questionamento em relação aos juízes auxiliares/substitutos das Capitais, que se viam sem o predicado da inamovibilidade e podiam ser movidos sem processos administrativos, inclusive por atributos ideológicos. A resposta

De outra parte, vale o registro acerca da explicitação de diversos temas que formataram a resposta judiciária, a partir de soluções elaboradas no próprio CNJ, como a criação das audiências de custódia, a regulamentação do casamento homoafetivo e facilitação do registro tardio de nascimento, entre outros.[85] Mais recentemente, expediu resolução que condiciona à disponibilidade de vagas em regime semiaberto, a expedição de mandados de prisão, para evitar cumprimento de penas em regime mais grave (Res. 474), que disciplina protocolos para o reconhecimento pessoal (Res. 484) e que institui a política antimanicomial no Poder Judiciário (Res. 487).

Enfim, se havia alguma insatisfação governamental com a judicialização da política, a partir do excesso do controle difuso de constitucionalidade, pelos juízes das primeiras instâncias, o gradativo empoderamento do STF fez, com certeza, o receio ser expandido ao extremo. A judicialização da política não diminuiu com a concentração de poderes nos órgãos de cúpula, apenas tornou-se muito mais poderosa. A ideia de concentrar poderes nos órgãos superiores derivava certamente da maior proximidade política de seus membros, haja vista a própria forma de nomeação – todos indicados pelo Presidente da República. Mas não considerou que o empoderamento de juízes como quase legisladores poderia aumentar e não reduzir o espaço de controvérsia.[86] A soma de ações diretas de constitucionalidade

---

do CNJ foi a de que não poderia superar as leis locais – legislação que ignorou para uma plêiade de outras regulamentações. A inamovibilidade não é apenas uma regalia, mas o instrumental que pode reduzir a pressão interna. (SEMER, Marcelo. "Princípio do Juiz Natural é malferido com juiz sem cargo fixo". *Consultor Jurídico*, 2007. Disponível em: https://www.conjur.com.br/2007-mar-05/principio_juiz_natural_ferido_juiz_cargo_fixo. Acessado em: 15.06.2021).

85 PAE KIM, Richard. "O Conselho Nacional de Justiça e suas políticas judiciárias garantidoras de direitos fundamentais". *Federalismo e Poder Judiciário*, Cadernos da Escola Paulista da Magistratura, 2019.

86 O alerta foi dado por Koerner, criticando a provável aprovação das Súmulas de efeito Vinculante em um sistema de nomeações concentradas e ainda com a reeleição: "(...) ao longo do tempo, a consequência negativa da concentração

e inconstitucionalidade, arguições de descumprimento de preceito fundamental, mandados de injunção, súmulas vinculantes, enfim, expandiu o poder do STF tanto internamente, quanto em relação aos demais poderes. *Pari passu*, a composição do STF também foi incorporando a lógica da nova hermenêutica constitucional, reconhecendo a normatividade dos princípios e a eficácia imediata das normas referentes a direitos humanos. Ou seja, assumindo funções que ficaram adormecidas por décadas de submissão.

Um STF empoderado, porém, ampliou os limites da judicialização na política, mas é preciso compreender que, voluntária ou imprudentemente, muito tem contribuído para isso a ação dos demais poderes. A criação das súmulas vinculantes foi um exemplo de concessão parlamentar de atividade legislativa; o incremento do Judiciário nas contendas eleitorais aumentou fortemente através da aprovação do projeto da Ficha Limpa.

A influência de uma decisão não definitiva ampliou severamente as restrições às candidaturas e, pode-se dizer, definiu ao menos uma eleição presidencial, de larga envergadura para o atual momento de crise. Não bastasse a ampliação natural dos efeitos das decisões do Judiciário sobre a escolha dos candidatos – principal combustível para a criminalização da política, a disputa no tapetão –, a Ficha Limpa elenca ainda outras condições restritivas, como, por exemplo, a rejeição de contas de um prefeito por uma Câmara Municipal, ou a punição de conselho de classe, ambas

---

de poderes no tribunal é a politização da nomeação dos ministros. Dados os seus poderes políticos e as limitadas possibilidade de renovação, é incentivada a nomeação de pessoas com perfil mais abertamente 'político-partidário' e menos 'jurista' para minimizar os riscos de decisões judiciais contrária às políticas governamentais. Assim, ao invés de eliminar a judicialização das políticas governamentais, a reforma criaria a politização, facciosa, de nosso mais alto tribunal". (AJD. "As Súmulas de efeito vinculante e as futuras crises institucionais do Judiciário brasileiro". *Jornal Juízes para a Democracia*, nº 19, pp. 3/4. Disponível em: https://ajd.org.br/publicacoes/jornal/180-4jornal-19. Acessado em: 15.06.2021).

reversíveis por decisões judiciais provisórias. Nunca a eleição ficou tão condicionada ao deferimento de uma liminar.

A Ficha Limpa foi vendida como uma imersão ética na política, uma espécie de limpeza de candidatos moralmente problemáticos, e está no centro da ideia de que a decisão judicial pode ser mais efetiva ou importante do que a vontade popular – base, aliás, de parte significativa da judicialização da política, como veremos. E, recuperando o fio da história, antes da aprovação do projeto Ficha Limpa, houve uma série de indeferimentos judiciais de candidaturas baseados justamente em uma avaliação de desatendimento ao princípio da moralidade, no âmbito das Justiças Eleitorais das primeiras instâncias. A propósito, a declaração do então Presidente do Tribunal Regional Eleitoral do Rio de Janeiro, após reunião em que acertou, com juízes eleitorais do Estado, a medida de indeferir registro para candidatos com vida pregressa que atentasse contra a moralidade administrativa: "É preciso que o político tenha moralidade para o exercício do cargo que disputa". E para mostrar a suposta ponderação e razoabilidade dos juízes que pretendiam se substituir ao legislador, indicou escala de valores tão subjetiva quanto questionável: "Obviamente, não vai se negar candidatura por brigas de casal ou desentendimentos de vizinhos, mas por casos que impliquem potenciais riscos à administração pública".[87]

A interpretação não foi aceita pelo TSE e insistida pela Associação dos Magistrados Brasileiros (AMB) que a levou ao Supremo com a ADPF 144, fulminada por 9x2, com a consideração do Ministro Cezar Peluso, que disse "ter estranhado o fato de uma associação de juízes abraçar uma causa pouco compatível com a

87 AGÊNCIA ESTADO. "TRE-RJ poderá barrar candidatos por falta de moralidade". *A Tarde digital*, 2007. Disponível em: https://www.atarde.uol.com.br/politica/noticias/1152286-tre-rj-podera-barrar-candidatos-por-falta-de-moralidade. Acessado em: 15.06.2021.

Constituição".[88] Enfim, em 2010, foi aprovada a Lei Complementar 135 (Ficha Limpa) prevendo a inelegibilidade após decisão colegiada. Mesmo a lei, depois de aprovada, nunca teve uma aceitação pacífica entre os juristas, porque ultrapassava, supostamente pela aplicação de um "princípio de prudência", a cláusula pétrea da presunção de inocência.

Enfim, a despeito de uma efetiva racionalidade na gestão e um equacionamento mais razoável dos recursos, a reforma não resolveu as crises que a motivaram, e acabou por aguçar uma outra que é o tema do próximo item.

1.2 A judicialização da política

A expansão dos tentáculos do Judiciário para decisões habitualmente de competência de outros poderes, naquilo que se acostumou a chamar de judicialização da política, não é característica exclusiva do Brasil. Ao revés, um *modus operandi* que se espalhou mundo afora, ainda que cada experiência guarde características distintas. Cabe ver então o que justifica e como se internacionalizou a judicialização da política para depois voltarmos ao caso brasileiro e suas nuances.

Há um certo consenso de que o pós-guerra ajudou a expandir os instrumentos que ensejariam a tonificação do Judiciário. A primeira mudança digna de nota é que a reação à barbárie nazista instigou a elaboração de um sistema internacional de direitos humanos – da Declaração Universal em dezembro de 1948 aos Tribunais Internacionais. Com o tempo, a jurisdição foi se tornando mais internacional e, como avalia Garapon, "abriu-se a porta para um

---

88 HAIDAR, Rodrigo. "Só condenação definitiva impede candidatura, decide Supremo". *Consultor Jurídico*, 2008. Disponível em: https://www.conjur.com.br/2008-ago-06/condenacao_definitiva_impede_candidatura_decide_stf. Acessado em: 15.06.2021.

certo ativismo judicial, inclusive porque o direito não está mais completamente à disposição da vontade popular nacional".[89]

Deve-se considerar também a disseminação do modelo do Welfare State,[90] sobretudo na Europa nos chamados "trinta anos gloriosos" – que se sucederam ao fim da Segunda Guerra. A incorporação do Estado Social, sobretudo nas Constituições, desloca parte significativa das prestações estatais para o âmbito do jurídico – portanto, acessível ao Judiciário. Werneck Vianna vai mais além para indicar que um dos impactos da legislação "welfareana" sobre a ordem jurídica "foi fazê-la incorporar a vagueza e a imprecisão das normas de sentido promocional prospectivo, afetando a neutralidade do judiciário e ampliando a criatividade do juiz no ato da interpretação".[91]

O novo constitucionalismo se aproveita das premissas anteriores para consolidar a positivação dos direitos naturais e o reconhecimento do poder normativo dos princípios – do qual, as principais referências teóricas são Ronald Dworkin e Robert Alexy. A relação da

---

89 GARAPON, Antoine. *Juiz e a Democracia*: o guardião das promessas. Rio de Janeiro: Revan, 1996, p. 41.

90 Vianna: "os sindicatos e os partidos de extração popular passam a pressionar em favor da institucionalização dos direitos sociais, criando-se o que Mauro Cappelletti denominou um Welfare de 'estado legislativo', convertido, a seguir, no Welfare State com seu formato administrativo-burocrático. É o welfare que introduz na legislação um sentido promocional prospectivo, deslocando temporalmente o direito do tempo passado – de onde se extrai a norma formalizada de caráter geral e abstrato, fundamento da chamada certeza jurídica – para o tempo futuro, quando a promoção social estipulada pela lei deverá ser realizada por meio da intervenção do Estado". (VIANNA, Luiz Werneck. "Poder Judiciário, 'positivação' do Direito Natural e política". *Revista Justiça e Cidadania*, vol. 9, nº 18, 1996, p. 266. Disponível em: http://bibliotecadigital.fgv.br/ojs/index.php/reh/article/view/2033/1172. Acessado em: 14.06.2021).

91 VIANNA, Luiz Werneck. "Poder Judiciário, 'positivação' do Direito Natural e política". *Revista Justiça e Cidadania*, vol. 9, nº 18, 1996, p. 266. Disponível em: http://bibliotecadigital.fgv.br/ojs/index.php/reh/article/view/2033/1172. Acessado em: 14.06.2021.

valoração dos princípios com a atividade judicial é bem descrita por Gisele Cittadino: "os textos constitucionais, ao incorporar princípios, viabilizam o espaço necessário para interpretações construtivistas", ou seja, viabiliza uma ação judicial que recorre a procedimentos interpretativos de legitimação de aspirações sociais.[92]

Enfim, o Estado de Direito foi se transmudando em Estado Democrático de Direito,[93] com incorporação de direitos sociais e, sobretudo, a caracterização de democracias constitucionais. As Constituições foram se tornando não apenas mais analíticas como mais principiológicas e a nova hermenêutica que acompanhou esse processo foi dando a ela uma natureza de documento jurídico a par do sentido político e simbólico que ostentava. A concretização desta democracia constitucional trouxe como protagonista os juízes incumbidos de interpretá-la, fundamentalmente pela possibilidade, cada vez mais crescente, de impor essa interpretação às decisões majoritárias.

Este novo constitucionalismo é inédito em seu conjunto, mas atributos essenciais à sua caracterização lhe são precedentes, como o reconhecimento, sobretudo na jurisprudência da Corte Suprema dos Estados Unidos, do controle de constitucionalidade, pedra angular do exercício político do Judiciário – no que ficou caracterizado como *judicial review*.[94]

---

92 CITTADINO, Gisele. "Poder Judiciário: ativismo judicial e democracia". *Revista da Faculdade de Direito de Campos*, ano III, nº 3, 2001/2, p. 135.

93 Ou, como anota Barroso, "*a passagem do Estado legislativo de Direito para o Estado constitucional de direito*". (BARROSO, Luís Roberto. "A Razão sem Voto. A função representativa e majoritária das Cortes Constitucionais". *Revista de Estudos Institucionais*, vol. 2, nº 2, 2016, p. 522).

94 Tate e Vallinder, que perscrutaram a expansão da judicialização na política, atribuem como um dos fatores a circunstância de que muitos doutrinadores fizeram cursos nos EUA. (TATE, C. Neal; VALLINDER, Torbjörn. *The Global Expansion of Judicial Power*. Nova York: NYUP, 1995, p. 3). Da mesma forma, Vallinder atribui o prestígio do *judicial review* norte-americano, após a guinada liberal da Suprema Corte, sobretudo no período Warren (1953-1969), sem esquecer, todavia, do enorme obstáculo em que havia se transformado, nos anos 1930, às políticas sociais de Roosevelt. (TATE, C.

A tripartição dos poderes sugerida por Montesquieu, já tinha como suporte a ideia da regulação mútua como obstáculo à tirania:

> Quando na mesma pessoa ou no mesmo corpo de magistratura, o poder legislativo está reunido ao poder executivo, não existe liberdade pois pode-se temer que o mesmo monarca ou o mesmo senado apenas estabeleçam leis tirânicas para executá-las tiranicamente. Não haverá também liberdade se o poder de julgar não estiver separado do poder legislativo e do executivo. Se estivesse ligado ao poder legislativo, o poder sobre a vida e a liberdade dos cidadãos seria arbitrário, pois o juiz seria legislador. Se estivesse ligado ao poder executivo, o juiz poderia ter a força de um opressor. Tudo estaria perdido se o mesmo homem ou o mesmo corpo dos principais, ou dos nobres, ou do povo, exercesse esses três poderes: o de fazer leis, o de executar as resoluções públicas, e o de julgar os crimes ou as divergências dos indivíduos.[95]

Mas não há dúvidas que a conformação da mecânica de freios e contrapesos se evidencia primeiro mais fortemente na sociedade norte-americana. Até porque na França pós-revolução, o prestígio do Judiciário era bem diminuto – sobretudo pela atávica vinculação dos magistrados à nobreza. As apostas para a contenção do poder absoluto se dirigiam ao próprio Legislativo; juiz deveria

---

Neal; VALLINDER, Torbjörn. *The Global Expansion of Judicial Power*. Nova York: NYUP, 1995, p. 22). Para Zaffaroni, algo similar aconteceu com a decisão do Reichsgeritch assumindo o exercício do controle constitucional com o argumento de que a Constituição de Weimar não o proibia: "Esta sentença... costuma ser ingenuamente celebrada como a Marbury vs Madison alemã. Na realidade, além do argumento antirrepublicano com que assumia essa função, esteve bem longe de ser uma sentença progressista e liberal, pois a intenção do Reichsgericht ao atribuir-se essa função foi sabotar as reformas sociais da República". (ZAFFARONI, Eugenio Raul. *Doutrina Penal Nazista*. Florianópolis: Tirant lo Blanch, 2019, p. 81).

95 MONTESQUIEU, Charles. *Do espírito das leis*. Rio de Janeiro: Pimenta de Mello, 1919, p. 217 [versão Kindle].

ser o "boca-da-lei".[96] Portanto, o reconhecimento do controle de constitucionalidade, a que se atribui a partir da decisão Marbury x Madison,[97] não podia mesmo ser produzido nos calcanhares da Revolução Francesa.

O controle de constitucionalidade seria apenas uma das peças a se montar gradativamente neste quebra-cabeça da judicialização: necessário, mas não suficiente. Pelo menos não na dimensão que a judicialização vai tomar nos diversos países. A expansão de conteúdo das Constituições, a internacionalização dos direitos humanos – que, por sua vez, vai puxar o controle de convencionalidade –, o reconhecimento do poder normativo dos princípios e uma nova forma de interpretar os textos constitucionais – privilegiando a eficácia imediata dos direitos fundamentais sobre a teoria das normas programáticas – tonificaram o percurso institucional.

Mas ainda faltariam as questões conjunturais, o que tornaria a judicialização um fenômeno multifacetado, aparecendo em cada lugar de forma e intensidade diversa. Para começar, atentemos para o fato de que, se a criação dos Estados de Bem-Estar Social foi um contribuinte essencial para o fortalecimento das democracias constitucionais, vai ser justamente a sua desconstrução que fornecerá a

---

96 Aliás, como sugere Garapon, a França ostenta *hostilidade secular* em relação aos juízes (GARAPON, Antoine. *O Juiz e a Democracia*: o guardião das promessas. Trad. Maria Luiza de Carvalho. Rio de Janeiro: Revan, 1996, p. 27).

97 Decisão da Suprema Corte dos EUA, de lavra do *Chief of Justice* John Marsahll, que envolvia a suspensão da nomeação de juízes feita pelo então Presidente John Adams, no apagar das luzes de sua gestão. Marbury era um dos juízes ainda não diplomados, cuja nomeação fora cassada pelo novo secretário de Estado James Madison, a quem levou aos tribunais. Mais importante que a solução em si, é a fundamentação de Marshall, que reconhece a supremacia da Constituição sobre as leis posteriores e assenta a competência da Suprema Corte para esta análise, podendo, inclusive, invalidá-la. Para uma crítica ao mito da construção individual do controle de constitucionalidade. (CONTINENTINO, Marcelo Casseb. "História do judicial review: o mito de Marbury". *Revista de Informação Legislativa*, nº 209. Disponível em: https://www12.senado.leg.br/ril/edicoes/53/209/ril_v53_n209_p115. Acessado em: 15.06.2021).

matéria-prima para a decisiva ampliação do poder do Judiciário. É que, como explicou Garapon, a desconstrução do Estado foi crucial para a colocação do juiz como o guardião das promessas, destinatário das frustrações com a fragilização dos equipamentos estatais. Isso significa dizer que o fato de a Constituição incorporar o direito integral à saúde, por exemplo, vai se mostrar mais relevante à medida que a desconstrução dos equipamentos públicos se torna evidente.

Portanto, de forma aparentemente paradoxal, tanto a construção de uma sociedade previdenciária, com a consolidação dos direitos sociais, quanto sua implosão, com a ascensão do neoliberalismo, são combustíveis para uma procura maior e mais intensa do Judiciário e, com isso, a expansão de suas próprias competências. Mais do que apenas afastar decisões da maioria que se chocam com a Constituição – característica básica do controle de constitucionalidade original –, o Judiciário também passa a determinar a realização de políticas públicas que concretizem os princípios constitucionais, e a interpretar não mais como normas programáticas, mas como obrigações exigíveis.

Não à toa, Ran Hirschl vai apontar que o conceito de supremacia constitucional é na atualidade compartilhado por mais de uma centena de países ao redor do mundo, nos quais a primeira manifestação tem sido justamente o recurso "cada vez maior a tribunais e a meios judiciais para o enfrentamento de importantes dilemas morais, questões de política pública e controvérsias políticas".[98] Como se vê, o espectro da judicialização não é assim tão simples de ser encapsulado.

Tate e Vallinder classificaram a judicialização da política em duas categorias: a situação na qual decisões majoritárias são substituídas por decisões judiciais; e a incorporação pelos órgãos administrativos e políticos de mecanismos similares ou aproximados

98 HIRSCHL, Ran. "O novo constitucionalismo e a judicialização da política pura no mundo". *Revista de Direito Administrativo*, vol. 251, 2009, p. 140.

aos empregados judicialmente. Ou seja, uma judicialização direta, que represente a assunção de competências pelo Judiciário; outra indireta, que é a incorporação da lógica do Judiciário (ou suas formas e ritos) na tomada de decisão administrativa e política.[99]

E embora se discuta eventual fissura no equilíbrio dos poderes com o açambarcamento de competências pelo Judiciário, Tate e Vallinder indicam que a judicialização é, por assim dizer, uma característica típica das sociedades democráticas. Não há judicialização, dizem, sem democracia, sem separação dos poderes, sem grupos de interesse ou de oposição habilitados a demandar nos tribunais – as diversas formas como esses elementos vão se integrar carimbam o caráter multifacetado desta intervenção. Parafraseando Tolstoi, pode-se dizer que na separação de poderes, as sociedades se parecem; mas cada país judicializa a política à sua própria maneira.

A fragilidade dos partidos e o déficit no sistema representativo, para Tate e Vallinder, seriam elementos importantes para viabilizar a judicialização, sobretudo pela percepção, por exemplo, de paralisia (ou podemos acrescentar corrupção) das instituições majoritárias. Mas este é, justamente, um dos pontos centrais da crítica de Ingeborg Maus, que produziu um célebre libelo contra o expansionismo do Tribunal Constitucional alemão: "O Judiciário como o superego da sociedade".

Para Maus, a centralização no Judiciário como *mais alta instância moral da sociedade* apresenta aspectos psicanalíticos, em que o Tribunal vem a ser reconhecido como o pai da pátria; ou com "contornos de veneração religiosa". Desse mal certamente não padecemos, mas o risco a que ela adverte é a possibilidade de, a partir da ideia despolitizada de superioridade moral, inviabilizar-se sobre o Judiciário qualquer mecanismo de controle

---

99 TATE, C. Neal; VALLINDER, Torbjörn. *The Global Expansion of Judicial Power*. Nova York: NYUP, 1995, p. 13.

social, ao qual normalmente deve subordinar-se toda instituição do Estado. A releitura própria da Constituição, ou a concepção de direitos supraconstitucionais, produz o que a autora denominou de "teologia constitucional" – que vai transformar o tribunal em um guardião da própria história jurisprudencial, a qual se remete de modo autorreferencial – ou seja, as decisões se justificam, sobretudo, pelas próprias decisões anteriores. Nem a lei estaria servindo para esse controle: "As leis são reconhecidas indiferenciadamente como meras previsões e premissas da atividade decisória judicial, desprezadas as suas diferentes densidades regulatórias".[100]

Hirschl faz a crítica de outra perspectiva, de que a expansão da judicialização vai muito além do conceito, que se tornou corrente, de elaboração de políticas públicas: "A judicialização da política agora inclui a transferência massiva, para os tribunais, de algumas das mais centrais e polêmicas controvérsias políticas em que uma democracia pode se envolver". Hirschl está se referindo ao que denominou *megapolítica*, controvérsias políticas centrais que definem – e muitas vezes dividem – comunidades inteiras. Nessa categoria incluiu a judicialização dos processos eleitorais, planejamento macroeconômico ou segurança nacional. Chamou a atenção o crescente recurso aos tribunais para contemplarem a própria definição da comunidade – como nos casos da histórica decisão da Suprema Corte canadense na consulta sobre a secessão do Quebec ou nos julgamentos da Suprema Corte de Israel acerca da questão de "quem é judeu".

Curiosamente, a judicialização encontraria limites nas questões socioeconômicas:

> (...) se por um lado tem havido uma crescente penetração judicial nas prerrogativas de legislaturas e executivos a respeito de relações exteriores, segurança nacional e política fiscal, os

---

100 MAUS, Ingeborg. "Judiciário como Superego da Sociedade: Sobre o papel da atividade jurisprudencial na sociedade orfã". *Revista Novos Estudos*, CEBRAP, nº 58, nov. 2000, p. 193.

> tribunais têm no geral permanecido passivos no que se refere a políticas sociais e de redistribuição de riqueza e recursos. Com pouquíssimas exceções (principalmente na África do Sul e na Índia), os tribunais têm sido tímidos quando se trata de promover noções progressistas de justiça distributiva em áreas como distribuição de renda, erradicação da pobreza e direitos relacionados à subsistência (educação básica, saúde e moradia), cuja implementação requer maior intervenção estatal e mudanças nas prioridades dos gastos públicos. Assim, pode-se dizer que a judicialização de questões envolvendo poderes fundamentais do Executivo não tem sido exatamente uma bênção para keynesianos e progressistas.[101]

A judicialização da política no Brasil tem, como já adiantado, certas particularidades. A primeira delas é a pré-existência de uma duplicidade de controles de constitucionalidade: a) o controle direto de constitucionalidade, privativo do Supremo Tribunal Federal e em determinadas ações; b) controle difuso de constitucionalidade, acessível em praticamente todas as instâncias e processos.[102] Pelo controle difuso, é possível afastar a aplicação de uma lei a considerando inconstitucional, mas essa "declaração" só vale para o caso em julgamento. O controle direto é aquele que permite ao STF que afaste a vigência de lei, em decisão de caráter vinculante. Essa duplicidade, e ainda de ampla disponibilidade, coloca o juiz

---

101 HIRSCHL, Ran. "O novo constitucionalismo e a judicialização da política pura no mundo". *Revista de Direito Administrativo*, vol. 251, 2009, p. 152.

102 Embora não a todos os juízes; nos tribunais, mesmo o controle difuso de constitucionalidade, não pode ser suscitado nos órgãos fracionários. Traduzindo: Câmaras ou Turmas regulares de tribunais não tem competência para afastar a aplicação de uma lei, direta ou indiretamente, pelo reconhecimento de sua constitucionalidade. É preciso suscitar o Tribunal Pleno (toda a sua composição), ou, onde exista, o Órgão Especial que exerce suas funções. Curiosamente, isso significa que os desembargadores (juízes de segunda instância) não podem aplicar, mesmo no seu colegiado, interpretação que está acessível ao mais jovem juiz ingressante na carreira.

brasileiro com um instrumento às mãos, mais comum do que internacionalmente se verifica.

De outro lado, como já frisamos anteriormente, a Constituição de 1988 alargou os legitimados a ajuizar ações diretas de inconstitucionalidade, aumentando de forma exponencial, o volume destas ações junto ao STF. Mas, e esta é outra particularidade brasileira, mesmo em considerando a produção de decisões vinculantes, partindo do Supremo Tribunal Federal, as ADIs não são a única possibilidade de exercer-se o juízo constitucional sobre as decisões majoritárias. O espectro de instrumentos se multiplicou com os movimentos de reforma a partir da década de 1990 e as mudanças contemporâneas, como narramos.[103]

Como apontam Leandro Ribeiro e Diego Arguelhes, o caso brasileiro propicia a ocorrência do fenômeno da judicialização em inúmeras situações, "tendo em vista a elevada lista de classes processuais que permitem o acesso de diversos atores ao STF".[104] Além dos instrumentos coletivos indicados, o STF ainda é suscitado por demandas individuais, e também decide, não raro, por medidas liminares monocráticas, o que torna o fenômeno da judicialização ainda mais imprevisível.[105] O empoderamento

---

103 Acresce-se às narradas anteriormente, a guinada de posição do STF, quanto ao mandado de injunção. No julgamento dos mandados de injunção MI 670 e MI 708, o Supremo Tribunal Federal ao declarar a ação procedente, determinou que fosse aplicada a lei de greve da iniciativa privada aos servidores públicos, por analogia. Inclusive, mandou que a lei de greve fosse aplicada a todos os servidores públicos do Brasil e não apenas aqueles cujos interesses estavam sendo defendidos na ação – diversamente do entendimento anterior, que apenas assinalava o atraso do legislador ou, no máximo, lhe impunha um prazo para legislar.

104 RIBEIRO, Leandro Molhano; ARGUELHES, Diego Werneck. "Contextos da Judicialização da política: novos elementos para um mapa teórico". *Revista Direito GV*, São Paulo, vol. 15, nº 2, 2019, p. 13.

105 Conforme advertimos em nosso "Uma indevida concentração de poder" (*Folha de S. Paulo*, 01 fev. 2022. Disponível em: https://www1.folha.uol.com.br/opiniao/2022/02/uma-indevida-concentracao-de-poder.shtml), decisões

do STF, como dissemos anteriormente, pensado para combater a imprevisibilidade dos juízes das primeiras instâncias, foi, assim, um tiro que saiu pela culatra.

A análise de Rogério Arantes agrega interessante consideração sobre a judicialização da política puxada pelo empoderamento de outro importante ator, frequentemente esquecido neste campo: o Ministério Público. Sua relevância é ainda mais notada considerando que a judicialização da política, sobretudo na esfera de apreciação de políticas públicas, é espraiada às demais instâncias do Judiciário. Ou seja, judicializa-se no cotidiano em todas as instâncias.

Arantes chama a atenção para a inserção da ação civil pública nas leis orgânicas nacional do MP e estadual (de São Paulo), mesmo antes da criação legal do instituto –ambição institucional que Arantes denominou de estratégia "dois passos para a frente nenhum para trás". Por intermédio desse instrumento, assinala: "o MP tem a possibilidade de acionar o Poder Judiciário para promover a defesa de direitos transindividuais, recentemente instituídos por lei e mais conhecidos como direitos difusos e coletivos". Arantes, aqui, atribui fortes traços endógenos:

> (...) os próprios integrantes do MP, imbuídos da convicção de colocar a instituição a serviço da construção da cidadania, têm desenvolvido ações dentro e fora de seu círculo normal de atribuições visando a mudanças legais e constitucionais capazes de alterar profundamente seu papel institucional, e isso pelo menos desde o início dos anos 80.[106]

---

monocráticas sem confirmação de plenário e pedidos de vista sem prazo, acabavam por formar poderes imperiais em que o ministro se apresentava com mais poder do que o próprio colegiado. A questão foi objeto de importante reforma na gestão Rosa Weber, com a aprovação da Emenda Regimental 58/2022, que fixou prazo para as vistas e regras para a submissão obrigatória de liminares monocráticas ao plenário.

106 ARANTES, Rogério Bastos. "Direito e Política: o Ministério Público e a defesa dos direitos coletivos". *Revista Brasileira de Ciências Sociais*, vol.

A este movimento, Arantes atribuiu ao voluntarismo político; a perspectiva de que os integrantes da carreira, tal qual da Magistratura, consideram-se reféns dos poderes políticos e que estes seriam os principais responsáveis pelas mazelas da sociedade, estímulo que legitima a criação de instrumentos processuais que permitam demandas sociais e transformem o Judiciário em um lugar privilegiado para a solução de conflitos coletivos. A somatória da degeneração dos poderes políticos e da hipossuficiência da sociedade civil é que legitimaria a invasão dos representantes do MP e Magistratura na seara das políticas públicas.

Conclui Arantes:

> (...) a politização de suas atribuições e o voluntarismo de seus integrantes transformaram o Ministério Público em um dos agentes principais do processo político no país. Seu combustível, embora reciclado, tem alto poder de explosão: a crença de que a sociedade civil é hipossuficiente, de que os poderes políticos estão degenerados, e alguém precisa fazer alguma coisa.[107]

De certa forma, a crítica ao voluntarismo do MP e à distinção moral entre políticos e atores jurídicos representa exatamente o comportamento a que se referia Ingeborg Maus: a ideia de que repousa nos braços de promotores e juízes qualificações técnicas e morais superiores para decidir as mais importantes questões institucionais, aí incluídas as políticas públicas. Para Arantes, isso tem origem no que chamou de *visão tutelar da sociedade* e como consequência provocaria o esvaziamento da política, com todos os

14, nº 39, 1999, p. 83. Disponível em: https://www.scielo.br/pdf/rbcsoc/v14n39/1723. Acessado em: 08.04.2023.

107 ARANTES, Rogério Bastos. "Direito e Política: o Ministério Público e a defesa dos direitos coletivos". *Revista Brasileira de Ciências Sociais*, vol. 14, nº 39, 1999, p. 90. Disponível em: https://www.scielo.br/pdf/rbcsoc/v14n39/1723. Acessado em: 08.04.2023.

seus deletérios reflexos para a democracia. Juntam-se aqui dois polos explosivos: a depreciação da figura do político e a sobrevalorização das personalidades do direito que, mais ainda do que expandir a judicialização da política, tende a provocar um segundo reflexo incômodo, a politização da justiça, que será melhor analisada no próximo capítulo. Observo que, em contraponto, os mecanismos de ausculta das Defensorias Públicas – como planificação aberta à sociedade civil e ouvidoria de participação externa – mitigam essa substituição: há uma nítida compreensão de que quem deve representar a sociedade civil, deve fazê-lo em sua companhia, a partir das prioridades que assinalam – o que não impede que a sobrerrepresentação da opção jurídica continue sendo apta a enfraquecer a via política também nessa esfera.

A dinâmica do empoderamento do STF resultou em críticas profundas dos setores mais conservadores. As decisões que reconheceram a união homoafetiva, agregaram a anencefalia como causa legitimadora do aborto e adicionaram a homotransfobia na lei do racismo sofreram fortes reações de grupos tradicionalistas e religiosos. A elas se podem agregar outras decisões "progressistas", como a validação da política de cotas raciais, a permissão da Marcha da Maconha, a invalidação da Lei de Imprensa, o reconhecimento do Estado de Coisas Inconstitucional, a proibição da condução coercitiva e, mais recentemente, a interdição de operações policiais nas comunidades cariocas, no curso da pandemia do novo coronavírus.

Em grande medida, a utilização da Arguição de Descumprimento de Preceito Fundamental (ADPF) é que viabilizou esse encontro entre os pleitos progressistas e uma maior ambição legiferante do STF. O conservadorismo acentuado das instâncias inferiores do Judiciário estimulou setores mais progressistas a buscar determinadas medidas, sobretudo de garantias processuais ou liberdades públicas, e aquilo a que se convencionou chamar de pauta civilizatória, diretamente junto ao STF.

De um lado isso permitiu pular as instâncias que, indiferentes aos princípios da Constituição de 1988, permaneceram atadas a um positivismo jurídico enquanto método e a um rigor autoritário enquanto ideologia. De outro lado, encontrou o STF do século XXI aderindo à nova hermenêutica constitucional – que rompeu com décadas de jurisprudência defensiva – e tomando contato com os instrumentos que o empoderavam.[108] As pautas garantistas e civilizatórias permitiram esse encontro, com que o STF passa a fazer aquilo que Luis Roberto Barroso denomina de *empurrão na história*, justamente nas situações em que a reação parlamentar conservadora impede qualquer avanço social.[109] Como previram Tate e Vallinder, a conjugação de uma sociedade civil organizada com a paralisia decisória dos poderes majoritários tinha efetivamente condições de contribuir para a expansão do poder judicial.

Mas as contingências jamais deixaram de influenciar o tribunal com as preocupações políticas da conjuntura, sobretudo nos momentos de maior pressão da imprensa – com o que se descortinaram os "pontos fora da curva" da decisão da Ação Penal 470 (Mensalão) e posteriormente o recrudescimento penal derivado dos estilhaços da Operação Lava Jato, sobretudo o cavalo de pau jurisprudencial em relação à interpretação da presunção da inocência.

---

108 Evocando algumas decisões proferidas com a composição a partir de 2003, como a inconstitucionalidade da Lei dos Crimes Hediondos (LCH) e a inaplicabilidade da prisão civil para depositário infiel, Denival Silva observa o relativo atraso para incorporação do espírito da CF/88 no STF: "Ao que parece, a presença do Ministro Moreira Alves na Corte (decano durante vários anos) impedia que os demais fizessem uma análise desses temas de forma consentânea com a Constituição Democrática". (SILVA, Denival Francisco da. *De guardião a vilão*: a construção do Poder Judiciário no desmonte da democracia no Brasil. Florianópolis: EMais, 2018, p. 245).

109 BARROSO, Luís Roberto. "A Razão sem Voto. A função representativa e majoritária das Cortes Constitucionais". *Revista de Estudos Institucionais*, vol. 2, nº 2, 2016, p. 533.

De outro lado, como advertiu Hirschl, os tribunais têm se mostrado demasiadamente tímidos em relação a questões de justiça distributiva. No que se refere ao STF, isso seria um eufemismo, a se considerar a forma como têm dado suporte à desconstrução das proteções sociais, por exemplo, com a aceitação generalizada da terceirização, a adesão às reformas trabalhistas e previdenciária.

Mas, enfim, em que medida este espraiamento do Judiciário sobre os demais poderes produz ganhos e em que medida é um risco para a sociedade?

A doutrina não delimitou os espaços precisos entre ativismo judicial e judicialização da política, tratando ora como coincidentes, ora como expressões dissonantes. Ativismo evoca, sobretudo, a lembrança histórica da superação da segregação racial que se deve à jurisprudência da Suprema Corte dos EUA, a partir dos anos 1950.[110] A chamada Corte Warren supera a antiga jurisprudência que legitimava juridicamente a segregação com a fórmula *Separate but Equal*. Segundo esta proposição, desde que os serviços fossem prestados em igualdade de condições, era legítima a legislação que distinguisse os seres humanos pela cor de pele: se o ônibus era acessível a todos, não havia afronta à Constituição em separar uma parte dos assentos para brancos e outra parte para os *colored*; o mesmo em relação a banheiros, assentos em restaurantes, espaços escolares etc. – o que, na prática, jamais acontecia. A superação deste paradigma racista significou a maior afronta jurídica à chamada legislação Jim Crow, e foi contemporânea e influenciada pela forte mobilização pelos direitos civis.

Recuperando-se historicamente o conceito de ativismo, sob o manto do novo constitucionalismo, normatividade dos princípios e

---

110 Embora, sem dúvida, a obstrução da Suprema Corte às políticas desenvolvimentistas do Presidente F.D. Roosevelt, nos anos 1930, provenientes do conservadorismo da Era Lochner (analisada mais adiante) também pudesse, a *contrario sensu*, assim compreendida.

hermenêutica que garante eficácia à Constituição, haveria aí não um direito, mas um dever judicial de impedir que por ações nocivas e por omissões dolosas, os direitos fundamentais previstos na Constituição simplesmente não saíssem do papel. A função judicial então seria a de evitar a desconstitucionalização de fato dos direitos, operada sobretudo, pela omissão regulamentadora dos demais poderes.

Assim, compreendido, o ativismo judicial tem como limite o cumprimento dos direitos fundamentais, ou seja, a Constituição no que tem de mais essencial. Esse ativismo provoca, sem dúvidas, uma invasão judicial no espectro das políticas públicas, justamente para determinar a realização de políticas designadas constitucionalmente. Isso vai influir tanto na esfera do Legislativo, como do Executivo, eis que reprovável que a paralisia política (premeditada ou causada pelos impasses partidários) obstaculize a fruição de direitos que a Constituição assegurou.

O início desta judicialização das políticas públicas se dá a partir de dois direitos básicos, que são a essência da democracia social, que a Constituição de 1988 consolidou: o direito à educação e o direito à saúde. Assim, a determinação de criação de vagas em creches para crianças carentes[111] ou a responsabilização, por parte do Estado, da provisão de medicamentos e/ou procedimentos indispensáveis à preservação da vida.[112] Muitas outras políticas

111 STF, RE 956475/RJ, relator Celso de Mello: "A educação infantil representa prerrogativa constitucional indisponível, que, deferida às crianças, a estas assegura, para efeito de seu desenvolvimento integral, e como primeira etapa do processo de educação básica, o atendimento em creche e, também, o acesso à pré-escola (CF, art. 208, IV). Essa prerrogativa jurídica, em consequência, impõe ao Estado, por efeito de alta significação social de que se reveste a educação infantil, a obrigação constitucional de criar condições objetivas que possibilitem, de maneira concreta (...) o efetivo acesso e atendimento (...) sob pena e configurar-se inaceitável omissão governamental".

112 STF, AgRg no RE 271286-6, relator Celso de Mello: "O direito público subjetivo à saúde representa prerrogativa jurídica indisponível, assegurada à generalidade das pessoas pela própria Constituição da República (art. 196). Traduz bem jurídico constitucionalmente tutelado, por cuja integridade deve

públicas foram sendo paulatinamente englobadas pela judicialização, sobretudo, como sublinhou Rogério Arantes, pela facilitação da ação civil pública – e, do que se depreende de sua análise, com os excessos que uma ideia salvacionista podia provocar.

Isso explode em dois níveis distintos: primeiro nos juízes de primeira instância, submetidos a um novo tipo de processo, muitas vezes de interesses coletivo ou difuso, e acerca de matérias cuja tensão sobre a conveniência e oportunidade é evidente; em outro nível, uma tempestade perfeita se forma sobre o Supremo, no qual a alteração de sua composição, a incorporação de instrumentos para antecipar decisões vinculantes, e a superação do positivismo jurídico acontecem mais ou menos ao mesmo tempo.

Os excessos são evidentes, quando a judicialização da política se torna um fim em si mesmo. Levar o princípio da igualdade – principal vetor da Constituição – a cumprir seu papel equalizador é, sem dúvida, uma missão que a Constituição outorgou ao Judiciário. Por isso, reconhecer a igualdade para as uniões homoafetivas ou a desigualdade que autoriza ações afirmativas como as cotas raciais, estão claramente inseridas no cardápio do ativismo e de sua função contributiva de preservar a integridade e a eficácia dos direitos fundamentais. O mesmo se pode dizer do reconhecimento da efetividade da dignidade humana, que guiou a decisão acerca do aborto de feto anencefálico, ou a concretização da presunção de inocência, por intermédio do reconhecimento da legalidade das audiências de custódia.

Mas não se pode dizer o mesmo, por exemplo, da ânsia legislativa de regulamentar, sem mandato, a fidelidade partidária[113] ou

---

velar, de maneira responsável, o Poder Público, a quem incumbe formular – e implementar – políticas sociais e econômicas idôneas que visem a garantir aos cidadãos, inclusive àqueles portadores do vírus HIV, o acesso universal e igualitário à assistência farmacêutica e médico-hospitalar".

113 Rebate Barroso a crítica de "excesso de ativismo", com a justificação em si mesmo do excesso de ativismo: "(...) é fora de dúvida que a decisão atendeu a um anseio social que não obteve resposta do Congresso". (BARROSO,

discriminar o número de vereadores de cada Câmara Municipal. Vejamos como, nestas duas questões, o Judiciário efetivamente ultrapassou diversos semáforos.

No caso dos vereadores, a primeira decisão foi do STF, em março de 2004 (RE 197.917/SP). Por via do recurso extraordinário, o tribunal restabeleceu a sentença de primeiro grau que havia dado provimento à ação civil pública ajuizada pelo MP visando reduzir o número de vereadores da cidade de Mira Estrela (SP), fixado em onze por sua Lei Orgânica. Como a Constituição previa que o número de vereadores fosse proporcional à população do Município, e estabelecia diversas faixas, sendo que a menor era de "mínimo de 9 e máximo de 21 nos Municípios até um milhão de habitantes", impugnava-se a Lei Orgânica de Mira Estrela que fixara o número de 11 vereadores, para uma população de aproximadamente três mil habitantes. Embora fosse competência da Lei Orgânica do Município fixar este número e, ainda que o volume estivesse dentro dos limites constitucionais (entre 9 a 21), o STF entendeu que fixar em 11 vereadores para um município tão pouco povoado, descumpria o princípio que norteara o constituinte: a proporcionalidade.

A partir desta decisão, em controle difuso de constitucionalidade – em que o STF reconheceu inconstitucional uma norma editada segundo a competência e os limites da própria Constituição – o então Presidente do TSE, Ministro Sepúlveda Pertence, que fora um dos três ministros vencidos na votação (ao lado de Marco Aurélio e Celso de Mello), ainda assim entendeu que era o caso de se unificar a situação para todos os municípios. E isso foi realizado por intermédio da resolução 21.702/04, do TSE, com base "no uso das atribuições que lhe confere o art. 23, IX, do Código Eleitoral". Com isso, o TSE simplesmente criou uma nova tabela, com valores diversos daquela estipulada pela Constituição, muito mais detalhada, como exemplo:

Luís Roberto. "A Razão sem Voto. A função representativa e majoritária das Cortes Constitucionais". *Revista de Estudos Institucionais*, vol. 2, nº 2, 2016).

Nº DE HABITANTES DO MUNICÍPIO	Nº DE VEREADORES
até 47.619	9 (nove)
de 47.620 até 95.238	10 (dez)
de 95.239 até 142.857	11 (onze)
de 142.858 até 190.476	12 (doze)
de 190.477 até 238.095	13 (treze)
de 238.096 até 285.714	14 (quatorze)
de 285.715 até 333.333	15 (quinze)
de 333.334 até 380.952	16 (dezesseis)
de 380.953 até 428.571	17 (dezessete)
de 428.572 até 476.190	18 (dezoito)
de 476.191 até 523.809	19 (dezenove)
de 523.810 até 571.428	20 (vinte)
de 571.429 até 1.000.000	21 (vinte e um)

Do ponto de vista matemático, não há dúvidas de que a tabela providenciada pelo TSE possibilitava uma diferenciação mais proporcional; na verdade, criava uma distribuição proporcional a mais além daquela prevista, em linhas gerais, pela Constituição. E o fazia, supostamente, "no uso das atribuições que lhe confere o art. 23, IX, do Código Eleitoral". Ocorre que a competência inserida no Código Eleitoral apenas disciplinava a possibilidade de "expedir as instruções que julgar convenientes à execução deste Código". E a fixação do número de vereadores nem de longe seria necessária à "execução do código". O TSE estava, na verdade, completando a Constituição e não o Código Eleitoral, que não tinha disposição alguma sobre limites de cargos de vereador.

A Constituição formulara duas regras para esta fixação: a-) competência da Lei Orgânica do Município para definir o número de vereadores; b-) limites materiais para essa fixação. As decisões judiciais não respeitaram nenhum destes parâmetros.

Prevendo a confusão que seria a amputação dos mandatos dos vereadores depois de iniciados, o STF, na decisão paradigma, modulou os efeitos para só atingir aos mandatos posteriores. No caso da resolução do TSE, no entanto, ela foi emitida em abril de 2004, seis meses antes da eleição municipal do mesmo ano. Em razão disso, discutiu-se, inclusive, a infringência à regra da anualidade, segundo a qual, regras eleitorais só valem se editadas pelo menos um ano antes da eleição. O TSE repeliu também este obstáculo, com a seguinte fundamentação: "a resolução não altera o processo eleitoral, uma vez que o número de cadeiras do Legislativo não se confunde com o procedimento para seu preenchimento".

Contrariados com a amputação de milhares de cargos de vereador Brasil afora, parlamentares aprovaram, enfim, uma emenda constitucional estabelecendo outra tabela também detalhada acerca da proporcionalidade, embora com patamares distintos daquela elaborada pelo TSE. A Emenda Constitucional 58 foi aprovada em setembro de 2009, mas determinava a retroação de seus efeitos à eleição do ano anterior. O STF, todavia, concedeu liminar em ação direta de inconstitucionalidade (ADI 4507) para assentar a impossibilidade de retroação, justamente em face do art. 16, da Constituição – com o que voltara a considerar, para efeitos da anualidade, a questão da fixação do número de vereadores.

Importante assinalar que a argumentação do STF, que acabou por servir de base à resolução do TSE, externada pelo relator Maurício Correa, era a de que "a aprovação de norma municipal que estabelece a composição da Câmara de Vereadores, sem observância da relação cogente de proporção com a respectiva população, configura excesso de poder de legislar". Ou seja, o STF entendeu que para além da relação de proporção expressa na Constituição, havia uma outra que era "cogente" (ou seja, obrigatória), embora não estivesse expressa. Em resumo, o STF achou que deveria ter uma norma mais detalhada de proporcionalidade, porque a norma de proporcionalidade que o constituinte escolheu era muito frouxa e, portanto, não dava à proporcionalidade o devido prestígio. Essa avaliação da insuficiência do texto constitucional, para fazer jus a seu "espírito" foi também o que norteou outra polêmica decisão judicial: a criação da regra da fidelidade partidária.

O então Partido da Frente Liberal (hoje DEM) consultou o TSE acerca da titularidade dos mandatos em eleição proporcional, nestes termos:

> Os partidos e coligações têm o direito de preservar a vaga obtida pelo sistema eleitoral proporcional, quando houver pedido de cancelamento de filiação ou de transferência do candidato eleito por um partido para outra legenda? (Consulta 1398).

Por unanimidade, o TSE respondeu à consulta de forma afirmativa: ou seja, caso o parlamentar, eleito por um partido, o abandone, o cargo deve permanecer no partido (perdendo ele, portanto, o mandato). Embora não houvesse uma regra explícita na Constituição – e a perda de um mandato jamais pudesse ser objeto de uma interpretação extensiva – chamou atenção, entre os votos, a consideração do Ministro Cezar Peluso:

> Arrisco a diagnosticar que (...) uma das causas da debilidade dos partidos políticos reside, precisamente, na indiferença oficial e popular quanto à desenfreada transmigração partidária que se observa nos parlamentos. (...) o reconhecimento e a vivência de que o mandato pertence ao partido, não à pessoa do mandatário, têm, entre outros, o mérito de fortalecer a identificação e a vinculação ideológica entre candidatos, partidos e eleitorado.

Mais uma vez, o que transparece é a avaliação dos ministros acerca da conveniência da medida, sobretudo, como forma de fortalecer a vida partidária. A judicialização da política se repete, na medida em que a análise do texto constitucional cede ao impulso reformador, ou seja, a visão dos juízes acerca da fragilidade da vida partidária, na ausência da cláusula de fidelidade. Mas é exatamente isso o que acontecia, consoante esclarece José Afonso da Silva, não apenas um dos principais constitucionalistas do país, mas um assessor presente nos trabalhos constituintes:

> Mas a Constituição não permite a perda do mandato por infidelidade partidária. Ao contrário, até o veda, quando, no art. 15, declara vedada a cassação de direitos políticos, só admitidas a perda e suspensão deles nos estritos casos indicados no mesmo artigo.[114]

A solução, então, foi buscar uma chave-mestra que, como se verá, será o principal condutor da judicialização da política: o princípio da moralidade administrativa. Consta da argumentação do relator, Ministro Cesar Ásfor Rocha:

> Todavia, parece-me incogitável que alguém possa obter para si – e exercer como coisa sua – um mandato eletivo, que se configura essencialmente como uma função política e pública, de todo avessa e inconciliável com pretensão de cunho privado. O princípio da moralidade, inserido solenemente no art. 37 da Carta Magna, repudia de forma veemente o uso de qualquer prerrogativa pública, no interesse particular ou privado, não tendo relevo algum afirmar que não se detecta a existência de norma proibitiva de tal prática.

Recapitulando, a reprovável troca de legenda após a eleição, deixou de ser causa de perda de mandato segundo a Constituição de 1988, no corpo de uma decisão política, tomada por quem

---

114 SILVA, José Afonso da. *Curso de Direito Constitucional Positivo*. 28ª ed. São Paulo: Malheiros, 2007, p. 407.

havia sido eleito para tomá-la; não obstante, considerando que esta medida causaria danos à integridade dos partidos políticos, ela reingressa no texto constitucional por quem não fora eleito para aprová-la. O ministro relator deixou ainda mais claro os motivos pelos quais a decisão era imperiosa:

> Um levantamento preliminar dos Deputados Federais, eleitos em outubro de 2006, mostra que nada menos de trinta e seis parlamentares abandonaram as siglas partidárias sob as quais se elegeram; desses trinta e seis, apenas dois não se filiaram a outros grêmios partidários e somente seis se filiaram a partidos políticos que integraram as coligações partidárias que os elegeram (...) Não tenho dificuldade em perceber que razões de ordem jurídica e, sobretudo, razões de ordem moral, inquinam a higidez dessa movimentação, a que a Justiça Eleitoral não pode dar abono, se instada a se manifestar a respeito da legitimidade de absorção do mandato eletivo por outra corrente partidária, que não recebeu sufrágios populares para o preenchimento daquela vaga.

E assim o fazendo, o TSE, posteriormente abonado pelo STF, prosseguia em uma dinâmica que ganharia corpo mais adiante: a realização da reforma política via decisões judiciais, invadindo, sem pudores, o campo legislativo – ainda que, reconheça-se, com o estímulo dos próprios partidos, que se acostumaram a buscar nas decisões judiciais sucedâneos para as derrotas políticas. E, com base em uma suposta interpretação de princípio constitucional, esvaziou direitos da própria Constituição, ao acrescer regra então inexistente acerca de perda de mandato.[115]

---

115 Como explicam Thales e Camila Cerqueira, por força do Código Eleitoral e da Lei n. 9.504/97, a Resolução do TSE até poderia ter força de lei ordinária, "jamais status constitucional". Em resumo: atuou como legislador positivo constitucional, adiantando a reforma política, criando uma hipertrofia e invadindo espaço do Poder Legislativo". (CERQUEIRA, Thales Tácito;

Enfim, o Judiciário criou a regra da fidelidade partidária como mecanismo de defesa do eleitor, mas logo se abriria em exceções: não vale para os cargos majoritários, como senador; não vale se houve motivos para a desfiliação (mudança ideológica do próprio partido); não vale se for para ingressar em nova legenda, nas chamadas janelas de transferência – todas exceções criadas pelo próprio Judiciário, considerando que a norma paradigma também não era descrita na Constituição. Ou seja, abriu-se, como em outras oportunidades, uma espécie de norma constitucional dependente de decisão judicial.

Do ponto de vista histórico, observe-se que a infidelidade partidária como condição de perda do mandato é novidade inserida na Constituição pela Emenda 1/69, no período da ditadura, e foi uma das primeiras cláusulas a ser revogada por emenda constitucional após posse do governo civil, em 1985 (Emenda 25), certamente porque a própria transição dependeu da infidelidade partidária dos então membros do PDS, que passavam a se constituir em Partido da Frente Liberal.[116] A Constituição de 1988 não ignorou a ques-

---

CERQUEIRA, Camila. *Fidelidade Partidária e Perda de Mandato no Brasil*. São Paulo: Premier Máxima, 2008, p. 251).

116 Como lembra Rocha: "Na composição, Marco Maciel era o preferido da ala dos 'autênticos' para ocupar a candidatura de vice-Presidente na chapa do PMDB. A Emenda Constitucional 11, de 1978, no entanto, impunha perda de mandato ao candidato que disputasse eleições depois de trocar de legenda partidária. O veto atingia Maciel, mas não alcançava José Sarney, que havia sido eleito senador em 1978 – e era o preferido de Tancredo". (ROCHA, Antônio Sérgio. "Genealogia da Constituinte: do autoritarismo à democratização". *Lua Nova*, São Paulo, nº 88, 2013, p. 51). E continua: "No início de 1985, às vésperas da posse do novo governo, o Congresso Nacional instalou uma Comissão Interpartidária sobre Legislação Eleitoral e Partidária. O Objetivo era dar os primeiros passos rumo à nova institucionalidade democrática, por meio da eliminação de alguns dos principais entraves legais postos na ordem pública pelo autoritarismo. Tratava-se do que à época se chamou 'remoção do entulho autoritário'". Nesse movimento, que contou com extensão do direito de voto aos analfabetos, a abolição da sublegenda (que viera do Pacote de Abril), a supressão do voto vinculado,

tão da fidelidade partidária, mas relegou expressamente para os partidos, não trazendo de volta a regra criada na ditadura que, posteriormente, retorna pela interpretação constitucional do TSE, abonada pelo STF.

O avanço do STF também se revela na interferência sobre competências exclusivas da Presidência da República, como a decisão política da extradição ou a concessão de indulto;[117] mais ainda a vedação a nomeação de ministros com base em supostos desvios de finalidade.[118] Nestes casos, e tantos outros que estão povoando o cotidiano forense, até de pequenos municípios, o que se verifica é uma expansão exagerada de poder, quase exclusivamente fundamentada, como já adiantamos, no princípio da moralidade administrativa.[119]

---

a volta à legalidade dos partidos cassados, entre outros dispositivos, estava contida também o fim do instituto de fidelidade partidária.

117 No caso da extradição, venceu por diminuta margem (6x5) a tese de que a decisão judicial da extradição era mesmo uma condição necessária, embora não suficiente, para aprová-la. A decisão política, inclusive pelas consequências diplomáticas, sempre foi da presidência da República. A discussão acirrada deu-se acerca da extradição de Cesare Battisti, cuja concessão de asilo pelo Ministério da Justiça também foi questionada na base do princípio da moralidade administrativa.

118 Diversa foi a posição tomada pelo STF em três oportunidades em que impediu, liminarmente, a posse de ministros nomeados pelo Presidente da República: Lula, no governo Dilma; Cristiane Brasil, na presidência de Michel Temer e Alexandre Ramagem, por Bolsonaro. Em nenhum dos casos, houve decisão de mérito. Entre os argumentos deduzidos pelos ministros, a ideia de "desvio de finalidade", ou seja, a probabilidade de que ao nomear o ministro, o Presidente tivesse intenção de satisfazer outro desejo (conceder o foro privilegiado, no caso de Lula; praticar advocacia administrativa em prol dos filhos do Presidente, no caso de Ramagem).

119 Como afirma Perez Tremps, preocupante é o fato de que a importância da justiça no processo de legitimação do Estado democrático acaba sendo por vezes excessivo, sobretudo porque vem "cobrir" as lacunas que outras instituições: uma instituição tirada de seu lugar natural, com todos os riscos que isso comporta, em especial a invasão em outros poderes. Por tudo isso, sugere que o juiz constitucional esteja ele mesmo imbuído do "self restraint" (PÉREZ TREMPS, Pablo. *Tribunal Constitucional y Poder Judicial.* Madri: Fundación Alternativas, 2003).

O que está em jogo aqui não são direitos fundamentais sonegados, a que o Judiciário não pode se omitir em efetivar; mas subjaz uma certa lógica de superioridade moral, partindo de quem, com isenção, delineia a forma justa e ideal de administração, sobre a forma corrupta e predatória que estaria dilapidando os bens públicos, sem reconhecer que a política é, por excelência, um produto de escolhas, inviável de ser exercida sob uma base abstrata.

Assinalando os percalços da representação – "a dificuldade do sistema representativo de expressar efetivamente a vontade majoritária da população" –, Luís Roberto Barroso faz uma distinção entre juízes e políticos que ajuda a compreender em que se funda essa ideia de supremacia judicial:

> Em curioso paradoxo, o fato é que em muitas situações juízes e tribunais se tornaram mais representativos dos anseios e demandas sociais do que as instâncias políticas tradicionais. É estranho, mas vivemos uma quadra em que a sociedade se identifica mais com seus juízes do que com seus parlamentares. (...) o acesso a uma vaga no Congresso envolve um custo financeiro elevado, que obriga o candidato, com frequência, a buscar financiamentos e parcerias com diferentes atores econômicos e empresariais. Esse fato produz uma inevitável aliança com alguns interesses particulares. Por essa razão, em algumas circunstâncias, juízes são capazes de representar melhor – ou com mais independência – a vontade da sociedade.[120]

---

120 BARROSO, Luís Roberto. "A Razão sem Voto. A função representativa e majoritária das Cortes Constitucionais". *Revista de Estudos Institucionais*, vol. 2, nº 2, 2016. Em grande medida pelo fato de terem sido aprovados em concursos públicos, o que estaria valendo inclusive para o STF, sobretudo em sua então composição (o texto foi escrito em 2016): "Na prática, porém, a quase integralidade dos Ministros integrantes da Corte é composta por egressos de carreiras jurídicas cujo ingresso se faz por disputados concursos públicos". Para uma contraposição, o argumento de Lotta e Abramovay: "(...) o mundo político parece estar sempre relacionado a alguma forma de corrupção, o que não ocorreria com o corpo técnico, que se supõe impoluto

A construção do modelo ideal de política, sem política, tende a produzir um desgaste sobre o que mais se pretende defender, a democracia. É esse aliás o principal subproduto da judicialização da política, a despolitização da sociedade – dos movimentos sociais aos partidos – e, consequentemente, o desprestígio pela própria democracia.[121] Quem se locupleta com a antipolítica, ao final, são aqueles que não dependem da democracia para o exercício do poder.

Entre o ativismo que garante direitos fundamentais e é inescapável e a judicialização que apenas substitui os executores de políticas, com base em premissas morais, existe uma classe de ações, cuja sintonia de equilíbrio não é simples de ser encontrada. Um exemplo disso é a judicialização no campo da saúde. O desabrigo de quem não consegue comprar medicamentos ou realizar procedimentos urgentes para a preservação da vida dificilmente é recusado em juízo, o que muitas vezes pode resultar, face ao vulto com que o mecanismo ganhou, em uma repartição orçamentária que não prime pela eficiência ou pela justiça. A questão central é que as demandas individuais atingiram um volume tão expressivo que hoje são determinantes das políticas públicas – ainda que sem uma prévia escolha política. De lado a lado mecanismos têm sido pensados para lidar com uma situação que já saiu do controle.

Pelo lado do Judiciário, tem havido constante crescimento dos paradigmas de restrições (critérios de suficiência econômica,

---

e o principal meio de obter as soluções corretas. Mas é evidentemente autoritária essa visão de que os eleitos (produtos da democracia), estão sempre de alguma forma relacionados à corrupção. Assim como é ingênua a visão de que os técnicos, concursados, estariam livres de serem corrompidos". (LOTTA, Gabriela; ABRAMOVAY, Pedro. *A democracia equilibrista*: políticos e burocratas no Brasil. São Paulo: Companhia das Letras, 2022, p. 50).

121 Denival Silva: "(...) quanto menor a participação do Judiciário na solução das questões ligadas à vida democrática, maiores são suas qualidades". (SILVA, Denival Francisco da. *De guardião a vilão*: a construção do Poder Judiciário no desmonte da democracia no Brasil. Florianópolis: EMais, 2018, pp. 236/237).

vedação à utilização off-label, concentração de competência nos casos de medicamentos experimentais).[122] Pelo legislador, a inserção do consequencialismo como medida de contenção, na LINDB. Mas é fato que ainda carecemos de mecanismos mais permeáveis de soluções de conflitos que envolvem políticas públicas, cujo cumprimento e acompanhamento nem sempre pode-se conter na chave defere-indefere.

Deve-se levar em conta também os efeitos do princípio da inércia, segundo o qual a iniciativa de suscitar o Judiciário é sempre de uma parte – do cidadão desenganado com a omissão do Poder Público, do líder da minoria, em face de manobras da Casa Legislativa etc. Como lembra Da Ros, abrir mão destas funções de "elevada saliência política" não é algo que dependa exclusivamente dos juízes:

> Convém observar, contudo, que se afastar dessa lógica não é uma tarefa fácil para o STF, eis que esta em grande medida independe de decisão própria do tribunal. Não apenas o desenho institucional do órgão, mas também seus usos pelos diversos proponentes (especialmente partidos políticos), acabam obrigando o tribunal a ter de analisar a constitucionalidade de praticamente todo tipo de legislação e política pública adotada em âmbito nacional e mesmo estadual, aproximando-se mais do que afastando o STF de temas com imediatos reflexos político-partidários.[123]

---

122 Tema 106 do STJ (em repercussão geral): "A concessão dos medicamentos não incorporados em atos normativos do SUS exige a presença cumulativa dos seguintes requisitos: i) Comprovação, por meio de laudo médico fundamentado e circunstanciado expedido por médico que assiste o paciente, da imprescindibilidade ou necessidade do medicamento, assim como da ineficácia, para o tratamento da moléstia, dos fármacos fornecidos pelo SUS; ii) incapacidade financeira de arcar com o custo do medicamento prescrito; iii) existência de registro do medicamento na ANVISA, observados os usos autorizados pela agência".

123 ROS, Luciano da. "Difícil hierarquia: a avaliação do STF pelos magistrados da base do Poder Judiciário". *Revista Direito GV*, São Paulo, vol. 9(1),

Mas esta é uma meia-verdade, porque também pressupõe a aceitação de uma competência que abre portas para um sem-número de processos que, segundo as práticas mais antigas de *self-restreint*, nem sequer seriam suscitados.

Na análise dos diversos modelos de judicialização, em *The Global Expansion of Judicial Power*, Tate e Vallinder chamaram atenção para o caso italiano, que vivia a *transformação jurídica mais significativa desde o fascismo*, no qual líderes seriam "juízes" (na verdade o que reconheceríamos aqui, e também nos Estados Unidos, como promotores, no modelo italiano, integrados na mesma carreira da magistratura). Referindo-se às consequências então visíveis da Operação Mãos Limpas, afirmam que a política italiana teria sido massivamente judicializada. E, em companhia dos analistas italianos, apontam que "a expansão do poder de juízes quase completamente independentes e irresponsáveis está causando sérios danos às liberdades dos italianos".[124] Isto sem ainda contabilizar a ironia histórica da chegada ao poder de Silvio Berlusconi, em face da degradação dos partidos tradicionais na "luta contra a corrupção".

No âmbito do sistema penal, a judicialização da política se opera em uma espécie de *ativismo persecutório* – a superação de regras tradicionais do processo para supostamente aumentar a eficácia do sistema repressivo. A busca em atender uma vontade popular, todavia, não consubstanciada na Constituição. Poucos institutos serviram tão bem de exemplo quanto a utilização da condução coercitiva dos indiciados não intimados, no bojo da Operação Lava Jato. A ideia da coerção na condução só faz sentido jurídico na resistência do intimado ao comparecimento a determinado ato. Mas segundo as novas regras, a condução coercitiva era

---

2013, pp. 55/56. Disponível em: http://bibliotecadigital.fgv.br/ojs/index.php/revdireitogv/article/view/20889/19613. Acessado em: 14.06.2021.

124 TATE, C. Neal; VALLINDER, Torbjörn. *The Global Expansion of Judicial Power*. Nova York: NYUP, 1995, p. 521 (tradução livre).

determinada pelo juiz para que o indicado fosse levado à delegacia para prestar declarações, de surpresa, ao mesmo tempo em que eram cumpridos mandados de busca e apreensão, em endereços a ele vinculados. A coerção, que na lei se destina a romper a desobediência e a reverter a contumácia, tinha na verdade o objetivo de embaraçar a defesa, dificultar acesso à orientação jurídica, e turbar o conhecimento do indiciado acerca de eventuais apreensões. Enfim, esvaziar e não prestigiar a ampla defesa, de status de direito fundamental.

Mais do que uma "condução coercitiva", o ato representava uma espécie de prisão de curtíssima duração, construída, sobretudo, para fragilizar a defesa. Para justificar, a explicação de que a condução coercitiva seria *redução de danos*, evitando a decretação de uma prisão preventiva, cuja cautelaridade, por óbvio, tampouco se demonstrava.

A ilegalidade desta fúria persecutória, louvada anos a fio pela imprensa que glorificou a imagem de todos aqueles que nela se empenharam, só foi efetivamente reconhecida muito tempo depois. O STF, em decisão por maioria (ADPF 395 e 444), adequou o art. 260, do Código de Processo Penal, para reputar inconstitucional a condução coercitiva *para interrogatório*. Mesmo quem votou no sentido contrário, como por exemplo, a ministra Carmen Lúcia, destacou que a condução coercitiva poderia ser realizada se derivada de uma recusa de comparecimento à intimação – o que nunca fora o caso ventilado na Operação Lava Jato. Mais adiante, Gilmar reconheceria essa inovação da Operação Lava Jato como um dos indícios da parcialidade do juiz Sérgio Moro, no cômputo de sua atuação como juiz e acusador.

De toda a forma, mesmo reputando a condução coercitiva como inconstitucional, o STF cometeu a imprudência de não anular os processos em que ela teria ocorrido, pois não viu "necessidade de debater qualquer relação dessa decisão com os casos pretéritos". A modulação apenas para o futuro deixou, em desabrigo, a tutela da ampla defesa, cuja *pausa democrática*, ou uma forma mais palatável de descrever o estado de exceção, foi indiretamente reconhecida. Difícil de explicar do ponto de vista jurídico, a decisão de anular os processos tinha, à época, um enorme custo político que apenas o tempo atenuaria. Essa também pode ser uma explicação para a decisão de reconhecer a incompetência da 13ª Vara da Justiça Federal (e assim anular todos os processos) anos depois da arguição das Defesas, monocraticamente pelo Ministro Edson Fachin. A importância do componente político da decisão judicial é uma das questões centrais que move este ensaio, sobretudo o difícil equilíbrio entre protagonismo e submissão, mas deixemos no seu escaninho para dissecá-lo no próximo capítulo.

Enfim, a impossibilidade de permitir este ativismo persecutório de que se falou, se dá justamente pelo fato de que não há, na decisão judicial, nenhum intuito de preservar ou garantir direitos fundamentais. Ao revés, a ampla defesa sai dele sempre esfacelada. Como assinalam Melchior e Casara:

> (...) o ativismo judicial em matéria criminal é absolutamente prejudicial à tutela dos direitos fundamentais por várias razões. Ao transformar o Estado-Juiz em agente de uma suposta "guerra contra o crime", o ativismo desloca o local constitucionalmente demarcado para o discurso do julgador (*locus* da imparcialidade), possibilitando/sugerindo a atuação abusiva do poder jurisdicional, ao mesmo tempo em que fragiliza o regime das garantias constitucionais (que, nesse quadro, passam a ser percebidas como óbices à eficiência bélica).[125]

Não à toa, os autores defendem um *passivismo judicial*, uma espécie de *self-restreint* no âmbito criminal, de modo a, pelo menos, minorar as arbitrariedades.

---

125 CASARA, Rubens R.R.; MELCHIOR, Antonio Pedro. *Teoria do Processo Penal Brasileiro – dogmática e crítica*: conceitos fundamentais. vol. 1. Rio de Janeiro: Lumen Juris, 2013, p. 193.

Um outro exemplo do ativismo no âmbito criminal é a interpretação a partir de uma suposta *evolução constitucional* com que o STF chegou a esvaziar a cláusula pétrea da presunção de inocência, permitindo a chamada "prisão em segundo grau" – ainda que depois tenha voltado atrás, por uma diminuta margem, conforme será apreciado no próximo capítulo.

Entre os argumentos empregados, um suposto *repúdio social à impunidade* que, reconhecido sem a mediação de norma legal, representaria a judicialização da política em estado bruto – ou seja, a autorização para que o Judiciário busque por si só traduzir desejos na sociedade, que ainda não tivessem sido transformados em leis pelo Congresso. Essa recolha direta da vontade popular, a par de ser de impossível realização justamente pelo corpo técnico e "apolítico" do Estado, tende a dinamitar a função contramajoritária do juiz. E aqui a solução do paradoxo pode causar um problema ainda maior: se é ruim a situação de descrédito no juiz (o que, todavia, não impede que as pessoas depositem neles sua esperança), pior ainda é a do juiz que corre atrás para corresponder ao anseio popular.

Essa ânsia de legitimação às avessas põe em risco o que o juiz tem mais particular, a natureza de seu trabalho, inconciliável com a forma de decisão dos demais poderes, ou seja, submetidos às maiorias, portanto, aos apelos populares. A indistinção da atuação judicial será, como veremos a seguir, justamente o seu calvário.

CAPÍTULO II

O PROTAGONISMO SUBMISSO

A infiltração das decisões judiciais no espectro mais amplo da política, seja pela decisão em questões eleitorais, de políticas públicas ou na filtragem da moralidade dos atos do governante, conduz, sem dúvida, a um compartilhamento de poder até então desconhecido. Ministros que não são eleitos tomam decisões que podem esvaziar o resultado das eleições; o Tribunal pode inviabilizar a ação do Presidente, impedindo-o, inclusive, de nomear os próprios ministros. Como não são submetidos ao crivo das urnas, nem a de qualquer controle administrativo (os ministros do STF, por exemplo, nem sequer são atingidos por atos do CNJ), o pesadelo democrático é a criação de autoridades com poder que só elas próprias controlam.

No linguajar popular isso significaria uma espécie de "ditadura dos juízes".

Na vida real, todavia, não é certo dizer que isso aconteça; ou que os juízes se assenhoram de um poder e, de forma organizada, passam a exercê-lo com base em interesses pessoais, de categoria ou afins.

O que me arrisco a dizer é o contrário: que o excesso de judicialização da política leva necessariamente à politização da justiça, situação na qual os juízes são cada vez mais dependentes das maiorias e, exatamente por isso, com menos poder. Porque se, para gozarem de certo prestígio, é necessário ser legitimado pela mídia, sustentado pela opinião pública, ou aceito pelo "mercado", é sinal de que passam a deter menos poder do que a própria Constituição lhes aufere, que é o de decidir com base em suas próprias interpretações das normas. E aqui reside nosso segundo paradoxo. A ânsia de acompanhar o anseio social não apenas abre uma fissura na defesa da constitucionalidade, em relação a competências ou processos, como reabre o vínculo com as maiorias.

Veja-se, a propósito, o caso da proibição do nepotismo em todos os poderes, que examinamos anteriormente: várias questões jurídicas ficaram para trás, seja a possibilidade de obrigar os poderes a partir de uma interpretação estendida e ambígua do princípio da moralidade, seja a necessidade de precedentes idênticos para a edição da Súmula Vinculante. Mas, como defende Luís Roberto Barroso, pouco importa, pois a decisão foi tomada "em claro alinhamento com as demandas da sociedade em matéria de moralidade administrativa".[126]

Uma das questões essenciais é saber as condições pelas quais os juízes, naturalmente alheios às questões políticas, teriam para perscrutar essa vontade popular ou "anseio social", ou, mais precisamente, qual o âmbito de abrangência desta pesquisa, se não recairá apenas sobre a chamada "opinião pública", opinião publicada pela mídia ou a opinião dos setores que melhor se articulam com a mídia – por exemplo, nas questões ligadas às reformas previdenciária ou trabalhista. Ou apenas a percepção classista dos próprios julgadores. O grande risco, aliás, é confundir representação com populismo e, ademais, como aponta Thomas Bustamante, fugir a qualquer objetividade na interpretação:

> (...) em Barroso, o que define a interpretação construtiva não é a responsabilidade de demonstrar a sua racionalidade, mas o fato de ela estar baseada na sensibilidade e na percepção

---

126 BARROSO, Luís Roberto. "A Razão sem Voto. A função representativa e majoritária das Cortes Constitucionais". *Revista de Estudos Institucionais*, vol. 2, nº 2, 2016, p. 532, onde também defende que a decisão de conferir ao CNJ a competência originária para processos administrativos "atendeu ao anseio social pela reforma do Judiciário".

> do intérprete. É por isso que Barroso, na contramão de qualquer possibilidade de objetividade, define uma decisão judicial como "representativa" quando ela for capaz de coincidir com "sentimento social" da maioria.[127]

Enfim, quanto mais o juiz mergulha no terreno das maiorias, mais acresce o seu protagonismo – submisso, todavia, aos elementos que o mantém neste platô. Nada explica melhor esse protagonismo submisso do que o prestígio do grande condenador, o que supera paradigmas tradicionais do direito, emprega leituras arrojadas supostamente em defesa da sociedade, e fulmina a "impunidade que é a marca do sistema". Esse juiz estará coberto de prestígio, desde, é lógico, que continue a exercer o poder da forma como a sociedade (ou parte dela que o toca) exige que o faça. A despeito da fama e fortuna, este juiz se transmuda em réu, pois passa a ser condenado a condenar.

E não é coincidência que as situações se superponham pois o *condenador* é um dos principais realizadores da pauta do mercado – sobretudo quando a corrupção (a do servidor, bem compreendida) funciona como uma alavanca para o encolhimento do próprio espaço público. Embora a corrupção deite raízes, sobretudo, na interferência do poder econômico sobre o político, via de regra vem traduzida como um problema moral, que o direito penal está em condições de resolver, e sintoma de uma ineficiência do Estado que as privatizações podem contornar. A mídia se encarrega de fazer as duas engrenagens funcionar sincronicamente, contribuindo para formatar, em especial, a opinião pública das classes médias.

---

127 Bustamante vai além na crítica ao fazer uma equiparação com a tese de *revolução permanente*, com que Francisco Campos justificava os atos institucionais durante a ditadura: "ambos estão baseados na ideia de que uma autoridade detém competência para continuadamente redefinir a ordem jurídica para o fim de atingir fins de natureza geral". (BUSTAMANTE, Thomas. "A Triste História do juiz que acreditava ser Hércules". *In*: OMMATI, José Emílio. *Ronald Dworkin e o Direito brasileiro*. vol. 2. Belo Horizonte: Conhecimento, 2021).

A esta altura, impõe considerar, sobretudo, a função contramajoritária do Judiciário, um reflexo necessário das democracias constitucionais, cuja premissa é justamente não se restringir à lógica das maiorias, sobretudo, em face da preservação dos direitos fundamentais.

Como aponta Maurício Martinez:

> (...) no novo modelo de Estado social o poder público está limitado em suas decisões e na disponibilidade normativa; enquanto no Estado legislativo a sujeição à lei expressava o respeito à vontade popular, no novo modelo, a dita submissão é válida, mas em relação a todo o ordenamento e, sobretudo, de ordem objetiva dos direitos, imposto pela supremacia constitucional ainda independentemente da dita vontade geral; em outras palavras, a integridade e a realização digna do ser humano precedem axiologicamente à vontade política das pessoas.[128]

Esta ideia está na base das democracias constitucionais, que não se restringem a reconhecer o valor da maioria. Mas que, sobretudo, mantêm um espaço protegido das maiorias, temas em relação aos quais não se pode submeter a votações. São os direitos fundamentais, cápsulas de proteção dos indivíduos, acerca da prevalência comum da vontade geral. Como define o autor português Jorge Reis Novais, os direitos fundamentais são uma espécie de *trunfos contra a maioria* – num equilíbrio de tensão entre Estado de Direito, fundado na dignidade humana, e a cláusula da maioria, caracterizador do sistema democrático.[129]

---

128 MARTINEZ, Mauricio. "Populismo punitivo, maiorias e vítimas". *In*: BATISTA, Vera Malaguti; ABRAMOVAY, Pedro (Coord.). *Depois do Grande Encarceramento*. Rio de Janeiro: Revan, 2010, p. 315.

129 NOVAIS, Jorge Reis. *Direitos Fundamentais*: trunfos contra a maioria. Coimbra: Coimbra Editora, 2006.

Nas democracias constitucionais, o papel do juiz é, fundamentalmente, o de garante destes direitos. Veja o caso da Constituição brasileira, que instituiu nosso Estado Democrático de Direito. Há um conjunto de direitos fundamentais, encimando o texto constitucional, agregados, sobretudo, mas não somente, no art. 5º, sendo um deles o princípio de inafastabilidade da jurisdição. Ou seja, nenhuma lesão ou ameaça de lesão a direito pode ser afastada da apreciação do Judiciário. Assim, é o juiz o destinatário último das garantias inscritas no texto constitucional, porque a ele a Constituição determina que se recorra para evitar ou reparar qualquer lesão. E não haveria sentido em situar o juiz como o garante dos direitos fundamentais, aqueles que são os *trunfos contra a maioria*, se tivesse o juiz que decidir com base no apelo destas.

Esclarece Novais:

> É precisamente quando se sustenta uma posição que não tem o apoio da maioria ou, mais ainda, que é impopular aos olhos da maioria ou merece a sua rejeição ativa e até violenta, que os direitos fundamentais são verdadeiramente úteis e o conceito de Estado de Direito revela a mais-valia, a força e a autonomia relativamente ao conceito de democracia.[130]

Esta é a ideia da função contramajoritária do juiz. Não quer dizer que o juiz deva ser um extraterrestre, para desconhecer a própria sociedade que habita, ou um arrogante e cínico a ignorá-la, por desprezível. Mas que não pode submeter a leitura dos direitos fundamentais ao crivo do "anseio social", pois ele é justamente um anteparo à vontade da sociedade, para proteger os indivíduos.

Uma forma muito elegante de desenhar esta situação tem sido frequentemente utilizada em textos e aulas, com o emprego

---

130 NOVAIS, Jorge Reis. *Direitos Fundamentais*: trunfos contra a maioria. Coimbra: Coimbra Editora, 2006, p. 34.

da figura de Ulisses, personagem central da Odisseia de Homero. Sobretudo, sua forma de evitar possíveis danos ao ouvir o *canto das sereias*, na travessia de volta à Itaca:

> (...) antes de mais nada, ordenou ela que evitássemos a divina voz das Sereias e seu florido prado; ordenou que apenas eu as ouça. Mas que seja eu atado com fortes laços, de modo que permaneça imóvel, de pé, junto ao mastro, preso por cordas. Se vos implorar e ordenar que me solteis, apertai-me com ainda mais laços (...).
>
> (...) e eles amarraram minhas mãos e pés, permanecendo eu em pé junto ao mastro, atado por cordas (...).
>
> (...) então elas cantaram, e suas vozes magníficas inundaram-me o coração com o desejo de as ouvir, e, com um movimento das sobrancelhas, ordenei meus camaradas que me soltassem; eles, porém, curvaram-se sobre seus remos e continuaram a remar (...) (Homero, Odisseia, Livro XII).[131]

Enfim, Ulisses pretendia ouvir o canto das sereias, sem passar pelo risco de ser por ele enfeitiçado, ou por elas tragado. Ordenou que seus marinheiros tapassem os ouvidos com cera e que ele, por sua vez, fosse amarrado a um mastro e nele fosse mantido, mesmo que desse uma ordem contrária a seus marinheiros. Estar amarrado ao mastro é o que defende Ulisses dele mesmo, de seus arroubos, de seu desejo imprudente. Como explicam Lênio Streck e outros:

> Do mesmo modo, as Constituições funcionam como as correntes de Ulisses, através das quais o corpo político estabelece

131 *Apud* SILVA, Virgilio Afonso. “Ulisses, as sereias e o poder constituinte derivado”. *Revista de Direito Administrativo*, nº 226, 2001, p. 11. Disponível em: https://constituicao.direito.usp.br/wp-content/uploads/2001-RDA226-Ulisses_e_as_sereias.pdf. Acessado em: 14.06.2021.

> algumas restrições para não sucumbir ao despotismo das futuras maiorias (parlamentares ou monocráticas).[132]

Ao juiz cabe manter a amarra, a defesa que a sociedade impôs a si mesma, para evitar que, ao cumprir o anseio social – este canto das sereias moderno do juiz majoritário – direitos fundamentais venham a ser desprezados. Não é a maioria, portanto, ou o anseio popular, que define a interpretação destes: essa inversão, todavia, ocorre com frequência no Judiciário e, de forma ainda mais marcante, no sistema penal. A tentação de desprezar os limites para a ação do Estado, que são todos eles direitos fundamentais, para capitalizar a aprovação popular, destroça a ideia mesma de democracia constitucional e esvazia, ao invés de valorizar, o trabalho do juiz. Julgar de acordo com a opinião pública pode valorizar atributos pessoais, não a função em si do magistrado.

A questão é ainda mais relevante quando em discussão temas morais que projetam intensa controvérsia. Foi com uma elegia ao papel contramajoritário do juiz, aliás, que o Ministro Celso de Mello iniciou seu histórico voto pela inclusão da homotransfobia no delito de racismo:

> Sei que, em razão de meu voto e de minha conhecida posição em defesa dos direitos das minorias (que compõem os denominados "grupos vulneráveis"), serei inevitavelmente incluído no "Index" mantido pelos cultores da intolerância cujas mentes sombrias – que rejeitam o pensamento crítico, que repudiam o direito ao dissenso, que ignoram o sentido democrático da alteridade e do pluralismo de ideias, que se

---

132 STRECK, Lenio Luiz; BARRETO, Brasil Vicente; OLIVEIRA, Rafael Tomaz. "Ulisses e o canto das sereias: sobre ativismos judiciais e os perigos da instauração de um 'terceiro turno da constituinte'". *Revista de Estudos Constitucionais, Hermenêutica e Teoria do Direito*, vol. 1, nº 2, 2009, p. 76. Disponível em: http://revistas.unisinos.br/index.php/RECHTD/article/view/47/2401. Acessado em: 14.06.2021.

> apresentam como corifeus e epígonos de sectárias doutrinas fundamentalistas – desconhecem a importância do convívio harmonioso e respeitoso entre visões de mundo antagônicas!!! Muito mais importante, no entanto, do que atitudes preconceituosas e discriminatórias, tão lesivas quão atentatórias aos direitos e liberdades fundamentais de qualquer pessoa, independentemente de suas convicções, orientação sexual e percepção em torno de sua identidade de gênero, é a função contramajoritária do Supremo Tribunal Federal, a quem incumbe fazer prevalecer, sempre, no exercício irrenunciável da jurisdição constitucional, a autoridade e a supremacia da Constituição e das leis da República. (Ação Direta de Inconstitucionalidade por Omissão – ADO 26)

Tem-se tornado hábito, em processos penais formatados como espetáculos, a realização e publicação de pesquisas de opinião acerca do julgamento – como se houvesse algum sentido na submissão de determinada acusação criminal ao veredito popular, ainda que se trate de fatos ou pessoas notórias.

Atenção ao alerta dado por Antônio Magalhães Gomes Filho, que defende na motivação das sentenças, a publicidade inerente a um desejável controle de legitimidade:

> É preciso não confundir, entretanto, o objetivo de um controle geral e difuso da opinião pública sobre a atuação do Judiciário, inerente à motivação e à publicidade dos julgamentos, com outra coisa, absolutamente indesejável, que seria a submissão dos juízes a pressões resultantes de sondagens junto à população, com o propósito de fazer crer que a sociedade quer determinada decisão. Além do risco concreto de manipulação de resultados, isso acabaria mesmo por suprimir a função jurisdicional, levando o magistrado a

> adotar, como próprias, escolhas adotadas, ilegitimamente, em outras instâncias decisórias.[133]

Não bastassem os demais perigos da jurisdição refém das maiorias, acresce-se um ainda maior que é o desconhecimento dos opinantes acerca dos elementos do processo. A simplificação com que a mídia ilustra os procedimentos em nada tem a ver com a profundidade de temas e de fatos, aí incluídos testemunhos, documentos ou perícias, que normalmente estão contidos em um processo, sem contar, obviamente, com a densidade das alegações. Aí costuma residir a diferença entre o sensacionalismo e a informação: algumas poucas palavras, sobretudo aquelas que mais provocam emoções, são transmitidas pela mídia; mas o conjunto dos elementos dos autos raramente é de conhecimento daqueles que palpitam e acabam formando a "opinião pública" que seduz até incautos magistrados.

A insuficiência de informação é combustível para a construção de impressões muitas vezes distantes da realidade. Duas pesquisas estrangeiras, dispostas a avaliar a consistência do senso comum universal de que "juízes são lenientes" chegaram a conclusões similares: quanto maior a informação recebida pelo público menor a repulsa e a sensação de leniência para com as sentenças, sinal de que o intermediário pode tornar esse processo menos e não mais esclarecedor.

No estudo descrito por Doobs e Roberts, publicado pela *Canadian Journal of Beahviour Science*, relata-se que 116 pessoas foram escrutinadas a partir de uma descrição curta ou longa de um processo judicial que receberam. Aqueles que tiveram acesso à versão longa contendo informações mais próximas àquelas disponíveis para o juiz ficaram significativamente mais satisfeitas com a sentença, do que os que só tiveram acesso a uma descrição

---

133 GOMES FILHO, Antonio Magalhães. *A motivação das decisões penais*. São Paulo: RT, 2001, p. 81.

abreviada. Outra série de estudos, desta vez com 568 entrevistados, comparou as avaliações da sentença de quem leu apenas relatos da mídia sobre ela, e de quem leu todo ou parcialmente o processo. Os que leem pela mídia geralmente ficam menos satisfeitos com a sentença. Têm a impressão de maior leniência.[134]

Outra pesquisa publicada no artigo "Sentencing Trends in Britain", apura, preliminarmente, que os juízes receberam avaliações significativamente mais negativas do que qualquer outro grupo do sistema criminal em face da leniência. Há, no entanto, uma dissonância entre a leniência que imaginam e a que existe na realidade: há muito menos crimes graves e mais prisões nestes, do que supõem aqueles que se submetem à pesquisa. E quando solicitados a produzir a avaliação de uma sentença em um caso específico de roubo, 67% dos entrevistados teriam optado pela pena de prisão; quando têm acesso ao conhecimento mais amplo acerca das alternativas legais, apenas 54% mantiveram a sugestão.[135]

A opinião pública, instigada e estimulada pela mídia, dificilmente não se faz companheira em processos notáveis, homicídios escabrosos, tragédias impactantes, processos que envolvam políticos ou autoridades. É difícil evitar essa convivência, até pela regra natural de publicidade dos atos judiciais. Ao juiz, todavia, restará a possibilidade de desprezar a pressão, honrando a função contramajoritária de que está investido, garantindo direitos ainda que ao frenesi popular se pareçam com privilégios, circunscrevendo-se às limitações da lei, mesmo que isso transpareça fraqueza; assumindo o conjunto constitucional de compromissos com a defesa, ainda que para isso granjeie intensa antipatia.

---

134 ROBERTS, Julian; DOOB, Antony. "Social Psycology, Social Attitudes and Attitude Toward sentencing". *Canadian Journal of Behavioural Science/ Revue canadienne des Sciences du comportement*, vol. 16, 1984, p. 269.

135 HOUGH, Mick; ROBERTS, Julian. "Sentencing trends in Britain – Public knowledge and public opinions". *Punishment and Society*, vol. 1 (1), 1999, pp. 15-21.

Todo o contexto do crescimento institucional do Judiciário, como se observou no capítulo anterior, em especial, a circunstância de que o Poder passa a ser um importante instrumento na luta política, bem como a sedução com que a mídia redescobre o poder, aumenta fortemente a oportunidade do juiz de se transformar em uma celebridade – também esta uma consequência, ou subproduto, do empoderamento da Justiça. É aí que se produz com mais intensidade, a tentação populista ou, como traduz Garapon, a possibilidade de um acesso direto a um *auditório universal*, quando o juiz recorre à arbitragem da opinião pública. O enfraquecimento do Estado e a fantástica tribuna que a mídia oferece despertam uma mentalidade de cruzadas numa parte da magistratura. Continua Garapon: "Alguns juízes reivindicam abertamente o recurso à estratégia da mídia para lutar contra o 'engavetamento' de alguns casos. Mas seria esse papel de um juiz, ter uma estratégia?"[136]

Está aí uma discussão que passou, recentemente, a integrar nossa gramática de julgamentos. O papel de juiz estrategista foi visto com ênfase pela primeira vez na atuação do Ministro Joaquim Barbosa, como relator no julgamento da Ação Penal 470 (Mensalão). Quando se viu um julgamento fortemente pautado pela mídia, inclusive quanto ao momento de sua realização, e a criação de personagens que permitiram contar a história como se fosse uma novela.

Veja-se, por exemplo, a forma como o próprio julgamento foi pautado:

> Será realizado na primeira semana de maio o julgamento do mais rumoroso escândalo político da história recente do País. Com 38 réus, quase 50 mil páginas divididas em 233 volumes, o processo do mensalão do PT já está pronto para passar pelo crivo do plenário do Supremo Tribunal Federal.

---

136 GARAPON, Antoine. *Juiz e a Democracia*: o guardião das promessas. Rio de Janeiro: Revan, 1996, p. 67.

> Os 11 ministros do STF já começaram a conversar sobre os procedimentos que serão adotados e o voto do relator Joaquim Barbosa está praticamente concluído, dependendo apenas de ajustes finais. A única pendência é o texto do revisor Ricardo Lewandowski, mas o ministro paulista diz que não pretende arcar com a responsabilidade de retardar um julgamento tão aguardado pela opinião pública.[137]

Observe-se que o julgamento acabará sendo marcado, antes mesmo que o revisor possa liberá-lo, como acontece normalmente nos julgamentos colegiados. E isto porque, explica a matéria, Lewandowski "diz que não pretende arcar com a responsabilidade de retardar um julgamento tão aguardado pela opinião pública". Como se a expectativa da opinião pública pudesse de alguma forma servir de orientação para a pauta. E, mais, sem que houvesse qualquer urgência jurídica – posto que não havia prescrição em perspectiva. Mas a urgência claramente era política; havia uma enorme pressão da mídia, que exercia com intensa dedicação um papel verdadeiramente *oposicionista*.

Mas a preparação não se resumiu à abertura da sessão; várias foram as estratégias do relator, mudando ao longo do tempo, entre as quais, o fatiamento do julgamento para permitir a participação do Ministro Cezar Peluso, à beira da aposentadoria, ao menos em parte dele; as mudanças no roteiro de votação das penas, que surpreenderam o revisor; o espaçamento de uma sessão para o voto do Ministro Celso de Mello no conhecimento dos Embargos Infringentes (o que lhe causou um período de intensa exposição, ao cabo da qual, desabafaria: "Nunca vi pressão tão ostensiva da

---

137 Istoé.com, edição de 19/12/2012. Como mais tarde viriam a narrar Felipe Recondo e Luiz Weber, o próprio Joaquim Barbosa também via "o mensalão como um caso que mudaria a história do tribunal – e do país". (RECONDO, Felipe; WEBER, Luiz. *Os Onze*: o STF, seus bastidores e suas crise. São Paulo: Companhia das Letras, 2019, p. 163).

mídia para subjugar um juiz").[138] Pintado com ares de patriotismo, o cumprimento do mandado de prisão foi marcado para um 7 de setembro.

Em termos de conteúdo, o julgamento recebeu várias críticas e representou uma guinada na própria jurisprudência do STF que, até então, vinha se alinhando em uma perspectiva garantista. *Um ponto fora da curva*, caracterizou Luís Roberto Barroso, na sabatina a que se submetera antes da nomeação.[139]

De todas as interpretações questionáveis, ganhou ênfase o mau uso da teoria do domínio do fato, que viria a ser criticado pelo seu mais importante doutrinador, o jurista alemão Claus Roxin.[140] Não à toa. A teoria do domínio do fato fora elaborada como uma teoria de direito penal, apta a atribuir a autoria, mesmo àquelas pessoas que não tivessem praticado o núcleo verbal do tipo (como "matar alguém"). Na doutrina brasileira, nem haveria muita discussão: o mandante dos crimes, que não o pratica diretamente, é tido como "partícipe". Mas, considerando o que dispõe nosso Código Penal, em seu art. 29 ("Quem quer que concorra para o crime, incide nas penas a ele cominadas"), a identificação de autor ou partícipe não reunia grande significado pragmático – até

138 BERGAMO, Mônica. "Nunca a mídia foi tão ostensiva para subjugar um juiz, diz ministro Celso de Mello". *Folha de S. Paulo*, 2013. Disponível em: https://www1.folha.uol.com.br/colunas/monicabergamo/2013/09/1347507-nunca-a-midia-foi-tao-ontensiva-para-subjugar-um-juiz-diz-ministro-celso-de-mello.shtml. Acessado em: 15.06.2021.

139 RIBEIRO, Jeferson. "Barroso diz que mensalão foi ponto fora da curva no STF". *G1*, 2013. Disponível em: http://g1.globo.com/politica/noticia/2013/06/barroso-diz-que-mensalao-foi-ponto-fora-da-curva-no-stf.html. Acessado em: 15.06.2021.

140 SCOGUGLIA, Livia. "Claus Roxin critica aplicação atual da teoria do domínio do fato". *Consultor Jurídico*, 2014. Disponível em: https://www.conjur.com.br/2014-set-01/claus-roxin-critica-aplicacao-atual-teoria-dominio-fato. Acessado em: 15.06.2021. Crítica muito bem desenvolvida em GRECO, Luis; LEITE, Alaor. "Fatos e mitos sobre a teoria do domínio do fato". *Folha de S. Paulo*, coluna Tendências e Debates, 2013.

porque mantém-se possível aumentar a pena de quem organiza o crime. Mas a teoria gestada na Alemanha buscava identificar, por exemplo, comandantes de campos de concentração como autores de extermínio, ainda que sem realizar qualquer ato executivo. A teoria, todavia, foi desvirtuada para o campo processual no julgamento do mensalão – como se o fato de determinada pessoa ser "comandante" (ou Presidente de partido, ministro) fosse suficiente para presumir a responsabilidade, com menor necessidade de prova. Era exatamente o inverso, pois, no campo probatório, mesmo pela teoria do domínio do fato, continuava sendo necessário demonstrar a vinculação do comandante com atos de seus comandados, sobretudo, consciência e vontade de sua realização. A mera posição de poder ou liderança não poderia ser interpretada como presunção de consciência e vontade – como acabou sendo por aqui.

A despeito da crítica, o julgamento do Mensalão foi, sobretudo, um sucesso de público. Entre as proezas, catapultou Joaquim Barbosa a uma posição de herói ("O menino pobre que mudou o Brasil", diria a Revista Veja na capa de sua edição de 10/10/2012), cotado, inclusive, para ser candidato a Presidente da República.[141] Mas seja em termos de estratégia, seja em termos de endeusamento, ainda assim não se compararia ao que estaria por vir: a Operação Lava Jato era "outro patamar".

---

141 FERNANDES, Talita; BRANDINO, Géssica. "DataFolha mostra potencial de Barbosa para PSB e indefinição para tucanos". *Folha*, 2018. Disponível em: https://www1.folha.uol.com.br/poder/2018/04/datafolha-mostra-potencial-de-barbosa-para-psb-e-indefinicao-para-tucanos.shtml. Acessado em: 15.06.2021; EL PAÍS. "Lula cai e Joaquim Barbosa desponta com até 10%". *El País*, 2018. Disponível em: https://brasil.elpais.com/brasil/2018/04/14/politica/1523729933_579711.html. Acessado em: 15.06.2021; TERRA. "Joaquim Barbosa lidera corrida presidencial entre manifestantes". *Terra*, 2013. Disponível em: https://www.terra.com.br/noticias/brasil/politica/datafolha-joaquim-barbosa-lidera-corrida-presidencial-entre-manifestantes,8fca5022d986f310VgnVCM20000099cceb0aRCRD.html. Acessado em: 15.06.2021.

2.1 Lava Jato, a cruzada

Essa ligação direta com o povo vai servir para superar quaisquer obstáculos, como leis ultrapassadas, jurisprudências pouco ousadas, enfim, uma nova forma de julgar, com esteio, sobretudo, no apoio popular. A busca pela legitimidade fora das fronteiras, como veremos, não vai servir apenas para superar a lei, como um daqueles policiais vingadores que se autonomizam da hierarquia para agir, mas superar a própria política. A marca de "luta contra a corrupção" tem exatamente este enfoque: é preciso promotores e juízes corajosos para superar os hábitos perversos dos políticos, para conseguir julgá-los. Mas depois que promotores e juízes corajosos superam os hábitos perversos dos políticos, por que não deveriam ocupar eles mesmos, de uma forma mais honesta, os seus lugares? O heroísmo moralizador depende do aniquilamento da democracia representativa e, ao mesmo tempo, é um forte catalisador de seu esvaziamento. Mas o resultado da "antipolítica", como a história teima em nos mostrar, costuma ser muito pior do que a política que supostamente combatia.

Esse heroísmo não era apenas cultivado como estratégia de marketing, se não admitido mesmo. A conversa abaixo, reproduzida dos laudos apresentados em decorrência da Operação Spoofing, hoje alocados na Reclamação 43007 (STF) são sugestivos:

> 13 Mar 16
>
> 22:19:29 DELTAN: E parabéns pelo imenso apoio público hoje. Você hoje não é apenas mais um juiz, mas um grande líder brasileiro (ainda que isso não tenha sido buscado). Seus sinais conduzirão multidões, inclusive para reformas de que o Brasil precisa, nos sistemas político e de justiça criminal. Sei que vê isso como uma grande responsabilidade e fico contente porque todos conhecemos sua competência, equilíbrio e dedicação.
>
> 22:31:53 MORO: Fiz uma manifestação oficial. Parabéns a todos nós.

> 22:48:46 MORO: Ainda desconfio muito de nossa capacidade institucional de limpar o Congresso. O melhor seria o Congresso se auto limpar, mas isso não está no horizonte. E não sei se o STF terá força suficiente para processar e condenar tantos e tão poderosos.

É possível fazer um breve paralelo entre a *Mani Pulite* (Operação Mãos Limpas, na Itália) e a Lava Jato – seja como método, seja como resultado. Mas a melhor forma de fazê-lo é por intermédio da análise do próprio ex-juiz Sérgio Moro. Em 2004, dez anos antes da Operação Lava Jato, Moro escreveu o artigo "Considerações sobre a operação *Mani Pulite*",[142] onde descrevia, sem esconder sua fascinação, os métodos e resultados provocados na Itália. Impressão manifestada mesmo depois, importante observar, que Berlusconi chegara ao poder – ponto que costuma ser um divisor de águas para o aplauso ou ceticismo com o movimento.[143]

Para Moro, tratava-se de "*uma das mais exitosas cruzadas judiciárias contra a corrupção política e administrativa*", ou o que se poderia chamar de "*momento extraordinário na história contemporânea do Judiciário*". No artigo, apresenta o resultado

---

142 MORO, Sergio Fernando. "Considerações sobre a operação Mani Pulite". *Revista CEJ*, nº 26, pp. 56-62. Disponível em: https://www.conjur.com.br/dl/artigo-moro-mani-pulite.pdf. Acessado em: 15.06.2021.

143 Curioso que a questão fora minimizada à época. Em sua tese de Doutoramento na UERJ, "Entre parábolas e teoremas: uma sociologia política de Lava Jato e Mani Pulite", Amanda Evelyn Cavalcanti de Lima cita dois momentos diferentes em que o perigo Berlusconi foi afastado. Na coluna de Elio Gaspari, no jornal Folha de S. Paulo, em 28/01/2015 ("A deslegitmação da política"): "Para Elio Gaspari, o Brasil já teria tido seus Berlusconis e não havia essa possibilidade no horizonte próximo", p. 207; e o próprio Moro em palestra no Instituto Lide: "(...) o então juiz afirmava que o próximo governo não seria assumido por um *aventureiro*, fazendo referência à ascensão de Silvio Berlusconi na Itália", reproduzido da coluna de Elizabeth Lopes ("Contra crítica, Moro diz ter 'bom saldo' para prisões"), publicada n' O Estado de São Paulo, São Paulo, 29 ago. 2015, p. 208.

da operação de uma forma muito similar à que viria a ser apresentada a Lava Jato uma década depois, com números superlativos:

> 2.993 mandados de prisão haviam sido expedidos; 6.059 pessoas estavam sob investigação, incluindo 872 empresários, 1.978 administradores locais e 438 parlamentares, dos quais quatro haviam sido primeiros-ministros.

Moro reconhecia que a chegada ao poder de Berlusconi tinha tudo a ver com a operação: "grande empresário da mídia local, ingressou na política em decorrência do vácuo de lideranças provocado pela ação judicial e mediante a constituição de um novo partido político". Mas o vácuo de lideranças e o redesenho partidário em si não lhe parecia um subproduto desfavorável. Ao revés, Moro aponta, citando Donatella Porta e Alberto Vanucci, que a "deslegitimação da classe política propiciou um ímpeto às investigações de corrupção e os resultados desta fortaleceram o processo de deslegitimação".[144] E concluiu: "O processo de deslegitimação foi essencial para a própria continuidade da operação".

Em resumo, a deslegitimação da política na Itália, segundo a sua avaliação, não teria sido uma consequência desfavorável da Mãos Limpas, mas ao contrário, indispensável a ela. Por que, supor, que no Brasil, o retrato seria muito diferente?

Na análise dos métodos, é possível depreender como a Operação Lava Jato estava desenhada antes mesmo de nascer, na descrição de Porta e Vanucci, por ele colocada em destaque:[145]

---

144 O artigo faz referência à PORTA, Donatella, VANUCCI, Alberto. *Corrupt exchanges*: actors, resources and meschanisms political corruption. Nova York: Aldine de Gruyter, 1999.

145 PORTA, Donatella; VANUCCI, Alberto. *Corrupt exchanges*: actors, resources and meschanisms political corruption. Nova York: Aldine de Gruyter, 1999.

> A estratégia de investigação adotada desde o início do inquérito submetia os suspeitos à pressão de tomar decisão quanto a confessar, espalhando a suspeita de que outros já teriam confessado e levantando a perspectiva de permanência na prisão pelo menos pelo período da custódia preventiva no caso da manutenção do silêncio ou, vice-versa, de soltura imediata no caso de uma confissão.

Não se estranhe que uma das principais críticas que recebeu a condução dos processos da Operação Lava Jato tenha sido justamente a consolidação da prisão preventiva como instrumento da delação.[146] E por outros requisitos que não sejam os previstos em lei – que formatam a ideia de cautelaridade, uma prisão para assegurar a integridade do processo. Discorrendo sobre as Mãos Limpas, enfatizou Moro: "A prisão pré-julgamento é uma forma de se destacar a seriedade do crime e evidenciar a eficácia da ação judicial, especialmente em sistemas judiciais morosos".

Chamou a atenção de Moro, ademais, o largo uso da imprensa de que fizeram parte os responsáveis pela investigação. Assim: "a investigação da Mani Pulite vazava como uma peneira. Tão logo alguém era preso, detalhes de sua confissão eram veiculados no 'L'Expresso', no 'La Republica' e outros jornais e revistas simpatizantes".

Em resumo: "As prisões, confissões e a publicidade conferida às informações obtidas geraram um círculo virtuoso, consistindo na única explicação possível para a magnitude dos resultados

---

146 Diálogo significativo de 04/08/2017: "Advogados do Bendine estão tentando falar com o Moro e com vocês para dizer que ele quer fazer um acordo de colaboração e não ir para o CMP [Complexo Médico Penal, em Pinhais, região metropolitana de Curitiba-PR]... Moro pediu para transferir o Bendine só na segunda. DELTAN: kkkk; nunca uma transferência foi tão eficiente rsrsrs. Pediram reunião para segunda de manhã"; ou este de 08/07/2016: "ORLANDO SP: (...) Se dermos uma prensa em Paulo Soares e Camilo, conseguimos a colaboração deles facinho, pois estão ferrados. Temos muitos fundamentos para uma preventiva clássica..." (Laudos da Operação Spoofing, juntados à RCL 43007, STF).

obtidos pela operação". A magnitude dos resultados dependeu da prisão processual, da delação, e da extensa publicidade, sobretudo os vazamentos na imprensa *simpatizante*. Difícil crer que, a esta altura, já não estaríamos falando sobre a própria Lava Jato.

Nesta breve descrição, encontramos, como sugere Garapon, os juízes que têm a *mentalidade de cruzada*, aqueles que reivindicam abertamente as *estratégias midiáticas*, e os que se entregam à *deriva populista*, em busca de um acesso direto à população, por sobre leis, jurisprudências e até mesmo os políticos, a quem, na continuidade do raciocínio, devem substituir. Ainda com Garapon: "(...) esse contato direto do juiz com a opinião pública é proveniente, além disso, do aumento do descrédito do político. O juiz mantém o mito de uma verdade que se basta, que não precisa mais da mediação processual".[147]

Não à toa, vários destes juízes se catapultam dos processos direto para a política – sobretudo porque alguns partidos e políticos com interesses imediatos, lhes oferecem alianças com expectativas de faturar com a companhia. Sem perceber que a ascensão dos combatentes da corrupção é, por essência, o esvaziamento dos políticos.

Portanto, bem além de exercitar a função contramajoritária do juiz, os cruzadistas pretendem fazer o reverso: buscar no apoio direto à população mecanismos que lhes permitam se sobrepor às hierarquias, às burocracias e aos estamentos partidários que pretendem suceder. No que diz respeito à jurisdição propriamente dita, a incorporação da "opinião pública" como aditivo de fundamentação, que permite sacramentar os fins que justifiquem meios, é basicamente um suicídio. A lógica Lava Jato, como tivemos oportunidade de apontar,[148] dilacerou a racionalidade do STF,

---

147 GARAPON, Antoine. *Juiz e a Democracia*: o guardião das promessas. Rio de Janeiro: Revan, 1996, p. 66.

148 SEMER, Marcelo. "Lógica Lava Jato dilacera racionalidade do STF". *Revista Cult digital*, 2018. Disponível em: https://revistacult.uol.com.br/home/logica-lava-jato-dilacera-racionalidade-do-stf/. Acessado em: 15.06.2021.

levando o tribunal a uma prática de decisões *ad-hoc* (decisões casuísticas) e, até mesmo em razão disso, a uma flutuação frequente da jurisprudência.

Antes de prosseguir com a análise dos instrumentos que podem limitar o poder do juiz – e evitar a deriva populista – uma questão interessante sobre o estrondoso erro na tradução de sistemas, que fez com que a Mãos Limpas, formatada em modelo processual totalmente diverso do nosso, servisse de exemplo para a Lava Jato. O equívoco, deliberado ou não, foi o de comparar o papel do juiz italiano que realizava função que no sistema brasileiro é exclusiva do representante do Ministério Público. No Brasil, não existe a reunião das funções na mesma carreira, como na Itália:[149] se Sérgio Moro moldou sua atitude à vista dos juízes italianos que combateram mafiosos na Operação Mãos Limpas, deveria ter se mudado para o MPF antes da persecução penal – não durante ela.

A questão, que parece simples à primeira vista, se tornou quase irreconhecível no cotidiano. Tornou-se comum falar em Lava Jato, sem saber, exatamente, a que instituição ou grupo se referia. E, de certa forma, essa confusão acabou por acobertar uma situação mal compreendida e mal analisada, ao menos até o

---

149 Neste sentido, a explicação (para um leigo) de Giuseppe di Frederico ("Italy: a peculiar case", *in* The Global Expansion of Judicial Power, pp. 235/236): "Qualquer estrangeiro com um mínimo de conhecimento das características gerais do sistema judiciário do seu próprio país, ou dos países democráticos em geral, ficaria bastante intrigado se revisse o conteúdo recente da mídia italiana (...). Ele ou ela encontraria, dia após dia, e em grande abundância, manchetes e artigos relatando que vários "juízes" estão dirigindo ou supervisionando grandes operações policiais, questionando suspeitos de corrupção, conduzindo extensos interrogatórios de testemunhas ou suspeitos, decidindo jogá-los na prisão sob prisão preventiva, ordenando e conduzindo seu confronto direto na prisão e decidindo libertá-los ou confiná-los em prisão domiciliar, muitas vezes como um reconhecimento de sua vontade de colaborar por meio de confissões de seus próprios crimes ou fornecendo os nomes de seus cúmplices (...). Mas se aprofundando no assunto e recorrendo a outras fontes que não a mídia, ele descobriria que, apesar do título atribuído a eles, esses "juízes" na verdade são promotores públicos..." (tradução livre).

momento. Deltan Dallagnol e Sérgio Moro jamais fizeram parte de uma equipe conjunta, que se pudesse chamar de "Lava Jato". Eles eram dois vértices de um triângulo processual, que se completa com o representante da defesa. A ideia disseminada, no entanto, é a de que Moro e Dallagnol estivessem do mesmo lado, tanto que quando vaza o material do The Intercept Brasil[150] – e depois, com muito mais intensidade, os dados periciados da Operação Spoofing, mostrando uma relação juridicamente promíscua entre promotor e juiz, muitos disseram que era algo "normal"; que afinal de contas, tinham interesses comuns ou que faziam parte da mesma equipe, simbolicamente, a "equipe contra a corrupção".

Essa promiscuidade jurídica, ora evidenciada, ora ocultada, afronta, sobretudo, a ideia do sistema acusatório, segundo o qual, o juiz que vai julgar não pode ter participação na acusação. O que está em jogo aqui é a premissa primeira da jurisdição, a imparcialidade. Nem mesmo a grotesca ideia de "combater a corrupção" pode juntar na mesma equipe aquele que acusa e aquele que julga. O sistema processual que reuniu essas duas figuras foi extremamente famoso no passado e até hoje tem a marca de sua nascença: o sistema inquisitório. Porque justamente na Inquisição é que se reuniam as duas figuras em uma mesma pessoa: o acusador era também o juiz – nestes casos, sejamos sinceros, que chance tem a defesa?

A separação de funções passa a ser essencial. O sistema acusatório é um dos principais instrumentos para evitar a perda de imparcialidade do juiz na esfera criminal, impedindo que ele seja um parceiro da acusação, ou que possa promovê-la na ausência ou silêncio do Ministério Público.[151] Jacinto Nelson de Miranda Couti-

150 "As mensagens secretas da Lava Jato". *The Intercept Brasil.* Disponível em: https://theintercept.com/series/mensagens-lava-jato/. Acessado em: 15.06.2021.

151 Casara: "(...) a maior garantia para a imparcialidade endoprocessual, isto é, para a imparcialidade no iter processual penal, é a inércia do órgão julgador (ne procedat iudex ex officio) que, somada ao correlato ativismo do Ministério Público e ao fato de a gestão da prova estar nas mãos das partes,

nho explica bem as razões da longevidade do sistema inquisitorial, lastreado nas estruturas de poder. Nascido por opção política historicamente demarcada, no âmbito da Igreja Católica, no IV Concílio de Latrão (1215), o sistema inquisitorial:

> Resistiu – e resiste – como o mais apurado sistema jurídico do qual se tem conhecimento, tendo persistido por tanto tempo justo por sua simplicidade, isto é, porque usa o próprio modelo de pensamento (por excelência) da civilização ocidental. Ao permitir – sobremaneira – que se manipule as premissas (jurídicas e fáticas), interessa e sempre interessou aos regimes de força, às ditaduras, aos senhores do poder.[152]

A doutrina processual penal costuma traduzir o sistema brasileiro como um sistema *misto*, porque mantém na lei resquícios do sistema inquisitorial, como a possibilidade de o juiz determinar a realização de provas ou condenar réu mesmo com pedido de absolvição por parte da acusação. Mas essa construção choca-se com a incorporação do sistema acusatório pela Constituição de 1988, que confere competência ao Ministério Público como titular exclusivo da ação penal – matou por incompatibilidade diversas regras infraconstitucionais até então vigentes, como uma espécie de processo chamada de judicialiforme (que nascia com o delegado e passava ao juiz, sem a presença da acusação) ou o mais questionável "recurso de ofício", exigindo uma análise pelo segundo grau de certas decisões, mesmo sem que houvesse recurso do MP. Curiosamente, a invalidação de várias providências de ofício até o momento habituais (como a decretação de prisão do juiz, sem

garantiria o distanciamento necessário ao julgamento e à justiça da decisão". (CASARA, Rubens R. R. *Mitologia Processual Penal*. São Paulo: Saraiva, 2015, p. 146).

152 COUTINHO, Jacinto Nelson de Miranda. "Sistema acusatório. Cada parte no lugar constitucionalmente demarcado". *Revista de Informação Legislativa*, Senado Federal, vol. 46, nº 183, jul./set. 2009, p. 105.

pedido do Ministério Público) volta à baila justamente com a Lei Anticrime que aprova, à revelia de seu criador, o ex-Ministro Sérgio Moro, a figura do Juiz das Garantias e todo o entorno de regras incorporando o sistema acusatório.

A incongruência das normas processuais era grande o suficiente para que a Constituição de 1988 provocasse a edição de um novo Código de Processo Penal – sobretudo, porque o código vigente de 1941, tinha nítida inspiração no código italiano, editado na época do fascismo. Que até os dias de hoje não tenhamos tido um novo CPP, com o tamanho das divergências ideológicas, só não é incompreensível porque se deveu não à omissão ou desleixo, mas a relutância dos setores conservadores em concretizar os princípios constitucionais. Este atraso quase secular deu-se justamente pela resistência às mudanças constitucionais – apostando-se que os juízes não seriam capazes de declarar a não-recepção das normas antigas, pela incompreensão das diretrizes constitucionais. Aposta, aliás, bem-sucedida.

Observe-se, apenas como comparação, que o Código de Processo Civil, que era da mesma época (1939), sofreu no período duas substituições: o CPC 1973 e, mais recentemente, o CPC 2015. As mudanças processuais penais, todavia, foram acontecendo, de forma fatiada, o que, como veremos, acabou por proporcionar melhores oportunidades para a resistência. A cada mudança, uma luta política no Congresso e outra jurídica na jurisprudência. Assim se deu com a transmissão da titularidade das perguntas em audiência (do juiz para as partes) e, mais recentemente com a aprovação do Juiz das Garantias – enquanto o projeto do novo Código de Processo Penal, que já continha a regra, mofava há duas décadas nos escaninhos do Parlamento.

Voltando à Lava Jato, é de se observar que tanto Dallagnol quanto Moro buscaram trazer ao ordenamento brasileiro inovações do sistema norte-americano, seja na proposta das "10 Medidas contra a Corrupção", capitaneada pelo MPF, seja no Pacote Anticrime, apresentado pelo Ministério da Justiça. Essa "norte-americanização" do processo tinha como fundamento, sobretudo, os pontos que poderiam legitimar ações que fizeram sucesso de público na operação, a começar pelo desenvolvimento da justiça negocial, pelo qual os ganhos de eficiência compensariam os questionamentos éticos: acordos de leniência, delação premiada, *plea bargaining* etc.[153]

Mas é preciso compreender que o perfil da justiça negocial só se encaixaria dentro da ideia do sistema acusatório. A figura do juiz instaurador de operações policiais, do juiz violador de sigilos, do juiz conselheiro do promotor, são simplesmente inimagináveis no horizonte do processo penal norte-americano. Prova é um atributo de competência da acusação, jamais do juízo. A importação seletiva de institutos, mas não de conceitos, projeta a ideia de um processo penal completamente manco, um processo penal utilitarista que, em um breve resumo, procura justificar meios para determinados fins.[154] A ideia de um processo como garantia, razão de ser do processo penal em um Estado Democrático de Direito, assim, se esfumaça plenamente.

---

153 E com uma aplicação muito pouco ortodoxa destes instrumentos. Segundo Iara Lopes, "O descompasso é largo entre aquilo que vem se homologando nos acordos de colaboração premiada e aquilo que poderia ser efetivamente cumprido se respeitada a legislação". Uma das críticas esposadas pela autora é justamente acerca da inserção nos acordos de colaboração de temas que diziam respeito à sentença, as penas e até sua forma de execução, portanto, não disponíveis ao órgão da acusação que os negociou – o que só alimenta a ideia da promiscuidade de funções. Muitos destes semáforos ultrapassados visavam ampliar significativamente os incentivos, de modo a tornar as benesses muito vantajosas – com o que aumentava, também, o risco de que as cooperações não fossem verdadeiras. (LOPES, Iara Machado. *O sistema penal brasileiro em tempos de lavajatismo*. Florianópolis: EMais, 2020, pp. 90-105).

154 O projeto "10 Medidas contra a Corrupção" já era de certa forma esse mecanismo de conceber a lei (e o próprio juiz) como um obstáculo. Não à toa, buscava eliminar causas de nulidades, viabilizar provas ilícitas, e amputar o poder judicial nos habeas corpus. A propósito, SEMER, Marcelo. "Com *10 Medidas*, MP propõe um Código para chamar de seu". *Justificando*, 2016. Disponível em: http://justificando.com/2016/08/20/com-10-medidas-mp-propoe-um-codigo-para-chamar-de-seu/. Acessado em: 15.06.2021.

Esse paradoxo *lavajatista* entre o fundamento na justiça negocial e o esvaziamento do sistema acusatório tornou-se ainda mais cristalino com a publicação das conversas entre membros do MP e estes com o então juiz Sérgio Moro em aplicativos, notadamente o Telegram. Em relação a este material, é de observar duas importantes considerações:

a) as conversas entre Deltan e Moro, acerca dos processos da Lava Jato, sobretudo o julgamento de Lula, nunca foram privadas (ou jamais deveriam tê-lo sido). Trata-se de conversas que tiveram consequências relevantes no processo e que, por isso mesmo, deveriam ter sido submetidas ao escrutínio público, especialmente ao conhecimento e a intervenção das defesas. A impossibilidade de as defesas se manifestarem acerca de tais conversas equivale a serem expulsas de uma hipotética sala de audiência, enquanto o destino jurídico de seus representados ali se decide, em um convescote entre juiz e promotor. Isto significa dizer que o vício da ocultação das conversas precede ao da própria interceptação ilícita;

b) todas as apurações independentes, ou seja, por outras fontes de informação, confirmaram plenamente a existência e veracidade dos diálogos, até porque vários jornalistas se reconheceram nas transcrições obtidas. De outro lado, não obstante não tenha havido a admissão por parte dos conversantes, nenhuma informação produzida ou interpretada nos diálogos teve seu conteúdo materialmente impugnado. A Operação Spoofing, desencadeada pela Polícia Federal, quando o próprio Moro era ministro da Justiça, acabou por conferir maior legitimidade ao conteúdo, periciado e licitamente encaminhado à Defesa. Pelas regras jurisprudenciais atuais, a prova seria apta para o uso em uma defesa criminal – circunstância defendida até pelo próprio MPF quando da elaboração das "10 Medidas contra a Corrupção".[155]

---

155 "A proposta deixa claro também que uma prova não pode ser considerada ilícita se o seu objetivo for provar a inocência de alguém", diz a rubrica explicativa acerca da medida no site institucional do Ministério Público

Afinal, o que as gravações mostraram[156] é, sobretudo, um trabalho de equipe, uma espécie de *dobradinha* mesclando sugestões e análises em conjunto. O que só seria possível, se ambos, Dallagnol e Moro, estivessem de um mesmo lado – que é exatamente a acusação que pesa contra o juiz.

Os exemplos são vários.

Na conversa de 07/12/2015, registrada no laudo da Operação Spoofing, Moro relata a Dallagnol que uma *fonte* o informara sobre uma possível testemunha a ser arrolada pela acusação.

> Fonte me informou que a pessoa do contato estaria incomodada por ter sido ela solicitada a lavratura de minutas de escrituras para transferência de propriedade de um dos filhos do ex-Presidente. Aparentemente, a pessoa estaria disposta a prestar a informação. Então, estou repassando. A fonte é séria.

Deltan avisa que fará contato e depois comunica que a testemunha *arriou*, e pensa em fazer uma intimação ("*Estou pensando em fazer uma intimação oficial até com base em notícia apócrifa*"). Recebe como resposta que, de fato, é *melhor formalizar.* O promotor sugere, então, indicar a *fonte intermediária*. Ou seja, juiz e promotor estariam discutindo como chamar uma testemunha que deveria ser

---

Federal, "10 Medidas contra a corrupção", mostrando, inclusive, a pouca novidade sobre o tema: "Essas exceções à ilicitude da prova já são admitidas pela jurisprudência nacional e também pela americana, que nos serve de parâmetro em relação ao tema". ("As 10 medidas autorizam o uso da prova ilícita?" *Ministério Público Federal.* Disponível em: http://www.dezmedidas.mpf.mp.br/perguntas-frequentes/as-10-medidas-autorizam-o-uso-de-prova-ilicita. Acessado em: 15.06.2021).

156 Quando não identificada a fonte, trata-se dos relatórios juntados pela Defesa, com a degravação dos áudios, na Reclamação 43007, em que o relator, Ministro Enrique Lewandowski levantou o sigilo, portanto, podem ser consultados livremente no site do STF.

prova produzida pela acusação, para ser posteriormente avaliada pelo próprio juiz. A produção de prova diretamente pelo juízo é evitada com esse estratagema de passar, *em off*, para o promotor e ainda discutir com ele, a melhor forma de intimá-la – ou seja, como a defesa deveria tomar conhecimento de sua localização.

Em outra conversa, de 16/10/2015, Moro questiona Dallagnol acerca de posição que o MPF tomará no processo (que está, lembremos, sujeito à sua própria decisão): "Que história é essa que vocês querem adiar? Vocês devem estar brincando. Não tem nulidade nenhuma, é só um monte de bobagem".[157] Não bastasse antecipar a decisão que deve prolatar acerca de um pedido da defesa, ainda reclama da posição a ser tomada pelo MPF, antes que ela seja concretizada. E na conversa de 17/11/2015, faz outra reclamação:

> MORO: Olha, está um pouco difícil de entender umas coisas. Por que o MPF recorreu das condenações dos colaboradores (...) na ação penal 5012331-04? O efeito prático é impedir a execução da pena (...) Basta recorrer só das penas dos não-colaboradores a meu ver. Na minha opinião, estão provocando confusão.

Na conversa de 27/06/2017, Moro aponta que "seria conveniente" agilizar julgamento de apelação no TRF, em relação a um réu condenado que está preso. Um pedido pouco sutil, sobretudo, quando acompanhado da informação "*parece que está para parecer na segunda instância*", ou seja, no momento a agilização depende mesmo é do MPF. Segue-se o diálogo, de onde se depreende que Moro quer apressar julgamento sobre a sentença por supor que esta tem mais chance de ser mantida.

---

157 THE INTERCEPT BRASIL. "Leia os diálogos de Sergio Moro e Deltan Dallagnol que embasaram a reportagem do Intercept". *The Intercept Brasil*, 2019. Disponível em: https://theintercept.com/2019/06/12/chat-sergio-moro-deltan-dallagnol-lavajato/. Acessado em: 15.06.2021.

Na conversa após o interrogatório de Lula, novo pedido de colaboração de Moro a Dallagnol: "Talvez vocês devessem amanhã editar uma nota esclarecendo as contradições do depoimento com o resto das provas" – colocando ênfase na disputa de narrativa na mídia, diante da relevância estratégica, como se pôde constatar (reproduzido no diálogo de 10/05/2017). Na conversa de 16/10/2015, mais demonstração do *trabalho em equipe*: "MORO: Marcado, então? Decretei nova prisão de três da Odebrecht tentando não pisar em ovos. Receio alguma reação negativa do STF. Convém vcs avisarem PGR; DELTAN: Marcado. Show".

Na conversa de 02/02/2016, Moro discute com Dallagnol uma petição da Odebrecht "com aquela questão", e arremata: "vou abrir prazo de 3 dias para vocês se manifestarem". Passa um dia do aviso e ele já indaga, com indisfarçável ansiedade: quando será a manifestação do MP? A cobrança tem resultado. Deltan afirma que pretende mandar no dia seguinte, porque "queremos fazer bem-feita", mas "mandamos hoje se for importante para você" – e, afinal, encaminha uma versão ainda não oficial (ou seja, fora do protocolo), para que o juiz veja antes de se tornar oficial.[158]

Essa forma de intimação íntima, uma espécie de Diário Oficial a domicílio, verificou-se em inúmeras outras situações. Em 13/10/2016, o juiz chama a atenção de que "PF pede urgência na manifestação"; Deltan responde "*ok*" segundos depois e ao cabo de algumas horas, comunica que a manifestação "*Foi protocolada*". Idêntico *modus operandi* em 19/05/2017: "MORO: Preciso com urgência de manifestação do MPF quanto a testemunhas no 501560857 com certa urgência; DELTAN: Vai hoje nossa manifestação"; e ainda, em 03/08/2015: "ATAHYDE CF, mensagem

---

158 PODER 360. "Vaza Jato: Moro pediu manifestação do MPF e orientou contra delação de Cunha". *Poder 360*, 2019. Disponível em: https://www.poder360.com.br/lava-jato/vaza-jato-moro-pediu-manifestacao-do-mpf-e-orientou-contra-delacao-de-cunha/. Acessado em: 15.06.2021.

do Russo: 'No 503612554 tem aquela história dos e-mails da Odebrecht para o MPF se manifestar...".

Esse trânsito de "informações reservadas não oficiais", aliás, repete-se inúmeras vezes: no dia 13/03/16 (*nobre, isso não pode vazar*); no dia 15/12/16: *reservado obviamente*; no dia 13/03/17: *favor manter reservada essa mensagem*. E para deixar bem claro que essa *hotline* era exclusiva da acusação, mesmo um pedido a ser dirigido à Defesa passa pelo MPF:

> 03/02/2017
>
> 17:56:10 MORO: Nas ações penais do Lula e do Palocci, tem dezenas de testemunhas arroladas pelas Defesas de executivos da Odebrecht. Depois da homologação isso não parece fazer mais sentido, salvo se os depoimentos forem para confirmar os crimes. Isso está trancando minha pauta. Podem ver com as defesas se não podem desistir?
>
> 23:36:30 DELTAN: Resolvemos sim. Falaremos com os advogados para desistirem.

Não é apenas Dallagnol que se aconselha com o juiz antes de arrolar uma testemunha ou se manifestar sobre determinado pedido da defesa. Moro também busca compartilhar a decisão (16/09/2015): "acho que vou levantar o sigilo de todos os depoimentos de FB. Algum problema para vocês?"

Essa questão da publicidade, aliás, funciona como um grande mecanismo de estratégia comum a juiz e acusação. Em muitos momentos, a imprensa é acessada como forma de causar apreço na opinião pública ou pressionar decisão de tribunais superiores (como vimos, Moro acreditava que o STF talvez não tivesse condições de realizar a *limpa* na política a qual se comprometera); de outro lado, o sigilo é negociado como forma de escalonar o que e quando deve se tornar público, por questões de estratégia midiática. Veja-se, a propósito, o diálogo de 25/02/2016: "DELTAN: vc poderia colocar sigilo nível 5 nos outros pedidos, por favor? (...)

MORO: Se eu colocar nível 5 nos processos cai o acesso de vcs até que sejam cadastrados de novo. O novo cadastro só amanhã. Prossigo? DELTAN: Prossegue por favor".

E a negociação se repete no diálogo de 11/03/2016:

> DELTAN: Caro, a PF deve juntar relatório preliminar sobre os bens encontrados em depósito no Banco do Brasil. Creio que o melhor é levantar o sigilo dessa medida. MORO: Abri para manifestação de vcs, mas permanece o sigilo. Algum problema? DELTAN: Temos receio da nomeação de Lula sair na segunda e não podermos mais levantar o sigilo. Como a diligência está executada, pense só relatório e já há relatório preliminar, seria conveniente sair a decisão hoje, ainda que a secretaria operacionalize na segunda (...) MORO: Bem, já despachei para levantar. Mas não vou liberar chave por aqui para não me expor. Fica a responsabilidade de vcs.

Nas conversas reservadas entre os próprios procuradores, derivadas destas com Moro, percebe-se nítida a duplicidade de "mandar para a imprensa" e "manter sigilo", de acordo com o interesse de marketing. Veja a discussão sobre o timing de proposição e divulgação das denúncias contra Lula e Sérgio Cabral:

> 13/12/2016
>
> 11: 47: 44 DELTAN: Caros, temos que decidir se soltamos denúncia do Lula e do Cabral em dias separados, buscando repercussão distinta, ou no mesmo dia...
>
> [depois de manifestações, por uma e outra solução, vem uma proposta intermediária]
>
> 11:52: 34 DELTAN: a agenda e a divulgação podem ser independentes. A denúncia do Lula pode ir sob sigilo e divulgarmos no dia seguinte, p. ex.
>
> [que acabou sendo a solução]
>
> 14/12/2016

> 20:15:36 DELTAN: Pessoal, denúncia do Lula estará sob sigilo até amanhã, 12:45. Não compartilhem até nosso release que sairá entre 13 e 14.

Enfim, a aposta na força da opinião pública como mecanismo de pressão sobre os tribunais superiores fica ainda mais explícita na boca de Dallagnol, na discussão sobre possível "nulidade declarada no STF", supostamente mais perigosa do que perder a luta da opinião pública:

> 23/08/2016
>
> DELTAN: Não concordo. Só há chance de nulidade se perdermos opinião pública. Se perdermos essa, perdemos o caso. Mas se mantivermos ela, salvamos o caso. Mantendo a opinião pública, é claro que é conveniente manter o STF por uma série de importantes razões...

A verdade é que o prestígio da Lava Jato se desmorona ainda antes da vinda à tona das interceptações das conversas, mas quando o ex-juiz decide assumir um cargo de ministro no governo Bolsonaro,[159] que chegara ao poder beneficiado com o impedimento

---

159 Mesmo nos grupos privados, os membros do MPF criticam o fato, antecipando-se à imagem de partidarização que viria a colar na operação. "Também acho péssimo. Ministério da Justiça nem pensar. Além de ele não ter poder para fazer mudanças positivas, vai queimar a Lava Jato. Já tem gente falando que isso mostraria a parcialidade dele ao julgar o PT", teria dito a procuradora Laura Tessler ("Em diálogos vazados, procuradores criticam Moro: viola o sistema acusatório"), disponível em: https://noticias.uol.com.br/politica/ultimas-noticias/2019/06/29/lava-jato-mensagens-vazadas-moro.htm. Acessado em: 06.04.2023. O mesmo havia acontecido com o levantamento do sigilo da delação de Antonio Palocci, que suscitara iguais dúvidas. O procurador João Carlos de Carvalho Rocha critica a tentativa de Moro de interferir na disputa eleitoral. "Parece que o Judiciário está tentando, mais uma vez, ser protagonista do processo político. Vejo nesse levantamento do sigilo tentativa de influenciar na eleição presidencial. Espero estar errado". (RODAS, Sérgio. Consultor Jurídico, edição de 04.02.2021: "Delação de Palocci: procuradores viram tentativa de Moro influenciar as eleições".

de disputa que as condenações de Moro provocaram sobre Lula, o pré-candidato mais bem posicionado nas pesquisas. A par de colocar o trabalho mais visivelmente em suspeição, o prestígio do ex-juiz foi sendo corroído pela promiscuidade com Bolsonaro e sua política armamentista e de proteção familiar. Sem esse impacto, é possível que a mídia (ou o STF) não prestassem a devida atenção às informações que se explicitaram com os vazamentos.[160]

Enfim, o trabalho em equipe exige que se devolvam as gentilezas. Dallagnol assenta que as testemunhas que Moro não quer ouvir podem ser dispensadas: "foram pedidas oitivas, mas não são imprescindíveis, pode indeferir" ou o diálogo de 27/02/2016, em que é mencionado com o apelido de Russo: "18:18:04 Luciano Flores: Russo deferiu uma busca e apreensão que não foi pedida por ninguém... hahahah; 18:18:20: como assim; 18:18:37 Luciano Flores: Normal... deixa quieto; vou ajeitar...".

O troca-troca continua com o juiz sugerindo: a) "que é melhor ficar com 30% mesmo" (mensurando a denúncia contra Odebrecht, antes que ela fosse apresentada, 15/12/2016);[161] b)

Disponível em: https://www.conjur.com.br/2021-fev-04/procuradores-viram-tentativa-moro-influenciar-eleicoes. Acessado em: 06.04.2023). Sobre esse tema, LIMA, Amanda Evelyn, "Entre parábolas e teoremas: uma sociologia política de Lava Jato e Mani Pulite" [Tese]: "Os resultados eleitorais não podem ser explicados pelo incidente aqui descrito, mas a mobilização de trechos do anexo [da delação] nos programas eleitorais do dia seguinte já são um resultado político importante", p. 175.

160 Se bem que muito antes da publicidade destes vazamentos, uma nova expressão havia penetrado no vocabulário judicial, o "lawfare", como forma de descrever esta mudança de paradigma na persecução criminal. Como o definem Zanin, Martins e Valim: "uso estratégico de Direito para fins de deslegitimar, prejudicar ou aniquilar um inimigo". (ZANIN, Cristiano; MARTINS, Valeska; VALIM, Rafael. *Lawfare*: uma introdução. São Paulo: Contracorrente, 2019, p. 21).

161 MILITÃO, Eduardo. "Moro orientou Deltan a 'ficar com 30%' de delação; juristas veem fato grave". *Uol*, 2019. Disponível em: https://noticias.uol.com.br/politica/ultimas-noticias/2019/06/15/sergio-moro-telegram-lista-politicos-delacao-odebrecht.htm. Acessado em: 15.06.2021.

não inserir FHC em investigação, o que seria "questionável, pois melindra alguém cujo apoio é importante" (13/10/2017); c) trocar uma procuradora que não funciona bem em audiência (reproduzido no diálogo de 13/03/2017, Operação Spoofing); d) a discordância a acordo de delação de Eduardo Cunha, mesmo antes de chegar à fase de homologação.[162]

Até em operações policiais, que precederiam as ações penais, a influência de Moro é perceptível: a) em 31/08/2016, questiona: "Não é muito tempo sem operação?"; a conversa termina com uma convocação por parte de Moro: "Precisamos conversar com urgência. Hoje às 14:30 ou às 15:00 vcs podem? Mas melhor virem em poucos, pois melhor mais reservado"; b) em 16/10/2015, coloca-se no grupo dos procuradores: "(...) na última reunião com MORO, ficou acordado que faríamos a representação do Bumlai até a deflagração da operação do dia 05/11"; c) em 07/07/2015: "Igor, o Russo sugeriu a operação do professor para a semana do dia 20; Opa .... beleza... vou começar a me organizar"; d) em 04/07/2018: "O Russo sugere a operação no início de agosto em virtude da assunção de um novo Presidente do STF durante as férias; (...) Laura: Beleza. Se ele quer assim, não me oponho". E mesmo em diligências a serem feitas no exterior "MORO: Vc viu a decisão do evento 16 no processo 5048739-91? A diligência merece um contato direto com as autoridades do US [Estados Unidos]; DELTAN: Não tinha visto... creio que não houve intimação nossa ainda. Vamos providenciar... Obrigado por informar. MORO: Colocar US attorneys para trabalhar pois até agora *niente*" (04/11/2015).

Enfim, quando se constata que o juiz interfere na formação da própria investigação policial e direciona a atividade do Ministério Público, isso não significa, e aí reside uma importante questão

162 MILITÃO, Eduardo. "Moro orientou Deltan a 'ficar com 30%' de delação; juristas veem fato grave". *Uol*, 2019. Disponível em: https://noticias.uol.com.br/politica/ultimas-noticias/2019/06/15/sergio-moro-telegram-lista-politicos--delacao-odebrecht.htm. Acessado em: 15.06.2021.

quanto ao nosso segundo paradoxo, que o juiz seja muito poderoso. Significa que está fazendo, indevidamente, o trabalho que corresponde a outras pessoas. Em termos institucionais, isso reduz enormemente o poder judicial, pois uma vez que se compromete com a acusação, não tem mais a opção de refutá-la.

A quebra da imparcialidade impede justamente que o juiz exerça seu papel de forma íntegra, analisando as provas e o direito até o ponto de chegar a melhor conclusão, depois e não antes de ouvir a defesa. Se a conclusão é um ponto de partida, a essência do trabalho do juiz, aquilo que é indelegável e por isso mesmo o que constitui a natureza de seu poder, torna-se desnecessária. Se a decisão é uma mera homologação da acusação – ainda que esta tenha sido coproduzida pelo juiz – seu esvaziamento determina a anulação da própria atividade jurisdicional, em detrimento de uma atividade não menor nem menos importante, mas diferente, que é a de acusar. Vitaminar a acusação é, por assim dizer, um suicídio da jurisdição. Não à toa, os votos vencedores que descortinaram a suspeição, ou seja, parcialidade de um juiz que agia em parceria com uma das partes.

Por qualquer âmbito que se olhe, portanto, o protagonismo judicial é submisso: seja porque se fortalece quando busca apoio na opinião pública, do qual vai fazê-lo dependente e, por isso mesmo, fraco; seja porque adere ao processo como um combatente, servindo ao final de conselheiro ou homologador do papel do promotor, e portanto, também submisso. A falsa aparência de poder tem a ver com prestígio que, em uma sociedade de espetáculo e de mercado, sempre significa um enorme atributo pessoal. Mas o poder está umbilicalmente ligado à pessoa, não ao cargo, que se traveste apenas em símbolo de *status*.

Como explica Luis Gustavo Grandinetti:

> O juiz herói acredita piamente que sua função é proteger a sociedade, esquecendo-se que esta função não é sua (...).

> Pensando assim, o juiz herói superintende as investigações policiais e assessora o Ministério Público na sua atuação processual, seja antecipando sua convicção, seja orientando os requerimentos que serão deferidos, bem como suprindo-lhe eventuais omissões, como no caso de emenda ou mudança do libelo (...). Como o juiz onipotente, o herói também antecipa-se ao poder dispositivo das partes no campo probatório e produz provas de ofício. Decreta medidas restritivas não prevista em lei, tudo para salvaguardar a sociedade.

E por mais que o texto possa parecer produzido sob medida para o referido processo, foi publicado originalmente no Boletim do Instituto Brasileiro de Ciências Criminais (IBCCCRIM), em sua edição de número 190, no longínquo ano de 2008.[163]

Esta confusão entre funções, perversa, mas não totalmente incomum, tende a ser um dos motivos da incompreensão dos juízes acerca do instituto do Juiz das Garantias, aprovado, de contrapeso, no Pacote Anticrime encaminhado ao Legislativo pelo ex-Ministro Sérgio Moro. A sanção do projeto sem o veto exigido pelo ministro marcou o fim de sua lua de mel com o Presidente Bolsonaro, cujo rompimento definitivo se daria alguns meses depois.

Duas importantes associações de juízes se levantaram contra a aprovação do Juiz das Garantias e ajuizaram ação declaratória de inconstitucionalidade.[164] A caneta do então vice-Presidente Luiz Fux, o ministro do STF mais próximo da carreira da magistratura, sustou a vigência deste trecho da lei. Do ponto de vista jurídico, o argumento mais forte por ele deduzido foi o fato de que uma mudança que envolvia normas de organização judiciária só teria legitimidade desde que proposta pelo próprio Poder Judiciário. Mas de organização da carreira, a bem da verdade, a lei aprovada não

---

163 "Porque o juiz não deve produzir provas – a nova redação do artigo 156 do CPP (Lei 11.690/08)".

164 ADIs 6298, 6299, 6300 e 6305.

tinha nada – apenas uma genérica menção a rodízio de magistrados onde não houvesse juízes suficientes que, aliás, já estava suspensa anteriormente por decisão do então Presidente Dias Toffoli.

A norma em questão é nitidamente de direito processual, e, com pequenas diferenças, já estava inclusive aprovada na tramitação do Anteprojeto do CPP, no Senado. O argumento desbordava, então, para uma reserva de mercado sem precedentes: se todas as alterações processuais, que dificilmente deixam de provocar alguma mudança, ainda que indireta, na administração da Justiça, se submetessem à iniciativa privativa do Poder Judiciário (ou seja, só poderiam ser propostas pelo STF), isso representaria, na prática, uma anulação do poder do Legislativo de legislar. Uma forma indireta e ainda mais explosiva de judicialização da política – a qual, aparentemente, como as demais, os parlamentares ainda não se deram conta.

Mas o repúdio de parte significativa da magistratura ao Juiz das Garantias deveu-se, no mínimo, a uma má compreensão do instituto; no máximo, a um desconhecimento da própria função. Não é verdade que o juiz saia depreciado ou desmoralizado com a aprovação do instituto, raciocínio obtuso que analisa uma certa fragilidade moral na incapacidade cognitiva de tomar parte em decisões na formação das provas e, posteriormente, julgá-las.[165]

A separação entre dois juízes diferentes para os momentos distintos de condução do processo não diminui a importância do magistrado; ao contrário, a eleva. Impõe importantes funções para o juiz no curso do inquérito – a de incorporar a ideia de garantia que é a natureza de sua função; ao mesmo tempo em que valoriza

165 Fazendo um contraponto, o importante trabalho do juiz paulista Luis Geraldo Lanfredi: LANFREDI, Luis Geraldo Sant'Ana. *El Juez de Garantías y el Sistema Penal*: (re)planteamientos socio-criminológicos críticos hacia la (re) significación de los desafíos del Poder Judicial frente a la política criminal brasileña. Florianópolis: Empório do Direito, 2017.

a presidência do juiz da instrução, uma vez que somente provas produzidas em sua presença poderão ser consideradas para formar a base de uma condenação criminal. De quebra, rompe com uma perversão que o sistema incorretamente vem admitindo: que o réu não possa exercer sua defesa na fase de inquérito, porque ainda não existe contraditório, mas que pode ser condenado com base em elementos colhidos justamente neste momento.

Sob a insígnia da *livre convicção motivada*, tem-se entendido que o juiz pode decidir com base em todos os elementos dos autos, inclusive aqueles colhidos antes da constituição da defesa – o que significava, em certa medida, uma condenação baseada em "prova" colhida pelo delegado de polícia, quando não estavam presentes nem o juiz, nem o promotor, nem o defensor. A instituição do Juiz das Garantias distingue corretamente as funções: o que se despreza é tanto a ideia de que o juiz possa participar da produção da prova que deve julgar, quando julgue com base em provas que não foram produzidas à sua frente – com exceções, evidentemente, das provas técnicas, como as perícias.

O que talvez tenha incomodado em demasia a um coletivo significativo de magistrados seja a ideia, explicitada na lei, de que a função do juiz, mesmo e principalmente no processo penal, é a de garantia. Tudo já estava na Constituição, mas o fato é que foi preciso inserir na lei dispositivos expressos de que o juiz é responsável pela "salvaguarda dos direitos individuais", por "zelar pelos direitos do preso" e "assegurar o direito de acesso (do investigado) a todos os elementos informativos" para que a noção de garantidor se fizesse mais palpável e, assim, inusitadamente assustadora. Os juízes se olharam no espelho e, aparentemente, não gostaram muito do que viram. Mas o que viram foi um retrato da própria Constituição.

E o sentido da lei é um enorme reforço à imparcialidade. Para decidir sobre interceptação telefônica ou quebra de sigilo bancário, por exemplo, o Juiz das Garantias deve ter conhecimento dos elementos da investigação. Vai ser preciso de um lado conferir se os indícios justificam essas medidas; de outro, se e quando devem cessar. É evidente que o mergulho intenso no conhecimento dos fatos e na formulação das decisões que envolvem os procedimentos investigatórios obrigam o juiz a formar algumas convicções probatórias, antes mesmo que a defesa tenha condições de rebatê-las. Cabe ao Juiz das Garantias controlar a legalidade das investigações e fazer o juízo de admissibilidade da instauração do processo. É uma tarefa relevante e necessária, que muitas vezes é relegada a despachos de expediente – é isso, aliás, que deprecia o juiz.

Mas depois que o processo se instaura não faz sentido que o juiz que já decidiu sobre a validade das medidas, e firmou convicção sobre certos fatos, antes que pudesse ouvir a defesa, seja quem comande a instrução e, enfim, sentencie o processo. Não há aí qualquer depreciação do juiz, mas o reverso. O propósito é tirar dos ombros do magistrado uma decisão que ele mesmo pode ter ajudado a formar durante a investigação. Quanto menos condicionantes o juiz tem para tomar sua decisão, melhor para ele, que pode exercitar sua independência sem ter de justificar decisões tomadas anteriormente, na formação da prova.

Infelizmente, por questões aquém da constitucionalidade, operou-se no julgamento das ADIs uma alteração política de grande ordem: o Juiz das Garantias cessa sua competência com o oferecimento e não mais (como aprovado no Congresso) com o recebimento da denúncia. O que abandona uma das mais expressivas vantagens da lei, a impossibilidade de que o juiz da instrução, o que vai julgar o processo, tenha contato com os elementos de prova repetíveis do inquérito (como as declarações de testemunhas). Essa mudança de última hora proporciona a salvaguarda ao sistema inquisitorial -pois os elementos produzidos fora do contraditório pela polícia, continuarão a poder influenciar condenações. Da mesma forma, a decisão do STF castrou importantes pontos de estruturação do sistema acusatório, como a permissão para providências suplementares de ofício pelo juiz (desde que pontualmente e autorizado legalmente) e a submissão das investigações e arquivamentos de inquérito novamente ao órgão judicial.

Se de um lado a publicidade das perversões de Sérgio Moro podem ter vitaminado a aprovação do Juiz das Garantias (e até a sanção do Presidente contra sua manifestação, dando a partida no divórcio do juiz e do capitão), de outro, o julgamento pelo STF três anos depois, após a experiência de uma PGR totalmente capturada pelo governo, pode ter desincentivado o tribunal a aderir com mais ênfase aos dispositivos do sistema acusatório, que dependem de uma atribuição maior de responsabilidades ao Ministério Público. Nada disso apaga, todavia, a circunstância de que o Supremo trabalhou como uma terceira casa revisora, e utilizou o controle de constitucionalidade para produzir (no caso, destruir) legislação. No entanto, diferentemente de outros momentos em que foi contrariado por parlamentares, como na discussão sobre a descriminalização do porte de entorpecentes para uso pessoal ou a decisão que invalidou a tese do marco temporal para as terras indígenas, desta vez não houve críticas, o que indica que elas se dirigem muito mais ao mérito dos temas do que propriamente à institucionalidade dos procedimentos.

Quanto ao julgamento propriamente dito, o que se pode dizer da decisão do STF, utilizando um linguajar conhecido da jurisprudência, foi a perda de uma chance. Quiçá tenhamos outra para sepultar o sistema inquisitório.

Entre as questões mal resolvidas do sistema acusatório, se revela, em um importante simbolismo, o espaço cênico da audiência: por lei, o representante do Ministério Público tem o direito de sentar-se à direita do juiz. E na maioria dos Estados, ou regiões (no âmbito federal) é exatamente isso que ocorre, com o promotor sentando-se à direita no mesmo nível do juiz, ao passo que o advogado ou defensor sentam-se, juntamente com o réu, em patamar inferior. Difícil explicar ao réu que, enquanto seu defensor está a seu lado, ao rés do chão, juiz e promotor se ladeiam no estrado que sustenta a cabeça da mesa perpendicular, e que não exista uma identificação entre essas figuras. Ou que, de alguma forma, o promotor não tenha um acesso mais próximo ao juiz, ou que o juiz não tenha alguma identificação com a causa da acusação.

Embora o Ministério Público tenha uma identidade dúplice, pois mantém a atribuição de ser um fiscal da lei (o que lhe permite, inclusive, pleitear por direitos do réu, conquanto raríssimo), não se desfigura o fato de ser ele o representante da acusação. No sistema acusatório, como já dito, juiz e acusador não podem se misturar, não fazem parte de uma equipe, um não pode suplementar a atividade de outro. Sendo parte no processo penal, não há sentido que o MP seja alçado a um patamar de igualdade com o julgador. Não há deméritos aqui: apenas o respeito de que a acusação não pode ser jamais privilegiada, reverenciada ou considerada de forma diversa da defesa. Para Rubens Casara, a "estrutura cênica é essencial para simbolizar a paridade de armas, a integridade do sistema acusatório e evitar a contaminação do julgador".[166]

A discussão não é inédita. Para o jurista português Eduardo Maia Costa, a sala de audiência dos tribunais em Portugal também "está concebida como um espaço de intimidação pessoal do acusado e onde existe um desequilíbrio notório em desfavor da defesa relativamente à parte contrária: o Ministério Público". Costa constata que a sala de audiência concebida pela ditadura do Estado Novo português não sofreu alteração com a instauração da democracia, nem mesmo com a reforma processual que pretendeu introduzir um processo de tipo acusatório, mas que a mudança foi feita na Itália, onde se inscreveu na legislação processual penal que "Nas salas de audiência de julgamento, os bancos reservados

---

166 CASARA, Rubens R. R. "Um banquinho, o Ministério Público e a Constituição". *Boletim do Instituto Brasileiro de Ciências Criminais*, vol. 13, nº 151, 2005, pp. 6/7.

para o Ministério Público e para os defensores estão colocados no mesmo nível e virados para o juiz...".[167]

Por ter sido a questão judicializada no STF, o CNJ não deu resposta acerca do tema, mantendo, quando instado a decidir, a configuração exigida pela Lei 8.625/93 (Lei Orgânica do Ministério Público): sentando o representante do MP à direita do juiz.

Em algumas unidades judiciárias, a questão chegou a ser acolhida. É o caso da decisão do juiz da 1ª Vara Criminal do Fôro Regional de Restinga, em Porto Alegre (RS), Mauro Caum, elencando entre os fundamentos que:

> (...) essa conjectura "geográfica" pode – não se deve descartar – até mesmo influenciar no deslinde dos processos. Não por alguma ascendência formal sobre a defesa: nesse ponto, a igualdade é inatacável. E sim, na colheita da prova. Isso porque a confusão "visual" entre Juiz e Promotor, efeito da disposição dos assentos, tende, sim, não se negue e nem fantasie, a interferir no ânimo das pessoas que prestam declarações, sobretudo no das mais simples e humildes, que, infelizmente, são a maioria absoluta das que se fazem presentes nesta Vara Criminal, cuja competência territorial abrange uma das áreas mais pobres da Cidade.[168]

Contra a decisão, todavia, foi concedida medida liminar em mandado de segurança, fundado no *constrangimento* que seria fazer

---

167 COSTA, Eduardo Maia. "Para a democratização das salas de audiências". *In*: LIMA, Joel Corrêa de; CASARA, Rubens, R. R. (Coord.). *Temas para uma perspectiva crítica do Direito*: estudos em homenagem ao professor Geraldo Prado. Rio de Janeiro: Lumen Juris, 2012, p. 247.

168 SEMER, Marcelo. "Juiz acata pedido da Defensoria e muda lugar de MP na sala de audiência". *Blog Sem Juízo*, 2011. Disponível em: http://blogsemjuizo.com.br/juiz-acata-pedido-da-defensoria-e-muda/. Acessado em: 16.06.2021.

o Ministério Público trocar de lugar.[169] Mas que a defesa se mantenha em local subalterno, parece, nunca causou constrangimento.

No julgamento da ADI 4768, em novembro de 2022, porém, o Plenário do STF, por ampla maioria, refutou a inconstitucionalidade, com o argumento de que

> a Constituição não exige nenhum tipo de organização dos assentos, e a conclusão de que o simbolismo da posição física das partes traria prejuízo ao equilíbrio processual, especialmente no processo penal, é especulativa.

2.2 Imparcialidade x neutralidade

Para encerrar o tema da imparcialidade, é preciso fazer uma importante distinção, entre a imparcialidade, como premissa da jurisdição, e a neutralidade, como exigência indevida. Imparcialidade pressupõe distância das partes, que o juiz não se sinta obrigado a julgar a favor de uma, nem constrangido por julgar contra outra. Se esse distanciamento lhe é custoso demais, pela proximidade com a parte ou quem a represente, ou até mesmo o contrário, a inimizade, é dever do magistrado afirmar impedimento ou suspeição, de acordo com a previsão legal. Ou seja, não estando em condições de garantir uma apreciação imparcial, cabe ao juiz simplesmente não fazê-la; sempre haverá um outro juiz que possa substitui-lo.

A imparcialidade presume a independência. Se o juiz tem amarras; se há poderes políticos, pessoais, econômicos, que o impedem de julgar, seja externa ou internamente à magistratura, tampouco conseguirá agir com imparcialidade. Aquele que depende, não tem liberdade.

É por este motivo que, além da independência do poder (do Judiciário em face de outros poderes), também se assegura a

---

169 P. 70044110856 - TJRS.

independência do juiz (em relação a pressões advindas do próprio poder), chamada de independência interna. Judiciário não é instituição marcada pela hierarquia, como as Forças Armadas; mas, ao revés, cunhada pela independência. Há uma série de normas que qualificam esta independência, não como um direito do juiz, mas, sobretudo, como um dever, já que a independência do juiz é um direito do cidadão. Só um juiz independente pode decidir em prol do cidadão, por exemplo, contra o poder – como a alegórica história do moleiro de Sans-Souci que se recusa a atender a uma exigência do rei, brandindo com a resposta: há juízes em Berlim.[170]

Para Zaffaroni, na prática, a lesão à independência interna costuma ser de maior gravidade do que a violação à própria independência externa. "Ela é muito mais contínua, sutil, humanamente deteriorante e eticamente degradante" – descreve. Sentem aqueles que divergem, que julgam na forma ou no conteúdo diferente, enfim, não acompanham cegamente a jurisprudência de seu tribunal. Ocorre que nem sempre esta compressão à independência é explícita. Ela tende a ser muito mais vigorosa e eficaz, inclusive, quando é implícita. Quando adequar-se ao padrão significa ganhos ou prestígio, convocações, designações, promoções.

Com Zaffaroni:

> Em alguns casos, a pressão não é sequer necessária, porque a dependência se introjetara de tal modo que o juiz já sabe 'como' deve decidir, sem pressão alguma. Inevitavelmente, sua personalidade defende sua autoestima, racionalizando sua decisão e pretendendo que seja produto de sua livre determinação.[171]

170 Referência ao famoso conto de François Andrieux, sobre o moleiro que teria resistido ao assédio de Frederico II, da Prússia, sobre seu moinho, justamente com a frase que imortalizou o conto: "há juízes em Berlim".

171 ZAFFARONI, Eugenio Raul. *Poder Judiciário*: crise, acertos e desacertos. São Paulo: RT, 1995, p. 139.

A situação se equipara ao que Philip Zimbardo, em *Lucifer Effect*, denominou de "expectativa não-verbalizada", meio do caminho entre o apego ao conformismo e a cega obediência. É menos do que uma ordem, e ao mesmo tempo um importante contribuinte à submissão. A conformidade com as expectativas possibilita o ingresso no *núcleo duro* e é uma das razões que estimula subordinados a aderir a determinadas práticas, ainda que menos precisas ou irregulares.[172]

O outro lado da moeda se adequa à crítica de Zaffaroni, acerca de como os juízes divergentes são vistos dentro do Judiciário: o alto custo da estranheza e da desconformidade acaba sendo um dos principais componentes da compressão da independência judicial.[173]

Para preservar a independência, uma das prerrogativas é essencial: a da inamovibilidade, que vai se concretizar na figura do juiz natural. O princípio do juiz natural define que o juiz deve preceder ao conflito; não pode ser escolhido para decidir após a ocorrência de um conflito. A única escolha possível de um juiz é pelo sorteio, quando existem vários juízes competentes para apreciar a causa, por determinação prévia. A inamovibilidade, impossibilidade de remoção sem pedido – exceto por punição em processo administrativo – é um obstáculo a uma indevida escolha de juiz – como a ideia de remover um juiz de sua vara, tão logo a ela tenha sido distribuída uma causa que, por quaisquer motivos, possa interessar a quem tenha poder, que ele não julgue.

A prática judiciária, porém, vai encontrando suas fórmulas para desviar desta exigência. A mais comum é estruturar a carreira com cargos de juízes substitutos que, estes sim, podem ser movidos dentro de sua esfera de atribuição. Assim, além dos

---

172 ZIMBARDO, Philip. *The Lucifer Effect*: understand how good people turn evil. Nova York: Ramdon House, 2007, p. 319.

173 ZAFFARONI, Eugenio Raul. *Poder Judiciário*: crise, acertos e desacertos. São Paulo: RT, 1995, p. 139.

juízes substitutos que ingressam na carreira e continuam até que sejam promovidos para um cargo de juiz titular, criam-se os juízes substitutos ou auxiliares de Capitais e até mesmo substitutos nos tribunais, já próximo do final da carreira do magistrado. Quanto mais cargos sem a proteção da inamovibilidade, menos se concretiza a garantia da independência -eis que a existência de pressão para que o juiz decida de uma forma ou de outra, para manter-se em determinado cargo, por exemplo, é sempre uma fragilidade de seu espectro decisório. Se divergir da interpretação dominante – no Tribunal, na Câmara, na Vara – pode significar uma designação diferente, ainda que pela "expectativa não verbalizada", sua decisão passa a ser dependente.

Mas, como alertávamos, é preciso não confundir a imparcialidade, de que a independência é pressuposto, de uma suposta e inatingível neutralidade. A interpretação é sempre um ato político, no sentido de que depende de escolhas, que, por sua vez, depende de premissas, de conjuntos de ideias e de experiências de vida. Nenhum juiz – aliás, nenhuma pessoa – é uma página em branco a cada processo. Ninguém é isolado dos conflitos sociais que, de uma forma ou de outra, repercutem nos mecanismos de intelecção.

O juiz não é culpado por ter ideias, posições políticas ou expressar sua cidadania – nem mesmo o conhecimento destas pela sociedade tem potencial para esvaziar sua capacidade de julgar. Como se contém nos comentários aos Princípios de Bangalore,[174] tecidos por uma comissão de especialistas formada pela ONU, nem sequer é caso para suspeição (afastamento do juiz pela parcialidade):

> Se, por exemplo, um juiz é inclinado a defender os direitos humanos fundamentais, a menos que a lei clara e validamente

174 CJF. "Comentários aos princípios de Bangalore de conduta judicial". *Conselho de Justiça Federal,* 2008. Disponível em: https://www.unodc.org/documents/lpo-brazil/Topics_corruption/Publicacoes/2008_Comentarios_aos_Principios_de_Bangalore.pdf. Acessado em: 16.06.2021.

> requeira uma posição diferente, isso não dará margem a uma percepção razoável de parcialidade proibida por lei.
>
> Os valores pessoais de um juiz, filosofia ou crenças sobre a lei podem não constituir parcialidade. O fato de um juiz ter uma opinião geral sobre uma questão legal ou social diretamente relacionada ao caso não o desqualifica para presidi-lo.

Os advogados que litigam muito em determinada área ou cidade, aliás, tendem a conhecer muito bem os respectivos juízes; assim também aqueles que estudam a jurisprudência, detém-se em aulas e na consulta a livros e artigos. A surpresa não é um condimento necessário à imparcialidade: parte expressiva dos litigantes consegue ter uma ideia bem razoável do espectro ideológico dos juízes, menos por declarações, do que pela habitualidade nas decisões. Mas neutralidade é um atributo que nem se exige, nem se alcança. De novo, aos comentários aos Princípios de Bangelore:

> Um juiz não é meramente enriquecido pelo conhecimento do mundo real, a natureza da lei moderna requer que o juiz "viva, respire, pense e tome parte de opiniões no mundo". Hoje a função do juiz se estende para além da resolução da disputa. Cada vez mais, o juiz é convidado a se dirigir a temas de largo valor social e direitos humanos e a decidir temas moralmente controversos em uma sociedade crescentemente pluralística. Um juiz desatualizado é menos provável de ser eficaz. Nem o desenvolvimento pessoal do juiz nem o interesse público serão bem atendidos se o juiz ficar indevidamente isolado da comunidade em que serve.[175]

O mito da neutralidade serve, sobretudo, para vitaminar a tutela ideológica, através da falsa distinção, entre técnica e

---

175 CJF. "Comentários aos princípios de Bangalore de conduta judicial". *Conselho de Justiça Federal*, 2008. Disponível em: https://www.unodc.org/documents/lpo-brazil/Topics_corruption/Publicacoes/2008_Comentarios_aos_Principios_de_Bangalore.pdf. Acessado em: 16.06.2021.

ideologia, que perpassa, de há muito, o discurso conservador – aquele que imputa ideologia a quem pensa diferente. Como, aliás, os movimentos denominados "escola sem partido". Isso apenas vai servir de trânsito para se atribuir à perda da neutralidade ao juízo crítico, ao passo que, de forma mistificadora – e por isso mesmo ideológica –, atribuir objetividade ao discurso positivista.

Como afirma Zaffaroni:

> (...) não é possível ignorar que somente algumas manifestações públicas sejam consideradas ideológicas, enquanto que outras que o são em maior medida não resultem criticáveis. Nesta última categoria entram as que identificam o juiz com o establishment, sempre que não se traduza em uma expressão muito partidária. Pelo contrário, do ponto de vista burocrático, considera-se "deslocada" por "ideológica" a reunião com oposicionistas, os vínculos com o sindicalismo, a participação em grupos progressistas, o estímulo às iniciativas civis, a participação ou assistência a manifestações artísticas avançadas etc.[176]

Enfim, a busca pelo juiz sem ideologia é uma busca sem fim e com propósitos ainda piores:

> (...) o perfil público do juiz asséptico implica um terrível manejo autoritário da imagem pública da justiça e, ao mesmo tempo, uma fortíssima deterioração da identidade pessoal dos juízes (...) ao pretender que o juiz como pessoa possa ser neutro, por dotes pessoais que o situam acima dos conflitos humanos, associa-se à sua imagem pública um componente

---

176 ZAFFARONI, Eugenio Raul. *Poder Judiciário*: crise, acertos e desacertos. São Paulo: RT, 1995, p. 162.

> sobre-humano, ou divino, que obviamente não é mais do que um produto de manipulação...[177]

Conclui o mestre argentino, evocando o ministro da Justiça de Mussolini: "Rocco não pretendia uma magistratura fascista, senão uma magistratura 'apolítica'".

Certamente devemos aqui fazer uma necessária distinção entre política e política partidária. Apenas a última é constitucionalmente vedada aos juízes. Embora não seja decorrência ontológica da função (há países que permitem a filiação e até mesmo a disputa partidária), temos que a legislação brasileira fez bem em impedir esse contato,[178] fundamentalmente porque os juízes podem ter,

---

177 ZAFFARONI, Eugenio Raul. *Poder Judiciário*: crise, acertos e desacertos. São Paulo: RT, 1995, p. 160.

178 Pela primeira vez pela Constituição de 1934, lembra Dultra dos Santos, com interregno apenas entre 1945 e 1946, quando se viabilizou a nomeação de juízes como interventores federais nos Estados, durante o período do Estado Novo. (CONJUR. "Conceito, natureza e extensão da atividade político-partidária, da dedicação à mesma e sua distinção de atividades políticas e político-sociais em geral". *Parecer*. Disponível em: https://www.conjur.com.br/dl/parecer-rogerio-dultra-casara-cnj.pdf. Acessado em: 16.06.2021). Lembra Bonelli, que o distanciamento da política foi também mecanismo de autonomização da carreira: "O processo de constituição da autonomia da magistratura brasileira em relação aos interesses políticos e econômicos das elites dominantes, fossem elas locais ou centrais, ganhou impulso com a reforma judiciária de 1871. Nesse contexto, foram dados os primeiros passos na direção da definição de uma atividade insulada, com a construção mais padronizada de ascensão na carreira, com a inamovibilidade e irredutibilidade de vencimentos. Essa reforma separou as funções de polícia das funções judiciais, e expandiu o número de juízes de direito frente aos juízes municipais não-letrados, eleitos ou nomeados na província, além de implantar novos tribunais, entre eles o de São Paulo. Na mesma direção, a lei eleitoral de 1881 reforçou a incompatibilidade com a política, vetando aos magistrados com postos eletivos o exercício de seus cargos e o recebimento de vencimentos e promoções do Judiciário. O que se verifica neste período é, ainda, uma ampliação das características burocráticas da atividade judicial, delimitando a fronteira com a política...". (BONELLI, Maria da Glória. "Os magistrados, a autonomia profissional e a resistência à reforma do judiciário no Brasil". *Novos Estudos*, CEBRAP, vol. 39, nº 1, p. 145).

entre suas funções, a administração do processo eleitoral. Misturar juízes com política partidária poderia provocar uma promiscuidade indesejada, sobretudo quando se enfrenta a delicada questão dos financiamentos de campanha, gênese comum de vários processos de corrupção.

A dedicação à atividade político-partidária é, assim, proibida expressamente pela Constituição (art. 95, III), vedação repetida na Lei Orgânica da Magistratura. E se é certo que isso impede aos juízes filiações partidárias e dedicação abertamente a programas partidários, ou campanhas de arrecadação e propaganda, não atinge a mera manifestação de apreço, a reprodução de uma opinião sobre fatos sociais nem tampouco a adesão a pautas políticas comuns, sobretudo, a movimentos sociais, ainda que absorvidas, como é o habitual na democracia pluralista, por diversos partidos.

O conceito de atividade político-partidária se traduz, assim, em um importante ponto de desambiguação: de um lado a cidadania – e com ela a liberdade de expressão e o pluralismo – que não são vedados a nenhuma pessoa, tampouco aos juízes; de outro, a dedicação partidária, a que os juízes estão restringidos. Não respeitar essa distinção tem um alto custo para a democracia: seja do lado dos juízes que poderiam sentir-se tentados a favorecer as agremiações de que fazem parte, seja do lado dos tribunais, em que o caminho para o controle ideológico e a supressão do pluralismo traz consequências cruéis sobre a independência e, por tabela, à garantia dos direitos fundamentais.

A propósito, a interpretação de uma das mais tradicionais referências jurídicas, Pontes de Miranda, sobre a vedação constante na Constituição/Emenda de 1969 (art. 114: aos juízes é vedado, sob pena de perda do cargo judiciário, III – exercer atividade político-partidária):

> O que aí se veda ao juiz não é ter opinião político-partidária, porque essa é livre: a Constituição assegura que, por

> motivo de convicções filosóficas, políticas, ou religiosas, ninguém pode ser privado de qualquer dos seus direitos, salvo se, alegando-as, se isentou de ônus ou serviços que a lei imponha aos Brasileiros, porque, então, o cidadão pode e deve ser privado dos direitos políticos (...) O juiz, desde que não esteja filiado a partidos, ou não tenha atividade político-partidária, não infringe o princípio. Não constitui atividade político-partidária dirigir diários que discutam assuntos políticos e intervenham na vida política, desde que tais diários não sejam órgãos de determinados partido ou de determinados partidos. Foi o que decidiu o Superior Tribunal Eleitoral, em 17/7/34: "O que se veda aos juízes no art. 66 da Constituição (1934) é o exercício da atividade político partidária. Essa proibição, porém, só se refere à ação direta em favor de um partido e só assim alcança o juiz, por ser de se supor que não terá isenção de ânimo necessário para impedir questões submetidas a seu julgamento, em que estejam envolvidas agremiações partidárias".[179]

Para Rogério Dultra dos Santos, que agrega o comentário de Pontes de Miranda em seu estudo, a redação da CF/88 é ainda mais restritiva para com a vedação, pois passa a proibir ao juiz, apenas a conduta de "*dedicar-se* à atividade partidária":

> A dedicação implica não somente intensidade, a consagração de corpo e alma, a devoção, o empenho, o colocar-se à disposição, enfim, o sacrifício – todos elementos que denotam a proximidade e intimidade com a ação a se realizar ou, se se quiser, um compromisso ideológico com ela –, mas o "dedicar-se" denota igualmente constância, estabilidade, regularidade, isto é, a oferta de tempo. Esta

---

179 *Apud* SANTOS, Rogério Dultra dos. "Conceito, natureza e extensão da atividade político-partidária, da dedicação à mesma e sua distinção de atividades políticas e político-sociais em geral". *Parecer*. Disponível em: https://www.conjur.com.br/dl/parecer-rogerio-dultra-casara-cnj.pdf. Acessado em: 14.06.2021.

> nova redação, portanto, deixa ainda menos dúvida sobre o tipo de atividade político-partidária vedada pela Constituição. Como apontado pela tradição jurídica nacional, a filiação, a militância profissional, a atuação na burocracia do partido é aquilo que fará o magistrado não somente faltar com a sua atividade, substituí-la, mas, através dela, perder a equidistância para julgar. A dedicação atribui um critério temporal objetivo à atividade.

Em maio de 2019, o então Presidente do STF e CNJ, Ministro Dias Toffoli, criou um grupo de trabalho para elaborar resolução disciplinando a atuação dos juízes nas redes sociais,[180] sem se importar com a circunstância de que, na expressiva maioria das vezes, participavam como meros cidadãos e não membros do Poder Judiciário. Segundo o fundamento da portaria, tratava-se da "*necessidade de conciliar a liberdade de expressão e a presença dos magistrados nas redes sociais com a preservação da imagem institucional do Poder Judiciário*", considerando que "*o mau uso das redes sociais pode impactar a percepção da sociedade em relação à integridade do Poder Judiciário, causando máculas à prestação jurisdicional*".

Supostamente, a ideia do provimento se justificara de procedimentos instaurados de ofício pelo Corregedor Nacional da Justiça, em face de alguns juízes que teriam declarado apoio na eleição presidencial de 2018 a algum candidato; procedimentos, aliás, arquivados logo depois do pleito.

Mas, verdade seja dita, o desgaste da imagem institucional do Poder Judiciário esteve muito mais ligado aos embates públicos – poderíamos dizer, inclusive, bate-bocas – entre ministros do

---

180 VASCONCELOS, Frederico. "Toffoli cria grupo para analisar uso de redes sociais por juízes". *Folha Uol*, 2019. Disponível em: https://blogdofred.blogfolha.uol.com.br/2019/05/04/toffoli-cria-grupo-para-avaliar-uso-de-redes-sociais-por-juizes/. Acessado em: 16.06.2021.

próprio STF, bem ainda a suspeita de partidarização a partir de decisões do Tribunal que eram constantemente anunciadas pelos ministros, antes mesmo que as questões fossem distribuídas; e mais, a indisfarçável promiscuidade de alguns dos membros do STF com altas esferas do Poder Executivo. Nunca houve comportamento generalizado de magistrados em redes sociais que tivesse colocado em risco a imagem do poder, embora isso às vezes acontecesse pela divulgação de atos ilícitos ou em abuso de autoridade que teriam sido flagrados por terceiras pessoas e viralizado nas redes. Não é verdadeiro, portanto, dizer que a Resolução 305, ao final editada, deu-se como uma exigência em face de comportamentos que colocassem em risco a *integridade do Judiciário* ou que causassem *máculas à prestação jurisdicional*. Ao revés, eram justamente as máculas à prestação jurisdicional, no serviço e não nas redes sociais, que colocavam a integridade do poder a perigo.

A forma como o Conselho Nacional de Justiça, por uma resolução aprovada pela maioria de seus membros, buscou expandir o conceito de "atividade político-partidária", ou seja, criando restrições ou vedações não inscritas na Constituição, não pode ser traduzida de forma diversa outra que não censura. Veja-se a vedação constante do art. 4º, II, da referida resolução, inserindo entre as condutas vedadas aos magistrados, nas redes sociais "*emitir opinião que demonstre atuação em atividade político-partidária*", o que é, por si só, um contrassenso, considerando a emissão de uma opinião, por tudo o que já se disse, não é suficiente para caracterizar a vedada "dedicação à atividade político-partidária".

Avança a resolução, ainda, para proibir ao juiz "*manifestar-se em apoio ou crítica pública a candidato, lideranças políticas ou partidos políticos*". A par da ausência de clareza, sobretudo, acerca do termo "*lideranças políticas*", inclui entre condutas vedadas a "crítica pública", de onde se percebe que a proibição pouco tem a ver com "atividade político-partidária", mas justamente a liberdade de expressão. Difícil crer que possa se considerar constitucional a vedação à crítica pública efetuada a uma liderança política, por exemplo, que defenda o fechamento do Supremo Tribunal Federal.

A pedido de associações de juízes, abriu-se, todavia, espaço para uma ressalva na Resolução:

> As recomendações e vedações previstas nesta Resolução não se aplicam aos magistrados representantes legais e demais diretores das entidades de classe, durante o exercício de seus mandatos, que poderão se manifestar nas redes sociais, com vistas à representação dos interesses dos associados, bem como na defesa dos interesses de classe, no debate de temas de interesse público nacional e na defesa do Estado Democrático de Direito.

Mas como entender uma determinação que permite apenas a representantes de entidades de classe eventual *manifestação na defesa do Estado Democrático de Direito* – ou, de outra forma, como coibir que cidadãos, tanto mais juízes, possam manifestar-se na defesa do Estado Democrático de Direito? O silenciamento aqui é evidente e nada tem de relação com atividades político-partidárias, rubrica que serve como mero pretexto. Até porque, se a *manifestação na defesa do Estado Democrático de Direito* pudesse ser compreendida como "atividade político-partidária", nem a representantes de entidades de classe seria admissível, não havendo qualquer espécie de imunidade sindical na legislação.[181]

---

181 Há pelo menos um caso conhecido de instauração preliminar de procedimento contra magistrada que criticou manifestação política do então Presidente do STF: TUROLLO JR., Reynaldo. "Corregedor pede explicações a desembargadora por criticar fala de Toffoli sobre golpe de 1964". *Folha*, 2018. Disponível em: https://www1.folha.uol.com.br/poder/2018/10/corregedor-pede-explicacoes-a-desembargadora-por-criticar-fala-de-toffoli-sobre-golpe-de-1964.shtml. Acessado em: 16.06.2021. Da reportagem: "Em um seminário realizado no auditório da Folha, em São Paulo, a desembargadora Kenarik Boujikian disse ver riscos à democracia. 'Um ministro do Supremo Tribunal Federal chamar de movimento um golpe reconhecido historicamente

Enfim, a preservação da credibilidade institucional do Poder Judiciário perante a sociedade não justifica esse silenciamento que pouco nela reflete os bate-bocas entre ministros, os adiantamentos de posições sobre temas que certamente julgarão, os abraços afetuosos a políticos de estimação, tudo isso está fora do âmbito da atividade disciplinar, justamente porque os ministros do STF não se submetem ao CNJ. Esse lacerdismo seletivo, honorabilidade que só se exige de quem é incapaz de provocar efetivamente o desprestígio da instituição como um todo, só pode ser visto como um mecanismo extemporâneo de controle – que se adequaria muito bem ao STF da ditadura, quando postulara aos generais a criação de um conselho punitivo aos juízes. Mas totalmente fora de ordem sob uma Constituição que, ao construir, no período da redemocratização, o Estado Democrático de Direito, fincado, sobretudo, no pluralismo, não poupou oportunidades de decretar o fim da censura.

A ampliação do "político-partidário" para permitir um controle ideológico, e com isso reduzir o exercício da cidadania do magistrado, não tem apenas um efeito de prestigiar a hierarquia sobre a independência, o que por si só já seria ruim, dadas as características da função judicial. Mas ao estabelecer inúmeras proibições aos juízes, firmando os perigos dos contatos sociais, estimula também o corporativismo, moldando a ideia de juízes como seres especiais, cuja mistura em sociedade deva ser motivo de grande preocupação. Essa autoconsideração da singularidade, no entanto, é ainda mais danosa, não só por premiar o contato apenas interno (o corporativismo como ambiente sem riscos), como manter a impressão de estranheza da sociedade para com o juiz. Daí para o reclamo de privilégios, até para compensar as

---

é tripudiar sobre a história brasileira. De algum modo, é desrespeitar todas as nossas vítimas'". O propósito de tolher a crítica é evidente, até porque, considerando que o relatório da Comissão Nacional da Verdade é um documento do Estado brasileiro, a questão nem sequer poderia se dizer controversa.

proibições, é um pulo; para identificar-se como juiz "24 horas por dia", um passo pequeno; para distinguir-se dos demais, um caminho quase sem volta.

Excluir a ideologia da atividade jurisdicional é, enfim, um esforço sobretudo inócuo. É possível enxergá-la sob diversas óticas. Vejamos, como exemplo, como ela se entranha com a jurisdição criminal.[182]

Os juízes mais tradicionalistas reivindicam a herança do liberalismo, concebido na separação absoluta dos poderes e cultivados no dogmatismo. O juiz, que poderia ser descrito em um tipo-ideal, como liberal, se afirma apolítico e se arroga o estatuto de *escravo da lei*, fechando os olhos para as seletividades do sistema ou as violências praticadas a seu redor. Inscrito no positivismo jurídico, prestigia a lei, mas despreza a aplicação dos princípios constitucionais, porque não estão na lei, ou porque não seriam autoaplicáveis, a partir da Constituição. Por isso, apega-se a lei de uma forma "subconstitucional". Sua função é, sobretudo, legitimar um sistema cuja lógica e as perversões nele encontradas, jamais vê como de sua responsabilidade.

Desde a emergência do Estado Social e dos novos instrumentos que a ele se agregaram, como as Constituições descritivas, o paradigma da dignidade humana, o reconhecimento do poder normativo dos princípios, os sistemas internacionais de direitos humanos, o perfil do juiz apolítico envelheceu. A função inscrita na Constituição é a de garantidor dos direitos. Este novo juiz reconhece o dogmatismo em sua tradição iluminista (como limitação do poder punitivo), mas não ignora a seletividade de sua aplicação. Busca atenuá-la, reduzindo danos, com a aplicação dos princípios

---

182 O texto que segue foi escrito originalmente para o artigo "Três modelos de juiz e o futuro que olha para trás". (SEMER, Marcelo. "Três modelos de juiz e o futuro que olha para trás". *Justificando*, 2016. Disponível em: http://www.justificando.com/2016/01/09/tres-modelos-de-juizes-e-o-futuro-que-o-lha-para-tras/. Acessado em: 16.06.2021).

penais como vetores das regras (culpabilidade, proporcionalidade, lesividade, igualdade etc.). Compreende a dimensão de sua missão contramajoritária e a perniciosa compressão punitiva da mídia.

Este juiz que poderíamos dizer, social, desenvolve um papel crítico do Poder e do sistema penal, e por isso não raro é tratado como disfuncional dentro deles. Serve, enfim, de modelo da "impunidade", para as propagandas do endurecimento penal. A composição do STF no início do século XXI, foi a Corte criminal que mais se aproximou deste tipo-ideal. Veja-se, por exemplo, as decisões que reconheceram a inconstitucionalidade da proibição de progressão na Lei dos Crimes Hediondos, da prisão processual como antecipação de pena, da proibição de liberdade provisória e da substituição por restritivas de direito na Lei de Drogas, da videoconferência, entre outras produzidas no mesmo contexto desta composição – em face de uma legislação freneticamente editada logo após e em sentido oposto à Constituição de 1988. Mas no momento em que o exercício do poder contramajoritário se mostrou mais delicado e exigente, submetido a uma forte pressão midiática, iniciou paulatinamente uma curva em sentido contrário, com destino ainda incerto.

Nos casos recentes, dentro e fora do STF, nasceu uma outra espécie de juiz, que podemos designar neoliberal. Aquele que não se esconde mais por detrás da lei. Não é omisso nem apolítico – suas opiniões são tão importantes quanto as ações. Seu papel não é apenas o de legitimar o direito penal, mas sim o de promovê-lo, em direção ao estabelecimento do estado penal. Este juiz tem voz, tem rosto e, não raro, projeção midiática. Sua atuação é supraconstitucional. A legitimação de suas atitudes reside antes na "realidade" – a histórica impunidade, o processo fadado ao insucesso, os múltiplos recursos, enfim, no anseio popular, ou na "voz das ruas".[183]

183 Uma versão em breve resumo deste *movimento* foi exposta por Felipe Recondo e Luiz Weber no livro *Os Onze*, quando os autores discutem as consequências do julgamento do Mensalão: "Em contraposição ao modelo garantista, popularizava-se entre juízes criminais (com a simpatia de alguns

A reunião na figura do *Juiz Neoliberal* da investigação e acusação retoma o caminho inquisitório, inclusive diante da condenação que volta a ser baseada fundamentalmente na extração da verdade do corpo – seja ela a confissão sem consentimento (interceptação telefônica), seja a que se estimula com vantagens processuais ou financeiras (delação premiada). A volta ao pré-iluminismo se completa com o retorno à execração pública do réu, por intermédio da espetacularização do processo.

Mas a disputa pela compreensão ideológica da atividade judicial vai mais além, e se enfronha, também, na apreciação das atividades comerciais e/ou financeiras. É a argumentação, por exemplo, de Armando Castellar Pinheiro e Célia Cabral, que escreveram sobre o papel do Judiciário no mercado de créditos, dando suporte à crítica dos credores:

> (...) eles entendem que os tribunais proporcionam uma proteção fraca contra comportamentos oportunistas dos tomadores. Em particular, enfatizamos que, até mesmo quando a lei garante claramente os direitos do credor, o Judiciário acaba muitas vezes por não defendê-los adequadamente.[184]

A crítica central é à ideologia que estaria por trás destas decisões, apontando que juízes, em certas regiões:

> (...) dão muita importância ao artigo da Constituição que atesta que a propriedade tem um "papel social" a

---

integrantes do Supremo) um novo direito penal mais punitivista, determinado a oferecer uma resposta eficaz aos medos e frustrações da sociedade, mesmo que à custa de uma flexibilização de leis penais e processuais". (RECONDO, Felipe; WEBER, Luiz. *Os Onze*: o STF, seus bastidores e suas crise. São Paulo: Companhia das Letras, 2019, p. 165).

184 PINHEIRO, Armando Castellar; CABRAL, Célia. "Mercado de Crédito no Brasil: o papel do Judiciário e de outras instituições". *Ensaios BNDES*, nº 9, 1998, p. 28.

> desempenhar (...), enquanto outros interpretam esse artigo como dando o direito de indeferir cláusulas contratuais, se virem nelas uma afronta à "justiça social", e sentem como se fossem sua função redistribuir renda, ou propriedade, de uma forma "justa".

Crítica similar, aliás, foi produzida por três pesos pesados da economia, Pérsio Arida, Edmar Bacha e André Lara Resende:

> O preconceito é transparente na conotação social negativa de figuras associadas ao capital financeiro agiota em oposição ao capital produtivo, banqueiro em oposição a "empresário". O devedor é visto de forma socialmente positiva, como uma entidade que gera empregos e riqueza ou apela ao banco para fazer frente às condições adversas de vida.[185]

E citando pesquisa levada a cabo por Bolivar Lamounier e Amaury de Souza, com 500 lideranças, apontam ainda que

> apenas 7% dos membros do Judiciário disseram estar preparados para julgar contratos independentemente de considerações sociais, e um total de 61% respondeu que a obtenção de justiça social justifica decisões de violação de contratos.

Concluem, em resumo, que existe um viés *anticredor* do judiciário brasileiro – o que, em consequência, aumentaria os custos de crédito, diante das dificuldades de recuperação dos valores.

---

185 Em tradução livre, o texto foi escrito em inglês: ARIDA, P.; BACHA, E. L.; LARA-RESENDE, A. "Credit, Interest and Jurisdictional Encertainty: conjectures on the case of Brazil". *Inflation targeting, debt, and the Brazilian experience*, 1999 to 2003. Disponível em: https://iepecdg.com.br/wp-content/uploads/2016/03/TPD2IEPE.pdf. Acessado em: 16.06.2021.

Luciana Yeoung deparou-se com o desafio de escrever uma "análise econômica do Judiciário brasileiro", para sua tese de Doutorado na FGV e enfrentou a questão:

> (...) existe uma crença bastante disseminada no meio empresarial e na academia econômica sobre a existência de um suposto viés dos magistrados brasileiros a favor dos devedores ou da parte mais fraca de relações comerciais e/ou contratuais. Por causa deste viés, instituições normalmente credoras – como financeiras e investidores – teriam fortes desestímulos para oferecer crédito.[186]

Diferentemente de Castellar e a troica do Plano Real, Yeoung trabalhou não com pesquisas com representantes da elite ou do próprio mercado financeiro, e sim com base nos resultados dos processos. A conclusão:

> Os dados descritivos invalidam a tese de Arida, Bacha e Lara Resende. As decisões não mostraram forte pendência para um ou outro lado da relação contratual: 44,2%, ou 746 decisões foram a favor do devedor, e 53,6%, ou 905 decisões, foram a favor do credor. Ainda, 39,1% destas mesmas decisões favoreceram a parte hipossuficiente, e 47,7% favoreceram a parte mais "forte" da relação. Com relação à insegurança jurídica, 54,3% das decisões do STJ reformaram as decisões proferidas pelos tribunais estaduais, ou seja, somente 45,7% das decisões dos magistrados de segundo grau foram integralmente mantidas pelos ministros do STJ. Ou seja, a reforma das decisões pelo STJ ultrapassa mais da metade dos casos.
>
> Em alguns casos, diferentemente do que argumentam ABL (2005) e seus seguidores, a decisão dos Ministros tende a favorecer o credor, principalmente nos casos de dívidas

---

186 YEOUNG, Luciana. *Uma análise econômica do Judiciário brasileiro*. FGV, 2010, p. 9. (Tese de Doutorado).

> comerciais, quando instituições financeiras são as recorrentes, e quando firmas (pessoas jurídicas) são a parte recorrida. Por outro lado, quando a instituição financeira é a parte recorrida do Recurso Especial, independente de quem recorre, a tendência do STJ é de favorecer o devedor.[187]

Raciocínios similares são encontradiços nos analistas de mercado ou de mídia sobre a Justiça Trabalhista – supostamente um éden dos direitos sociais, constantemente desmentida pelas teses que se solidificam em sentido contrário. A propósito, o estudo de Silvia Teixeira do Vale, que compara a jurisprudência trabalhista recente do STF com os julgados da chamada *Era Lochner* da Suprema Corte dos Estados Unidos, nas três primeiras décadas do século XX, que consolidou a doutrina do constitucionalismo economicamente liberal, até 1937:

> Tendo-se que todo o rol de direitos presente no art. 7º da Constituição Federal de 1988 constitui-se em cláusula pétrea, protegido pelo art. 60, §4º, da Lei Maior, seria de esperar que a interpretação dada aos direitos fundamentais dos trabalhadores fosse a mais avançada possível; todavia, infelizmente, o que se tem visto nos últimos anos no C. Supremo Tribunal Federal, é a elaboração de uma jurisprudência bastante liberal, que eleva o princípio da livre iniciativa e menoscaba não só princípios do Direito do Trabalho previstos na Constituição, mas até mesmo a literalidade de direitos fundamentais dos trabalhadores.[188]

---

187 YEOUNG, Luciana. *Uma análise econômica do Judiciário brasileiro*. FGV, 2010, pp. 198/199. (Tese de Doutorado).

188 Citando entre outros elementos a "supremacia do negociado pelo legislado" e a ampla aceitação da terceirização da atividade-fim. (VALE, Silvia Izabelle R. T. "As decisões trabalhistas no STF: a nossa *Era Lochner*". *Revista TST*, vol. 86, nº 2, 2020, pp. 262-279).

Com esse falso estandarte da *justiça protetiva*, benemérita dos espertos e aproveitadores, e com argumentos de estatura *fake news*, como ser o Brasil o único país com Justiça do Trabalho no mundo, os interesses empresariais obtiveram seguidas e expressivas vitórias, seja no desmonte da legislação trabalhista, no esfacelamento da estrutura sindical, e na criação de óbices ao acesso à Justiça do Trabalho – cuja pretendida extinção ainda não se concluiu. Parte disso também devido ao que Conrado Hubner costuma denomimar de "consequenciachismo", decidir por supostas consequências baseadas mais na impressão do que propriamente em estudos da realidade.[189] E o gap entre a jurisprudência protetiva do TST e a liberal do STF se aprofundou ainda mais com as discussões sobre inexistência de vínculos em relações menos consolidadas, que a Suprema Corte tem afirmado, sobretudo, pela via das Reclamações Constitucionais.

De outro lado, dando destaque desproporcional às decisões garantistas, extremamente incomuns no cotidiano forense criminal – o que justifica, aliás, o enorme encarceramento –, o sensacionalismo da mídia faz igual percurso com o sistema penal, criando o mito do "país da impunidade", formado por policiais operosos que prendem e juízes lenientes que soltam. Na vida real, a polícia prende e os juízes também e de forma expressiva – calcados, muitas vezes, exclusivamente nas declarações dos policiais que acolhem praticamente sem ressalvas.

É na jurisdição criminal, que a ânsia em corresponder ao anseio popular mais dilacera a racionalidade e a própria função do juiz de garantidor de direitos. É onde consegue ser, ao mesmo tempo, mais protagonista e mais submisso.

É assim que o ordenamento encimado por uma Constituição garantista acabou por acolher leis típicas de um direito penal do

---

189 MENDES, Conrado Hubner. "Jurisprudência impressionista". *Revista Época*, 14 set. 2018. Disponível em: https://epoca.globo.com/conrado-hubner-mendes/jurisprudencia-impressionista-23066592. Acessado em: 03.04.2023.

inimigo, mantendo, sem muitos disfarces, uma prática ainda lombrosiana, calcada no racismo e no preconceito. Ao fim e ao cabo, vamos conseguir entender um pouco melhor como a jurisprudência dominante acaba por ser um sistema obstruído, e porque vimos convivendo por tanto tempo com legislações liberais e práticas autoritárias. É este o tema de nosso terceiro paradoxo.

CAPÍTULO III

TIGRE DE PAPEL

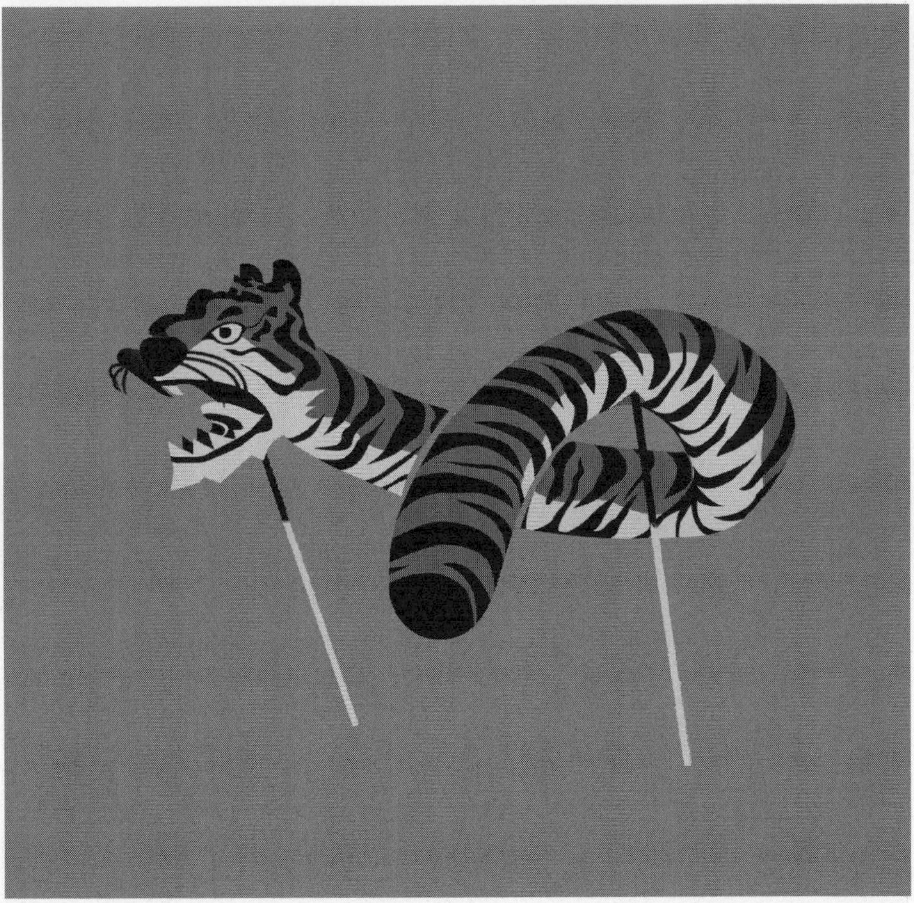

O terceiro paradoxo não é propriamente um paradoxo exclusivo do Judiciário. É uma contradição presente na história do país. Como traduz Gizlene Neder, uma formação de cunho liberal e uma prática autoritária permeiam a formação do Brasil.[190]

Para Fábio Comparato, essa duplicidade é o melhor termômetro da ineficácia de uma legislação protetiva: "(...) por trás do mundo jurídico oficial, protocolarmente respeitado, sempre existiu uma realidade de fato bem diversa, em geral oculta aos olhares externos".[191] E se não se pode atribuir essa defasagem exclusivamente ao Judiciário, sem dúvida que ele fornece uma inestimável colaboração, como aponta Comparato:

> O corpo de magistrados, entre nós, sempre integrou de modo geral os quadros dos grupos sociais dominantes, partilhando integralmente sua mentalidade, vale dizer, suas preferências valorativas, crenças e preconceitos; o que contribuiu decisivamente para consolidar a duplicidade funcional de nossos ordenamentos jurídicos nessa matéria.[192]

---

190 NEDER, Gizlene. *Discurso Jurídico e Ordem Burguesa no Brasil.* Porto Alegre: Sergio Antônio Fabris Editor, 1995, p. 5.

191 COMPARATO, Fábio Konder. "O Poder Judiciário no Brasil". *Revista Estudos Institucionais*, vol. 2, nº 1, 2016, p. 117.

192 COMPARATO, Fábio Konder. "O Poder Judiciário no Brasil". *Revista Estudos Institucionais*, vol. 2, nº 1, 2016, pp. 119/120.

O decreto de D. Pedro I que se segue parece indicar que, em 1821, os juízes estariam sendo mais realistas que o rei – ou, ao menos, sinalizar a dificuldade que viveriam na transição a um modelo liberal:

> Vendo que nem a constituição da Monarquia portuguesa em suas disposições expressas nas Ordenações do Reino, nem mesmo a lei da reformação da Justiça, de 1582, com todos os outros alvarás, cartas régias e decretos de Meus Augustos Avós têm podido afirmar, de um modo inalterável, como é de direito natural, a segurança das pessoas, e constando-me que alguns governadores, juízes criminais, e magistrados, violando o sagrado depósito da jurisdição que se lhes confiou, mandam prender por mero arbítrio e, antes de culpa formada, pretextando denúncias em segredo, suspeitas veementes e outros motivos horrorosos à humanidade para impunemente conservar nas masmorras, vergados com o peso de ferro (...) e sendo do meu primeiro dever e desempenho de minha palavra o promover o mais austero respeito à lei e antecipar o quanto ser possa os benefícios de uma constituição liberal, hei por bem solicitar por a maneira mais eficaz e rigorosa a observância da mencionada legislação ampliando-a e ordenando como por este decreto...[193]

Mas o fato é que mesmo o modelo liberal convivia com suas arbitrariedades, como a manutenção do escravismo e, com ele, as fortes sanções que ainda perdurariam mesmo em face da Constituição do Império – como a pena de galés (trabalhos forçados com pés acorrentados), dirigida aos escravos.

Florestan Fernandes buscou ilustrar como a burguesia manteve "*o passado no presente*", fortalecendo elementos arcaicos em

---

193 Decreto do Regente, em 23 de maio de 1821, *apud* MOTTA, Manoel Barros da. *Crítica da Razão Punitiva*: Nascimento da Prisão no Brasil. Rio de Janeiro: GEN, 2011, pp. 75/76.

vez de destruí-los, mesmo à testa dos processos de autonomização do país. "Por suas raízes históricas, econômicas e políticas, ela [burguesia] prendeu o presente ao passado como se fosse uma cadeia de ferro".[194]

Enfim, os mecanismos de permanência acabaram se mostrando muito mais efetivos do que as tensões de ruptura, o que caracteriza uma certa marca nacional. Como consequência, dois registros também presentes na frágil institucionalização: a convivência de legislações díspares e a informalidade, esse lado obscuro da duplicidade a que se referem Comparato e Neder: as leis que não colam.[195]

As leis que não colam são, sobretudo, as protetivas, ao passo que a legislação draconiana sempre nasce eficaz. Em *Sentenciando Tráfico*, fizemos a análise da Lei de Drogas de 2006, que trazia uma certa antinomia em sua formação: um aumento significativo da pena mínima prevista ao tráfico de drogas (de 3 para 5 anos) e uma figura privilegiada, que permitiria a redução da pena a uma terça parte deste tempo. Foi como se se criassem dois paradigmas diferentes. Ocorre que a nova pena era objetiva e aumentou as sanções dos réus imediatamente; o privilégio dependia de uma análise judicial do preenchimento de certos requisitos, e, invariavelmente, foi sonegado ou retalhado pelos juízes. Assim, na convivência entre os dois lados da lei, o rigorismo levou a melhor. Tudo indica que esse paradigma vai se repetir na incorporação da recente Lei Anticrime: os mecanismos draconianos que permitiram o aumento das penas e do maior rigor nas progressões de regime, já estão

---

194 FERNANDES, Florestan. *A Revolução Burguesa no Brasil*: ensaio de interpretação sociológica. 6ª ed. São Paulo: Contracorrente, 2020, pp. 199/200.

195 Como assinala Teresa Caldeira: "Tendências aparentemente contraditórias não representam um paradoxo raro na história brasileira. Na verdade, elas são tão frequentes que há uma tendência de se pensar a sociedade brasileira como marcada por algumas fissuras profundas, articuladas com elementos dualísticos, que opõem os aspectos modernos e retrógrados da sociedade". (CALDEIRA, Teresa Pires do Rio. *Cidade de Muros*: crime, segregação e cidadania em São Paulo. São Paulo: Editora 34, 2003, p. 137).

valendo; a figura do Juiz das Garantias, depois de anos suspensa liminarmente por uma decisão monocrática do STF, acabou retalhada no julgamento de mérito de ações de inconstitucionalidade.

O mesmo ocorre com a informalidade, uma espécie de falta de aderência social das normas permitindo que as relações sejam geridas por soluções de hábito ou costumes locais, de modo que um poder paralelo vai se formando ao lado do oficial, que o recebe com exagerada complacência. No sistema penal, não há romantismo: o que se cristaliza é o direito penal subterrâneo, segundo o qual as violências estatais praticadas contra supostos autores de crime seriam, de certa forma, aceitos ou recebidos com vista grossa. Não é preciso muito para supor o resultado.

Voltamos a Comparato, que assinala como exemplo histórico da cegueira deliberada dos órgãos judiciários a permanência do tráfico negreiro por longos anos, em situação de gritante ilegalidade – o que teria sido responsável pelo contrabando ao país de aproximadamente 750 mil africanos, sob o pálio da legislação "pra inglês ver".[196]

As omissões modernas são muito bem descritas por Orlando Zaccone em seu *Indignos de Vida*,[197] com arquivamentos generalizados, pedidos pelo Ministério Público e aceitos pelo Judiciário, de homicídios praticados por agentes de segurança, cujo reconhecimento precoce da legítima defesa ou do estrito cumprimento do dever legal,

---

196 Para Comparato, aliás, a cegueira era endêmica desse o período colonial: "Como as cidades no interior do território eram pouco numerosas e muito afastadas umas das outras, os juízes jamais puderam exercer adequadamente suas funções nas vastas áreas onde se estendia sua jurisdição. A consequência natural foi que a administração da justiça coube, efetivamente, aos poderosos do sertão os quais detinham os postos de coronéis ou capitães-mores da milícia. Unia-se, assim, a força militar com o poderio econômico, o que fazia da administração da justiça uma verdadeira caricatura". (COMPARATO, Fábio Konder. *A oligarquia brasileira*: visão histórica. São Paulo: Contracorrente, 2017, pp. 77/78).

197 ZACCONE, Orlando. *Indignos de vida*: a desconstrução do poder punitivo. Rio de Janeiro: Revan, 2015.

muito em razão da análise exclusiva dos antecedentes da vítima, tornam evidente o desinteresse do Estado pelas "vidas matáveis".

Poderíamos incluir também as precaríssimas condições de habitabilidade dos presídios, expostos à fiscalização de promotores e juízes e, ainda sim, em condições desumanas e, até por isso, a situação do próprio hiper-encarceramento, de cuja responsabilidade juízes tentam eximir-se sem sucesso, pois apostam na pena privativa de liberdade com o esquálido triunfo da esperança sobre a experiência, ou a ideia, jamais comprovada, da efetiva dissuasão da criminalidade pelo endurecimento das sanções. A duplicidade, no caso, é que o agente responsável pela garantia de direitos permanece no figurino de mantenedor da ordem.

Embora o extermínio da juventude negra esteja há muito normalizado, a tentativa de normatizá-lo com a ampliação de excludentes de ilicitude, encravadas no Pacote Anticrime, evidenciou a face sombria do ímpeto rigorista. Que razões poderiam ser invocadas para, em uma legislação apelidada de "anticrime", a peça de resistência fosse justamente um dispositivo que ampliava a isenção para homicídios? Apenas a ideia de que a morte pode ser um importante instrumento de combate à criminalidade é capaz de vitaminar uma proposta como essa. Mesmo não aprovada, a sinalização provavelmente contribuiu para o aumento significativo dos casos de homicídio atribuídos às forças de segurança a partir de 2019, inclusive durante a pandemia do novo coronavírus.[198] A questão chegou a tal ponto que foi necessária uma decisão do STF para impedir que policiais fizessem operações em comunidades

198 GORTÁZAR, Naiara Galarraga. "Mortes por operações policiais aumentam no Brasil apesar da quarentena". *El País*, 2020. Disponível em: https://brasil.elpais.com/brasil/2020-06-02/mortes-em-operacoes-policiais-aumentam-no-brasil-apesar-da-quarentena.html. Acessado em: 18.06.2021.

cariocas durante a pandemia[199] – desrespeitada, sobretudo, no massacre de Jacarezinho.[200]

A relação da violência policial com as favelas, aliás, não aparece como surpresa nem mesmo para o autor do referido projeto, o ex-Ministro da Justiça Sérgio Moro, que assim justificou a proposta da excludente de ilicitude na Exposição de Motivos que assinou, encaminhada à Câmara dos Deputados:

> O agente policial está permanentemente sob risco, inclusive porque, não raramente, atua em comunidades sem urbanização, com vias estreitas e residências contíguas. É comum, também, que não tenha possibilidade de distinguir pessoas de bem dos meliantes. Por tais motivos, é preciso dar-lhe proteção legal, a fim de que não tenhamos uma legião de intimidados pelo receio e dificuldades de submeter-se a julgamento em Juízo ou no Tribunal do Júri, que acabem se tornando descrentes e indiferentes, meros burocratas da segurança pública. As alterações propostas, portanto, visam dar equilíbrio às relações entre o combate à criminalidade e à (sic) cidadania.[201]

---

199 Relator, Ministro Edson Fachin, na ADPF 635: "Se, como atesta a decisão da Corte Interamericana, os protocolos de emprego da força já eram precários, em uma situação de pandemia, com as pessoas passando a maior parte do tempo em suas casas, eles se tornam, acaso existentes, de utilidade questionável. Operações policiais realizadas em locais de grande aglomeração ficam ainda mais arriscadas e fragilizam a já baixa *accountability*, que deveria pautar a atuação de todos os agentes públicos".

200 Mais do que desrespeitar, a Polícia Civil carioca ainda criticou a decisão: "Por força de um ativismo judicial, fomos impedidos de entrar em comunidades; isso fortalece o tráfico, expande seus domínios", afirmou Rodrigo Oliveira, subsecretário operacional da PCRJ. (CRUZ, Adriana. "Jacarezinho: polícia critica 'ativismo judicial' e diz que cumpriu protocolodos do STF". *Metrópole*, 06 mai. 2021. Disponível em: https://www.metropoles.com/brasil/jacarezinho-policia-critica-ativismo-judicial-e-diz-que-cumpriu-protocolos-do-stf. Acessado em: 22.11.2023).

201 *Exposição de Motivos do Projeto de lei*. Disponível em: https://www.camara.leg.br/proposicoesWeb/prop_mostrarintegra;jsessionid=837B0C4DA961B-

O que podemos depreender, enfim, desta duplicidade, da convivência do poder de direito e do poder de fato, do sistema jurídico e do sistema subterrâneo, é, sobretudo, um enorme desprestígio das regras civilizatórias – a que D. Pedro reputava de liberais, abrindo uma fenda profunda entre uma legislação garantista e uma prática autoritária –espaço que nos marca até os dias de hoje, em que convivemos ao mesmo tempo com a Constituição mais democrática que já tivemos, indubitavelmente a que mais tutela a dignidade humana, e índices de violências estatais gigantescos contra a população civil.

A Constituição estaria, então, representando uma figura do folclore chinês: o *tigre de papel*. O símbolo aparentemente ameaçador, mas sem forças suficientes para intimidar ou proteger.

Embora essa duplicidade a que os autores se refiram, tenha, certamente, uma penetração na formação histórica da sociedade como um todo, a responsabilidade do Judiciário por ela não deixa de ser expressiva. Conrado Hubner critica o fato de que "poucas instituições têm tamanha capilaridade e oportunidade de proteger os mais vulneráveis contra abuso do poder político e econômico"; mas, no entanto, "não há quem melhor pratique seu poder corporativo".

O que chamou da "magistocracia" seria corrosivo e determinante para as omissões:

B53FFDE2CC6BAE9254B.proposicoesWebExterno2?codteor=1712088&-filename=PL+882/2019. Acessado em: 18.06.2021. Os principais pontos do projeto neste particular não foram aprovados, mas ficaram alguns resquícios, como o disposto no art. 16-A, do Código de Processo Penal Militar: "Nos casos em que servidores das polícias militares e dos corpos de bombeiros militares figurarem como investigados em inquéritos policiais militares e demais procedimentos extrajudiciais, cujo objeto for a investigação de fatos relacionados ao uso da força letal praticados no exercício profissional, de forma consumada ou tentada, incluindo as situações dispostas nos arts. 42 a 47 do Decreto-Lei n. 1.001, de 21 de outubro de 1969 (Código Penal Militar), o indiciado poderá constituir defensor".

> A promessa de 1988 fracassou e a corporação judicial tem sua fração de responsabilidade. Permaneceu refratária à incorporação de princípios de controle e de transparência a sua estrutura e sua prática institucionais e ampliou modestamente o acesso à Justiça e o grau de pluralidade demográfica dos juízes de primeira instância. Resistiu quanto pôde às mais simples formas de abertura e prestação de contas.[202]

Fato comum entre nós, também, é a convivência entre legislações de diferentes matizes. O mais comum é que ambas derivem das continuadas omissões nos controles de legalidade e constitucionalidade. Só isso permite que tenhamos o inusitado conjunto que compreende: uma Constituição garantista, uma legislação que se aproxima do Direito Penal do inimigo e a prática de um sistema penal de matriz ainda lombrosiano e, portanto, racista.

No governo FHC, foram aprovadas inúmeras propostas de Emenda à Constituição, com a marca de "Reformas de Estado". Da quebra do monopólio da exploração de petróleo à alteração do perfil patrimonial do Estado, como veremos no próximo capítulo. As reformas desvirtuaram de forma relevante o perfil de Estado social que fora então desenhado pelos constituintes. A adesão às políticas neoliberais, do arrocho fiscal à liquidação de importantes ativos da União, foi submetida aos processos legislativos de quórum qualificado – como, aliás, a própria criação da reeleição para o Presidente em exercício.

No caso das leis penais e processuais, no entanto, não houve a mesma lógica: o rigorismo foi arrancado no seio de uma Constituição que havia incorporado os mecanismos de limitação do poder. Ainda assim, uma legislação que a negava foi sendo

---

202 MENDES, Conrado Hubner. "Magistocracia: a 'gran famiglia' judicial brasileira". *Revista ÉPOCA*, 02 abr. 2015. Disponível em: https://epoca.oglobo.globo.com/politica/Conrado-Hubner/noticia/2018/04/magistocracia-gran-famiglia-judicial-brasileira.html. Acessado em: 01.04.2023.

produzida com exagerada frequência. Não foi possível basear-se esse punitivismo em alterações constitucionais, como a mudança do perfil econômico recomendava. Isto porque os princípios penais que compactam uma rede de limitações ao poder punitivo, são todos partes integrantes das chamadas "cláusulas pétreas", ou seja, dispositivos que, por moldarem o corpo dos direitos fundamentais, não permitem que sejam objeto de deliberação, emenda para sua supressão ou redução (art. 60, §4º).

Pelo comportamento, é bem possível que o legislador tenha se arrependido desses direitos fundamentais consignados na Constituição Cidadã. Mas eram todos imutáveis: a proibição da pena de morte e da prisão perpétua; a presunção de inocência; o direito ao silêncio (e à não autoincriminação) etc. A forma possível de aprovar uma legislação *hardcore* era simplesmente ignorar o comando constitucional. O legislador fez isso inúmeras vezes; o Judiciário fez vistas grossas outras tantas.

No exemplo mais radical, o legislador ordinário estipulou para os chamados Crimes Hediondos, a proibição de progressão de regime de cumprimento de pena e, assim, de individualizar a pena também na fase de execução. O cumprimento obrigatório e integral da pena em regime fechado foi a principal providência da LCH e a mais juridicamente questionável. O STF chegou a concluir pela inconstitucionalidade, mas cerca de quinze anos depois – tendo dado aval, pela omissão, para um agigantamento do sistema carcerário cujas consequências até hoje continuam sentidas, sobretudo pela avalanche do encarceramento feminino.[203]

A questão criminal é uma das centrais, aliás, quando se discute a violação de direitos em face de omissões judiciais. E é uma

---

203 PONTES, Felipe; MARTINS, Helena. "População carcerária feminina cresce 700% em 16 anos no Brasil". *Agência Brasil*, 2017. Disponível em: https://agenciabrasil.ebc.com.br/direitos-humanos/noticia/2017-08/populacao-carceraria-feminina-cresce-700-em-dezesseis-anos-no. Acessado em: 22.11.2023.

das consequências mais sentidas no longo legado autoritário que marca a experiência brasileira – entre os séculos de escravidão e as seguidas rupturas institucionais.

Alguns pontos são importantes para entendermos o impacto deste legado autoritário no cotidiano do sistema, pois se trata de uma continuação, ora maquiada ora explícita. A mecânica do processo nos permite vislumbrar com certa facilidade, sobretudo, dois aspectos: a) a longevidade do valor do inquérito policial e b) a vulgarização da prisão provisória. Nestes dois dispositivos, residem os principais, embora não únicos, elementos de perpetuação de um processo autoritário – no qual réus são sempre objetos de investigação e processo e não sujeitos de direito.

Mas a marca autoritária, é bom lembrar, também tem cor e a sobrevida de um sistema que institucionaliza o racismo, a despeito da absoluta incompatibilidade com os padrões civilizatórios de um Estado Democrático de Direito, transparece em todas as oportunidades. Como dizia Darcy Ribeiro:

> A mais terrível de nossas heranças é esta de levar sempre conosco a cicatriz de torturador impressa na alma e pronta a explodir na brutalidade racista e classista. Ela é que incandesce ainda hoje, em tanta autoridade brasileira predisposta a torturar, seviciar e machucar os pobres que lhes caem às mãos.[204]

A permanência do inquérito policial como instrumento central do processo penal é uma mostra da continuidade de tais relações de poder. Como assinala Michel Misse:

---

204 RIBEIRO, Darcy. *O povo brasileiro*: a evolução e o sentido do Brasil. São Paulo: Companhia das Letras, 1995, p. 120.

> A sujeição criminal antecipa-se à busca de evidências empíricas no processo de construção da verdade "real" (eis o eufemismo através do qual a polícia distingue a "sua" verdade da "verdade" judicial). Para poupar tempo e esforços, basta "apertar" suspeitos e testemunhas para obter a verdade, isto é, a versão dos fatos. Uma vez que essa é a estratégia, então a tomada de depoimentos por escrito, com fé pública, em cartório, na delegacia, toma a forma de uma instrução criminal preliminar, sem contraditório, cujo nome é inquérito policial.[205]

Mesmo estando em uma fase pré-processual, sem as regras do contraditório e da ampla defesa (o indiciado não precisa ser acompanhado de advogado e, mesmo o sendo, este praticamente em nada intervém), os elementos ali colhidos, como a declaração da vítima, o reconhecimento do autor do fato, ou os depoimentos das testemunhas vão ser aproveitados para o julgamento. O Código não o proíbe expressamente, desde que não seja prova exclusiva, e os juízes o mobilizam com frequência, sob o pretexto do método de julgamento que privilegia a livre apreciação da prova, contida no dispositivo ordenador do livre convencimento motivado. Não raro, portanto, condenações criminais são proferidas com base em testemunhos que nem sequer foram objeto de acompanhamento, ou contradição, pela defesa.

O esvaziamento do predicado da "ampla defesa" é notório, mas ainda assim usual. E se combina com a adesão quase irrestrita às versões produzidas pelos agentes policiais que efetuaram a prisão, sobretudo, diante da carência de investigação e, assim, da produção de outras provas. Essa é a situação típica, por exemplo, dos processos criminais que envolvem a Lei de Drogas, baseada, em grande medida, na "presunção de legitimidade" da palavra dos policiais.

---

205 MISSE, Michel. "O Papel do Inquérito Policial no Processo de Incriminação no Brasil: algumas reflexões a partir de uma pesquisa". *Revista Sociedade e Estado*, vol. 26, 2011, pp. 18/19.

Nestes termos, a disputa processual é quase inviável. O que a Defesa apresenta, no mais das vezes, mal é considerado porque contrário ao "conjunto probatório" que, ao final das contas, é mesmo o resumo das declarações dos agentes que efetuaram a prisão.

Conjuntamente com o absoluto predomínio da "palavra do policial", e do reduzido escrutínio que os juízes normalmente dedicam às suas declarações, tem-se ainda que a regra nos processos oriundos de prisões em flagrante – sobretudo roubos e tráfico de drogas – é que os réus sejam presos antes do julgamento, iniciando, de fato, o cumprimento de uma pena que, todavia, ainda é incerta.

Notória a vulgarização da prisão provisória, perceptível pelas estatísticas do Departamento Penitenciário Nacional (Depen) que apontam que 1/3 dos presos ainda não tem contra si decisão definitiva. Na pesquisa "Excesso de Prisão Provisória no Brasil um estudo empírico sobre a duração da prisão nos crimes de furto, roubo e tráfico", inserida no Projeto Pensando o Direito, da Secretaria de Assuntos Legislativos do Ministério da Justiça em parceria com o Instituto de Pesquisa Econômica Aplicada (IPEA) e a Universidade Federal Fluminense (UFF), concluiu-se altíssima a taxa de aprisionamento cautelar, em processos de furto, roubo e tráfico de drogas. Os números são impressionantes: computados os três crimes analisados, a conversão da prisão em flagrante em preventiva fora de 84,1% na Bahia e 87,7% em Santa Catarina. Considerado apenas o delito de tráfico de drogas, a média atinge a 93% em ambos os Estados, e, nos casos de roubo, atinge a 100%, em Santa Catarina.[206]

---

206 IPEA. *Excesso de prisão provisória no Brasil*: um estudo empírico sobre a duração da prisão nos crimes de furto, roubo e tráfico. Disponível em: http://www.uff.br/sites/default/files/news/arquivos/rogerio_finalizada_web.pdf. Acessado em: 18.06.2021.

Em outra pesquisa, que reúne IPEA e Depen sobre Aplicação de Penas e Medidas Alternativas,[207] o resultado drástico mostra que 37% dos que suportaram prisões provisórias ao final do processo estariam fora do sistema carcerário (seja pela absolvição, seja pela condenação a pena não privativa de liberdade) – indicando de forma segura o excesso e a desproporcionalidade que fora a prisão provisória. Afinal, que sentido faz manter réus presos enquanto ainda não são culpados, se permitirem que, uma vez condenados, possam cumprir penas em liberdade, se não o de caracterizar a prisão preventiva como uma espécie de "antecipação de pena", ou, no caso, a própria pena.

3.1 A prisão do segundo grau

A forma desviada como se deu a discussão acerca da "prisão em segundo grau" é outro indicativo seguro desse comportamento, como se, afinal de contas, estivesse em julgamento a possibilidade ou não de prisão antes do trânsito em julgado.

A prisão cautelar jamais deixou de existir por causa da presunção de inocência e quem misturou ambas as hipóteses (prisão-pena e prisão-processo) das duas uma: ou estava enganado ou estava enganando. Prisões provisórias não apenas continuam existindo, como são aplicadas em grande proporção. A única questão é a necessidade de fundamentar em um atributo cautelar, ou seja, que a prisão processual se faça necessária para garantir a integridade do processo ou a fiel aplicação da lei. E a jurisprudência nunca exigiu uma fundamentação muito detalhista, o que contribui para o grande encarceramento.

---

207 GOVERNO FEDERAL. "Depen e Ipea publicam pesquisa sobre a aplicação de penas e medidas alternativas". *Justiça e Segurança Pública*, 2015. Disponível em https://www.justica.gov.br/news/depen-e-ipea-publicam-pesquisa-sobre-a-aplicacao-de-penas-e-medidas-alternativas. Acessado em: 22.11.2023.

Os argumentos mais empregados na discussão durante o julgamento no STF, todavia, procuraram estabelecer o terror desta proteção legal, uma espécie de exagero pernicioso feito pelo constituinte, por intermédio de duas *fake news*: a) a ideia de que os autores dos mais bárbaros crimes ficariam em liberdade até o trânsito em julgado; b) a noção de que isso tutela, sobretudo, os direitos dos ricos, que podem se aproveitar melhor da malha recursal.

No julgamento do caso Lula, por exemplo, o Ministro Luiz Fux trouxe à tona o caso da menina Isabela Nardoni como um exemplo de liberdade aos "assassinos" que a presunção de inocência asseguraria. Mas como outras tentativas de levar o debate jurídico ao marco do sensacionalismo, o ministro desconhecia, supõe-se, que havia no caso decretação de prisão preventiva, bem antes do trânsito em julgado – antes mesmo da denúncia, inclusive.

Já o Ministro Luís Roberto Barroso foi contestado pelas estatísticas que mostraram não apenas que as Defensorias Públicas contribuem praticamente com metade dos recursos nos tribunais superiores, como têm, ainda, um êxito maior que os advogados constituídos. São os pobres e não os ricos, portanto, que mais demandam e mais têm sucesso nos tribunais superiores – os ricos só têm mais cobertura de mídia.

O legislador constituinte, consciente de que as políticas têm mais prestígio do que os princípios, resolveu estabelecer o que seria imutável na Constituição. Para evitar justamente o movimento das maiorias regressivas, que em determinados períodos põem em risco as democracias, estabeleceu cláusulas pétreas. A presunção de inocência, nos limites impostos pelo Constituinte de 1988, é um exemplo disso. Está no artigo 5º, da Constituição Federal, aquele dedicado aos "direitos e garantias individuais". Nenhum deles pode ser suprimido, eliminado ou mesmo reduzido. Aliás, nunca foi. Em 32 anos de vida, a Constituição chegou a ser maltratada por várias vezes, esquecida outras tantas. Mas nunca – o que é um sinal importante – nunca teve algum de seus direitos inscritos no art. 5º suprimido.

O constituinte poderia ter se limitado a garantir a presunção de inocência abstratamente; ou, fazer como em outros ordenamentos, que condicionam a execução da pena a uma genérica expressão de "culpa formada". No entanto, pelos motivos que já conhecemos, o legislador brasileiro buscou esclarecer o que tinha certeza que seria esvaziado se abrisse tamanho espaço para interpretações. Assim, traduziu o princípio da presunção de inocência em uma regra: "ninguém será considerado culpado até o trânsito em julgado de sentença penal condenatória". E o fez justamente para não dar margens à discussão. Afinal, como nos lembrava o próprio Barroso, em **Interpretação e Aplicação da Constituição,**

> o legislador constituinte é invariavelmente mais progressista que o legislador ordinário. Daí que, em uma perspectiva de avanço social, devem-se esgotar todas as potencialidades interpretativas do Texto Constitucional.[208]

O gingar da jurisprudência do STF insinuou que pudesse ter havido decisão de natureza casuística – e, de fato, é o que se indica, mas em relação justamente à decisão permissiva da prisão em segundo grau (ou, na tradução processual, execução imediata da decisão). Expliquemos.

Os primeiros anos do século XXI foram marcados por este despertar argumentativo e pelo fato de o STF abdicar da omissão interpretativa a que esteve acostumado por décadas. Não por outro motivo, no período foram considerados inconstitucionais a proibição da progressão de regime da Lei dos Crimes Hediondos, a regra que impedia o recebimento do recurso do réu que não chegasse a ser preso, as proibições genéricas de concessão de liberdade provisória em determinados crimes e até mesmo entendeu-se que a Lei de Imprensa, vigente há mais de quarenta anos, não havia sido

---

208 BARROSO, Luís Roberto. *Interpretação e aplicação da Constituição*. São Paulo: Saraiva, 2003, p. 292.

recepcionada pela Constituição, dada a amplitude da liberdade de expressão nesta incorporada – decisão saudada com louvores pela mesma mídia que hoje despreza a presunção de inocência.

Por isso, em termos jurídicos, não houve propriamente uma surpresa quando o STF, em 2009, ao julgar o HC 84.078/MG, concluiu por 7×4 que a proibição de efeito suspensivo aos recursos especial e extraordinário eram contrários à presunção da inocência: se não é possível considerar culpado antes do trânsito em julgado da sentença condenatória, como executar uma pena antes de saber se o réu é mesmo culpado? Já havia uma contundente doutrina neste sentido e até decisões esparsas em medidas cautelares dos tribunais superiores suspendendo a execução.

Depois da decisão, o próprio Congresso votou a alteração de normas do Código de Processo Penal, contemplando uma nova redação para o art. 283, que traduzia o comando constitucional como o STF interpretara, em uma redação muito próxima, aliás ("Ninguém poderá ser preso senão em flagrante delito ou por ordem escrita e fundamentada da autoridade judiciária competente, em decorrência de sentença condenatória transitada em julgado ou, no curso da investigação ou do processo, em virtude de prisão temporária ou prisão preventiva"). E não houve rupturas na jurisprudência após a decisão do STF: quem pretendeu prender antes do trânsito o fez com os instrumentos legalmente disponíveis, como a decretação da prisão preventiva.

Mas, uma vez cristalizada na jurisprudência constitucional e processual a regra da presunção de inocência, começaram as tentativas de reforma.

A primeira delas ficou conhecida como PEC Peluso (PEC dos Recursos). Elaborada a partir de sugestão do então Presidente do STF, Ministro Cezar Peluso, que consistia em considerar os recursos especial e extraordinário como ações rescisórias, ou seja, realizadas após os julgamentos definitivos. Hoje se sabe que a proposta não foi adiante porque envolvia também permitir a execução definitiva de sentenças cíveis ou trabalhistas, o que causou reações dos entes públicos e grandes empresas, que também queriam o acesso aos tribunais superiores antes de dar o processo por encerrado. E como mexer com a propriedade e o dinheiro era mais delicado do que violar a liberdade, ficou por isso mesmo.

A segunda foi a proposta de projeto de lei formulada pela Associação dos Juízes Federais (Ajufe), subscrita pelo então senador Roberto Requião, que criava inusitadas hipóteses legais para a prisão antes do trânsito (PLS 402/2015). De memória própria, lembro que estive na CCJ do Senado, em setembro de 2015, para discussão deste monstrengo, como também esteve o então juiz Sergio Moro, que o defendia fortemente. Junto com outros juízes, promotores de justiça, defensores públicos e advogados, dizíamos que a lei não poderia ser alterada justamente em face de previsão expressa da Constituição e da própria decisão do STF que a explicitava: a resposta que recebemos daquele grupo de juízes ligado à Lava Jato foi a de que tinham a informação de que o "STF logo mudaria a interpretação".[209]

Enfim, os senadores não levaram o projeto adiante – era, como tudo o que foi feito inspirado na Lava Jato, como as "10 Medidas contra a Corrupção" e o Pacote Anticrime, de precário fundamento técnico e redação inepta.

Mas a mudança que aqueles juízes anteviam de fato aconteceu em fevereiro de 2016. Foi claramente uma mudança circunstancial, induzida pelos propósitos da Lava Jato, que buscava sem cessar a prisão automática em segundo grau. Dizia-se, então, que isto aumentaria as chances de novas delações. Como era a posição do então

---

209 SEMER, Marcelo. "Um Habeas Corpus para a Constituição". *Revista Cult*, 2019. Disponível em: https://revistacult.uol.com.br/home/um-habeas-corpus-para-a-constituicao/. Acessado em: 18.06.2021.

Procurador Geral da República, Rodrigo Janot, a de que proibir prisão de condenados em 2ª instância poderia inibir delações.[210]

A mudança do STF em 2016 foi circunstancial, episódica, e pode-se dizer, provocada por um interesse casuístico. Tanto é que teve vida curta. E mesmo assim bem tumultuada. Os ministros nem sequer avaliaram a constitucionalidade do art. 283, do CPP; se pretendiam liberar a prisão automática com acórdão, deveriam ter anotado a inconstitucionalidade da lei, porque ela também expressamente o proibia.

Um dos artífices desta mudança, dizia a época o próprio Presidente da Ajufe, seria o Ministro Gilmar Mendes. E, de fato, foi, mas é o ministro que primeiro se posicionou pelo retorno ao paradigma anterior do STF. Por fim, a decisão de 2016 jamais pacificou o tribunal; parte dos ministros continuou proferindo decisões em sentido inverso, como é o exemplo de Celso de Mello, então decano e um dos membros mais respeitados da Corte. A decisão perdia fôlego a cada dia e sua manutenção só se deveu à forma e o *timing* como o STF recolocaria o processo em pauta, por razões eminentemente políticas – ou seja, manter o tanto quanto possível a prisão de Lula. Do que se viu posteriormente, um equívoco de proporções incalculáveis.

Enfim, ao rigor processual, que burla no cotidiano os princípios fundamentais da Constituição e abandona à própria sorte a ampla defesa e a presunção de inocência, deve-se acrescer uma forte tinta de seletividade, que é construída, em especial, pela precariedade da investigação policial. No dia a dia da segurança pública, a descoberta de crimes é quase sempre relegada ao patrulhamento de rua e a indisfarçável preferência na vigilância, em

---

210 CARVALHO, Jailton de. "Janot defende prisões em 2ª instância e cita caso Lula em palestra". *O Globo*, 2018. Disponível em: https://oglobo.globo.com/brasil/janot-defende-prisoes-em-2-instancia-cita-caso-lula-em-palestra-22551090. Acessado em: 18.06.2021.

que jovens negros são mais abordados pela polícia, além de mais agredidos, mortos etc. É a marca do racismo institucionalizado.

Muitas destas questões serão ignoradas pelo juiz, sob o pretexto deste ser um "escravo da lei". Mas a aplicação apenas episódica dos princípios que formatam o Estado Democrático de Direito, a adesão a um formalismo que esconde a substância e o desprezo, desmotivadamente, a normas de proteção, demonstram que na relação entre juiz e lei, é a última que tende a ser escravizada. Isto porque, em grande medida, o juiz ainda não desvestiu a roupa de mantenedor da ordem, para assumir a de garantidor de direitos, o que fragiliza sobremaneira as possibilidades de impacto das limitações constitucionais.

Embora marca registrada do nosso processo histórico, a contradição entre o direito que é garantido pela lei e a prática que o fulmina, acaba sendo mais expressiva após a promulgação da Constituição de 1988, no bojo de um processo de redemocratização, que talvez seja mais fielmente descrito como um processo de democracia interrompida.

Dentro do Judiciário, a democratização não acompanhou o empoderamento descrito no primeiro capítulo e sua falta pode ser uma explicação para o protagonismo submisso que se explicou no segundo. Mas ela é, sobretudo, uma das causas que travam a incorporação na prática dos predicados de uma Constituição garantista, como fossem os tribunais hospitais que receberam instrumentos de última geração aos quais, todavia, os médicos não tiveram acesso.

Nunca antes na história do país tivemos à disposição um conjunto tão expressivo de instrumentos de direitos humanos, inclusive porque a própria Constituição se abriu para direitos e garantias nela não expressos, mas decorrentes de seu regime, e ainda componentes de tratados internacionais dos quais o Brasil seja parte (art. 5º, §2º). De outro lado, os juízes que dele fazem uso tem que demonstrar coragem para divergir dos entendimentos tradicionais consolidados pelos tribunais, mutas vezes, em prejuízo de sua própria ascensão funcional. Decidir com base em princípios constitucionais pode até sujeitar o juiz a ser processado por "julgar com ideologia".

A ausência de democracia interna aprofunda uma característica que simplesmente não devia ser encontrada em uma carreira baseada na independência: a hierarquia. Isto pode explicar uma contundência no rigor penal com que os juízes em regra evitam a divergência, sobretudo, com a jurisprudência de seu próprio tribunal, ainda que esta jurisprudência seja ela mesma disforme daquela produzida pelos tribunais superiores.

Sim, isso ocorre, e com uma frequência além do razoável. A manifestação mais contundente deste fosso é a contenda entre as turmas criminais do Superior Tribunal de Justiça e a seção criminal do TJSP. Todas as incursões conciliatórias e mesmo as divergências expostas não resultaram em um encontro de decisões. Segundo o Ministro Rogério Schietti Cruz:

> Nós temos centenas de pessoas condenadas, cumprindo pena, porque o TJSP simplesmente ignora, ou melhor desconsidera, a jurisprudência do STF e do STJ (...) deveriam estar soltas desde o início do processo – porque prisão provisória não é punição –, mas estão sendo punidas por conta de uma interpretação cruel (...) é como se fosse uma afirmação de poder em prejuízo de pessoas que estão perdendo a sua liberdade.[211]

Semanas depois deste desabafo em um seminário online, a 6ª Turma do Superior Tribunal de Justiça concedeu, votando de forma unânime um Habeas Corpus impetrado pela Defensoria

---

211 MIGALHAS. "Ministro Schietti critica TJ/SP por não seguir jurisprudência: Ignoram STJ e STF". *Migalhas*, 2020. Disponível em: https://www.migalhas.com.br/quentes/330944/ministro-schietti-critica-tj-sp-por-nao-seguir-jurisprudencia---ignoram-stj-e-stf. Acessado em: 18.06.2021.

Pública de SP, regime aberto ao paciente original e o estendeu a todos presos que se encontrassem em situação igual (condenados, por delito de tráfico privilegiado, a 1 ano e 8 meses de reclusão, em regime fechado), determinando que os juízes das execuções criminais "procedessem à mudança do regime de pena para o aberto". A inusitada decisão serviria, assim, de salvo conduto, para impedir novos excessos. Entre os fundamentos deduzidos pelo Ministro Schietti Cruz, a crítica contundente a "uma política estatal que se poderia, não sem exagero, qualificar como desumana, desigual, seletiva e preconceituosa".[212]

E aqui reside um outro e importante impedimento à "prisão em segundo grau". Se já não bastassem as questões de princípios, há também este forte pragmatismo: o segundo grau (Tribunais de Justiça dos Estados ou Tribunais Regionais Federais) jamais poderia autorizar o início da execução de uma pena, se a jurisprudência que aceita é refratária aos paradigmas dos tribunais superiores. Isso significa cristalizar como uma pena que já pode ser executada, justamente porque seria quase imutável, sanções que com certeza serão posteriormente alteradas, pelos recursos aos tribunais superiores.[213]

---

212 Os efeitos coletivos desse Habeas Corpus do STJ foram, todavia, cassados por decisão monocrática do Ministro Alexandre de Moraes, no RE 1.344.374, em dezembro de 2021, com agravo regimental ainda não julgado.

213 A propósito, Thiago Bottino do Amaral, em "Habeas corpus nos Tribunais Superiores: uma análise e proposta de reflexão", derivado de pesquisa realizada em conjunto com IPEA, Ministério da Justiça e FGV: "Entre muitas coisas importantes sobre o habeas corpus, a pesquisa desvenda que o Tribunal de Justiça de São Paulo tem alta concentração de casos no STJ. Ele sozinho é o responsável por quase 45% de todas as impetrações perante o STJ e apresenta taxa de concessão bem superior às dos demais tribunais de segunda instância. É dizer, trata-se de Tribunal refratário à jurisprudência dos Tribunais Superiores, inclusive no que diz com temas sumulados". E ainda a notícia recente: MARTINES, Fernando. "Presidente do STJ repreende TJSP por ignorar Súmulas e não conceder HCs". *Consultor Jurídico*, 2018. Disponível em: https://www.conjur.com.br/2018-set-18/stj-repreende-tj-sp-nao-seguir-sumula-nao-conceder-hc. Acessado em: 18.06.2021.

O resultado dessa barafunda seria uma espécie de regionalização da lei, na forma de interpretá-la, fazendo com que cada Estado tivesse uma forma diferente de aplicar o direito. Isso esvaziaria todo o esforço pela nacionalização da justiça, em nome da qual foram criados o Superior Tribunal de Justiça, justamente para uniformizar a interpretação da lei federal e o próprio Conselho Nacional de Justiça – bem ainda toda a base que fundamentou a reforma do CPC, em 2015, incorporando a lógica dos precedentes. Como justificar uma lógica de uniformização das interpretações ao mesmo tempo em que dá mais força às decisões dissonantes?

3.2 A democracia interrompida

Se a Constituição virou um tigre de papel, pela dificuldade de que juízes assumam seu papel garantista, parte desses problemas podem ser debitados ao desprezo com que a redemocratização tratou o Poder Judiciário, provavelmente instado, ou melhor, obstado, por suas cúpulas tradicionalistas.

A Constituição de 1988 formatou um Estado Democrático de Direito, com quatro pilares fundamentais: a) a expansão do Estado liberal, com as garantias negativas, que impunham restrições ao poder, no âmbito dos chamados direitos humanos de primeira dimensão – com destaque não apenas para um rol extenso dos direitos fundamentais, mas para a abertura explícita à recepção dos princípios (art. 5º, § 2º), como ainda a peculiaridade de protegê-los do futuro, com as cláusulas pétreas; b) a conformação do Estado social, e as prestações positivas a serem exigidas do Estado para a redução de desigualdades que é também objetivo da República (como o direito à educação, saúde, lazer); c) a perspectiva democrático-constitucional e a prevalência da dignidade humana como norma de referência e a afirmação do pluralismo; e d) a adesão ao sistema internacional dos direitos humanos, com a valorização da recepção dos tratados a que o país se submete.

A articulação de todos esses direitos e garantias, aliados à inafastabilidade da jurisdição como um direito em si mesmo (art. 5º, XXXV), impunham ao juiz uma tarefa de garantidor, até o momento não adequadamente percebida. A despeito de todo esse bafejar democrático na sociedade, o Judiciário permaneceu um enclave autoritário, regido quase como uma gerontocracia. Ali, não houve o espraiamento da racionalidade democrática que, em tantos aspectos, tomava conta das instituições. O ingresso no Estado Democrático de Direito trazia a constitucionalização do direito de greve, um novo perfil de entidade familiar, fora do patriarcado compulsório, e promessas de igualdade que, gradualmente foram sendo cobradas em diversas áreas. Retomamos o processo eleitoral para todos os cargos, revogamos a censura e abrimos um veio garantista no processo penal que, tudo indicava, se casaria com uma legislação minimalista.

Mas não lembramos de democratizar o Poder Judiciário, como se não fora essencial estender os espaços da participação, como sugeria Bobbio:

> Quando se quer saber se houve um desenvolvimento da democracia num dado país, o certo é procurar perceber se aumentou não o número dos que têm o direito de participar das decisões que lhes dizem respeito, mas nos espaços nos quais podem exercer esse direito.[214]

Continuamos com o mesmo Judiciário hierarquizado de antes; com duas castas de profissionais exercendo os cargos do poder: os desembargadores com direito a voto nas eleições dos tribunais; os juízes, não, porque foram alocados à parte dentro do sistema. Escolhidos, promovidos, fiscalizados, remunerados e punidos por tribunais dos quais, na letra da lei, não fazem parte – apenas os desembargadores são tidos como "membros", para os efeitos eleitorais.

---

214 BOBBIO, Norberto. *O futuro da democracia*: uma defesa das regras do jogo. São Paulo: Paz e Terra, 1986, p. 28.

Não é certo dizer que esta distribuição, que pode muito bem ser equiparada ao voto censitário do Império, tenha evitado o ingresso da política nos tribunais, pretexto supostamente legitimador da estrutura de castas; basta ver a vinculação das nomeações dos juízes por Presidentes e governadores e o por vezes promíscuo relacionamento entre os Presidentes de tribunais e os chefes do Poder Executivo. Instaurou-se apenas o corporativismo de cúpula, em que benesses como carros oficiais e distribuições represadas significaram alto cacife político.

O que a ausência de democracia interna fez foi manter a ideia de hierarquia, com drásticas consequências para um desejado perfil democrático de instituição, justamente quando essa mudança de postura seria mais necessária para garantir a transição rumo à democracia.

Vários foram, sem dúvida, os avanços da Constituição de 1988 no sistema de justiça, a começar pelo equacionamento da independência do Ministério Público e a criação da Defensoria Pública. A independência externa do Judiciário foi assentada, afastada a participação dos governadores nos mecanismos de promoção de juízes, bem ainda na possibilidade constitucional de formulação do próprio projeto de orçamento.

Mas sem a mudança da cultura dos juízes, os avanços foram exageradamente lentos. Só a partir de meados dos anos 2000, é que a jurisprudência do STF incorporou uma abordagem principiológica, abrindo um vasto campo para as decisões de inconstitucionalidade. Mas, verdade seja dita, com ampla resistência pelos juízes das instâncias inferiores.

O resultado dessa resistência dos tribunais locais, e da submissão dos juízes ao poder das cúpulas destes tribunais, é exatamente aquilo a que fizemos referência: um equipamento moderno de direitos humanos que os juízes eram fortemente desestimulados a empregar.

Mas a democracia interrompida não se restringiu apenas à estrutura do Judiciário. Parte significativa da adesão ao populismo penal pelos operadores do direito, deve-se, sobretudo, ao que Zaffaroni denomina "criminologia midiática",[215] que se alimenta do medo que o sensacionalismo projeta. Aliando os interesses mundanos da audiência, aos ideológicos do neoliberalismo, um direito calcado na eficiência, nas estratégias de segurança e na exclusão social põe à terra qualquer possibilidade de respeito aos princípios penais. Um dos atributos mais notáveis daquilo que se acostumou a chamar de *virada punitiva* (nas últimas décadas do século XX, a princípio no hemisfério norte) foi a popularização do discurso da segurança. Um dos pensadores que melhor entendeu essa guinada sobre a cultura, David Garland, apontava:

> Agora, um discurso político fortemente carregado permeia todos os temas relacionados ao controle do crime, de modo que toda decisão é tomada sob as luzes dos holofotes e da disputa política e todo erro se transforma em escândalo. O processo de formulação das políticas se tornou profundamente politizado e populista (...). Os grupos profissionais, que uma vez dominaram o processo de elaboração de políticas, agora são crescentemente afastados, na medida em que as diretrizes estão sendo formuladas por comitês de ação política e conselheiros políticos.[216]

Instigado pela ânsia de fulminar o conceito e as responsabilidade da sociedade, jogando o bebê fora com a água do banho ao quebrar as estruturas do Welfare State, a emergência neoliberal também pronunciou a supremacia da responsabilidade individual e, com ela, o abandono do chamado previdenciarismo penal – substituindo-se os esforços de ressocialização pela simples armazenagem

---

215 ZAFFARONI, Eugenio Raul. *A palavra dos mortos*: Conferências de Criminologia Cautelar. São Paulo: Saraiva, 2012, p. 303.

216 GARLAND, David. *A Cultura do Controle*: crime e ordem social na sociedade contemporânea. Rio de Janeiro: Revan, 2008, p. 57.

dos presos. Afinal, a sociedade não deveria se responsabilizar por aqueles que a agrediram.

O Brasil vai receber esses ares mais adiante, quando conseguir se livrar da ditadura, em meados dos anos 1980. As vertentes mais regressivas do direito penal, como o Movimento Lei e Ordem e Direito Penal do Inimigo, aportam entre nós nos primeiros anos de vigência da Constituição, de modo que a produção das leis posteriores a ela parece, como apontamos, quase um mea-culpa do legislador.

A primeira lei deste pacote que endureceria o sistema penal que a Constituição prometeu enxugar, foi a Lei dos Crimes Hediondos, elaborada em sequência a alguns episódios de extorsão mediante sequestro de empresários de renome – o mais significativo, o que sofreu Abílio Diniz. Alberto Silva Franco narrou em seu clássico *Crimes Hediondos*, a forma como a pressão midiática foi recebida pelos parlamentares, na cozinha da lei:

> O nível de influência coercitiva, exercida pela mídia, em relação a determinados delitos, pode ser mensurado através das intervenções dos deputados Plínio de Arruda Sampaio e Roberto Jefferson, nos debates a respeito do Projeto de Lei Substitutivo (projeto 5405/90). O primeiro, após acentuar a responsabilidade de todos 'perante a opinião pública, de votar rapidamente uma lei que agrave a punição dos crimes de sequestro para extorsão de dinheiro', admitiu aprovar, de imediato, o projeto, se se limitasse ao referido delito. No entanto, como outros delitos estavam incluídos, propôs que outra matéria fosse examinada e, dentro de uma hora, poderia o projeto ser novamente lido, com calma e votado. Não se aventurou, no entanto, o deputado Plínio de Arruda Sampaio a requerer o adiamento da votação, alegando: "Tenho todo o interesse em votar a proposição, mas não quero fazê-lo sob a ameaça de hoje à noite, na TV Globo, ser acusado de estar a favor do sequestro. Isso certamente

acontecerá, se eu pedir o adiamento da votação. Todos me conhecem e sabem que não sou a favor disso".[217]

Silva Franco analisou também como a solução ao final adotada pelo legislador, sob forte pressão midiática, contrariava não apenas a lógica, mas o próprio espírito da Constituição:

> O texto legal pecou, antes de mais nada, por sua indefinição a respeito da locução crime hediondo, contida na regra constitucional. Em vez de fornecer uma noção, tanto quanto explícita, do que entendia ser a hediondez do crime (...) o legislador preferiu adotar um sistema bem mais simples, ou seja, o de etiquetar, com a expressão hediondo, tipos já descritos no Código Penal ou em leis penais especiais. Dessa forma, não é hediondo o delito que se mostre "repugnante, asqueroso, sórdido, depravado, abjeto, horroroso, horrível", por sua gravidade objetiva, ou por seu modo ou meio de execução, ou pela finalidade que presidiu ou iluminou a ação criminosa (...) mas sim aquele crime que, por um verdadeiro processo de colagem, foi rotulado como tal pelo legislador.[218]

E esse processo de etiquetamento foi se ampliando ao passar dos anos e das reivindicações, sendo a primeira delas, a campanha movida pela novelista Glória Perez para a introdução do homicídio qualificado neste rol, logo após sua filha ter sido vítima de um. Depois vieram a adulteração de remédios (também resultado de um escândalo amplamente coberto pela mídia) e mais recentemente o roubo, na alteração promovida pela Lei Anticrime. A aprovação da LCH foi o primeiro passo para a incorporação deste populismo penal, suportado, em grande medida, pelas exigências regressivas

---

217 FRANCO, Alberto Silva. *Crimes Hediondos*. São Paulo: Saraiva, 2005, pp. 96/97.

218 FRANCO, Alberto Silva. *Crimes Hediondos*. São Paulo: Saraiva, 2005, pp. 98/99.

da criminologia midiática. O impacto foi tão expressivo junto ao legislador, quanto seria em relação aos juízes.

Neste sentido, é até curioso que a criminologia midiática tenha feito tamanho sucesso, sobretudo, com os novos operadores de direito, recrutados já sob o signo de uma Constituição democrática. Não era apenas o fato de que juízes se viam estimulados a seguir orientações draconianas pela força do hábito dos mais antigos; mas que também eles ingressavam no poder com pensamentos regressistas. Não seria por outro motivo que, a despeito de tantos questionamentos éticos e jurídicos, Sérgio Moro em pouco tempo teria se transformado em uma espécie de ícone da magistratura.

Enfim, seja porque a democracia interrompida inviabilizou a remoção da ideia e dos sentidos da hierarquia, seja porque a concentração aguda que o processo de globalização provocou, inclusive na mídia, reduziu drasticamente as possibilidades de pluralismo, e assim o discurso único do "combate à criminalidade" acabou por se tornar hegemônico, a Constituição e seus princípios minimalistas acabaram mesmo superadas. Se isoladamente a democracia interrompida pode ter causado ruídos ao exercício dos direitos com a concentração da comunicação e a hierarquia do Judiciário, há muitos pontos que essas perversões se imbricam e provocam o que parecia ser até improvável. Sendo arenoso o terreno quando mídia e justiça se desencontram e falam línguas distintas e inconciliáveis (afinal, o maior receio do juiz na atualidade é a mídia e, de certa forma, o maior medo da imprensa é o juiz), a situação consegue ser pior quando chegam à mesma conclusão. Uma combinação explosiva capaz de fulminar direitos que se deveria tutelar.

E embora possamos localizar o antecedente mais próximo do populismo penal no passado recente na virada punitiva, décadas finais do século XX, tal qual a leitura que nos propõe David Garland, é certo que também podemos encontrar as reminiscências deste sentimento que une formatação do medo e vingança pública, em diversos outros momentos históricos, tristemente notabilizados.

Zaffaroni cita o Malleus Maleficarum (Martelo das Bruxas) de 1494, como a doutrinação do punir, em uma obra que integrou um sistema harmônico de algo que mais tarde poderia ser chamado da junção de criminologia, criminalística e direito penal: um manual sobre a origem do mal (as bruxas) e os mecanismos para inocuizá-lo.[219] Esse livro rodou por cerca de 200 anos e que chegou a ser menos lido apenas do que a Bíblia, sendo grande orientador da misoginia, que teria "orientado todas as combustões de mulheres da Europa central até o século XVIII". Seus pontos cardeais são cumpridos à exaustão até os dias atuais: maximização da ameaça criminal, o armamentismo discursivo, a ideia de emergência contra a criminalidade, a noção de que o pior criminoso é quem duvida da emergência, a neutralização de fontes da autoridade etc.[220]

Dissertando sobre outro momento histórico, Robert Gellatelly relata, de forma minuciosa, como a promessa de rigorismo penal veio a ser um dos elementos de legitimação da ditadura nazista:

> As novas propostas favoreciam julgamentos mais rápidos e a redução das proteções legais. Os cidadãos foram informados que o princípio liberal de "nenhum crime sem uma lei" (nullum crimen sine lege) foi trocado para "nenhum crime sem uma punição" (nullum crimen sine poena)... O sinal era impossível de ser ignorado: os tribunais ficariam mais "radicais" ou simplesmente se tornariam supérfluos.[221]

Mas a escalada punitiva, da qual "O punho desce com força" foi o slogan mais significativo, também decorre do emprego da tática *volkisch*, com a qual o poder popular se erige como álibi da repressão:

---

219 ZAFFARONI, Eugenio Raul. *A palavra dos mortos*: Conferências de Criminologia Cautelar. São Paulo: Saraiva, 2012, pp. 48-50.

220 ZAFFARONI, Eugenio Raul. *A palavra dos mortos*: Conferências de Criminologia Cautelar. São Paulo: Saraiva, 2012, pp. 48-50.

221 GELLATELY, Robert. *Apoiando Hitler*: consentimento e coerção na Alemanha nazista. Rio de Janeiro: Record, 2011, pp. 73/74.

> Para a nova polícia, a prioridade era "a proteção e o avanço da comunidade do povo", e contramedidas policiais eram justificadas para deter toda "agitação" oposta ao povo, que precisava ser sufocada" (...) A lei é aquilo que serve ao povo, e ilegal é aquilo que o fere".[222]

Não é à toa que os criminalistas ou democratas com memória sentem um arrepio quando um juiz criminal insinua que é preciso ouvir a voz das ruas. Na atualidade, aliás, quase sempre sob intenso bombardeio midiático que estimula continuamente o medo. Em "Televisão, hipercrimes e violências na modernidade tardia",[223] Alex Niche Teixeira discute a dramatização de crimes reais em vários programas policialescos: *Crimewatch* (Inglaterra); *America's Most Wanted* (EUA); *Temóin n. 1* (França) e o brasileiro Linha Direta. Entre as conclusões a que chega, a de que os

> programas são moldados para a mobilização emocional dos telespectadores; produzem sua própria demanda por mais e mais punição e constroem uma forma de cidadania orientada pela desconfiança e pelo medo.

Como bem ilustrou o escritor moçambicano Mia Couto, em uma inusitada, porém valiosa aula de direito penal e criminologia, num breve e antológico, discurso na conferência do Estoril, em 2011.

> Para fabricar armas é preciso fabricar inimigos. Para produzir inimigos é imperioso sustentar fantasmas. A manutenção desse alvoroço requer um dispendioso aparato e um batalhão de especialistas que, em segredo, tomam decisões em nosso

---

222 GELLATELY, Robert. *Apoiando Hitler*: consentimento e coerção na Alemanha nazista. Rio de Janeiro: Record, 2011, pp. 79/80.

223 SANTOS, José Vicente; RUSSO, Maurício; TEIXEIRA, Alex Niche (Coord.). *Violência e Cidadania*: práticas sociológicas e compromissos sociais. Porto Alegre: UFRGS e Sulina, 2011, pp. 39-55.

> nome. Eis o que nos dizem: para superarmos as ameaças domésticas precisamos de mais polícia, mais prisões, mais segurança privada e menos privacidade. Para enfrentar as ameaças globais precisamos de mais exércitos, mais serviços secretos e a suspensão temporária da nossa cidadania.[224]

Se os novos ingressantes nas carreiras da magistratura já chegaram com pensamentos tão conservadores, é sinal de que o impacto da Constituição e seus avanços democráticos não estavam sendo de igual proporção – o que remete a duas questões centrais: o ensino jurídico e o recrutamento dos novos juízes.

A relação entre ambos foi se estreitando de tal modo que o estudo, em muitas situações, passa a ser direcionado para o concurso que se pretende atingir, mesmo durante a graduação. Essa colonização do ensino jurídico deu extrema popularidade aos manuais, quando não aos esquemas ou resumos, com o grau de objetividade oblíquo à formação universitária. Essa ligação cada vez mais profunda entre cursos e concursos, também se mostrou fortemente conservadora. É a advertência de Geraldo Prado, discorrendo sobre a recuperação das doutrinas positivistas e alterações legislativas decorrentes do modelo Lei e Ordem:

> Nesse contexto não surpreende que a principal Escola Jurídica no Brasil nos anos 90, tenham sido os cursos (denominados "cursinhos") preparatórios para os concursos públicos. A pauta de publicações jurídicas foi colonizada por obras para concurso público cuja estrutura, compatível com a dos concursos mesmo, adotou o esquema de perguntas e respostas em um juízo de confirmação ou acerto dependente da maior aproximação com as interpretações paleopositivistas...[225]

---

224 COUTO, Mia. *Murar o medo*. 2015. Disponível em: https://www.miacouto.org/tag/conferencia-de-estoril/. Acessado em: 22.11.2023.

225 PRADO, Geraldo. "Campo jurídico e capital científico: o acordo entre a pena e o modelo acusatório no Brasil – a transformação de um conceito". *In*:

Não estranha, portanto, que os mesmos autores venham também a ser reproduzidos pelos agora juízes: os professores ligados aos cursos de preparação são as principais referências doutrinárias das sentenças conforme tivemos a oportunidade de constatar na pesquisa que originou o *Sentenciando Tráfico*.[226] A configuração dos concursos da magistratura é propícia para justificar estas ligações: provas que demandam conhecimento enciclopédico são mais importantes do que experiência profissional na área, a qual se busca, quase que exclusivamente, para o cumprimento do requisito temporal.

A consequência é que os concursos acabam por ser mais acessíveis para aqueles que se formam e passam anos tendo a preparação como principal atividade – mesmo que sem qualquer experiência significativa na área, o que explica a manutenção de um perfil socioeconômico muito próximo das classes médias ou média alta. O concurso não molda apenas a forma de estudo, mas a própria variabilidade social, pouca, aliás. O resultado não é nada diverso do esperado.

Segundo a pesquisa realizada em 2018, a Associação dos Magistrados Brasileiros (Quem Somos – A Magistratura que queremos) apurou, entre outros resultados que: a) mais de 50% dos juízes tinham pais com ensino superior completo; b) 67% dos pais tinham ocupação de alto/médio escalão; c) 80% dos novos juízes cursaram algum tipo de pós-graduação; d) 34% deles não

---

MARTINS, Rui Cunha; CARVALHO, Luis Gustavo Grandinetti Castanho de. *Decisão Judicial*: a cultura jurídica brasileira na transição para a democracia. São Paulo/Madri: Marcial Pons, 2012, p. 31.

226 "Entre os autores, há uma presença significativa de juízes e, mais ainda de representantes do Ministério Público, que se notabilizaram em cursos preparatórios. A lista congrega os mais renomados professores, entre eles, nomes que foram marcas dos próprios cursos, como o de Júlio Mirabete, Damásio de Jesus e Luiz Flávio Gomes". (SEMER, Marcelo. *Sentenciando Tráfico*: o papel dos juízes no grande encarceramento. 2ª ed. São Paulo: Tirant lo Blanch, 2020, p. 288).

trabalhou durante graduação e 46% dos que trabalharam, estagiaram em escritórios de advocacia. O perfil de classe média/média alta é evidente.

Em relação ao corte racial, os últimos números são do CNJ (2018):[227] 80% dos juízes se declaram brancos, 18% negros (entre pretos, por volta de 5%, e pardos). O Estado com o maior índice de negros é o Piauí, com 45% (para uma população estimada pelo IBGE, em 74% de negros) e o Estado com menor percentual de juízes negros é Santa Catarina, 3% para um total de 15% de pretos e pardos na população local. A representação mais escassa é justamente a do Estado de São Paulo: apenas 5% de juízes negros, para uma população que orbita em torno de 35%. O fato de que uma proporção menor de pretos e pardos na população geral provoca um percentual ainda menor de negros na magistratura é apenas mais um dos indicativos do racismo institucionalizado: onde as pessoas têm mais vivência com negros, menor é o obstáculo, proporcionalmente, para que assumam cargos de juiz.

A incorporação das cotas raciais no concurso da Magistratura, pela via da regulamentação nacional no CNJ (Resolução 203/2015), pode contribuir para mudar este quadro; mas a dificuldade de preenchimento das vagas destinadas às cotas raciais, também não é desprezível. O custo de disputar um concurso, sobretudo o dispêndio de tempo para estudo, afastado do trabalho, tem chamado a atenção do próprio CNJ, que instaurou comissão para avaliar tais problemas.[228]

As mulheres representam hoje 38% dos cargos da magistratura, mas percebe-se que o crescimento é recente: entre os cargos

---

227 CNJ. "Perfil Sociodemográfico dos Magistrados Brasileiros". *Conselho Nacional de Justiça*, 2018. Disponível em: https://www.cnj.jus.br/wp-content/uploads/2019/09/a18da313c6fdcb6f364789672b64fcef_c948e694435a52768cbc00bda11979a3.pdf. Acessado em: 18.06.2021.

228 Portaria 108/2020.

mais próximos ao começo da carreira, como o de juiz substituto para magistrados e magistradas que ingressam pelo concurso, essa proporção vai a 44%; contando-se apenas juízes titulares, reduz-se a 39%. Quanto mais se galgam cargos, mais a presença feminina rareia: nos cargos de desembargador, a proporção é de apenas de 23%, de ministro, menos de 20%. Exígua, ainda, a presença de mulheres em cargos diretivos. A maioria dos Tribunais ainda não foi conduzido pelas mulheres, caso do TJSP em que nenhuma desembargadora chegou aos cargos do Conselho Superior da Magistratura: Presidente, vice, corregedor, Presidentes das seções ou decano.

Uma das razões é a demora para ingresso na carreira – São Paulo foi um dos lugares que esta inserção levou mais tempo. Como a antiguidade é um fator importante para o acesso aos cargos dirigentes, a tradição opera contra elas – tradição formatada, por óbvio, na discriminação. O Tribunal de Justiça do Estado de São Paulo, por exemplo, só teve a sua primeira magistrada na década de 1980, época em que algumas outras unidades da Federação já contavam com mulheres ocupando cargos na magistratura.[229] O relatório do CNJ aponta um crescimento nos últimos anos, mas não ultrapassando o patamar de 25% dos cargos dirigentes.[230] Bonelli e Oliveira apontam, por intermédio do relato da entrevista de um desembargador ao menos um dos motivos para essa discriminação: o medo da proletarização da carreira.

> Há uma experiência estrangeira, a França, que quer sempre orientar nossas escolas de magistratura. A França fala "tome

229 Aponta Joaquim Falcão que o Censo de 1980 registrou apenas 8,2% de juízas. *Apud* BONELLI, Maria da Glória; OLIVEIRA, Fabiana Luci de. "Mulheres magistradas e a construção de gênero na carreira judicial". *Novos Estudos CEBRAP*, vol. 39, nº 1, p. 145.

230 CNJ. "Diagnóstico da participação feminina no judiciário". *Conselho Nacional de Justiça*, 2019. Disponível em: https://www.cnj.jus.br/wp-content/uploads/conteudo/arquivo/2019/08/81f29f0813e465dbe85622cfad08b4b1.pdf. Acessado em: 18.06.2021.

> cuidado que a magistratura vai se tornar uma carreira feminina e a carreira feminina não tem capacidade de exigir aperfeiçoamento ou melhoria salarial, porque sempre o segundo salário é para auxiliar a economia doméstica". Então a mulher se satisfaz com qualquer salário, e isso põe em risco as conquistas da magistratura brasileira. "Não ponha muita mulher, porque a mulher não reivindica salário".[231]

Um dos elementos que ajudou a destravar a carreira para as mulheres no TJSP foi a alteração das regras do concurso de ingresso. Como relatou o então deputado Pedro Dallari (PT), que, por sugestão da Associação Juízes para a Democracia, apresentou proposta para ser agregada ao projeto encaminhado pelo Tribunal de Justiça à ALESP (P. 726/1995) que buscava acrescentar, nas regras do certame, a circunstância de passar a ser "vedada nas duas primeiras fases, que haja a identificação do candidato na prova":

> A obrigatoriedade do sigilo, devidamente consagrada em lei, é medida que, aparentemente de caráter acessório, contribuirá para fazer avançar a democratização do acesso aos postos da Magistratura, coibindo qualquer propósito, consciente ou inconsciente, de favorecimento ou discriminação de candidaturas.[232]

Este era um ponto que o concurso do TJSP estava visivelmente em descompasso com os demais, como apontava o próprio deputado:

> tal medida já vem sendo tomada na maioria dos concursos públicos realizados, sendo que o candidato apõe na prova

---

231 BONELLI, Maria da Glória; OLIVEIRA, Fabiana Luci de. "Mulheres magistradas e a construção de gênero na carreira judicial". *Novos Estudos CEBRAP*, vol. 39, nº 1, p. 145.

232 AJD. *Jornal Juízes para a Democracia*, nº 8, 1996. Disponível em: https://ajd.org.br/publicacoes/jornal?start=60. Acessado em: 18.06.2021.

> tão somente o número de sua inscrição no concurso, procedendo-se sua identificação somente após a correção.[233]

Dito e feito, no primeiro concurso já sem identificação nas duas primeiras fases, o número de mulheres aprovadas para o exame oral já se equilibrara aos dos candidatos homens. Logo em seguida, em 1998, vem o primeiro concurso com aprovação majoritária de mulheres (63,1%).[234]

Mas o ingresso das mulheres também causou fortes reações. Veridiana de Campos dá conta de um episódio muito polêmico que envolveu uma entrevista do então corregedor-geral da Justiça do TJSP a um programa da rádio Bandeirantes, onde o desembargador enfrentou, coalhado de preconceitos, o tema do ingresso das mulheres na magistratura. Entre os motivos para as ressalvas o fato de que: "as mulheres, em certos dias do mês, não podem nem se autodeterminar".[235] Lucia Avelar descreve em *Mulheres na Elite*

---

233 AJD. *Jornal Juízes para a Democracia*, nº 8, 1996. Disponível em: https://ajd.org.br/publicacoes/jornal?start=60. Acessado em: 18.06.2021.

234 CICCACIO, Ana Maria. *AJD – 20 anos para a democracia*. São Paulo: Dobra Editorial, 2011. Considerando a Justiça estadual como um todo, levantamento do CNJ mostra que orbita entre 20% em 1980 até aproximadamente 40%, em 2006, o percentual de ingresso de mulheres na magistratura. (CNJ. "Diagnóstico da participação feminina no judiciário". *Conselho Nacional de Justiça*, 2019. Disponível em: https://www.cnj.jus.br/wp-content/uploads/conteudo/arquivo/2019/08/81f29f0813e465dbe85622cfad08b4b1.pdf. Acessado em: 18.06.2021).

235 Embora o texto de Campos ("Uma Justiça mais justa: o que dizem as juízas acerca da relevância das mulheres atuando na magistratura") aponte o fato como ocorrido "no final dos anos 1980", deu-se mais adiante, porque o desembargador Alves Braga assumiu a Corregedoria Geral da Justiça no biênio 1994/95; apesar de ainda não haver grupos de WhatsApp, o áudio da entrevista teve o que hoje se chamaria de uma disseminação viral na carreira. Nela, Braga tecia longas manifestações sobre a capacidade da mulher de concentração (e, portanto, seria muito boa em provas), mas que deveria dirigir sua habilidade para outras carreiras mais adequadas, como o magistério.

Política uma parte central da entrevista e as reações indignadas que acabou por provocar:

> As mulheres têm maior capacidade de concentração, de memória e de passar nos concursos. Mas na prática não são tão eficientes quanto os juízes. Em parte porque são mulheres. Elas são muito lógicas e o excesso de lógica perturba a função judicante, levando-a ao absurdo. O juiz tem de sentir o problema. A lei é igual para todos, em termos. Eu tenho de aplicar a lei conforme cada caso concreto (...). Quando as juízas têm de decidir questões de família, ou estão radicalmente a favor da mulher ou radicalmente contra.[236]

Além da demora no ingresso, outras particularidades dificultam a carreira das juízas, como a dupla jornada, sobretudo o maior tempo dispendido no cuidado e educação dos filhos, considerando que a sucessão de cargos na carreira é facilitada para quem aceita mudar de cidade, às vezes trabalhando em localidades bem distantes das metrópoles. É o que se depreende de pesquisa realizada com magistradas federais, pela AJUFE, em 2017:

> Com relação aos fatores que mais contribuem para a baixa representatividade feminina, para 93,66% das respondentes, são a dupla jornada da mulher, e, de acordo com 83,88% das juízas, o fato de as mulheres não serem acompanhadas por seus esposos/companheiros quando têm de se mudar em razão de trabalho. Esse segundo fator foi objeto de comentários por parte das juízas, uma vez que a promoção na carreira implica a ruptura da unidade familiar.[237]

---

236 *Apud* AVELAR, Lúcia. *Mulheres na Elite Política.* 2ª ed. São Paulo: Unesp, 2001, p. 115.

237 Como anotou a jornalista Amanda Audi, "Curiosamente, a divulgação do relatório foi aberta por um homem: Nelson Alves, vice-Presidente da Ajufe. Ele iniciou a fala saudando "todas as colegas". Estava rodeado de juízas federais da Comissão. Coube a ele falar sobre as dificuldades enfrentadas

Ainda, como as bancas são montadas quase que exclusivamente pelos desembargadores – a única exigência legal é de um representante da Ordem dos Advogados do Brasil – o volume de mulheres ou de pretos e pardos nestas comissões é aquém do irrisório.[238] Não por outro motivo, em decisão recente do CNJ, aprovou-se

> recomendação aos Tribunais para que observem composição paritária de gênero na formação das comissões organizadoras e das bancas examinadoras nos concursos públicos que realizarem para ingresso na carreira da magistratura.[239]

De acordo com a conselheira relatora, Ivana Farina, dados levantados pela pesquisa Participação Feminina nos Concursos para a Magistratura revelam que "em concursos com maior participação de mulheres nas bancas examinadoras, foi possível

---

pelas mulheres na carreira judiciária". O relatório apresenta a relação dos componentes da gestão, apenas 5 juízas dos 32 membros (15,6%) – a própria AJUFE, relatou a repórter, *nunca foi presidida por uma juíza*. Entre as Recomendações Propostas pela Comissão AJUFE Mulheres, a propósito, se encontra o "aumento da participação feminina em eventos promovidos pela própria AJUFE, dentre outras ações que esta Diretoria entenda pertinente". (AUDI, Amanda. "Juízas reclamam de machismo e falta de visibilidade na carreira judiciária". *Poder 360*, 2018. Disponível em: https://www.poder360.com.br/justica/juizas-reclamam-de-machismo-e-falta-de-visibilidade-na-carreira-judiciaria/. Acessado em: 18.06.2021).

238 O afastamento da "entrevista sigilosa", em alguns tribunais realizada após o exame oral, e antes de proferida a nota deste, também reduziu, a partir de 2012, a possibilidade de manejo de candidaturas. Leia a propósito, HAIDAR, Rodrigo. "Entrevistas secretas de concurso para juiz são ilegais". *Consultor Jurídico*, 2012. Disponível em: https://www.conjur.com.br/2012-set-18/cnj-julga-ilegais-entrevistas-secretas-concurso-juiz-tj-sp. Acessado em: 18.06.2021.

239 CNJ. "Composição de bancas do Concurso para Magistratura terá paridade de gênero". *Conselho Nacional de Justiça*, 2020. Disponível em: https://www.cnj.jus.br/composicao-de-bancas-de-concurso-para-o-judiciario-tera-paridade-de-genero/. Acessado em: 18.06.2021.

identificar também maiores percentuais de aprovação entre as mulheres inscritas".[240]

Episódios explícitos de misoginia, como a tutela moral sobre as vítimas de estupro, ou o desprezo com a violência doméstica, nunca foram raros – em muitos lugares continuam não sendo. A falta de pluralidade fincou o predomínio do homem branco de classe média como paradigma para os juízes, com consequências visíveis para o próprio julgar, não apenas na questão de gênero.

A preocupação levou o Conselho Nacional de Justiça a tornar, em março de 2023, obrigatórias as Diretrizes do Protocolo para Julgamento com Perspectiva de Gênero. A Resolução aprovada também criou um Comitê de Acompanhamento e Capacitação sobre Julgamento com Perspectiva de Gênero no Poder Judiciário e converteu o Grupo de Trabalho previsto na Resolução CNJ n. 255/2018 e constituído pela Portaria CNJ n. 27/2021, no Comitê de Incentivo à Participação Institucional Feminina no Poder Judiciário.[241]

Por fim, em setembro de 2023, o CNJ aprovou a criação de política de alternância de gênero no preenchimento de vagas para a segunda instância do Judiciário. Com a decisão, as cortes deverão utilizar a lista exclusiva para mulheres, alternadamente, com a lista mista tradicional, nas promoções pelo critério do merecimento.[242] A proposta inicial, relatada pela Conselheira Salise Sanchotene, previa que a política afirmativa fosse aplicada tanto na antiguidade

---

240 CNJ. "Composição de bancas do Concurso para Magistratura terá paridade de gênero". *Conselho Nacional de Justiça*, 2020. Disponível em: https://www.cnj.jus.br/composicao-de-bancas-de-concurso-para-o-judiciario-tera-paridade-de-genero/. Acessado em: 18.06.2021.

241 Disponível em https://www.cnj.jus.br/diretrizes-do-protocolo-para-julgamento-com-perspectiva-de-genero-do-cnj-passam-a-ser-obrigatorias-no-judiciario/. Acessado em: 06.04.2023.

242 CNJ. "CNJ aprova regra de gênero para a promoção de juízes e juízas". *Agência CNJ*. Disponível em: https://www.cnj.jus.br/cnj-aprova-regra-de-genero-para-a-promocao-de-juizes-e-juizas/. Acessado em: 22.11.2023.

quanto no merecimento, sendo, ao final, reduzida por acordo, diante da resistência movida especialmente pelos Tribunais.[243]

Para Adilson Moreira, negros e indígenas, quando buscam o Poder Judiciário, "esbarram em uma Justiça formada por homens brancos, heterossexuais, com boa condição social. A experiência deles não é a mesma da maioria da população brasileira: negra, pobre, periférica". Reportando pesquisa sobre decisões judiciais relativas a racismo e injúria racial, diagnosticou o padrão: "juízes que decidem os casos abordam o racismo como um comportamento individual e não estrutural". Acrescentou que juízes partem do pressuposto de que são neutros:

> Não levam em consideração os problemas relacionados ao racismo intergeracional, estrutural, institucional e ficam apenas com a análise formalística. As consequências concretas: acreditam que não devam condenar uma pessoa, uma vez que estamos em uma sociedade onde impera a cordialidade entre as pessoas, e que não teria havido vontade de praticar injúria, mas apenas a ação jocosa.[244]

Em seu livro *Pensando como um Negro*, Moreira vai definir esta última situação como *racismo recreativo*.[245] A juíza Karen Louise Pinheiro resumiu o quadro de forma ainda mais contundente: "o racismo brasileiro é um crime perfeito".[246]

---

243 O Conselheiro Luiz Philippe Vieira de Melo Filho, ministro do TST, favorável à proposta mais ampla, leu em plenário trechos da primeira edição deste livro, levando a narrativa das discriminações de gênero ao longo da história nos tribunais, como motivo para a sua imediata correção.

244 *Seminário*: Questões Raciais e Judiciário, promovido pelo CNJ, 2020. Disponível em: https://www.youtube.com/watch?v=LZmgxcYEK5s. Acessado em: 18.06.2021.

245 MOREIRA, Adilson José. *Pensando como um negro*: ensaio de hermenêutica jurídica. São Paulo: Contracorrente, 2019.

246 *Seminário*: Questões Raciais e Judiciário, promovido pelo CNJ, 2020. Disponível em: https://www.youtube.com/watch?v=LZmgxcYEK5s.

A este propósito, em pesquisa realizada sobre inquéritos policiais e processos penais no TJSP, entre os anos de 2003 a 2011 ("Nem crime nem castigo: o racismo na percepção do Judiciário e das vítimas"),[247] Gislene Aparecida dos Santos concluiu que: a) a maioria dos inquéritos por injúria ou racismo foram encerrados ainda durante a fase da investigação; b) naqueles casos que chegaram a virar processos, observa-se um misto de desclassificação do crime de racismo tornando-o injúria racial, e em consequência, o reconhecimento da decadência pela extinção do prazo para propor a queixa-crime e; c) os casos em que se julgou o mérito, a ampla rejeição das denúncias por falta de provas consideradas consistentes.

Preocupação com a desigualdade levou o CNJ a baixar a Resolução 490, em 8 de março de 2023, instituindo o Fórum Nacional

---

Acessado em: 18.06.2021; para o relato da fala da juíza: "Juíza diz que racismo é o crime perfeito". *Destaque Notícias*, 2020. Disponível em: destaquenoticias.com.br/juiza-diz-que-racismo-e-um-crime-perfeito/. Acessado em: 18.06.2021.

247 Em SANTOS, Gislene Aparecida dos. "Nem crime, nem castigo: o racismo na percepção do Judiciário e das vítimas de atos de discriminação". *Revista do Instituto de Estudos Brasileiros*, nº 62, 2005, pp. 184-207. Uma lista das expressões utilizadas nos inquéritos e processos pesquisados: "É porque você é negra; Se esse pessoal trabalhar o salão vai ficar muito escuro; Macaco e veado; Preto filho da puta, preto igual a você tem que morrer, você vai ver o que vai acontecer com você, seu preto safado; Que cheiro de negro, vê se olha no espelho, você é o câncer da minha mãe; Eu vou te matar se eu te encontrar na rua, vou te mandar para um hospital e deixá-la em coma de tanto te bater, sua negrinha podre, eu vou te matar; Macaco nordestino, deveria voltar para o nordeste; Vagabunda, sua negrinha burra; Macumbeiro safado, maconheiro, macaco, negrinho safado; Todo preto é ladrão; Preto quando não caga na entrada, caga na saída; Macaca Preto, gordo e pobre, filho da puta, sai da minha porta; Macaco, nego safado, nego filho da puta, eu vou arrumar um revólver e vou te dar um tiro; O que falta para a seleção é um loirinho. A seleção está parecendo um time da África; Urubu, preta; Negra fedida, besouro, baianinha; Vagabunda, puta, galinha; macaca, preta, negra Macaca, vagabunda, puta, negra suja; Aqui não entra preto. Preto é sujo. Dinheiro de preto é sujo e não vale nada porque fede. Aqui preto não compra. Dinheiro de preto é sujo, eu não vendo pra preto; Por que você não volta para África? Seu lugar não é aqui; Favelado, negro, safado, macaco".

do Poder Judiciário para a Equidade Racial (Fonaer), destinado a elaborar estudos e propor medidas para o aperfeiçoamento do sistema judicial quanto ao tema.

Por essas e outras, a ideia de que o juiz seja um agente de justiça social e defensor dos mais fracos, frequentemente reiterada no âmbito da Justiça do Trabalho, mas também em litígios econômicos e até criminal, montando uma caricatura do que se deve evitar (leniência, piedade, quixotismo), não passa de um mito – um discurso *ad terrorem*, que também contribui para a satanização do agente público.

A judicialização das políticas públicas até poderia ser um elemento de comprovação desta suposta ideia de juiz como realizador de justiça social, sobretudo de paternalismo com os mais vulneráveis. Mas não é exatamente o panorama que se verifica. Vejamos a pesquisa realizada por Fernanda Vargas Terrazas, descortinando o panorama da execução de ações de medicamentos na comarca de São Paulo, em 2007.[248] Os principais dados recolhidos: a) 60,62% das prescrições haviam sido ministradas por médicos particulares, 26,25% por hospitais de referência do SUS e 13,13% diretamente pelo SUS; b) apenas 40% dos pacientes que receberam medicamentos em juízo utilizavam o Sistema Único de Saúde; c) 38,74% das ações foram ajuizadas por advogados particulares (28,75%, pelo serviço público, até então a Procuradoria de Assistência Judiciária, ligada a PGE; e 21,35%, por ONGs); d) os dados socioeconômicos também não apontam para um quadro absoluto de vulnerabilidade (16,87% de empregados registrados; 1,25% empregos precários; 35,62% aposentados; 16,25% de donas de casa e 2,5% de estudantes); e) quanto às faixas de renda: 50%

---

248 TERRAZAS, Fernanda Vargas. "O Poder Judiciário como voz institucional dos pobres: o caso das demandas judiciais de medicamentos". *Revista de Direito Administrativo*, vol. 253, 2010, pp. 79-115. A pesquisa foi feita com base em entrevistas durante um mês no local destinado pela Secretaria de Saúde do Estado para a dispensação dos remédios obtidos por determinação judicial.

até dois salários mínimos; 23,75% de 2 a 5 salários-mínimos e 11,88% acima de 5 salários-mínimos; f) quanto à escolaridade: 36,25% com ensino médio, 25% com ensino superior, 5,63% com pós-graduação, 18,74% até a 4ª série; 14,38% até a 8ª série). Observando que o programa de dispensação excepcional custava R$ 2.205,00/habitante ao ano e os medicamentos via-justiça saíam por R$ 18.000,00/habitante por ano, conclui a autora:

> (...) as pessoas com melhores condições socioeconômicas, com maior acesso à informação e, portanto, com maiores possibilidades de acesso à Justiça, frequentemente não usuárias do Sistema Único de Saúde, são as principais beneficiadas por essa intervenção do Poder Judiciário na política pública de assistência farmacêutica (fornecimento de medicamentos).[249]

É bem possível que o panorama tenha se alterado parcialmente com a instalação e gradativa estruturação da Defensoria Pública no Estado,[250] mas é fato que a judicialização da saúde é, pelo menos, um dos exemplos de políticas públicas fortemente compartilhada entre distintos estratos sociais – apenas em 2018, o Superior Tribunal de Justiça, julgando caso em repercussão geral, passou a exigir dos pretendentes a medicamento, a demonstração da "incapacidade financeira de arcar com o custo" como condição para seu deferimento. Demandas exclusivas de estratos inferiores, como, por exemplo, referentes à moradia (inserção em programa habitacional ou concessão de auxílio-aluguel) têm níveis de procedência bem inferior. O que nos faz reiterar o alerta de Hirschl, de que, a despeito de toda a expansão do poder judicial, os "tribunais continuam exageradamente tímidos em questões de justiça

---

249 TERRAZAS, Fernanda Vargas. "O Poder Judiciário como voz institucional dos pobres: o caso das demandas judiciais de medicamentos". *Revista de Direito Administrativo*, vol. 253, 2010, p. 111.

250 Criada em janeiro de 2006.

redistributiva". Griffith é ainda mais cáustico sobre a posição dos juízes na sociedade:

> Os juízes estão preocupados em preservar e proteger a ordem existente. Isso não significa que nenhum juiz seja capaz de se mover com o tempo ou de se adaptar às mudanças das circunstâncias. Mas a função deles em nossa sociedade é fazê-lo tardiamente. Lei e ordem, a distribuição estabelecida do poder público e privado, a visão convencional e acordada entre aqueles que exercem poder político e econômico, os medos e preconceitos das classes média e alta, são as forças que os juízes devem defender e defender.[251]

O desprezo pela igualdade é sempre um diferencial nas democracias interrompidas – mesmo ampliando o rol e os destinatários dos direitos, a necessidade de distinções e supervalorização das diferenças é uma marca perene de um país com profundos legados autoritários, como o Brasil.

Veja-se que, nas Ordenações Filipinas, diploma importado que vigeu aqui na época do Brasil Colônia, as penas de certos crimes eram distintas, mais brandas, se aplicáveis a nobres ou autoridades. Estes, de condição superior, não podiam por exemplo sofrer com açoites ou galés que eram largamente aplicadas a escravos ou peões. Da legislação ibérica ainda se podia dizer que era uma lei de seu tempo. Impunha ao povo um direito penal do terror, fundado na máxima intimidação e em penas crudelíssimas, suavizadas, de toda a forma, se o destinatário fosse um fidalgo. Afinal, a violência de Estado e a desigualdade perante a lei eram marcas indeléveis do absolutismo que reinava em toda a Europa. Incrível é termos mantido, mais de um século depois de sua revogação, algumas reminiscências jurídicas deste ordenamento profundamente elitista,

---

251 GRIFFITH, John A. G. *The Politics of Judiciary*. Londres: Fontana, 1997, p. 342 (tradução livre).

como a prisão especial para diplomados[252] ou o foro privilegiado para autoridades.

Na vigência das Ordenações (entre 1603 e 1830), a mesma prisão que para um homem do povo seria em ferros, para nobres e autoridades, ou Doutores em Leis ou Medicina, poderia ser domiciliar. Quanto ao foro privilegiado para julgamentos criminais de autoridades, reproduzimos, com pequenas variações, a regra antiga de que fidalgos de grandes estados e poder somente seriam presos por mandados especiais do Rei.

Por tudo isso, o Judiciário poderia dizer simplesmente que quando aplica o foro privilegiado o faz com base nas normas que o impõem. E que, como escravos da lei, pouco podem fazer. Mas não é bem assim. Entre as permanências de uma visão tradicional, a cultura de desigualdade talvez seja a que melhor descreva a conformação do próprio Judiciário, que a pratica internamente. Não apenas a diferenciação eleitoral entre desembargadores e juízes, que remonta ao voto censitário do Império, mas a própria sujeição às normas – à posição de cada um diante do próprio Tribunal.

O Judiciário preserva uma espécie de foro privilegiado para os procedimentos disciplinares: os juízes são fiscalizados pela Corregedoria Geral, que mantém uma equipe própria para a fiscalização; os desembargadores apenas pelo Presidente do respectivo tribunal, e como sua equipe é montada para a administração, não fiscalização, esta ocorre muito excepcionalmente. Esta preservação do foro privilegiado, presentes nos regimentos internos dos tribunais, manteve-se mesmo com o regramento do Conselho Nacional de Justiça.

A cultura da desigualdade é um elemento de forte resistência à incorporação dos valores constitucionais. Mas não é circunstância

---

252 Em 31/03/2023, o STF concluiu o julgamento que deferiu a ADPF 334 e, com quase 35 anos de atraso, reconheceu que a prisão especial para diplomados não havia sido recepcionada pela CF 1988.

isolada. O cariz pré-republicano do Poder Judiciário não se demonstra apenas pela formatação de castas, privilégios internos ou pelo voto censitário nas eleições aos cargos dirigentes. O resquício da ligação Estado-Igreja atinge, no Judiciário, um ponto especial. A imbricação é perceptível em todos os seus prédios e, não seria exagero dizer que em praticamente todas as suas salas, amplamente guarnecidas por crucifixos patrimoniados.

Não que a questão não tenha suscitado controvérsia. Mas esta foi resolvida em prol dos adereços que ornam a quase totalidade dos locais de julgamento, a começar pelo próprio plenário do Supremo Tribunal Federal.

Pelo menos por duas vezes, o CNJ foi instado a decidir acerca do tema.

Na primeira, em 2007, um julgamento quase unânime (PP 1344), vencido apenas o conselheiro relator, em contrariedade à retirada de símbolos religiosos de salas de audiência, postulado por representante da Associação Brasileiras de Ateus. Segundo o advogado Paulo Lobo, que apresentou o voto destoante, com a Proclamação da República, a religião teria saído juridicamente da vida política, destinando-se à vida privada, sendo a laicidade do Estado uma conquista de todos, justamente porque fundada na lógica da tolerância. Enfim, concluiu, a "permanência de símbolo religioso em órgão público é reminiscência da cultura de indistinção entre vida política e vida privada que tanto mal causou e tem causado à sociedade brasileira". O conselheiro havia sugerido abrir uma consulta pública sobre o tema – no que foi derrotado também, porque, como argumentou o conselheiro Oscar Argollo, a consulta seria mesmo inócua, considerando a conhecida "cultura cristã brasileira".

É, aliás, com estribo na cultura o voto vencedor de Argollo, que convenceu a quase totalidade do Conselho. Lendo sua fundamentação, pode parecer que o crucifixo tem uma dimensão muito maior do que um símbolo religioso: "A cultura e tradição inseridas numa sociedade oferecem aos cidadãos em geral a exposição permanente de símbolos representativos, com os quais convivemos pacificamente (o crucifixo, o escudo, a estátua)". O crucifixo seria, assim, "um símbolo que homenageia princípios éticos e representa especialmente a paz". Assinalou, ainda, que manter crucifixo em sala de audiência não afeta o interesse da sociedade, mas ao contrário, o preserva "garantindo interesses individuais culturalmente solidificados".

Se o intuito da argumentação fora desidratar a questão religiosa, o efeito parece ter sido o inverso, dando ares de universalidade ao símbolo de uma única crença. De todo o modo, o voto vencido trouxe jurisprudência até do Tribunal Constitucional alemão quando assentou a inconstitucionalidade da presença de crucifixos em salas de aula do ensino público fundamental: "A cruz representa, como desde sempre, um símbolo religioso específico do cristianismo. Ela é exatamente seu símbolo por excelência". Seja como for, o argumento de que a cruz representa a justiça (ou a *contrario sensu*, a lembrança de um "erro judiciário"), também dependeria da crença nos relatos bíblicos, que não seguem propriamente paradigmas científicos de descrição histórica.

Em 2016, o CNJ foi suscitado em sentido contrário, agora para cassar decisão do TJRS que havia determinado a exclusão dos símbolos religiosos de seus prédios.[253] O pedido de revisão partiu, então, da Mitra Arquidiocesana de Passo Fundo e do deputado federal Onix Lorenzoni. O relator foi Emmanoel Campelo que decidiu monocraticamente e a questão nem sequer chegou a ser submetida aos demais conselheiros – o que talvez pudesse ter sido útil, ao menos, para o temperamento da fundamentação cristã, com que foi lançado o voto. Campelo, também advogado, admite se amparar em discussões realizadas no próprio órgão, em seminário de 2011, organizado pelo então conselheiro Ives Gandra

253 PCA 0001418-80-2012.2.00.0000 e PP 0001058-48.2012.2.00.0000.

Martins Filho (de conhecidíssima vinculação cristã): das conclusões do encontro, assinala, o reconhecimento da confusão entre Estado laico e Estado laicista, com forte deturpação da noção do primeiro. O conselheiro pontuou, ainda, a "inegável prevalência do cristianismo como fé predominante na nação" e secundou a tese de que "o crucifixo é um símbolo simultaneamente religioso e cultural, consubstanciando um dos pilares – o mais transcendente – de nossa civilização ocidental". Teceu loas ainda ao "teísmo explícito do Estado brasileiro" como herança da tradição lusitana, e agregou o conhecido argumento *ad terrorem*: "seria necessário, também, extinguir feriados nacionais religiosos, abolir símbolos nacionais, modificar nomes de cidades, e até alterar o preâmbulo da Constituição Federal". Por fim, qualificou a decisão do TJRS de "visão preconceituosa (...) de um laicismo mais próximo do ateísmo", a que reputou de ato discriminatório.

Como se vê, nas duas decisões, o CNJ pouco aprecia a questão da ocupação do espaço público como um espaço sem religião -justamente em face do pluralismo. A questão é decidida ora como um direito individual, que não pode ser cerceado, ora como uma manifestação tradicional da cultura, que não deve ser desprezada. E, de toda a forma, como consequência da maioria cristã, como se a questão do estado laico pudesse ser apreciada sob o crivo das maiorias.

Revestir uma sala de audiências ou de sessões com símbolos religiosas não é direito individual. O espaço é público e deve se mostrar suficientemente confortável para que todos os cidadãos se sintam nele representados – e não apenas alguns, ainda que a maioria. A religião é, efetivamente, um traço da cultura do povo, mas não é um traço universal (ou seja, não é de todos) e não está submetida a enquetes. O pluralismo impõe que o Estado não tenha uma religião, mas justamente que permita que todos sintam-se livres para as suas próprias crenças. Para isso, por óbvio, a crença não pode ser estatizada (a proibição de subvencionar a uma religião, que vem explícita no art. 19, I, da CF), nem mesmo simbolicamente.

Aqueles que são de outros credos, argumenta Daniel Sarmento, podem sentir-se pressionados com a benção de oficialidade a uma determinada profissão de fé.

De toda a forma, o que o crucifixo faz – e é pouco compreendido pelos juristas de origem católica, sobretudo – é com que todos os outros se sintam forasteiros em lugares que, diante da natureza pública, deveriam sentir-se em casa. Como arremata Sarmento:

> transmite uma mensagem que nada tem de neutra, associando a prestação jurisdicional à religião majoritária, o que é francamente incompatível com o princípio da laicidade do Estado, o qual demanda a neutralidade estatal em questões religiosas.[254]

E embora o discurso oficial seja a de que afixação do crucifixo em nada transforma o edifício em local de culto, isto acaba por acontecer até com uma certa frequência. Durante muitos anos, o TJSP, por exemplo, abriu seus salões para a comemoração da Páscoa da Família Forense[255] e rezas não são incomuns em outras datas. Em 18/12/2019, por exemplo, o próprio CNJ encerrou a última

---

254 SARMENTO, Daniel. "O crucifixo nos tribunais e a laicidade do Estado". *Revista Eletrônica PRPE*, ano 5, mai. 2007. Disponível em: http://www.prpe.mpf.mp.br/internet/index.php/internet/Revista-Eletronica/Revista-Eletronica/2007-ano-5/O-Crucifixo-nos-Tribunais-e-a-Laicidade-do-Estado. Acessado em: 14.06.2021.

255 TJSP. "TJSP realiza a 56ª Páscoa da Família Forense". *Tribunal de Justiça de São Paulo*, 2008. Disponível em: https://www.tjsp.jus.br/Noticias/noticia?-codigoNoticia=1118. Acessado em: 18.06.2021. "O Tribunal de Justiça de São Paulo realiza no próximo domingo (15/6), às 9h30, no Salão dos Passos Perdidos, 2° andar do Palácio da Justiça, a 56ª Páscoa da Família Forense. A cerimônia pascal acontece anualmente sempre no mês de junho. A tradição foi instituída há mais de um século, quando é celebrada uma missa com a presença de autoridades, magistrados, membros do Ministério Público, funcionários e familiares. Neste ano, o TJSP receberá o arcebispo da Arquidiocese de São Paulo, cardeal dom Odilo Pedro Scherer para celebrar a missa, que terá também a participação do coral Vozes de São Paulo".

sessão do ano, com uma oração e benzimento, como descreve o relato do jornal Brasil de Fato:[256]

> Ao final do debate, o vice-Presidente do Conselho Superior do Ministério Público Alcides Martins convocou todos, inclusive Toffoli, que presidia a sessão, para uma oração. Martins assumiu interinamente a Procuradoria Geral da República (PGR) entre o afastamento de Raquel Dodge e a nomeação de Augusto Aras. "Por isso, podemos agradecer a Deus antes de uma bênção rápida, agradecendo ao Senhor, dizendo, rezando, orando a oração que o Senhor nos ensinou, Presidente. Se o senhor nos permite, vamos ficar em pé e vamos rezar o pai-nosso", conclamou Martins. Em seguida, de mãos dadas, todos realizam a prece. Antes de encerrar o ritual religioso, Martins leu um texto de autoria do cardeal Orani João Tempesta, da Arquidiocese do Rio de Janeiro, que trata do Natal. "Que o senhor abençoe essa nossa casa, esse CNJ, em nome Pai, do Filho e do Espírito Santo. Obrigado a todos e que o Senhor nos abençoe", encerrou.

Pesquisa da AMB, a que se fez referência para o perfil socioeconômico dos magistrados, concluiu que no primeiro grau há cerca de 60% de católicos e nos tribunais, por volta de 70%. Chama a atenção o baixo volume de decisões lastreadas na noção do Estado laico, embora também não se mostre comum aquelas que se amparam de forma explícita ou envergonhada, no direito canônico. Recentemente, todavia, despertou curiosidade a interferência judicial no associativismo religioso, com a determinação de que uma entidade da sociedade civil fosse proibida de ostentar o nome que carrega há quase três décadas. Recheada de citações bíblicas, doutrinas cristãs e até jurisprudência canônica, o acórdão da 2ª Câmara de Direito

---

256 CARVALHO, Igor. "Estado Laico? Sessão no CNJ presidida por Dias Toffoli termina com oração". *Brasil de Fato*, 2019. Disponível em: https://www.brasildefato.com.br/2019/12/19/estado-laico-sessao-no-cnj-presidida-por--dias-tofolli-termina-em-oracao. Acessado em: 18.06.2021.

Privado,[257] que cassou o nome de "Católicas" da associação "Católicas para o Direto de Decidir", a pedido de outra entidade de matiz cristã, exibiu uma erudição religiosa até incomum:

> Reitere-se que referida doutrina é absolutamente clara, notória e pública. Referidos artigos do citado CATECISMO classificam o aborto como "delito contra a vida" e mencionam o "inalienável direito à vida de todo indivíduo humano". Confiram-se os artigos 2270 a 2275, que integram a Segunda Seção (sobre os dez mandamentos), mais especificamente sobre o QUINTO MANDAMENTO (NÃO MATARÁS previsto na Bíblia, em Êxodo 20, 13).
>
> O mesmo se diga em relação à pretendida "equidade de gênero" nas Igrejas, como se a Igreja não guardasse um papel sublime, mas específico e próprio às mulheres.
>
> Aliás, a obediência ao projeto e vontade de Deus é outra característica notória do Cristianismo e do Catolicismo, bastando lembrar as Palavras de Jesus Cristo no Monte das Oliveiras pouco antes de ser crucificado e de Maria perante a anunciação de que daria à luz um filho, respectivamente: Pai, se queres, afasta de mim este cálice; contudo, não a minha vontade, mas a tua seja feita! Lc 22, 42; Eu sou a serva do Senhor! Faça-se em mim segundo a tua palavra Lc 1...

Na apreciação do Recurso Especial (1.961.729), todavia, em setembro de 2022, o STJ cassou a decisão por falta de legitimidade, apontando a relatora, ministra Nancy Andrighi que "a associação autora [Centro Dom Bosco] não é titular do direito que pretende ver tutelado, notadamente porque não possui ingerência sobre a utilização, por terceiros, da expressão 'católica'".

---

257 TJSP. "Acordão 1071628-96.2018.8.26.0100". *Tribunal de Justiça de São Paulo*, 2020. Disponível em: https://images.jota.info/wp-content/uploads/2020/10/catolicas-pelo-direito-de-decidir.pdf?x40226. Acessado em: 22.11.2023.

Enfim, a singularidade social e a tradição conservadora, aliados à sobrevida de critérios de hierarquia e tutela ideológica, são condimentos essenciais para se alimentar e perpetuar a histórica dualidade, posta à prova, sobretudo, a partir de uma Constituição de tintas democráticas que, retrato da distensão política e dos avanços sociais, cristalizou instrumentos para suplantar o passado autoritário.

Pode-se dizer que tivemos um direito de família que se democratizou com a incorporação da igualdade e da ótica da solidariedade sobre o patrimônio e o patriarcalismo, a expressão da função social da propriedade constitucionalizada, a revigoração de relações trabalhistas e o respeito à sindicalização; uma nova visão na psiquiatria, incorporando ideais antimanicomiais e a consideração do doente mental como sujeito de direitos, o mesmo, aliás, que a Constituição pretendeu fazer com o réu, na expressão de um processo como garantia. Mas tudo isso, supondo que uma estrutura hierarquizada, formalista, conservadora e fundada no respeito à tradição, como o Judiciário, seria capaz de lidar imediatamente com este rol de novos equipamentos, ou reconhecer uma visão de sociedade que rapidamente mudava a face. Não foi.

Não só o tradicionalismo não tem dado conta de absorver a guinada jurídica em direção à dignidade humana, como as novas gerações de juízes continuaram a ser expostas às instâncias fortemente verticalizadas do Judiciário – por intermédio das quais o novo ou o diferente é quase sempre discriminado ou preterido. E vêm, assim, sendo estimuladas pela estrutura a repetir as interpretações tradicionais, atrasando em décadas a incorporação dos direitos, mantendo a Constituição como pouco mais do que um tigre de papel.

Mas a timidez e a demora na incorporação dos padrões democráticos acabou, pelo tempo, a produzir um último paradoxo: tem sido tão demorado incorporar o Estado Democrático de Direito no cotidiano judiciário, que agora pode não fazer muito sentido prosseguir. O *ancién regime* é que voltou à moda...

CAPÍTULO IV

ESTRADA PARA PERDIÇÃO

"A nação quer mudar. A nação deve mudar. A nação vai mudar".

As palavras do deputado Ulysses Guimarães na cerimônia de promulgação daquela que ficou conhecida como a Constituição Cidadã, no dia 5 de outubro de 1988, foram incisivas, sem margens à dúvida: "A Constituição pretende ser a voz, a letra, a vontade política da sociedade rumo à mudança". Mas o caminho dessa sociedade rumo à mudança estaria repleto de contradições. Olhando para trás, o esfacelamento gradual do regime militar – e por isso mesmo, coalhado de limitações; mirando a frente, a Constituição que se transformaria em um novo palco para velhas disputas. Este capítulo pretende discorrer sobre o apogeu e o declínio do Estado Democrático de Direito e os entroncamentos do Judiciário com esse tortuoso percurso.

A derrota da emenda Dante de Oliveira, após a expressiva mobilização nacional representada pela Campanha das Diretas Já, em 1984, indicava que os traços históricos da manutenção continuavam superando os estopins de ruptura. Ao final do processo, relembremos, uma coligação entre o partido da oposição e uma fração do partido que dava suporte à ditadura e sucedeu aquele que o fizera, resultou na criação da chamada Nova República: a Aliança Democrática que reuniria Tancredo Neves (que migrara do PP para o PMDB) e José Sarney (ex-Presidente do PDS, que se transferiria de partido para atender as regras eleitorais). O destino fez com que o primeiro Presidente civil pós-ditadura fosse o antigo Presidente do partido que a sustentava.

A Ulysses, o "senhor Diretas", ex-quase candidato numa eventual eleição direta em 1984, sobraram os papéis, simultaneamente exercidos, de Presidente do PMDB, Presidente da Câmara dos Deputados e Presidente da Assembleia Nacional Constituinte, imerso em um eterno equilibrar-se entre governo e oposição, conservadores e progressistas. Na Constituinte, diria Adriano Pilatti: "um no cravo outro na ferradura".

Cronologicamente, antes da capitulação pós-derrota das Diretas Já, e a adesão da maioria expressiva da oposição ao Colégio Eleitoral, na chamada "conciliação pelo alto",[258] ocorreu outro evento fundante que, a par de definir os passos do processo paulatino de abertura planificado pelo general Ernesto Geisel, provocou efeitos controversos até os dias atuais: a aprovação da Lei da Anistia, em 1979.

Lendo a análise contextual que dela se fez em 2010, quando o STF apreciou e negou a ADPF 153, tem-se a nítida impressão de que o resultado dela fora proveniente de uma solução consensual, fruto de um grande acordo nacional. Assim mencionou o Ministro Celso de Mello, em seu voto:

> Como bem ressaltado pela douta Procuradoria Geral da República, a anistia, no Brasil, tal como concedida pela Lei n. 6.683/79, "resultou de um longo debate nacional, com a

258 Para Plínio Sampaio, "a presença das massas populares nos comícios pró eleições diretas apontava para a radicalização do processo de redemocratização - perspectiva que não interessava nem à direita nem às forças de centro. Por isso, no momento crucial da campanha pelas Diretas, os principais políticos do centro abandonaram a esquerda, unindo-se aos militares e à direita, criando, informalmente, uma nova frente: a frente de centro-direita – que aceitava a eleição do Presidente civil pelo Colégio Eleitoral, controlado pelos militares". (SAMPAIO, Plínio de Arruda. "Para além da ambiguidade: uma reflexão histórica sobre a CF/88". *In*: CARDOSO JR., José Celso (Coord.). *A Constituição Brasileira de 1988 Revisitada*. vol. 1. IPEA, 2009, p. 39. Disponível em: https://www.ipea.gov.br/portal/images/stories/PDFs/livros/Livro_ConstituicaoBrasileira1988_Vol1.pdf. Acessado: 14.06.2021).

> participação de diversos setores da sociedade civil, a fim de viabilizar a transição entre o regime autoritário militar e o regime democrático atual". E foi com esse *elevado propósito* que se fez inequivocamente bilateral (e recíproca) a concessão da anistia, com a finalidade de favorecer aqueles que, em situação de conflitante polaridade e independentemente de sua posição no arco ideológico, protagonizaram o processo político ao longo do regime militar, viabilizando-se, desse modo, por efeito da bilateralidade do benefício concedido pela Lei n. 6.683/79, a construção do necessário consenso, sem o qual não teria sido possível a colimação dos altos objetivos perseguidos pelo Estado e, sobretudo, pela sociedade civil naquele particular e delicado momento histórico da vida nacional.

Mas os fatos não se deram exatamente desta forma.

A campanha pela anistia foi o primeiro grande engajamento da sociedade civil depois do endurecimento do regime, com o AI-5, no final de 1968. Um movimento iniciado, em grande medida, pelas mulheres, entre elas mães e esposas de desaparecidos políticos.[259] Como assinala Janaína Teles, "O movimento bateu de frente com as propostas de projeto de lei de anistia do governo e de 'transição política' marcadas pela perspectiva da conciliação".[260]

E esse confronto não se deu apenas em nível social -mas, também, de propostas no Parlamento. O MDB batia-se tanto pela

---

259 Abrão e Torelly: "O movimento em favor da aprovação de uma anistia aos perseguidos políticos já é presente desde o início do Golpe, mas se fortalece entre os anos de 1974 e 1975, liderado pelas mulheres. Após o momento mais crítico da repressão, as mães de filhos mortos, as viúvas de maridos vivos, os familiares de desaparecidos, dos presos e exilados políticos, ocupam a arena pública em busca de liberdade e notícias para seus entes". (ABRÃO, Paulo; TORELLY, Marcelo D. "Mutações do Conceito de Anistia na Justiça de Transição Brasileira". *Revista de Direito Brasileira*, vol. 3, nº 2, 2012, p. 361).

260 TELES, Janaina de Almeida. "As disputas pela interpretação da lei da anistia de 1979". *Ideias*, Campinas, Unicamp-IFCH, vol. 1, nº 1, 2010, p. 72.

ideia de anistia ampla, geral e irrestrita àqueles que se envolveram em atos contra a ditadura, como pela rejeição da reciprocidade. Ao revés, propunha anistia aos perseguidos políticos e a instauração de inquérito para apurar as circunstâncias dos desaparecimentos. O projeto original da oposição era expresso: "Excetuam-se dos benefícios da anistia os atos de sevícia ou de tortura, de que tenha ou não resultado morte, praticados contra presos políticos".[261]

A votação do projeto deu-se em 22 de agosto de 1979, em sessão reunida do Congresso Nacional. A vitória da ARENA, partido do governo, era certa, sobretudo, pelo conteúdo não democrático da composição do Senado, com mais de duas dezenas de *senadores biônicos*, que não haviam sido sufragados pelas urnas – mas escolhidos de forma indireta-praticamente todos da ARENA. O projeto do governo passou por votação simbólica, mas as emendas do MDB, de fato, foram derrotadas por estreita maioria, cristalizando a vitória do projeto que, de um lado limitava a extensão da anistia aos presos e perseguidos políticos (excluindo os condenados por *crimes de sangue*) e de outro tornava, pelo menos ambígua, a anistia aos agentes de Estado (nos chamados "crimes conexos").[262]

---

261 TELES, Janaina de Almeida. "As disputas pela interpretação da lei da anistia de 1979". *Ideias*, Campinas, Unicamp-IFCH, vol. 1, nº 1, 2010, p. 72.

262 Diferença inferior ao número de senadores biônicos (206X201 pela manutenção da reciprocidade), como comenta Marcelo Zelic, com base no estudo dos trabalhos da Comissão Mista: O relato do senador Teotônio Vilela (MDB-AL), por exemplo, que resumiu, assim, a situação: "Ficou exclusivamente a proposta oficial"; outro senador emedebista, Pedro Simon (RS), foi peremptório: "Sem os biônicos, o resultado seria outro; a Lei 6683/79 é resultado da imposição e controle do Executivo sobre o Legislativo". (ZELIC, Marcelo. "A autoanistia e a farsa de um acordo nacional". *Grupo Tortura Nunca Mais-RJ*. Disponível em: http://www.torturanuncamais-rj.org.br/artigo/a-auto-anistia-e-a-farsa-de-um-acordo-nacional/. Acessado em: 18.06.2021). Como aponta Ricardo Westin, a questão de relevo era mesmo a autoanistia: "Nos meses seguintes, a própria ditadura libertaria os presos que não haviam sido beneficiados pela Lei da Anistia. Enquanto uns ganharam o indulto do Presidente Figueiredo, outros tiveram seus processos revisados pelos tribunais militares. Se logo em seguida os beneficiaria, por

Nestas condições, em que a vitória foi obtida no voto, e parte dos votantes havia sido indicados pela emenda constitucional imposta *manu militari* pela ditadura, enquanto estava o Congresso fechado pelo Pacote de Abril, difícil que possa ser traduzido em alguma espécie de consenso, de acordo ou mesmo, para usar a expressão empregada no voto de Celso de Mello aqui referido, fruto de um "propósito elevado". O governo impôs, por sua maioria,[263] um projeto no qual a anistia a seus agentes estaria compreendida – embora, como veremos, com uma certa ambiguidade linguística. E foi justamente o suposto caráter de *acordo nacional* que teria evitado, segundo a avaliação do STF, que se pudesse caracterizar a manobra como autoanistia. Com Celso de Mello, novamente:

> É preciso ressaltar, no entanto, como já referido, que a lei de anistia brasileira, exatamente por seu caráter bilateral, não pode ser qualificada como uma lei de autoanistia, o que torna inconsistente, para os fins deste julgamento, a invocação dos mencionados precedentes da Corte Interamericana de Direitos Humanos.

---

que o governo brigou tanto no Congresso para manter o artigo que excluía os terroristas condenados? Para o historiador Carlos Fico, professor da Universidade Federal do Rio de Janeiro (UFRJ) e autor do livro *Além do Golpe* (Editora Record), a exclusão deles foi apenas uma cortina de fumaça: – Não há evidências empíricas definitivas, mas eu, após anos de pesquisas e entrevistas, cheguei à conclusão de que a ditadura pôs essa interdição para encobrir aquilo que realmente desejava, que era a autoanistia. Enquanto todo mundo ficou tentando de todas as formas incluir os condenados pelos "crimes de sangue" na anistia, o perdão aos torturadores ficou em segundo plano e foi aprovado com facilidade". (WESTIN, Ricardo. *Há 40 anos, Lei da Anistia preparou caminho para fim da ditadura*. Disponível em: https://www12.senado.leg.br/noticias/especiais/arquivo-s/ha-40-anos-lei-de-anistia-preparou-caminho-para-fim-da-ditadura. Acessado em: 03.04.2023).

263 Como assinala Janaina Teles, "A imprensa divulgara a ordem emitida pelo Palácio do Planalto, era imprescindível votar o substitutivo de Ernani Sátiro tal qual ele chegou ao Congresso, caso contrário, haveria veto total do Presidente ao projeto de anistia". (TELES, Janaina de Almeida. "As disputas pela interpretação da lei da anistia de 1979". *Ideias*, Campinas, Unicamp-IFCH, vol. 1, nº 1, 2010).

A própria Corte Interamericana de Direitos Humanos, todavia, entendeu que seus precedentes não eram nada inconsistentes e que a situação brasileira, concretamente analisada na ação Gomes Lund x Brasil,[264] era exatamente a da autoanistia. O que significa dizer que, afinal de contas, a concessão com a anistia não havia sido propriamente um ato de "propósito elevado" do governo militar, mas a salvaguarda de que seus agentes não seriam punidos.

Descabe aqui analisar em profundidade a questão terminológica dos "crimes conexos"; basta dizer que a ideia de que a repressão a um ato de violência que se caracterizasse "crime político" não seria, para as regras básicas do direito penal, daquela época ou de agora, considerado "crime conexo". E a reponsabilidade dos agentes da ditadura não havia sido inserida de forma expressa no texto da lei. Como analisou Seabra Fagundes, com uma dose excessiva de otimismo:

> Foi essa a intenção, só que o governo não teve coragem de assumir o ônus. Então, fez uma lei nebulosa. Contudo, a matreirice do legislador não atingiu o objetivo. Até agora a interpretação oficial foi um sucesso, mas uma análise rigorosa dirá que a verdade é outra.[265]

O otimismo de Fagundes era mesmo injustificado. Na decisão de 2010, em que o STF entendeu recepcionada a lei da anistia e furtou-se ao controle de convencionalidade, a ministra Ellen Gracie resumiu de uma forma contundente – e de certa maneira resignada: a anistia aos torturadores teria sido "o preço que a sociedade brasileira pagou para acelerar o processo pacífico de

---

264 "Caso Gomes Lund e outros ('GUERRILHA DO ARAGUAIA') vs. Brasil", 2010. Disponível em: https://www.corteidh.or.cr/docs/casos/articulos/seriec_219_por.pdf. Acessado em: 18.06.2021.

265 *Apud* TELES, Janaina de Almeida. "As disputas pela interpretação da lei da anistia de 1979". *Ideias*, Campinas, Unicamp-IFCH, vol. 1, nº 1, 2010.

redemocratização com eleições livres e a retomada do poder pelos representantes da sociedade civil". Pagamos o preço, então, por duas vezes: a primeira por ficar mais de vinte anos sem democracia; a segunda, para esquecer os crimes de quem nos oprimiu sob pena de não voltarmos a ela. Difícil crer que analisando uma situação similar a esta, em qualquer outro contexto, a ministra não reconhecesse alguma forma de extorsão.

Enfim, a CIDH reconheceu que nenhuma autoanistia é admissível e nenhum dos obstáculos, inclusive a prescrição, pode ser argumento deduzido em face do cometimento de crimes contra a humanidade. Afinal de contas, se os crimes são contra a humanidade, nem o legislador nacional seria capaz de anulá-los. Até o momento, o STF ainda não apreciou os embargos de declaração interpostos ao acórdão de 2010 com apoio, sobretudo, da condenação brasileira pelo tribunal da OEA. Embora as chances de alteração de voto pareçam diminutas, fato é que esta continua sendo uma questão inconclusa. Nas ações que foram movidas pelo Ministério Público Federal, a expressiva maioria está suspensa ou extinta[266] – o que mostra que, neste particular, existe um acolhimento significativo das instâncias inferiores à posição do STF – circunstância que não é tão frequente quando das decisões mais liberais.

A posição do Judiciário brasileiro desponta, na atualidade, como o principal obstáculo à apuração de responsabilidades pelos crimes contra a humanidade. O Executivo tomou medidas tímidas, como o estabelecimento da política de reparações e, mais recentemente, a instituição da Comissão Nacional da Verdade. O Ministério Público Federal, por seus grupos de defesa de cidadania e direitos humanos, aderiu à tese internacionalista de responsabilização. Mas os processos têm enorme dificuldade em

---

266 Embora nem todos, como o demonstra decisão do TRF-2, subsidiado pelo voto-vista da Desembargadora Simone Schreiber no caso Antônio Wainer Pinheiro Lima. Disponível em: https://www.conjur.com.br/dl/voto-vista-simone-schreiber-julgamento.pdf. Acessado em: 18.06.2021.

prosseguir e, ao que se indica, estão fadados a serem extintos. A anistia que tinha um sentido de liberdade, teria se transmudado em um sinônimo de impunidade.

Essa postura do Judiciário brasileiro é, de certa forma, solitária na América do Sul, porque outros países acabaram reconhecendo a possibilidade de processo e julgamento dos crimes contra a humanidade. Ditadores como Augusto Pinochet e Rafael Videla foram presos e inúmeros outros agentes também respondem pelos seus atos. Por que a situação brasileira é, de todas, a mais refratária?

A melhor hipótese é do brasilianista britânico Anthony Pereira que enfatiza a diferença nas ditaduras de acordo com a sua judicialização – muito mais expressiva no Brasil, a despeito de inúmeras ocorrências de um direito subterrâneo paralelo. Sustenta Pereira:

> O gradualismo e a judicialização da repressão brasileira tiveram um lado positivo, pois dava tempo aos advogados de defesa e espaço institucional para defender a vida e os direitos de seus clientes. Por outro lado, também "normalizou" a repressão e dividiu a responsabilidade com ela de uma forma bastante prejudicial à perspectiva de uma reforma judiciária democrática após o fim do regime militar. Na repressão brasileira, os promotores do Ministério Publico acusavam pessoas por crimes de segurança nacional, juízes civis nas cortes militares julgavam os crimes, e a Suprema Corte revisava (e frequentemente mantinha) as sentenças. Para setores importantes da elite judiciária civil, isso motivou a defesa do regime militar e incentivou o bloqueio de reformas depois da volta do regime civil. Eles perpetuaram a visão de que a repressão do regime militar não havia sido "tão ruim assim". Quando pesquisei sobre o tema nos três países, apenas no Brasil encontrei inúmeros artigos em jornais especializados da Justiça Militar publicados nos anos 90 elogiando as sentenças de julgamentos políticos. Encontrei cópias de "O Direito de Segurança Nacional" à venda numa livraria do Exército em 1996! Na Argentina e no Chile, em contraste, a

> transição democrática trouxe fortes pressões para a reforma do Judiciário. Na Argentina, o governo Raul Alfonsín (1984-89) expurgou a Suprema Corte e implantou outras reformas importantes, como a proibição incondicional de civis serem processados num tribunal militar. No Chile, os governos civis desde 1990 implantaram uma das reformas judiciárias mais abrangentes da América Latina. No Brasil, nada disso ocorreu, e o país paga hoje o preço dessa omissão.[267]

E o preço parece ser incalculável.

As pesquisadoras Kathryn Sikkink e Carrie Booth Walling, do Departamento de Ciência Política da Universidade de Minnesota, realizaram um levantamento sobre a proteção dos direitos humanos na América Latina, comparando os países que submeteram agressores a comissões da verdade e julgamentos e os que não o fizeram.[268] O resultado é marcante: dos 14 países do Continente que realizaram julgamentos de direitos humanos, após a transição para a democracia, em onze deles, a situação em relação aos direitos humanos melhorou; só piorou em três: Haiti, México e Venezuela. Ainda assim, piorou menos do que a situação do Brasil, que não permitiu a realização dos julgamentos, em face da Lei da Anistia. O indicador empregado é o PTS (Political Terror Score), de 0 a 5,0, operando os valores mais baixos como índice de menor violação de direitos humanos: o Brasil teria derivado de 3.2 para 4.1 (entre 1979-2004); na mesma tabela, a Argentina orbitou de 4,0 para 2.3, o Chile de 4.0 para 2.8, o Peru de 4,8 para 3.9.[269]

---

267 MAISONNAVE, Fabiano. "Via judicial da repressão evitou mortes, afirma brasilianista". *Folha*, 2004. Disponível em: https://www1.folha.uol.com.br/fsp/brasil/fc0504200414.htm. Acessado em: 18.06.2021.

268 SIKKINK, Kathryn; WALLING, Carrie B. "The Impact of Human Rights Trials in Latin America". *Journal of Peace Research*, vol. 44, nº 4, 2007, pp. 427-445.

269 "O PTS é uma escala quantitativa de 1 a 5 que mede violações extremas de direitos humanos, incluindo execução sumária, tortura, desaparecimentos e prisão política (sendo 1 a melhor pontuação e 5 a pior). As pontuações

Aliás, como observam as pesquisadoras, nossa situação é, de fato, peculiar. Dos 16 países que aprovaram leis de anistia, 15 tiveram julgamentos dos responsáveis pelos crimes contra a humanidade: apenas no Brasil, a anistia conseguiu provocar o efeito desejado de bloquear os julgamentos.

Com o estudo, as pesquisadoras afastaram as teses de que comissões da verdade e julgamentos minavam a democracia reconquistada; de que havia uma duplicidade de caminhos inconciliáveis entre comissões da verdade e julgamentos criminais; e, por fim, que apenas julgamentos imediatamente pós-transição poderiam proporcionar bons resultados.

Pela pesquisa, inclusive, o volume de julgamentos impactava na consolidação democrática, sendo a Argentina, o melhor exemplo; os caminhos em geral não se bifurcam (todos os países que instalaram comissões da verdade realizaram julgamentos – à exceção do Brasil, que até a publicação do artigo ainda não tinha instalado sua comissão da verdade) e, por fim, que:

> Frequentemente, os julgamentos ocorrem décadas após as transições para a democracia, e não raramente em países que assinaram várias formas de anistia. Em outras palavras, os julgamentos não são uma opção única escolhida no momento da transição, mas são processos contínuos que podem ocorrer a qualquer momento, muitas vezes muitos anos após a transição.[270]

---

são baseadas nos relatórios anuais de direitos da Anistia Internacional e do Departamento de Estado dos EUA. O PTS rastreia as mesmas violações de direitos humanos como aquelas capturadas por nosso conjunto de dados" (tradução livre). (SIKKINK, Kathryn; WALLING, Carrie B. "The Impact of Human Rights Trials in Latin America". *Journal of Peace Research*, vol. 44, nº 4, 2007, p. 437).

270 SIKKINK, Kathryn; WALLING, Carrie B. "The Impact of Human Rights Trials in Latin America". *Journal of Peace Research*, vol. 44, nº 4, 2007, p. 442 (tradução livre).

Por fim, a nota acerca da relação entre comissões da verdade, julgamentos dos crimes contra a humanidade e a solidez da democracia:

> O ingrediente mais importante de um sistema de Estado de Direito é a ideia de que ninguém está acima da lei. Por esta razão, é difícil construir um sistema de Estado de Direito e, ao mesmo tempo, ignorar as recentes violações graves dos direitos civis e políticos e não responsabilizar os funcionários dos governos anteriores e atuais por essas violações.[271]

Vale a pena trazer o estudo de outra pesquisadora norte-americana sobre atrocidades na América Latina ao longo das últimas décadas. Como atrocidade, Susanne Karstedt, quer dizer as "indiscriminadas e seletivas violências, no curso de ações repressivas pelos Estados, seus subsidiários ou rebeldes". Envolvem não apenas os agentes do Estado, em sentido estrito, como militares e policiais, como agentes secundários, entre milícias e outros grupos paramilitares, sem afastar a possibilidade de ações de gangues criminosas ou rebeldes.[272] Também os atos individuais, quando são cometidos como parte ampliada de um ataque sistemático. O que envolve explicitamente a atrocidade é a magnitude dos atos, cometidos em larga escala, como parte de uma empreitada coletiva, organizado de forma institucional – ou atos individuais quando são cometidos como parte ampliada de um ataque sistemático. Ou seja, uma reunião entre impacto e contexto.[273]

---

271 SIKKINK, Kathryn; WALLING, Carrie B. "The Impact of Human Rights Trials in Latin America". *Journal of Peace Research*, vol. 44, nº 4, 2007, p. 441 (tradução livre).

272 KARSTEDT, Susanne. "Atrocity: the Latin American experience". *In*: CARLEN, Pat; FRANÇA, Leandro Ayres (Coord.). *Alternative Criminologies*. Nova York: Routledge, 2018, p. 302 (tradução livre).

273 KARSTEDT, Susanne. "Atrocity: the Latin American experience". *In*: CARLEN, Pat; FRANÇA, Leandro Ayres (Coord.). *Alternative Criminologies*. Nova York: Routledge, 2018, p. 302.

Embora as atrocidades não sejam realizadas exclusivamente pelos agentes do Estado, as lideradas pelo Estado são elementos constitutivos e parte integrante de sociedades extremamente violentas, como pontua Karstedt:

> Esse tipo de violência repressiva é um motor de outros tipos de violência que se aglutinam no contexto de sociedades extremamente violentas. De fato, o Estado e as suas armas legalistas (milícias, grupos paramilitares) representam a maioria dos crimes de atrocidades...[274]

E ainda que, de uma maneira global, a atrocidade estatal na América Latina tenha diminuído desde a década de 1980, sobretudo com o final de inúmeros regimes ditatoriais, esses números subiram em determinados países. Entre eles, significativamente, o Brasil, que chama a atenção por não estar submetido desde meados dos anos 1980 a nenhum tipo de regime formalmente de exceção ou de explícito conflito armado. E o acréscimo na nota das atrocidades estatais é de cerca de 50%, consoante apuração do Genocide Watch 1945-2009, reproduzida no artigo de Karstedt:[275] pelos dados, Brasil sai de 5 para 6.9; de 11º lugar para segundo.

O país está, pois, fechando o prazo de contagem (entre 2000 e 2014) apenas atrás da Colômbia, então imersa em um conflito interno e armado de grandes proporções, recentemente objeto de um complexo pacto de pacificação. Resultado muito similar à pesquisa de Sikkink e Walling, que, contudo, não chegara a analisar a

---

274 KARSTEDT, Susanne. "Atrocity: the Latin American experience". *In*: CARLEN, Pat; FRANÇA, Leandro Ayres (Coord.). *Alternative Criminologies*. Nova York: Routledge, 2018, p. 310. (tradução livre).

275 Para a autora, o centro das atrocidades mudou da Ásia (entre as décadas de 1960 e 1970) para a América Latina na década de 1970, para Europa e África, nos anos 1990 e retorna, a partir de 2000, para a América Central e do Sul.

situação da Colômbia, porque ainda não estava, à época do artigo, em momento de transição.

E embora isso represente politicamente uma enorme derrota para a democracia, eis que no período anterior estavam inseridos os anos derradeiros da ditadura, a magnitude das violências estatais no Brasil não é propriamente um dado que represente surpresa. Os índices de violência estatal, especificamente o de violência policial são demais de conhecidos, seja dos organismos internacionais, seja dos relatos produzidos pela imprensa.[276]

E para compreender os reflexos do papel da judicialização da repressão, é interessante resgatar o trecho em que a Comissão Nacional da Verdade analisa, por exemplo, a recepção no Judiciário da chamada "confissão extrajudicial" – ou seja, aquela extraída dos porões das delegacias. Quando várias condenações dependiam, sobretudo, de confissões policiais, justamente em um momento em que a tortura era corporificada como instrumento de Estado, o STF, por sua maioria, mantinha condenações com base exclusiva nestas confissões de delegacia:

> De acordo com pesquisa conduzida por Swensson Junior, durante o regime militar de 1964, o STF julgou 292 recursos ordinários criminais relativos a 565 réus – a grande maioria, recursos apresentados pelos acusados contra decisões que lhes eram desfavoráveis –, negando provimento a 376 réus, na maior parte das vezes por unanimidade. No período entre

276 Entre várias fontes, uma recente: "Entre a vida e a morte sob tortura, violência policial se estende por todo o Brasil, blindada pela impunidade – Levantamento do EL PAÍS mostra excessos violentos da polícia por Estado. Maioria das vítimas é negra e periférica, realidade que ficou mais exposta durante a pandemia". (PIRES, Breiller. "Entre a vida e a morte sob tortura, violência policial se estende por todo o Brasil, blindada pela impunidade". *El País*, 2020. Disponível em: https://brasil.elpais.com/brasil/2020-06-30/entre-a-vida-e-a-morte-sob-tortura-violencia-policial-se-estende-por-todo--o-brasil-blindada-pela-impunidade.html. Acessado em: 18.06.2021).

1969 e 1974, foram 127 os recursos e 222 réus; no período de 1975 a 1979, 143 recursos e 312 réus. Com fundamento nesses recursos, o STF estabeleceu o entendimento de que as confissões extrajudiciais – aquelas obtidas na fase do inquérito policial militar, muitas vezes sob tortura – seriam admissíveis como prova quando testemunhadas e não contrariadas por outras provas (RC 1.254, ministro relator Moreira Alves, julgado em 2 de abril de 1976; RC 1.261, ministro relator Moreira Alves, julgado em 10 de fevereiro de 1976). Como assentado no RC 1.255, as "*confissões judiciais ou extrajudiciais valem pela sinceridade com que são feitas ou verdades nelas contidas*" (RC 1.255, ministro relator Cordeiro Guerra, julgado em 20 de agosto de 1976). Em um dos julgados sobre essa questão (RC 1.234, julgado em 25 de abril de 1975), embora se tenha entendido que as evidências existentes contra os acusados não convenciam, o ministro relator Cordeiro Guerra não deixou de sublinhar a importância atribuída às confissões feitas nos inquéritos, mesmo quando houvesse denúncia de obtenção mediante tortura: *Não acolho, porém, a orientação doutrinária esposada pela douta Procuradoria-Geral da República, de que todas as confissões extrajudiciais, pelo simples fato de serem repelidas em juízo, sob a alegação de terem sido prestadas por coação, não comprovada de qualquer modo, devem ser havidas como destituídas de valor probante. (...) O inquérito policial ou militar pode conter provas, diretas ou indiretas, que, não infirmadas por elementos colhidos na instrução criminal, demonstrem a procedência da acusação, justificando a convicção livre do julgador.* [fls. 85-86][277]

---

277 Comissão Nacional da Verdade, relatório final, 2014. Disponível em: http://www.cnv.gov.br/. Acessado em: 18.06.2021. Depois de longa disputa judicial, o advogado Fernando Augusto Fernandes conseguiu no STF o direito de receber áudios de sessões secretas do Superior Tribunal Militar, que não tinham mais por justificadas a exceção da publicidade dos atos judiciais. Iniciou-se, assim, a montagem de um projeto de estudo e divulgação, com apoio de pesquisadores, para reconstrução da verdade histórica do Judiciário durante a ditadura. Entre as peças já trazidas à divulgação, a ciência dos membros do tribunal acerca de torturas praticadas e a discussão do STM no caso

Não é preciso dizer, a tese mantém-se íntegra até os dias atuais.

Enfim, ainda que a questão da anistia esteja formalmente inconclusa – Abrão e Torelly apresentam um importante mapa da disputa conceitual (anistia como reparação x anistia como impunidade)[278]– não deixa de ser evidente que a recuperação da memória e verdade e responsabilização das violências estatais tenham sido, efetivamente, um limite imposto (e aceito) à redemocratização.

O outro limite foi imposto pela derrota na campanha das Diretas Já -a Emenda Dante de Oliveira foi arquivada na Câmara dos Deputados, por faltar 22 votos para o quórum qualificado de 2/3 que até então vigorava. Após uma campanha que envolvera manifestações de multidões nas ruas, apoios dos diversos partidos e líderes da oposição, entre os quais governadores de Estados como São Paulo (Franco Montoro), Rio de Janeiro (Leonel Brizola) e Minas Gerais (Tancredo Neves), e que vencera a resistência da grande mídia, sobretudo a TV Globo que ocultou o movimento em seu início, a reação do governo fora, como seria de se esperar, militar. Decretou-se estado de emergência no Distrito Federal e arredores, às vésperas da votação, prevendo proibição de reuniões públicas, intervenção em associações e sindicatos, possibilidade de detenções em prédios públicos – enfim, um isolamento total da capital, com censura a rádio e televisão – e até mesmo os telefones dos

---

do deputado Márcio Moreira Alves, chamando a atenção a manifestação do então ministro Rodrigo Octávio, para quem o deputado só poderia ser punido "em nome da revolução, não da justiça". (GLOBO. "Áudios do STM sobre tortura: ouça os relatos e leia as transcrições". *Globo*. Disponível em: https://g1.globo.com/politica/noticia/2022/04/17/audios-do-superior-tribunal-militar-sobre-tortura-ouca-os-relatos-e-leia-as-transcricoes.ghtml. Acessado em: 0303.2023. Os áudios estão atualmente alojados no site vozhumana.com.br).

278 ABRÃO, Paulo; TORELLY, Marcelo D. "Mutações do Conceito de Anistia na Justiça de Transição Brasileira". *Revista de Direito Brasileira*, vol. 3, nº 2, 2012, pp. 357-379.

parlamentares estavam proibidos de fazer ligações interurbanas.[279] Como lembra Paulo Markun, "Em editorial, O Globo destacou que as medidas tinham base constitucional – o governo teria apenas se antecipado, já que 'a rigor', elas deveriam ser precedidas de um pedido do Congresso". Enfim, o jornal reconhecia:

> Não havia perigo, portanto. Mas havia desordem. E ao governo cumprem o dever e a responsabilidade, de verificada a ocorrência da desordem, acionar os instrumentos constitucionais disponíveis para garantir a ordem.[280]

Prossegue Markun:

> Na manhã do dia 23, o desfile de aniversário do Comando Militar do Planalto, liderado pelo general Newton Cruz, transformou-se numa demonstração de força do regime – uma espécie de passeata das indiretas, da qual participaram, 6 mil homens e 116 veículos de combate. O general,

279 MARKUN, Paulo. *Farol alto sobre as diretas*: brado retumbante 2. São Paulo: Benvirá, 2014, p. 396. Nas pp. 406/407, o relato de Fernando Morais, à época deputado estadual pelo PMDB: "Em São Paulo, um grupo de deputados estaduais de oposição havia montado um palanque na praça da Sé, de onde pretendíamos retransmitir, com a ajuda de um telão, a cobertura da votação. Com a decisão do Dentel [Departamento Nacional de Telecomunicações], porém, nosso plano tinha ido por água abaixo. O autor da ideia salvadora foi o então secretário-geral do PT paulista, José Dirceu: a pedido do governador Franco Montoro, do PMDB, a Telesp instalou no palanque uma linha telefônica, com a qual nos comunicaríamos com a Câmara, em Brasília. Dirceu localizou na capital federal um companheiro de exílio, Abelardo Blanco, e encarregou-o de conseguir um telefone no plenário do qual pudesse ligar a cobrar para o nosso número na Sé". Completa Abelardo Blanco: "Dei uma sorte danada – num certo momento, passei pelo setor de imprensa, onde tinha um ramal desses telefones antigos, cinza. Peguei o ramal, tchum, deu linha. Liguei pra São Paulo, tinha o telefone onde estava o Fernando Morais na Sé, ele atendeu e nós ficamos cerca de oito ou nove horas no ar, através daquela linha telefônica".

280 MARKUN, *Paulo. Farol alto sobre as diretas*: brado retumbante 2. São Paulo: Benvirá, 2014, p. 397.

> montado num cavalo branco que ganhara do Presidente João Figueiredo, encabeçou o desfile trotando sobre o gramado da esplanada dos Ministérios. No final da tarde, quando os carros começaram um buzinaço diante do Ministério do Exército, Cruz apareceu portando um pinguelim – espécie de bastão de comando – e chegou a bater nos carros desafiando os motoristas: "Buzina agora que eu quero ver, seu filho da puta".[281]

O quadro mostra, com uma certa clareza, o quanto ainda estávamos distantes do ambiente democrático. O regime impedia tudo o que conseguia impedir: foi truculento ou arbitrário em todos os momentos que entendeu conveniente, inclusive isolando Brasília e promovendo uma forte censura nas comunicações, e ainda intimidação aos que ousavam desatendê-lo. Dois deputados chegaram a ser presos na véspera da votação. Isso significa o quanto é possível a perpetuação do quadro autoritário, mesmo convivendo com inúmeras franquias democráticas, com eleição de deputados, jornais sem censura prévia, manifestações nas ruas etc. A tônica da ditadura brasileira sempre foi a convivência de graus variados de institucionalidade e atos de violência e arbítrio: repressão e estrangulamento, quando necessário; convivência com oposição e debates parlamentares, quando conveniente. O que torna ainda mais controversa a ideia de que em 1979, portanto, seis anos antes da posse de um Presidente civil, com partidos proibidos, movimento social engessado, milhares de políticos exilados, centenas de desaparecidos, pudesse ter havido ambiente para um "grande acordo nacional" que estabelecesse, por consenso, os parâmetros para a transição à democracia. Uma abstração irreal que, todavia, foi a base contextual para a decisão do STF que assinalou um suposto "perdão cordial" da anistia.

---

281 MARKUN, Paulo. *Farol alto sobre as diretas*: brado retumbante 2. São Paulo: Benvirá, 2014, p. 400.

A história prosseguiu, como se sabe, com a costura da candidatura de Tancredo Neves à Presidência, pelo Colégio Eleitoral, que, a bem da verdade, já vinha sendo construída mesmo antes da derrota da Emenda das Diretas – para essa disputa, a aliança com os dissidentes do governo era a única opção e José Sarney acabou sendo o nome escolhido para vice-Presidente, que depois assumiria pela doença de Tancredo Neves, que o impossibilitou de tomar posse. Em uma análise posterior, Paulo Sérgio Pinheiro assim definiria o desenrolar:

> A campanha das diretas expõe e atualiza as duas vertentes que marcam a história política brasileira. A mobilização, a participação popular, a manifestação autônoma das ruas que pressiona o imobilismo dos partidos, a ruptura, por um lado. Em face dela, a "síndrome Bernardo Pereira de Vasconcelos" – o liberal que vira conservador no Império – a compulsão para frear o "carro revolucionário" (mera alegoria, pois sempre se confunde tímidos ensaios de democratização com "revolução"). Na tradição política, as elites brasileiras, os liberais de ontem preferem conciliar com os conservadores e conquistar o poder pela via menos arriscada...[282]

Enfim, a anistia foi constitucionalizada com a Emenda Constitucional 26/1985, que convoca a Constituinte e estabelece seus parâmetros, entre eles, a configuração congressual.[283] Ou seja, não

---

282 PINHEIRO, Paulo Sérgio. "As diretas e o eterno regresso da conciliação". *Folha de S. Paulo*, 1994.

283 O episódio dividiu o PMDB, saindo sua aula autêntica derrotada pelos ulyssistas que acompanhavam o Planalto. "Por quatro meses, no Congresso e em diversos outros fóruns que aconteciam no país, o relator da PEC, Flavio Bierrenbach (PMDB-SP), participaria de longos debates sobre o caráter da Constituinte, a forma de eleição, plebiscito, proporcionalidade na representação, funcionamento do Congresso, a questão dos senadores eleitos em 1982 e outros tópicos. À medida que os trabalhos avançavam, evidenciava-se a tensão no governo, no Congresso Nacional, em setores militares e na sociedade sobre a fórmula adotada para a futura Constituinte. Por fim, no

haveria eleição especificamente para ela e seus membros atuariam ao mesmo tempo como constituintes e parlamentares. Mais, os senadores eleitos em 1982 para mandatos de oito anos também dela fariam parte, ainda que não tivessem sido eleitos com a competência para elaborar a nova Constituição. Tudo isso somando e ainda considerado que o então Presidente José Sarney arrogou certa influência sobre os trabalhos constituintes – sobretudo na luta pelo tamanho de seu mandato, ao final, aprovado em cinco anos, as perspectivas de uma Constituição com tintas progressistas não eram lá muito favoráveis.[284] Mas a história também tinha surpresas positivas pela frente.

4.1 Uma Constituição em disputa

Adriano Pilatti, em seu *A Constituinte de 1987-1988*, tenta reconstruir os passos da assembleia em busca das clivagens ideológicas e de explicar como resultaram resolvidas pelos mecanismos

---

dia 15 de outubro, o relator surpreendia com um relatório contendo alternativas inovadoras, em que propunha um plebiscito para que os brasileiros escolhessem uma Constituinte congressual ou exclusiva; a separação das eleições para constituinte e para governador de Estado; o aprofundamento da "remoção do entulho autoritário" da ordem constitucional em vigor, para efetivamente permitir uma Constituinte livre e soberana; a ampliação da anistia para civis e militares afastados no regime militar; o funcionamento de uma comissão legislativa congressual enquanto estivesse sendo elaborada a Constituição; a coleta de sugestões à ANC por meio das Câmaras Municipais. (...) A reação do governo e a alta cúpula do PMDB foi dura e imediata, e um Substitutivo alternativo foi preparado para derrubar o parecer do relator. (...) A destituição de Bierrenbach da relatoria da PEC se dava no último dia de trabalho da comissão, no momento que o parlamentar se preparava para ler seu Substitutivo". (ROCHA, Antônio Sérgio. "Genealogia da Constituinte: do autoritarismo à democratização". *Lua Nova*, São Paulo, nº 88, 2013, pp. 58/59).

284 A participação de Sarney também se dera pela constituição da Comissão de Notáveis, conduzida pelo senador Afonso Arinos, com o qual se pretendia produzir um texto-base. Como o resultado, ao final, foi menos conservador do que se esperava inicialmente, o anteprojeto foi encaminhado ao Ministério da Justiça e lá arquivado. Não chegou formalmente aos constituintes – mas várias de suas sugestões acabaram acolhidas.

institucionais e, eventualmente, pela casualidade. Considerando que o resultado fora significativamente mais progressista do que à primeira vista se poderia supor, diante da composição da Assembleia Nacional Constituinte, Pilatti estabeleceu algumas hipóteses que poderiam ter viabilizado tal resultado, ainda que nem todas previamente desejadas: a) o reconhecimento dos partidos na Constituinte e, com isso, do status das lideranças partidárias; isso teria mais ligação com as atividades parlamentares do que propriamente as constituintes. Mas nestas, os partidos também foram reconhecidos, abrindo-se espaços e cargos às lideranças, o que ajudou a reduzir a proporção entre os grupos conservadores e progressistas; b) a pressão para viabilizar a participação dos deputados de uma forma ampla resultou no desenho de uma plêiade de comissões e subcomissões nos quais todo constituinte teria ao menos um lugar. A configuração de dezenas de comissões acabou por contribuir para a formatação de um texto mais encorpado – na questão da Constituição analítica x sintética, a derrota do pensamento conservador foi mais profunda; c) a vitória de Mário Covas para a liderança do PMDB (vencendo ao candidato ulyssista Luiz Henrique da Silveira): o perfil progressista do senador paulista (à época, o parlamentar eleito com a maior votação do país) acabou influenciando, de forma significativa, a elaboração do texto, sobretudo pela indicação de outros parlamentares também progressistas para as comissões e subcomissões. Ademais de um controle da agenda, como relatores das comissões eram presença nata na sistematização, reduzindo-se, aí também, a desproporção em relação aos conservadores; d) o trabalho mais presente e mais entrosado dos líderes progressistas acabou evidenciando-se nas comissões – os conservadores despertaram para a produção do texto mais adiante, quando, então, construíram o "Centrão" e redefiniram as regras de votação, mas sem influenciar os textos de forma proporcional à dimensão dos seus membros.

A natureza congressual da Assembleia Nacional Constituinte pode ter influenciado de forma reversa aos interesses que a sustentaram: não sendo exclusivamente constituintes, muitos parlamentares mantiveram práticas rotineiras, inclusive com ausências nas sessões em que os textos eram discutidos. E quanto mais se aproximava o calendário eleitoral de 1988, as eleições municipais, menos vigor tinham em rejeitar temas populares. E aí reside um outro diferencial da Constituinte, que foi a participação popular – como antes não havia sido sentida, de forma tão frequente e organizada, sobretudo pela colheita e entrega de assinaturas em emendas populares que abraçavam temais dos mais diversos, mas sempre de amparo aos mais vulneráveis.

Como relata Plínio Sampaio, constituinte e também um dos relatores de comissão temática:

> Toda essa mobilização foi organizada pelo Plenário Pró-Participação Popular na Constituinte,[285] um fórum que

---

285 Foram 12 milhões de assinaturas subscrevendo 122 emendas populares – sob o principal slogan "Constituinte sem povo não cria nada de novo". Como informa Maria Helena Versiani, a "institucionalização das emendas populares teve grande impacto no crescimento da participação da sociedade na Constituinte. Um elevado grau de mobilização para recolhimento de assinaturas envolveu universidades, sindicatos, órgãos do poder público, associações de mães, aldeias indígenas, religiosos, organizações de vítimas, estudantes, idosos, pessoas com deficiência e muitos outros". (VERSIANI, Maria Helena. "Uma República na Constituinte (1985-1988)". *Revista Brasileira de História*, São Paulo, vol. 30, nº 60, pp. 244/245). De memória própria, trazemos o exemplo do Centro Acadêmico XI de Agosto da Faculdade de Direito da USP, em cuja sede se desenvolviam as reuniões do Plenário Pró-Participação Popular na Constituinte de São Paulo. Naquele ano, a tradicional Sala dos Estudantes foi renomeada para "Sala da Constituinte", e serviu para o recolhimento de assinaturas das emendas populares. ("Propostas de iniciativa popular aceleram coleta de assinaturas". *Folha*, 1987. Disponível em: https://www2.senado.leg.br/bdsf/bitstream/handle/id/135803/Junho87%20-%200791.pdf?sequence=1&isAllowed=y. Acessado em: 18.06.2021; ABRAMO, Cláudio. "Formas de Participação". *Folha*, 1987. Disponível em: http://acervo.folha.com.br/leitor.do?numero=9901&keyword=participacao&anchor=4291678&origem=busca&originURL=&pd=5a1683986cd7dc9eff84d33d4917c2ff. Acessado em: 18.06.2021; "Personalidades prestigiam noite de autógrafos pela iniciativa popular". *Folha da Tarde*, 1987).

> envolvia centenas de organizações e movimentos populares. Para defender emendas populares, o índio e o conhecido antropólogo, o menino e o pedagogo, o admirado intelectual e a humilde irmãzinha de caridade sucederam-se na tribuna da Comissão de Sistematização, levando aos constituintes os reclamos do país oculto – a voz dos sem-voz. O Brasil inteiro falou aos constituintes.[286]

Para Sampaio, a presença diuturna do povo nos gabinetes e corredores do Congresso foi suficiente para "empurrar o centro um pouco mais para a esquerda, colocar a direita na defensiva". A pressão das entidades, todavia, como anotou Pilatti, também funcionou no sentido inverso. A maior mobilização conservadora se deu pela União Democrática Ruralista (UDR) e repercutiu no texto menos avançado da Carta acerca da reforma agrária.[287]

---

286 SAMPAIO, Plínio de Arruda. "Para além da ambiguidade: uma reflexão histórica sobre a CF/88". *In*: CARDOSO JR., José Celso (Coord.). *A Constituição Brasileira de 1988 Revisitada*. vol. 1. IPEA, 2009, p. 23. Disponível em: https://www.ipea.gov.br/portal/images/stories/PDFs/livros/Livro_ConstituicaoBrasileira1988_Vol1.pdf. Acessado em: 14.06.2021.

287 Na análise de João Márcio Mendes Pereira: "A Constituição de 1988, mediante pressão popular alargou a esfera de direitos de cidadania no Brasil, com a extensão do direito de voto aos analfabetos e a criação do Sistema Único de Saúde, entre muitas outras inovações. Porém, o mesmo não ocorreu em relação à democratização do acesso à terra (Gomes da Silva, 1989 e 1996). Representou um avanço o fato de que pela primeira vez a expressão "reforma agrária" aparecesse num texto constitucional, e se definisse que a propriedade deve cumprir uma "função social", entendida como aproveitamento racional, utilização adequada dos recursos naturais e preservação do meio ambiente, cumprimento da legislação trabalhista e exploração que favoreça o bem-estar de trabalhadores e proprietários. Todavia, a definição dos critérios de cumprimento da função social permaneceu bastante ambígua, com exceção do que se refere à legislação trabalhista. O texto apagou qualquer referência ao "latifúndio", não estabeleceu o limite máximo de propriedade da terra, não adotou o dispositivo da perda sumária e não definiu os assentados da reforma agrária como público prioritário da política agrícola, como reivindicavam os movimentos populares do campo. Além disso, manteve no Judiciário a decisão sobre a imissão de posse para fins de desapropriação, dando margem à lentidão jurídica e ao atraso na

No âmbito geral, todavia, a Constituição representou um significativo avanço, em diversas áreas – e não apenas na comparação com os textos da ditadura (CF 1967 e Emenda 1 de 1969), com o que não seria propriamente uma surpresa.

A Constituição foi pródiga na institucionalidade democrática, ou seja, na criação e fortalecimento das instituições que seriam responsáveis por, como diria Montesquieu, evitar a tirania. Fortaleceu-se o Poder Legislativo, sobretudo, com a palavra final sobre a lei orçamentária, bem ainda pelo necessário aval a diversas nomeações. Restabeleceram-se as garantias dos magistrados, complementando-se a independência do Poder Judiciário –não mais formado por promoções ditadas por governadores, e com dotação orçamentária de sua própria iniciativa. A Defensoria Pública foi constitucionalizada – não apenas como um mecanismo de assistência judiciária; a advocacia pública da União e dos estados foi também constitucionalizada e, como as demais carreiras jurídicas, compreendidas como essenciais à justiça.[288] Mas nenhuma carreira

---

implantação de assentamentos". (PEREIRA, João Márcio Mendes. "Estado e Mercado na Reforma Agrária Brasileira". *Revista Estudos Históricos*, vol. 28, nº 56, 2015, p. 388). Para Gustavo Souto de Noronha, aliás, "O Brasil inovou e instituiu o que chamamos de "reforma agrária perene", caso único no mundo, onde a agenda da democratização do acesso à terra esteve sempre na agenda nacional, mas nunca foi efetivada como política pública real". (NORONHA, Gustavo Souto de. "O desmonte das políticas de reforma agrária". *In*: DWECK, Esther; ROSSI, Pedro; OLIVEIRA, Ana Luiza Matos de (Coord.). *Economia Pós-Pandemia*: desmontando os mitos da austeridade fiscal e construindo um novo paradigma econômico. São Paulo: Autonomia Literária, 2020, p. 141).

288 Desenho que, como afirma Márcia Semer, com lastro no pensamento original de Diogo Figueiredo, ampliava a ideia de separação de poderes e, por conseguinte, da democracia. "Nessa perspectiva, as Funções Essenciais à Justiça surgem como instrumento qualificador da democracia brasileira. Constituem ao mesmo tempo elemento de ampliação da capacidade de contestação e alargamento dos habilitados à contestação. Compõem, na perspectiva instrumental policêntrica, o oitavo elemento imprescindível à democracia, integrante do rol das instituições para fazer com que as políticas governamentais dependem de eleições e de outras manifestações de

acabou tão valorizada quanto o Ministério Público que concentrou não apenas a titularidade da ação penal,[289] como se transformou no grande mecanismo de controle da administração pública, por onde passariam as ações civis públicas, ações de improbidade etc., bem ainda a espinhosa tarefa do controle externo da polícia.

As garantias do Estado de Direito, ou do Estado liberal, foram fortemente ampliadas, os chamados "direitos humanos de primeira dimensão", como a referência da dignidade humana (como objetivo da República), a valorização da liberdade de expressão (com a proibição expressa da censura) e a de manifestação, dispensando-se autorização prévia para movimentos de rua. Estabeleceu-se a ideia de um processo como garantia, inscrevendo um apanhado de princípios, sobretudo penais e processuais, impondo limitações ao poder punitivo, típicas de um Estado Democrático de Direito. Proibição dos tribunais de exceção, inscrição do princípio do juiz natural, inviolabilidade do domicílio, proibição do emprego de provas ilícitas entre outras medidas que inovaram no perfil garantista. E como uma demonstração de um Estado não meramente individualista, a incorporação dos direitos sociais, sobretudo, das relações de trabalho e emprego, em uma configuração protetiva tanto das verbas costumeiramente negligenciadas, quanto do direito à greve – cuja retomada, no final dos anos 1970, no ABC paulista, havia sido um dos grandes contribuintes para o enfraquecimento da ditadura.

Mas as verdadeiras novidades do texto estavam imbricadas na definição do papel econômico-social do Estado: um perfil nacional-desenvolvimentista, comprometido com a erradicação da pobreza e a redução das desigualdades – uma mostra de que

---

preferências. (Dahl)". (SEMER, Márcia Maria Barreta Fernandes. *Advocacia das Políticas Públicas*: uma proposta de identidade para a Advocacia Pública. São Paulo: USP, 2020 (Tese de Doutorado).

289 Em uma adesão pouco reconhecida, é verdade, da configuração do sistema acusatório.

o período militar não se encerrara apenas com um déficit de legitimidade democrática, mas insolvente pelos empréstimos mal contraídos, corroído pela carestia e ademais, com uma profunda desigualdade econômica, proveniente entre outros fatores de um processo de urbanização sem controle que já vitaminava índices crescentes de violência urbana. A Constituição de 1988 não foi apenas uma estratégia simbólica montada por líderes progressistas mais capacitados – mas uma resposta ao abandono social, ao legado da ditadura e à reconstrução pela via da valorização do indivíduo e, em especial, o reconhecimento e comprometimento com os mais vulneráveis. As políticas públicas foram incorporadas como direitos, aptas a serem exigidas, inclusive judicialmente. A educação reconhecida como direito de todos; a saúde universalizada e a criação de um sistema público e abrangente de seguridade social. Entre outras prioridades, a defesa intransigente de um meio-ambiente sustentável e a tutela dos povos originários, com a proteção às terras indígenas e de quilombolas.

Fato é que tão logo a Constituição foi promulgada, dois movimentos se iniciaram em sentido contrário, prolongando no tempo a disputa política que a marcara: a) um esforço para fazer valer a Constituição, sobretudo, na promulgação de leis complementares e ordinárias (primeiro no Legislativo, mas depois, como vimos, também no Judiciário); b) o reagrupamento das forças conservadoras para reformá-la. Grosso modo, com os acréscimos de dramaticidade ou tragédia, aí reside o fundo da "polarização", que tanto seduz ou apavora o eleitor mais suscetível a replicar a opinião midiática.

Pode-se dizer que esses dois movimentos (de afirmação e de repulsa à Constituição) correram ora de forma simultânea, ora se alternando; ao menos até 2016, quando a proeminência do desmonte da Carta se torna mais explícita.

O movimento de afirmação da Constituição pode ser dividido em duas vertentes: a regulamentação praticada pelos legisladores e a normatização efetuada pelo Judiciário, a partir de suas omissões. Na primeira vertente, podemos lembrar, entre outras: a) as mudanças do direito de família, em consequência da assunção da igualdade entre os cônjuges (fim da chefia conjugal e da cláusulas de diminuição do status da mulher casada, por exemplo), no Código Civil; b) a Lei Orgânica da Saúde, que concretiza a universalização da saúde e a posterior emenda constitucional 29 (2000), que desenha a arquitetura tripartite do Sistema Único de Saúde; c) a explicitação da moradia como direito constitucional e a regulamentação da política urbana e função social da propriedade, pelo Estatuto das Cidades (2000/2001); d) a edição do Estatuto da Criança e do Adolescente, em 1990, e a Lei de Diretrizes e Bases da Educação em 1996; e) a criação da Lei n. 7.716/89, que estabelece os crimes de discriminação e preconceito de raça, e, mais adiante, a Lei n. 9.455/97, que tipifica a tortura, como mecanismos de corporificação da proteção à dignidade humana – entre muitas outros.

Na segunda vertente, como exemplos constituídos pela judicialização: a) a decisão que reconheceu que a Lei de Imprensa não fora recepcionada pela Constituição, com base na liberdade de expressão (ADPF 130); b) a decisão em mandado de injunção que reconheceu o direito de greve do servidor público, ante a falta de sua regulamentação por lei (MIs 670, 708 e 712); c) o reconhecimento pelo STF da união homoafetiva (ADI 4277 e a ADPF 132), e constitucionalidade das cotas raciais (ADPF 186), como decorrências da concepção da igualdade; d) a decisão que reconheceu a inconstitucionalidade da execução antecipada da pena, então traduzida na proibição de efeito suspensivo a recurso especial e extraordinário na área criminal – tema que mais tarde seria denominado como "prisão em segundo grau", pelo HC 84078/MG, em 2009.

Deste esforço, pode-se acrescentar que nem todos os princípios constitucionais vieram a ser transformados em leis ou jurisprudências. Na verdade, as omissões acabaram por ser ainda mais relevantes no percurso de resistência à Constituição. Uma série de leis vieram a ser aprovadas contra ou apesar dos princípios, gerando, em inúmeras situações, arguições de inconstitucionalidade – apenas uma parte delas acolhida pelo STF. Neste particular, a resistência no âmbito penal foi uma das mais relevantes mesmo, pois a despeito da Constituição garantista, um ordenamento cada vez mais punitivista foi se formando em direção a um Estado policial.

Mas não é só. Houve omissão em outros temas delicados. A concretização da função social da propriedade, por exemplo, é um dos espinhos ao qual o Judiciário se esforçou em desviar, de modo que parte significativa da legislação de moradia construída sobre essa base, simplesmente não é aplicada. E, na mesma toada, a interrupção da expressiva violência policial se tornou inviável – como os níveis de atrocidades estatais não param de crescer, fazendo com que o extermínio da juventude negra deixe de ser apenas uma hipérbole. Nestes pontos, ainda que ao Executivo possa ser atribuída a instituição de políticas violentas – ao Ministério Público e ao Judiciário cabe uma dose significativa de conivência.

Mas a Constituição não foi desconstruída apenas na forma omissiva – por não ser regulamentada ou simplesmente não aplicada. Foi também objeto persistente de propostas profundas de reforma, sobretudo, em dois momentos: a) as reformas de Estado do governo neoliberal de FHC; b) a retomada e aprofundamento das reformas após a deposição de Dilma Rousseff.

O instrumento de revisão constitucional, previsto na própria Carta para cinco anos após a vigência, se mostrou praticamente ineficaz, tirante a medida que reduziu o mandato presidencial para quatro anos, coincidindo com a renovação parlamentar. O dispositivo fora alterado posteriormente, como se sabe, para aprovar a reeleição, inclusive do governo em exercício.

A primeira tentativa de decepar a Constituição viria com o primeiro Presidente eleito pós-redemocratização. Sob a alcunha de "Emendão", Fernando Collor apresentou o "Programa de Saneamento Financeiro e Ajuste Fiscal", – projeto de suposta redenção das finanças públicas, que entre suas mais de 40 propostas de emendas constitucionais, incluía o fim da aposentadoria por tempo de serviço, do sigilo bancário, do ensino público gratuito universitário, entre outras sugestões fortemente impopulares – tanto mais a um governo de base estreita no Congresso. O Emendão não foi aprovado, mas a dinâmica de avaliação emergencial, chantagem econômica dirigida a legitimar propostas estruturais, se repetiria com mais sucesso em governos com maiorias mais estáveis. E, de toda a maneira, como explica Brasílio Sallum:

> (...) mesmo por vias transversas, o governo Collor (março de 1990 a setembro de 1992) contribuiu para danificar o arcabouço institucional nacional-desenvolvimentista e para reorientar em um sentido antiestatal e internacionalizante a sociedade brasileira. E isso tanto no plano das regras e normas articuladoras de Estado e mercado como no plano da difusão ideológica. Foram suspensas as barreiras não-tarifárias às compras do exterior e implementou-se um programa de redução progressiva das tarifas de importação ao longo de quatro anos. Ao mesmo tempo, implantou-se um programa de desregulamentação das atividades econômicas e de privatização de empresas estatais...[290]

Apesar disso, do ponto de vista político, o turbilhão causado pela instabilidade do governo acabou por inviabilizar a Revisão Constitucional de 1994 – programada para ser uma janela de oportunidades, com reformas constitucionais de quórum não qualificado. Mas não foi. O fato de ela ter chegado em uma época de paralisia congressual – após o primeiro Presidente eleito ter sido impichado e a CPI do Orçamento ter causado a cassação de seis parlamentares e a renúncia de outros certamente atrapalhou. Não havia interesse explícito do Presidente da República Itamar

---

290 SALLUM JR. Brasílio. "O Brasil sob Cardoso. Neoliberalismo e desenvolvimentismo". *Tempo Social*, nº 11(2), out. 1999, pp. 27/28.

Franco e, de certa forma, o plebiscito de abril de 1993[291] indicara que os brasileiros não estavam tão ligados na mudança, tendo manifestado desejo de manter a República e o presidencialismo. A revisão foi realizada, ademais, quando os brasileiros estavam voltados às primeiras medidas do Plano Real – foi através dela, no entanto, que entrou na Constituição o Fundo Social de Emergência, que depois seria transformado no principal elemento de reforma tributária da gestão FHC: as desvinculações de receita da União,[292] que também drenaria, paradoxalmente, recursos da área social. A redação demasiada aberta da Emenda 1 permitiu isso:

> Art. 71, ADCT: "Fica instituído, nos exercícios financeiros de 1994 e 1995, o Fundo Social de Emergência, com o objetivo de saneamento financeiro da Fazenda Pública Federal e de estabilização econômica, cujos recursos serão aplicados no custeio das ações dos sistemas de saúde e educação, benefícios previdenciários e auxílios assistenciais de prestação continuada, inclusive liquidação de passivo previdenciário, e outros programas de relevante interesse econômico e social".

Enfim, ainda sobre o esvaziamento da Revisão Constitucional, o senador Marco Maciel (PFL-PE) viria a dizer que em 1994

---

291 Originalmente designado na Constituição para 07/09/1993, sofreu projetos de adiantamento para 1992 e, ao final, antecipou-se para abril do mesmo ano.

292 O Orçamento da Seguridade Social (OSS) foi vitaminado justamente para dar conta do financiamento da constitucionalização da seguridade, com contribuições complementares à dos empregadores, como Pis, PASEP, Cofins, CPMF, CSLL etc. Como apontou Damares Medina ("A Previdência Social no contexto da Seguridade Social e da Ordem Social"), no entanto, o orçamento "vem sendo reiteradamente desviado por emendas constitucionais propostas pelo Poder Executivo que permitem a desvinculação de parte das receitas destinadas ao financiamento da seguridade social (20%), dando suporte ao ideológico discurso do déficit da seguridade social". E arremata: "Tudo começou com a criação do Fundo Social de Emergência (FSE) – Emenda Constitucional de Revisão 1/1994". (MEDINA, Damares. "A Previdência Social no contexto da Seguridade Social e da Ordem Social". *Revista do Tribunal Regional Federal da 1ª Região*, vol. 21 nº 9, set. 2009, p. 44).

haveria eleições gerais e "deputados e senadores não pretendiam mexer na Constituição que fora saudada com entusiasmo pela sociedade".[293] Curiosamente, foi a gestão seguinte, na qual Maciel seria empossado vice- Presidente, que propôs as mudanças constitucionais supostamente imprescindíveis e inadiáveis, a partir de 1995.

De olho no que se passara na Constituinte, Pilatti chamou tais reformas de um "terceiro turno", no qual finalmente o Centrão vencia, com a benção de FHC, que, à época da Assembleia, era um inimigo progressista.[294] A primeira das reformas, na Ordem Econômica, envolveu a definição e os privilégios da empresa nacional e os monopólios, objetos do Título VII, da Carta.

Uma a uma as vitórias progressistas de 1988 foram desabando com a aprovação das Emendas: a) EC 5 abriu a ampla possibilidade de concessão dos serviços de gás canalizado, eliminando a restrição à "empresa estatal"; b) EC 6 permitiu o tratamento favorecido a empresas de pequeno porte, não mais "brasileiras, de capital nacional", mas apenas "constituídas sob as leis brasileiras e que tenham sede no país", e abriu a concessão de lavras às mesmas empresas, além de revogar expressamente o art. 171 que distinguia "empresa brasileira" da "empresa brasileira de capital nacional"; c) a EC 7 desconstitucionalizou a predominância de armadores e navios nacionais na regulamentação dos transportes; d) a EC 8 liberou para exploração mediante concessão dos serviços de telecomunicações, eliminando a restrição constitucional a "empresas sob controle acionário estatal" e ampliou a possibilidade da privatização dos serviços de telecomunicações; d) a EC 9 extinguiu o monopólio de exploração de petróleo e gás; e) a EC 13, quebrou o monopólio

---

293 AGÊNCIA SENADO. "O fracasso da Revisão Constitucional de 1994". *Agência Senado*, 2008. Disponível em: https://www12.senado.leg.br/noticias/materias/2008/08/19/o-fracasso-da-revisao-constitucional-de-1994. Acessado em: 19.06.2021.

294 Que, aliás, fora preterido para relator da Comissão de Sistematização, tendo prevalecido a indicação de Mário Covas por Bernardo Cabral.

e permitiu a privatização da atividade então estatal do resseguro. Emendas constitucionais estas que foram imediatamente seguidas das respectivas privatizações das empresas das áreas estratégicas.

Novamente com Sallum:

> O governo FHC fez, no entanto, mais do que 'equalizar' as condições entre empresas estrangeiras e nacionais. A política de estabilização (juros altos/câmbio apreciado) por si só desvalorizou as empresas locais porque contribuiu para descapitalizá-las e favoreceu as empresas multinacionais, na medida em que dispõem de alternativas de financiamento fora do Brasil, além de outras vantagens que o tamanho e a presença em vários mercados lhes dão. Além disso, o Estado (nos níveis federal e estadual) procurou atrair sistematicamente empresas multinacionais para dois setores-chave da indústria, o automotivo e o de telecomunicações, não só modulando a legislação tributária e o sistema de financiamento, mas também através de "convites" e outras iniciativas destinadas a "vender" o Brasil como destino prioritário de investimentos para o capital estrangeiro. Este conjunto de incentivos implícitos e explícitos certamente contribuiu para o substancial aumento verificado na participação nos principais mercados das empresas de capital estrangeiro vis-à-vis às de capital nacional.[295]

No segundo braço das reformas,[296] o arrocho nas contas públicas, sobretudo com as reformas da previdência, administrativa

---

295 SALLUM JR., Brasílio. "O Brasil sob Cardoso. Neoliberalismo e desenvolvimentismo". *Tempo Social*, nº 11(2), out. 1999, p. 38.

296 "Além de desencadear este conjunto de reformas constitucionais, o governo Fernando Henrique estimulou fortemente o Congresso a aprovar lei complementar regulando as concessões de serviços públicos para a iniciativa privada, já autorizadas pela Constituição (eletricidade, rodovias, ferrovias, etc.), conseguiu a aprovação de uma lei de proteção à propriedade industrial e aos direitos autorais nos moldes recomendados pelo GATT e preservou o programa de abertura comercial que já havia sido implementado. Sustentado

e, no campo, infraconstitucional, com a Lei de Responsabilidade Fiscal – tais reformas foram aplicadas de forma progressiva, ou seja, tão logo o sistema político as absorvesse, voltariam a ser aprofundadas, em outros níveis. Se o *Emendão* de Collor pretendeu acabar com a aposentadoria por tempo de serviço, as três reformas com êxito, que se seguiram (FHC, em 1998; Lula, em 2003; Bolsonaro em 2019), foram reduzindo valores e aumentando o tempo de serviço necessário para sua obtenção. No último caso, como se viu, a proposta era, sobretudo, de desconstitucionalizar a Previdência ao máximo, para que as reformas futuras dependessem de um quórum menor.

Ao cabo das reformas de Estado, a Constituição que restara já não tinha mais o perfil nacional-desenvolvimentista e tinha trocado grande parte de sua vestimenta social-democrata pela configuração neoliberal. Apesar disso, o mercado ainda não se satisfaria com o anseio de abertura, diminuição das regulações públicas, privatizações. Sendo insaciável, se reapresenta com uma proposta redentora a cada crise, inclusive aquelas para as quais a inação do Estado contribui fortemente.

Como apontamos anteriormente, essa lógica também teria forte impacto no Judiciário, como a formatação da Reforma e diversos instrumentos que vieram a ser aprovados, ou regulamentados, no longo percurso desta (1992-2004). Sobretudo, a ideia do aumento de previsibilidade das decisões para atrair investimentos estrangeiros – como se viu, a pedra de toque da economia de FHC – e, para tanto, uma verticalização política e jurisdicional que fosse apta a inibir o ativismo voluntarista que perturbava o cerne da transição

---

pela legislação que permitia e regulava a venda de empresas estatais desde o período Collor e pelas reformas constitucionais promovidas desde 1995, executou um enorme programa de privatizações e de venda de concessões tanto no âmbito federal como no estadual". (SALLUM JR., Brasílio. "O Brasil sob Cardoso. Neoliberalismo e desenvolvimentismo". *Tempo Social*, nº 11(2), out. 1999, p. 32).

que o Presidente dizia estar fazendo, aquela de encerrar a Era Vargas. A partir de então, toda crítica a esse conjunto de reformas vai ser alojada na conta do corporativismo das carreiras jurídicas, das defesas dos privilégios e, de uma forma mais ampla, de uma satanização dos servidores públicos. Esta demonização serve não apenas como instrumento de arrocho salarial, como de flexibilidade dos critérios de preenchimento dos cargos, reduzindo-se a contratação estatutária de funcionários e flexibilizando a ideia de estabilidade.[297] O desmonte das carreiras públicas também tem estreita relação com a política de privatização e, mais adiante, de terceirização.

A Reforma do Judiciário, lembremos, é um dos estilhaços das medidas neoliberais que se projetaram para os governos petistas, como a segunda reforma da previdência, a privatização de aeroportos etc. Inegável, porém, que o ritmo das reformas constitucionais estancou e o desmantelamento do Estado social foi fortemente interrompido nos governos Lula e Dilma (a despeito de importantes resquícios macroeconômicos e de arrocho que persistiram), o que certamente deu força aos movimentos de deposição de Dilma Rousseff.

Laura Carvalho, em *Valsa Brasileira*, aponta duas interessantes questões da economia que desgastaram o governo Dilma: a) a aposta

---

297 Irene Nohara aponta a satanização da burocracia tendo se iniciado ainda nos estertores da ditadura, por intermédio da ideia de "desburocratização", levada a efeito pelo então ministro Hélio Beltrão: "(...) o discurso da desburocratização não se restringia à reorganização ou racionalização das técnicas administrativas, no intuito de aproximar o serviço prestado da população, mas tinha por pressuposto concepção política explicitamente: desreguladora, de diminuição da atividade interventiva estatal e favorável à privatização". (NOHARA, Irene Patrícia. *Reforma Administrativa e Burocracia*. São Paulo: Atlas, 2012, p. 58). A propósito, as regras que vão sendo contrabandeadas para dentro da votação do Auxílio Emergencial, congelamento dos salários, cancelamentos dos concursos etc. Paulo Guedes, na fatídica reunião ministerial de abril/2020 usou uma figura de linguagem apropriada à negociação com servidores: "*coloquei a granada no bolso do inimigo*". (SEMER, Marcelo. "Para governo, pandemia não é tragédia, mas oportunidade". *Revista Cult*, 2020. Disponível em: https://revistacult.uol.com.br/home/para-o-governo--pandemia-nao-e-tragedia-mas-oportunidade/. Acessado em: 14.06.2021).

na concessão de subsídios e incentivos, reduzindo tributos, por convocação da indústria, como mecanismo auxiliar de crescimento;[298] b) o usufruto das reduções de alíquotas não compensadas pela indústria com mais investimentos – resultando apenas um aprofundamento do déficit.[299] A despeito de ter seus pedidos acolhidos sem recompensar o governo, a FIESP entra de corpo e alma na campanha do *impeachment*.[300] Como traduziu Carvalho:

> Poucos pareciam notar que a Fiesp não só não estava pagando o pato, como representava os principais beneficiados pela expansão fiscal do primeiro governo Dilma e,

---

298 "Em entrevista à imprensa, o Presidente da Fiesp foi claro sobre a natureza dessas propostas: É fundamental que haja, imediatamente, redução de juros, desoneração da folha de pagamento e outras medidas que possam compensar esse roubo de competitividade que estamos tendo com o real sobrevalorizado'. Embora, como se verá adiante, todas essas demandas tenham sido atendidas, o maior dinamismo da indústria não veio". (CARVALHO, Laura. *Valsa brasileira*: do boom ao caos econômico. São Paulo: Todavia, 2018, p. 58). Registre-se que Carvalho reconhece que as desonerações seriam condição necessária, mas não suficiente para a retomada dos investimentos, com falta de expectativa de crescimento de demanda.

299 "De fato, a maior parte das desonerações fiscais concedidas parece ter servido como política de transferência de renda para os mais ricos, contribuindo também para deteriorar sobremaneira as contas públicas". (CARVALHO, Laura. *Valsa brasileira*: do boom ao caos econômico. São Paulo: Todavia, 2018, p. 74). E "O conjunto dessas políticas gerou uma forte perda de arrecadação pelo governo federal. O custo anual com as renúncias tributárias, que era de 140 bilhões de reais em 2010, passou a ser de 250 bilhões em 2014... A estimativa é que as desonerações concedidas a partir de 2011 somem mais de 458 bilhões até 2018". (CARVALHO, Laura. *Valsa brasileira*: do boom ao caos econômico. São Paulo: Todavia, 2018, p. 71).

300 Uma interpretação interessante deste movimento é feita em "Ovo de Pato. Uma análise do deslocamento político da Federação das Indústrias do Estado de São Paulo", dissertação de Mestrado apresentada por Fernanda Fagundes Perrin, à FFLCH (USP), em 2020. Sem desprezar o potencial explicativo do conflito distributivo, Perrin chama a atenção para a sobrerrepresentação do pequeno e médio empresário industrial na FIESP, trazendo a bagagem ideológica da classe média, fortemente conservadora, sobretudo nesses anos, e o protagonismo político de seu Presidente, Paulo Skaf, que ambicionava ocupar um espaço de liderança na oposição.

desde o início da crise, trabalhava para impor seu custo ao restante da população.[301]

Para Carvalho, a despeito da crítica à condução da economia na gestão Dilma, o sucesso da era Lula indica que os mecanismos de austeridade vendidos pelo mercado e agências estavam muito longe de significar um receituário seguro. Deu-se o reverso, aliás, a desregulamentação permitiu o nascimento da crise de 2008, cuja forma de tratar significou enorme ironia histórica: a) de um lado, o Estado entrou para impedir que acontecesse, nos Estados Unidos, o que a cartilha de oferta e da procura, da liberdade e da mão invisível, promete aos incautos; b) por aqui se aguçam ainda mais os reclamos pela utilização do receituário que acabara de se mostrar falível. Longe de justificar maior cautela na adesão neoliberal, a crise representou uma alavanca na propagação do neoliberalismo, de modo que aqueles que tinham agido para que a economia chegasse nesse ponto eram chamados de novo para fornecer as soluções para a crise.

Entre nós, os reflexos da economia aprofundaram a crise política e, por motivos diversos, mas coligados, dois movimentos epistemologicamente distintos, mas politicamente associados, aceleram o esvaziamento da Constituição: neoliberais e neoconservadores cerraram fileiras nas manifestações de rua, vitaminadas pelo precioso timing de decisões e vazamentos da Operação Lava Jato, que viriam a contribuir politicamente para criar um clima aceitável ao *impeachment*. No campo jurídico, uma confusa acusação, jamais demonstrada, que se aparentou mais frágil do que o que se viu com governos posteriores; uma maioria de oposição capitaneada pelo ressentimento do Presidente da Câmara, Eduardo Cunha (PMDB-RJ); um vice-Presidente que se disse jogado de lado e assumiu disposto a cumprir uma pauta com outras reformas

301 CARVALHO, Laura. *Valsa brasileira*: do boom ao caos econômico. São Paulo: Todavia, 2018, p. 110.

estruturais emergenciais impopulares, em um programa rapidamente rabiscado a que deu o nome de “Uma Ponte para o Futuro”.

Sobre o *impeachment*, podemos dizer que, desde o início, tratou-se da pena à procura de um crime. O processo de deslegitimação de Dilma Rousseff vai de uma suspeita seletiva e infundada sobre segurança de urna até desbordar para impactantes manchetes produzidas nos escaninhos de um processo criminal, na tentativa infrutífera de ligar os eventos à pessoa da presidenta. Ao fim, são desvios orçamentários, frutos de uma alteração de entendimento do TCU, com efeitos ilicitamente retroativos, que maquiaram a deposição como afastamento, instalando no poder justamente aquele que, Presidente em exercício, houvera praticado idênticos atos inquinados de ilegais – como ocorrera também com Presidentes anteriores, como FHC.

O caráter político do processo de *impeachment* claramente se sobrepôs à exigência jurídica de um crime de responsabilidade, tratado apenas como pretexto para colocar a máquina legislativa em andamento. Máquina dirigida capciosamente por um deputado antagonista e desafeto da Presidenta, ao final, afastado pelo STF por desvios de poder contemporâneos ao *impeachment*, mas reconhecidos apenas após o encerramento do processo. O *timing* foi, aliás, juridicamente inexplicado, porque os argumentos deduzidos pelo Procurador Geral da República contra Eduardo Cunha foram utilizados para justificar seu afastamento seis meses depois, o que permitiu, todavia, que ele comandasse o processo de impedimento com mãos de ferro.

Por fim, a substituição operada alojou no poder uma plêiade de investigados do escândalo de que se nutriu, a começar pelo próprio interino – que chegaria a ser preventivamente preso assim que deixasse o cargo. Sem um nítido crime de reponsabilidade que pudesse servir de base para a legalidade da acusação, o propalado “conjunto da obra” (baixo crescimento, desemprego e queda na popularidade) representou uma espécie mal disfarçada de voto de desconfiança do Parlamento, ruptura inequívoca com o legítimo processo eleitoral que o antecedera.

A infraestrutura do golpe foi capitaneada pelo setor financeiro e subsidiada pelos comandantes da indústria. Os humores do mercado, a mão nada invisível que produz instabilidades diárias e projeta o catastrofismo de que se retroalimenta, conjugou-se com o esforço logístico, embora à beira do grotesco, da campanha industrial. O que move financistas e capitães da indústria, cujos anseios repercutem na classe média urbana, pelo retrato simbiótico fornecido insistentemente pela grande mídia, seria justamente o aprofundamento das reformas neoliberais que pouco depois da promulgação, já vinham desfigurando a Constituição Federal de 1988.

Ainda que esse esforço incontido de privatizações, concessões e parcerias público-privadas não tenha sido eliminado totalmente sob os governos Lula e Dilma, cuja anuência com o neoliberalismo dividiu prateleiras com bem-sucedidos instrumentos compensatórios de transferências de renda e integração social, o projeto reformista encontrou limites que não conseguiu ultrapassar naquele momento, como o esgarçamento dos direitos sociais, inclusa aí a legislação trabalhista, que viria ser a primeira vítima do novo regime.

Se de um lado, críticos da explicação da ruptura objetam que esta seria impossível de acontecer com a incessante cobertura da mídia e a permanente supervisão do Judiciário, a resposta é justamente a circunstância de que em um golpe sem armas, sem tanques ou baionetas, Judiciário e mídia são seus principais instrumentos de legitimação. A atuação desta superestrutura confirma, antes de negar, a ruptura institucional, cujas cicatrizes perduraram até os dias de hoje. Mas que papel teria desempenhado o Judiciário neste processo?[302]

---

302 SEMER, Marcelo. "Ruptura institucional e desconstrução do modelo democrático: o papel do Judiciário". *In*: JINKINGS, Ivana; DORIA, Kim;

Não nos cabe discutir aqui o grau de consciência dos agentes públicos. A questão ultrapassa a teoria da conspiração ou o partidarismo de juízes. O âmago da conduta complacente se ancora em dois modelos típicos da perversão judicial: a omissão que alimenta a seletividade (em nome de uma suposta neutralidade) e a superação dos princípios pela judicialização da política (que justifica o protagonismo).

Nada foi tão efetivo, sob o ponto de vista do impacto político, do que a divulgação a conta-gotas e fora de qualquer ordem cronológica, de delações e interceptações de conversas privadas da Lava Jato. A montagem do enredo só foi possível pela ausência absoluta de custódia das informações sigilosas. Vazamentos seletivos e sistêmicos permitiram a construção com dados reais, mas sabidamente incompletos, da trama que mais se adequou à deposição.

A conversa interceptada da então presidenta com seu antecessor ganhou a mídia no mesmo dia de sua gravação, ainda que comprovadamente efetuada após o exaurimento da ordem judicial de interceptação. O juízo considerou que a natureza da informação, que não revelava nenhuma atividade delituosa, permitia a defraudação oficial do sigilo, esvaziando, em nome de um suposto interesse geral, o direito fundamental à privacidade. Bem anterior, a gravação que expôs de forma nua e crua, o pacto do golpe pela proteção dos investigados, entre caciques do MDB que chegara, ao poder, só veio à tona quando o afastamento da presidenta já havia sido decidido. Apesar disso, nos áudios da Operação Spoofing,[303] registra-se uma conversa entre Deltan e Moro no dia 15/04/2016, com a informação: "Mas Sérgio Machado nos procurou para colaborar, e – confidencial – tem uma gravação com Renan e Jucá em que esses diriam – a confirmar – que tem que dar um jeito na

---

CLETO, Murilo. *Por que gritamos Golpe? Para entender o impeachment e a crise política no Brasil*. São Paulo: Boitempo, 2016.

303 Conforme relatório pericial de 16/02/2021, juntado aos autos da Reclamação 43007 pelos advogados de Lula.

Lava Jato depois do *impeachment*". A conversa só viria a público no dia 23/05/2016, dez dias depois do afastamento de Dilma Rousseff pelo Senado.[304]

No STF, a confrontação da seletividade pelo *timing* se deu, entre outros momentos, na imediatidade da decisão de duvidosa legalidade que consignou a prisão em flagrante do senador Delcídio do Amaral – ao passo em que a medida cautelar de afastamento do Presidente da Câmara repousou inerte por mais de cinco meses antes de ser apreciada, já sem qualquer interferência possível no processo. O tempo, neutro apenas na aparência, foi decisivo para o resultado.

A neutralidade que melhor define e estigmatiza o impedimento é justamente a consideração descortinada em premissas de votos, discursos e entrevistas dos ministros, de que a tutela judicial deve se restringir à salvaguarda do rito. Ao não valorar a apreciação da tipicidade do crime de responsabilidade nem tutelar abusos do relatório que transbordou a denúncia, o STF ressuscitou a teoria dos atos *interna corporis*, que deixara de lado em anos a fio de ativismo.

Mas o protagonismo também se revelou curial.

O ativismo judicial, herdeiro da melhor tradição da Suprema Corte norte-americana, empregado na salvaguarda de direitos civis, foi se transformando em política judicializada, em caráter paradoxalmente regressivo.

O ativismo acabou, assim, sendo um álibi para o aniquilamento dos princípios constitucionais – e poucos se mantiveram íntegros neste processo. A promiscuidade entre juiz e acusador, fartamente demonstrada quando vieram à lume as conversas entre Moro e Dallagnol, incinerou o sistema acusatório; o emprego das

304 VALENTE, Rubens. "Em diálogo, Jucá fala em pacto para deter Lava Jato". *Folha*, 2016. Disponível em: https://www1.folha.uol.com.br/poder/2016/05/1774018-em-dialogos-gravados-juca-fala-em-pacto-para-deter-avanco-da-lava-jato.shtml. Acessado em: 18.06.2021.

conduções coercitivas sem prévia intimação fulminou a ampla defesa (consideradas inconstitucionais pelo STF no timing e na modulação necessária para evitar anulação de qualquer medida); o emprego, apenas temporário, da chamada "prisão em segundo grau", vulnerou a presunção de inocência, sob os auspícios da necessidade de contemplar o reclamo contra impunidade; os processos intimidatórios de delação, nos quais a prisão preventiva repousava como ameaça incontornável, vitaminaram a produção de prova a qualquer preço. E nem o STF escapou desse ativismo midiático quando da prisão de Delcídio do Amaral e, como fruto direto da conversa divulgada por Moro, o impedimento, por liminar, da posse do ex-Presidente como ministro de Dilma – o fato político mais relevante antes da deposição.

As mesmas portas que se abriram para flexibilizar o formalismo, foram aquelas que se mantiveram fechadas para analisar a tipicidade do crime de responsabilidade; em outras palavras, a violação às atividades privativas do Executivo se somou à complacência com atos considerados de análise vedada pelo Judiciário, em uma espécie de ativismo seletivo, que marcou a combinação da neutralidade e do protagonismo.

De outro lado, o governo comprou uma queda de braço com os bancos pela redução dos juros ao consumidor; se antagonizou com a classe média, com as políticas de redução de desigualdades, sobretudo as cotas raciais e a PEC do Trabalho Doméstico; e buscou, ainda que de forma tímida, instaurar uma Comissão Nacional da Verdade para dar luz aos crimes dos anos de chumbo. Pois o propalado apoio popular para o *impeachment*, decantado em prosa e verso pela mídia que o estimulava sem parar, era uma reunião destes vingadores que dividiam nas avenidas pedidos de *impeachment* e de intervenção militar, o resgate do patriotismo ao lado das súplicas entreguistas, enfim o caldo de cultura que desaguaria em uma deposição que, apenas formalmente, e ainda sim sem muito esforço, debateu questões jurídico-fiscais.

Do que se viu posteriormente, a troca de comando na chefia do Estado em processo não eleitoral tinha, efetivamente, muito pouco a ver com a ocorrência de manobras fiscais, mas com interesse em políticas específicas. Como viria a admitir Michel Temer, em Nova York, em discurso na sede da American Society – Council of the Americas, em setembro de 2016:

> Há muitíssimos meses atrás, nós lançamos um documento chamado "Uma Ponte para o Futuro" porque verificávamos que seria impossível o governo continuar naquele rumo e até sugerimos ao governo que adotasse as teses que nós apontávamos naquele documento (...) Como isso não deu certo, não houve a adoção, instaurou-se um processo que culminou, agora, com a minha efetivação como Presidente da República...

O mercado, por outro lado, recebeu o "projeto" de forma entusiástica – não apenas como um compromisso de quem fora empossado para um curto mandato-tampão:

> Com muito mais coragem do que os programas de outros partidos que se dizem liberais, "Uma Ponte Para O Futuro" aborda o que se tem de mais consensual dos estudos econômicos sérios, com buscas à eficiência estatal, liberdade, crescimento econômico e enriquecimento da nação.[305]

A coragem tinha razão de ser, uma vez que o discurso de Michel Temer só precisava ser música para os ouvidos de empresários e agentes do mercado, já que não seria submetido a nenhum tipo de escrutínio popular. Estava, assim, mais livre para assumir

---

305 MOTA, Arthur Lola. "Uma ponte para o futuro: analisando os seus pilares". *Terraço econômico*. Disponível em: https://www.infomoney.com.br/colunistas/terraco-economico/uma-ponte-para-o-futuro-analisando-os-seus-pilares/. Acessado em: 18.06.2021.

projetos impopulares. Em outras palavras, foi justamente porque assumiu os projetos impopulares com que se pretendia, uma vez mais, esfumaçar o que havia sobrado de nacional-desenvolvimentismo ou social-democracia da Constituição, que recebeu o sinal verde para substituir num kafkiano processo sobre "pedaladas fiscais", a eleita Dilma Rousseff.[306]

E no que consistia essa tal "Uma Ponte para o Futuro"? Entre outros pontos, se destacavam as propostas de elaborar: a) uma trajetória de equilíbrio fiscal duradouro, com superávit operacional e a redução progressiva do endividamento público; b) um limite para as despesas de custeio inferior ao crescimento do PIB, através de lei; c) uma política de desenvolvimento centrada na iniciativa privada, por meio de transferências de ativos que se fizerem necessárias, concessões amplas em todas as áreas de logística e infraestrutura, parcerias para complementar a oferta de serviços públicos e retorno ao regime anterior de concessões na área de petróleo; d) a inserção plena da economia brasileira no comércio internacional, com maior abertura comercial e busca de acordos regionais de comércio em todas as áreas econômicas relevantes; e) na área trabalhista, permitir que as convenções coletivas prevaleçam sobre as normas legais.

---

306 Sobre a importância política de *Uma Ponte para o Futuro*, a análise de André Flores Penha Valle em "Divisão e reunificação do capital financeiro: do impeachment ao governo Temer" [Dissertação], Unicamp, 2019: "(...) esse conjunto de sinalizações e compromissos definitivamente credenciou Temer como uma solução segura para o caso de um impeachment e, mais do que isso, conquistou o otimismo e o apoio dos agentes para uma mudança de governo" (p. 79). Valle afirma que até então a burguesia financeira ainda via com maus olhos as manifestações pró impeachment por dificultarem a capacidade política do governo na execução das medidas do ajuste fiscal. "Este programa foi decisivo para credenciar o vice-Presidente como alternativa segura e viável para um governo de transição ao neoliberalismo ortodoxo, granjeando, assim, o apoio e a representação da burguesia financeira associada e do capital estrangeiro" (p. 83).

O apreço do mercado era incontido:[307]

> Em suma, a agenda de país que o programa "Uma Ponte para o Futuro" traz é de melhor eficiência da despesa pública, um ambiente mais convidativo para os negócios, sejam eles nacionais ou internacionais e um aumento da escala comercial brasileira, abrindo espaço para o maior desenvolvimento tecnológico dos nossos produtos. O saldo líquido desta agenda, daqui alguns anos, será de uma nação mais rica e democraticamente mais madura.[308]

O que a deposição de Dilma propiciou, portanto, foi a realização de um projeto inversamente oposto àquele que havia sido aprovado pelas urnas.[309] A despeito da fragilidade política do novo governo, em especial acerca das suspeitas de corrupção que recaíam sobre o próprio Presidente Michel Temer – muito mais vigorosas do que em face de Dilma Rousseff, aliás. O resultado foram as aprovações com grande margem no Congresso, da Emenda 95 (teto fixo, congelando gastos sociais por vinte anos) e uma reforma trabalhista que ampliou a precarização. Não houve força política suficiente para a terceira reforma da previdência, que acabaria sendo realizada no primeiro ano do mandato de Jair Bolsonaro.

---

307 "Alguns dias depois do lançamento do programa, a FIESP oficializou seu apoio ao impeachment". (CARVALHO, Laura. *Valsa brasileira*: do boom ao caos econômico. São Paulo: Todavia, 2018, p. 109).

308 MOTA, Arthur Lola. "Uma ponte para o futuro: analisando os seus pilares". *Terraço econômico*. Disponível em: https://www.infomoney.com.br/colunistas/terraco-economico/uma-ponte-para-o-futuro-analisando-os-seus-pilares/. Acessado em: 18.06.2021.

309 Mello: "Com o impeachment de Dilma e a entrada de seu vice, Michel Temer, o empresariado em geral celebrou, apostando na promessa de várias reformas econômicas. Para melhorar a situação das contas do governo, Temer começou a implementar algumas delas, como uma minirreforma trabalhista e o teto dos gastos públicos". (MELLO, Patrícia Campos. *A Máquina do Ódio*: notas de uma repórter sobre fake news e violência digital. São Paulo: Companhia das Letras, 2020, p. 46).

A primeira das oferendas ao mercado, portanto, foi a Emenda 95, que impôs uma drástica redução da participação do Estado na economia. Na explicação de Esther Dweck e outros, a emenda:

> (...) é representativa de outro projeto de país, outro pacto social, que reduz substancialmente os recursos públicos para garantia dos direitos sociais, como saúde, educação, previdência e assistência social. Nesse novo pacto social, transfere-se responsabilidade para o mercado no fornecimento de bens sociais. (...) Trata-se de um processo que transforma direitos sociais em mercadoria.[310]

Os autores estimam que ao impedir o crescimento real das despesas totais do governo federal, isto acabaria resultando em uma redução do gasto público relativamente ao tamanho do PIB e ao tamanho da população, porque ambos crescerão nos vinte anos em que as despesas seguem congeladas, apenas reajustadas pela prévia do IPCA, ou seja, necessariamente reduzindo o gasto público *per capita*.

A Fundação Oswaldo Cruz (Fiocruz), alertou o país para o risco de aprovação da EC 95 (à época PEC 241/16), por conformar "um projeto de revisão dos preceitos constitucionais de garantia do direito universal à saúde e desenvolvimento da cidadania". Com base em projeções do IPEA, apontou que se a PEC tivesse sido aplicada a partir de 2003 até 2015 teria representado uma perda de 42,1% dos recursos (subtração de R$ 257 bilhões de reais); aplicada a partir de 2017, considerando 20 anos à frente, a perda estimada estaria entre R$ 654 bilhões a um trilhão.[311] No que

---

310 DWECK, Esther; SILVEIRA, Fernando G.; ROSSI, Pedro. "Austeridade e desigualdade social no Brasil". *In*: DWECK, Esther; ROSSI, Pedro; OLIVEIRA, Ana Luíza M. (Coord.). *Economia para poucos*: impactos sociais da austeridade e alternativas para o Brasil. São Paulo: Autonomia Literária, 2018, p. 50.

311 FIOCRUZ. "Fiocruz divulga carta A PEC 241 e os impactos sobre direitos sociais, a saúde e a vida". *Fiocruz*, 2016. Disponível em: https://

atine especificamente à área da saúde, a Fiocruz discriminou os motivos pelos quais o congelamento de gastos tenderia a produzir efeitos tão drásticos:

> O aumento populacional no Brasil e a alteração do perfil demográfico e epidemiológico, com predominância crescente da população idosa. A população idosa dobrará nas próximas duas décadas, atingindo em 2035 perto de 35 milhões de brasileiros (15,5 % da população). Nesse novo contexto, passam a predominar as doenças crônico-degenerativas, com a presença de cânceres, distúrbios cardiocerebrovasculares e transtornos cognitivos demandando assistência e cuidados prolongados. Inevitável, neste quadro, a elevação dos custos dos serviços, seja com a ampliação do tempo de internação e a adoção de tecnologias mais sofisticadas, seja pelas alterações de organização da rede assistencial, além da mobilização simultânea de múltiplas especialidades médicas e da expansão de serviços sociais e de apoio comunitário. Estima-se que essa nova realidade, mesmo mantido o atual padrão tecnológico

---

portal.fiocruz.br/noticia/fiocruz-divulga-carta-pec-241-e-os-impactos-sobre-direitos-sociais-saude-e-vida#:~:text=Diante%20das%20proposi%C3%A7%C3%B5es%20contidas%20na,vida%20das%20pessoas%20s%C3%A3o%20inevit%C3%A1veis. Acessado em: 18.06.2021. Raciocínio e contas ainda melhor explicitados em "O futuro do SUS: impactos das reformas neoliberais na saúde pública – austeridade versus universalidade", de Menezes, Moretti e Reis, que concluem, acerca da *distopia neoliberal*: "(...) os Estados ingressam na lógica concorrencial sob a forma de políticas de austeridade voltadas a produzir confiança entre os investidores e indicadores fiscais que classificam a intervenção estatal como excesso a conter". Também Moretti, Funcia, Ocké-Reis: "Desde 2018, a EC 95 congelou os valores mínimos obrigatórios de aplicação em saúde em 15% da RCL de 2017, atualizando o piso apenas pela inflação (...) entre 2018 e 2020, pré-pandemia, tal congelamento reduziu os recursos federais em saúde em R$ 22,5 bilhões, quando comparado ao piso anterior". (MORETTI, Bruno; FUNCIA, Francisco R.; OCKÉ-REIS, Carlos Octávio. "O teto de gastos faz mal à saúde". *In*: DWECK, Esther; ROSSI, Pedro; OLIVEIRA, Ana Luiza Matos de (Coord.). *Economia Pós-Pandemia*: desmontando os mitos da austeridade fiscal e construindo um novo paradigma econômico. São Paulo: Autonomia Literária, 2020, p. 129).

> e o rol de serviços, já importará nos próximos 20 anos, ao contrário de congelamento, num necessário incremento de 37% nos gastos com atenção à saúde.[312]

E obviamente, o documento lançado em 2016 nem sequer poderia prever o impacto das necessidades que seriam causadas pela pandemia do novo coronavírus, em relação aos gastos com saúde – nem que a própria Fiocruz se colocaria como o principal instrumento do governo federal para a manipulação e produção de vacinas. De toda a forma, não é surpresa que o país esteja completamente despreparado para enfrentar riscos como esses, e com tecnologia defasada, que o obriga a recorrer a importação dos mais singelos processos. Congelando gastos públicos por duas décadas, nada indica que o quadro pudesse sofrer alguma alteração – o barato vai se tornando cada vez mais caro.

Em igual sentido, o diagnóstico de Andressa Pellanda e Daniel Cara, sobre a educação:

> Um dos principais efeitos das políticas de austeridade na educação é a inviabilização do Plano Nacional de Educação – Lei n. 13.005/2014. Sua perspectiva, quando aprovado, era de aumento do investimento em educação dos atuais cerca de 5% do PIB para 10% do PIB em dez anos de vigência da lei, de forma a expandir matrículas na educação básica – sobretudo em creches – e no ensino superior – superando definitivamente a exclusão social e racial histórica –, e melhorar substancialmente a qualidade da educação, que ainda é muito aquém do mínimo de dignidade.[313]

---

312 MORETTI, Bruno; FUNCIA, Francisco R.; OCKÉ-REIS, Carlos Octávio. "O teto de gastos faz mal à saúde". *In*: DWECK, Esther; ROSSI, Pedro; OLIVEIRA, Ana Luiza Matos de (Coord.). *Economia Pós-Pandemia*: desmontando os mitos da austeridade fiscal e construindo um novo paradigma econômico. São Paulo: Autonomia Literária, 2020, p. 129.

313 PELLANDA, Andressa; CARA, Daniel. "Educação na pandemia: oferta e financiamento remotos". *In*: DWECK, Esther; ROSSI, Pedro; OLIVEIRA,

O resultado dessa constitucionalização da austeridade não é apenas a continuidade da reversão das especificidades da ordem econômica. Como apontam Dweck e outros, estas mudanças tendem a aumentar a desigualdade no Brasil, pois o gasto social, especialmente saúde e educação, "funcionam como a redistribuição material de renda por meio de acesso à serviços".[314] Para Silvio Almeida, Waleska Miguel Batista e Pedro Rossi, inclusive, as consequências são ainda mais profundas:

> a Emenda Constitucional n. 95/2016 reforça o racismo estrutural ao constranger gastos que beneficiam proporcionalmente mais a população negra e indígena, como os gastos com saúde, educação e assistência social.[315]

Ana Luiza Matos de (Coord.). *Economia Pós-Pandemia*: desmontando os mitos da austeridade fiscal e construindo um novo paradigma econômico. São Paulo: Autonomia Literária, 2020, p. 136. O que de certa forma viria a acontecer em praticamente todas as áreas, como na reforma agrária: "(...) desde a virada para a austeridade em 2015, os recursos para qualquer política para o campo foram drenados do orçamento de forma bastante impressionantes, sendo que este, após a entrada em vigência da EC 95, permanece sem qualquer perspectiva de recomposição". (NORONHA, Gustavo Souto de. "O desmonte das políticas de reforma agrária". *In*: DWECK, Esther; ROSSI, Pedro; OLIVEIRA, Ana Luiza Matos de (Coord.). *Economia Pós-Pandemia*: desmontando os mitos da austeridade fiscal e construindo um novo paradigma econômico. São Paulo: Autonomia Literária, 2020, p. 143).

314 Resumindo as ideias de Mark Blyth, na apresentação de *Austeridade*, Laura Carvalho assinala os motivos da consideração do conceito como *uma ideia perigosa*: "Primeiro, porque não funciona. Segundo, porque depende de os pobres pagarem pelos erros dos mais ricos. Terceiro, porque repousa sobre uma grande falácia da composição: nem tudo que se aplica ao nível de uma família, de uma empresa ou de um país, se verifica para o conjunto desses. Em particular, se todos os agentes ou países cortam gastos ao mesmo tempo, a renda total diminui e a dívida aumenta". Enfim, com Blyth: "Os custos dessa arrogância epistemológica e dessa insistência ideológica têm sido, e continuam a ser, horrendos". (BLYTH, Mark. *Austeridade*: a história de uma ideia perigosa. São Paulo: Autonomia Literária, 2017).

315 ALMEIDA, Silvio; BATISTA, Waleska Miguel Batista; ROSSI, Pedro. "Racismo na economia e austeridade fiscal". *In*: DWECK, Esther; ROSSI, Pedro; OLIVEIRA, Ana Luiza Matos de (Coord.). *Economia Pós-Pandemia*:

E, não bastasse ser a redução das desigualdades, princípio expresso e não revogado da Ordem Econômica (art. 170, inciso VII), é ainda "objetivo fundamental da República Federativa do Brasil", nos termos do art. 3º, inciso III, da Constituição de 1988. Ou seja, a incorporação da austeridade sobre o propósito de redução de desigualdades é uma estaca no coração da Constituição, patamar elevado de desconstrução do desenho de Estado Democrático de Direito, que se formulou em 1988. Mas não houve uma decisão sequer do STF, seja em relação às emendas da década de 1990, seja em relação ao teto vintenário, em que se tenha posto em dúvida a constitucionalidade de tais reformas.

Observe-se, ainda, que o desmonte do Estado Social não se restringiu à questão central do financiamento das políticas sociais – o que já seria suficiente para fazê-lo, mas a desregulamentação promovida pela reforma trabalhista (Lei n. 13.467/17)[316] também teve forte impacto na tutela do trabalhador, que havia sido um dos marcos da Constituição de 1988. Lembremos que o art. 1º, em que desenhou a República Federativa do Brasil como um Estado Democrático de Direito, o constituinte inscreveu como um dos fundamentos "os valores sociais do trabalho"; que o artigo 6º inseriu o trabalho com um dos direitos sociais; que o art. 170 que definiu a Ordem Econômica, dispôs que esta também seria

---

desmontando os mitos da austeridade fiscal e construindo um novo paradigma econômico. São Paulo: Autonomia Literária, 2020, p. 103.

316 Como assinalam Druck e Silva, a reforma já estava na pauta, mas até então não havia condições de realização: "Na realidade, o empresariado brasileiro vem propondo de forma sistemática o fim da CLT há pelo menos 30 anos. As agendas da Confederação Nacional da Indústria (CNI) a partir dos anos 1990, o projeto de lei do governo Fernando Henrique Cardoso que estabelecia o negociado sobre o legislado e a flexibilização da legislação realizada em seu governo foram passos nessa direção. Entretanto, apesar dessas iniciativas, o movimento dos trabalhadores e suas representações políticas e sindicais, conseguiram barrar o projeto de acabar com a CLT". (DRUCK, Graça; SILVA, Selma Cristina. "Reforma Trabalhista: uma contrarreforma para impor a precarização como regra". *In*: BENDA, Laura Rodrigues. *A Reforma Trabalhista na visão da AJD*: análise crítica. Belo Horizonte: Casa do Direito, 2018).

fundamentada "na valorização do trabalho humano", tendo, ademais, como um de seus princípios (item VII), "a busca do pleno emprego". E o "primado do trabalho" seria ainda base da ordem social, nos termos do art. 193. Não foi por outro motivo, que não a ideia de valorização do trabalho como um direito fundamental para a organização do mundo político, econômico e social, que o constituinte discriminou de forma minuciosa o conjunto de direitos social dos "trabalhadores urbanos e rurais, além de outros que visem à melhoria de sua condição social" (art. 7º).

Todo esse arcabouço estava intimamente ligado aos demais fundamentos da República, sobretudo a preservação da "dignidade da pessoa humana", a construção de uma sociedade livre, justa e solidária, a erradicação da pobreza e a redução das desigualdades regionais e sociais. A tutela do trabalho, ou o estabelecimento de limites aos empregadores, não se revestiu na construção de um arcabouço burocrático ou meramente simbólico. A importância que o constituinte deu ao direito ao trabalho (e, por consequência, ao direito do trabalho) não fora nada de extravagante, mas a lógica de compromisso do Estado Democrático de Direito. Não por outro motivo, as ressalvas jurídicas tão significativas à reforma que expandiu a precarização e encolheu – por não ter tido condições políticas de extinguir – a própria Justiça do Trabalho.

Como apontamos nas discussões sobre a Reforma do Judiciário, mencionando o texto inspirador do Banco Mundial, a reforma trabalhista também não estava isolada no mundo, sendo outro vértice das reestruturações indicadas na guinada neoliberal. Como explicam Graça Druck e Selma Cristina Silva,

> (...) desde os anos 1980, estas organizações multilaterais envidam esforços para a realização das reformas estruturais do mercado de trabalho europeu. A OCDE, por exemplo, a partir de 1994 coloca tais reformas como condição para a dinâmica do crescimento dos países desta região. Dentre as medidas recomendadas pela referida organização,

> destacam-se: i) a necessidade de redução do seguro-desemprego; ii) flexibilização da remuneração; iii) flexibilização das regras de contratação, etc. Na visão da OCDE, a realização destas reformas permite melhorar o clima de confiança entre as empresas, que em tese se sentiriam encorajadas a investir na economia, fato que resultaria na diminuição do desemprego, o que não ocorreu em nenhum dos países que aprovaram essas contrarreformas.[317]

Pressão que se agiganta com a crise de 2008 e contamina os países da América Latina, com propostas também justificadas como medidas necessárias para a retomada do crescimento e combate ao desemprego, como apontam as autoras, com o mesmo *discurso fatalista*.

As mudanças, enfim, foram realizadas, com alterações apenas na legislação infraconstitucional, mas um binômio inviabilizou de forma impactante o caráter protetivo da legislação: a) o predomínio da concepção da negociação sobre a lei; b) e, ao mesmo tempo, o enfraquecimento do poder sindical, quando o suporte para a negociação mais seria necessário. A reforma envolveu, ainda, a ampliação sem limites da terceirização, a adoção de contratos atípicos, temporários, intermitentes, com jornadas flexíveis e a redução da porosidade do trabalho e, de forma muito intensa, a imposição de limites e amarras à atuação da Justiça.

Esses pilares, como bem explicam Carlos Eduardo Oliveira Dias e Ana Paula Alvarenga Martins, desfiguraram por completo as relações trabalhistas. Eles consideram que, em uma linha permissiva à precarização, a lei passa a autorizar a redução de jornada de trabalho e salário e a considerar que as próprias normas sobre a

---

317 DRUCK, Graça; SILVA, Selma Cristina. "Reforma Trabalhista: uma contrarreforma para impor a precarização como regra". *In*: BENDA, Laura Rodrigues. *A Reforma Trabalhista na visão da AJD*: análise crítica. Belo Horizonte: Casa do Direito, 2018, p. 22.

duração do trabalho deixam de ser normas que envolvem saúde e segurança (e por isso podem ser flexibilizadas de forma ampla); as possibilidades de negociação sem a participação sindical contrariam o discurso constitucional de valorização da negociação coletiva, a par de fragilizar as entidades sindicais de um lado pela implosão da contribuição sindical, de outro pulverizando a representação pela ampliação da terceirização; o aumento da precarização com o trabalho intermitente, ademais, tenderá a disfarçar as estatísticas de desemprego – pois ainda um trabalho que toma apenas um dia no mês será um trabalho para efeitos das estatísticas.[318]

Xerxes Gusmão chama a atenção para um dos pilares centrais da reforma, que é a expansão do trabalho considerado autônomo – em breve resumo, mecanismos fraudulentos de escape da CLT e de suas obrigações. Destaca a criação inusitada do *autônomo contínuo*, quase uma contradição em termos, e a ressalva explícita de que nem a prestação de serviços exclusiva a um só tomador afastaria sua condição de autônomo. E, para mostrar que a subordinação é apenas maquiada, o novo texto "garante" ao autônomo a possibilidade de recusa de atividade demandada, mas ao mesmo tempo permite a "aplicação de cláusula de penalidade prevista em contrato".[319]

Acresce Toledo Filho que:

> (...) vários dispositivos inseridos ou remodelados nessa ocasião na CLT tiveram o evidente objetivo de neutralizar

---

318 MARTINS, Ana Paula Alvarenga; DIAS, Carlos Eduardo Oliveira. "A 'Reforma Trabalhista' e o comprometimento do desenvolvimento econômico: os efeitos transcendentes do retrocesso social". *Revista do TRT-15*, vol. 52, 2018. Disponível em: https://www.trt1.jus.br/documents/21843/9192540/03-Revista+do+Tribunal+Regional+do+Trabalho+da+15+%C2%AA+Regi%C3%A3o.pdf/08b08def-3207-43d0-ba4d-6766110e6c3b?version=1.0. Acessado em: 14.06.2021.

319 GUSMÃO, Xerxes. "Trabalho (formalmente) autônomo". *In*: BENDA, Laura Rodrigues (Coord.). *A Reforma Trabalhista na visão da AJD*: análise crítica. Belo Horizonte: Casa do Direito, 2018.

> a jurisprudência trabalhista, notadamente aquela oriunda do TST, servindo de exemplo os preceitos constantes dos artigos 8°, parágrafos 2° (limites ao conteúdo da jurisprudência uniformizada) e 3° (interpretação de normas coletivas), 58, parágrafo segundo (horas *in itinere*), 71, parágrafo 4° (intervalo intrajornada), 477-A (dispensas coletivas) e 477-B (planos de demissão voluntária).[320]

Dentre as várias guinadas desta concepção, Bezerra Leite chama atenção ao princípio da "intervenção mínima na autonomia da vontade coletiva", que se dirige frontalmente a esvaziar a atividade da Justiça do Trabalho – uma espécie de *self-restreint* compulsório, para muitos, uma vulneração explícita do princípio da inafastabilidade da jurisdição. O fato é que no direito do trabalho, conforme norma geral da própria Constituição, os direitos explicitados no art. 7° são abrangentes e não exaustivos, a teor da ressalva do próprio dispositivo "além de outros que visem à melhoria de sua condição social".[321] Ou, como explica Cléber Almeida:

> Trata-se de uma verdadeira mutação genética, porquanto o Direito do Trabalho tem como princípio a proteção da dignidade humana daqueles que trabalham, do qual se originam vários outros princípios, dentre os quais a imperatividade de suas normas, a indisponibilidade dos direitos que assegura aos trabalhadores, a prevalência da norma mais favorável, a continuidade da relação de emprego, a proibição do retrocesso...[322]

---

320 TOLEDO FILHO, Manoel Carlos. "Formação Histórica e Política da Justiça do Trabalho do Brasil". *Revista LTr*, ano 84, 2020.

321 LEITE, Carlos Henrique Bezerra. "A Reforma Trabalhista e a desconstitucionalização do acesso à justiça: breves comentários sobre alguns institutos de Direito Processual do Trabalho". *Revista Unifacs*, n° 208, 2017. Disponível em: https://revistas.unifacs.br/index.php/redu/article/view/5087/3250. Acessado em: 14.06.2021.

322 ALMEIDA, Cleber Lúcio de. "A regra da prevalência do negociado sobre o legislado na perspectiva da reforma trabalhista". *RDRST*, vol. IV, n° 3, 2018, p. 61.

Por fim, inúmeras medidas criadas para dificultar o acesso à justiça, como a consideração mais restritiva da gratuidade, a imposição ainda assim do pagamento das verbas periciais, a obrigatoriedade de formulação de pedidos líquidos e, de outra parte, a fixação de um teto de custas que barateia apenas para os grandes litigantes. Em resumo, para Dias e Martins:

> A reforma burocratiza o processo do trabalho, rompe com o princípio constitucional da gratuidade, onera e obstaculiza o acesso à justiça, retira garantias processuais aos trabalhadores na execução de seus créditos trabalhistas e determina procedimentos que conduzirão ao inchaço do judiciário.[323]

Para que isso fosse alcançado, repetiu-se o *modus operandi* que havia sido tão bem-sucedido na Reforma do Judiciário: a satanização da Justiça do Trabalho. Ineficiente, protetiva, custosa. Até mesmo a *fake news* de ser a única justiça especializada em lides trabalhistas do mundo teve livre trânsito na mídia. Vários líderes retomaram a ameaça de extinguir a Justiça do Trabalho (que Aloizio Nunes houvera tentado na Reforma do Judiciário), como o Ministro Ricardo Barros e o Presidente da Câmara dos Deputados, Rodrigo Maia.[324] Nem assim, ressalte-se, a reforma conseguiu a aprovação popular. Mas dispostos a resolver sobretudo as inquietações empresariais, com o desemprego como pretexto, os parlamentares não se preocuparam muito com a repulsa social, até

323 MARTINS, Ana Paula Alvarenga; DIAS, Carlos Eduardo Oliveira. "A 'Reforma Trabalhista' e o comprometimento do desenvolvimento econômico: os efeitos transcendentes do retrocesso social". *Revista do TRT-15*, vol. 52, 2018, pp. 74/75. Disponível em: https://www.trt1.jus.br/documents/21843/9192540/03-Revista+do+Tribunal+Regional+-do+Trabalho+da+15+%C2%AA+Regi%C3%A3o.pdf/08b08def-3207-43d-0-ba4d-6766110e6c3b?version=1.0. Acessado em: 14.06.2021.

324 SEMER, Marcelo. "Um aviso prévio para a Justiça do Trabalho". *Justificando*, 2017. Disponível em: http://www.justificando.com/2017/03/11/um-aviso-previo-para-justica-do-trabalho/. Acessado em: 18.06.2021.

porque sua produção foi muito mais intensamente negociada com o lobby empresarial – o que ficou comprovada com a expressiva aceitação de emendas, formuladas diretamente pelas entidades patronais.[325] Acerca dessa proximidade, Jorge Souto Maior observa que:

> (...) o fundamento básico de legitimidade da legislação do trabalho, reconhecido no Tratado de Versalhes (1919), na parte em que se tratou da constituição da Organização Internacional do Trabalho – OIT, é o do diálogo entre representantes do Estado, do Capital e do trabalho, garantindo-se, pois, a participação direta dos trabalhadores na elaboração da regulamentação.[326]

Traços que esta reforma, prossegue Souto Maior, "impulsionada por meio de acordos elaborados entre representantes do

---

325 Segundo levantamento do site *The Intercept Brasil*, "Lobistas de Associações empresariais são os verdadeiros autores de uma em cada três propostas de mudanças apresentadas por parlamentares na discussão da Reforma Trabalhista. Os textos defendem interesses patronais, sem consenso com trabalhadores, e foram protocolados por 20 deputados como se tivessem sido elaborados por seus gabinetes. Mais da metade dessas propostas foi incorporada ao texto apoiado pelo Palácio do Planalto e que será votado a partir de hoje pelo plenário da Câmara" – a reportagem também destaca o fato de que a Reforma foi construída, em grande parte, pelas emendas, já que "O texto original enviado pelo governo alterava sete artigos das leis. O substitutivo de Rogério Marinho, contando com as emendas, mexe em 104 artigos, entre modificações, exclusões e adições". (MAGALHÃES, Alline; COSTA, Breno; LAMBRANHO, Lúcio; CHAVES, Reinaldo. "Lobistas de bancos, indústrias e transportes estão por trás das emendas da reforma trabalhista". *The intecept Brasil*, 2017. Disponível em: https://theintercept.com/2017/04/26/lobistas-de-bancos-industrias-e-transportes-quem-esta-por--tras-das-emendas-da-reforma-trabalhista/. Acessado em: 18.06.2021).

326 SOUTO MAIOR, Jorge Luiz. "'Sem uma Seção Especial de Justiça' para a Reforma Trabalhista". *Justificando*, 2017. Disponível em: http://www.justificando.com/2017/06/16/sem-uma-secao-especial-de-justica-para-reforma-trabalhista/. Acessado em: 18.06.2021.

Executivo, do Legislativo e do capital", buscando, sobretudo, precarizar as condições de trabalho, certamente não teve.[327]

Dificilmente, portanto, dada a impopularidade de seus termos, a reforma trabalhista seria proposta e levada adiante, em um governo eleito. Mas a janela de oportunidades que se abriu com a deposição de Dilma Rousseff permitiu a realização das *maldades* sem que pudessem ser atribuídas aos players que a partir daí ingressariam nas disputas presidenciais posteriores. O mandato-tampão permitiu esse "trabalho sujo", sem que os futuros candidatos prejudicassem biografias. A precarização do trabalho, somada ao esvaziamento do financiamento das políticas sociais (primeiro com as desvinculações, depois com o congelamento), e a ilimitada abertura ao capital estrangeiro (inclusive, poder-se-ia dizer, principalmente nas áreas estratégicas) de fato, completaria o desígnio-profecia de FHC, ou seja, o de sepultar a Era Vargas. E a bem da verdade, as pressões que Getúlio recebera, que acabaram por antecipar o mandato pelo suicídio, tinham como pilares atores não muito diversos daqueles que contribuiriam para essa derrota póstuma: militares, mídia e mercado – com a picardia do lacerdismo que ressurgiria, com uma réplica judicializada da República do Galeão e o impulsionamento expressivo de denúncias, mentiras e achaques de grande exposição midiática.

As reformas, que se iniciam nos anos 1990, retornam após o *impeachment* com a mesma narrativa salvacionista, apontar desperdícios, privilégios, excesso de regulamentações, enfim, amarras que impedem o crescimento e a geração de empregos, em nome do que todos os direitos devem ser oferecidos em sacrifício. O desenho do Estado Democrático de Direito trilhado pelos constituintes de 1988 aparece, assim, profundamente esmaecido – e houve poucos

---

327 SOUTO MAIOR, Jorge Luiz. "'Sem uma Seção Especial de Justiça' para a Reforma Trabalhista". *Justificando*, 2017. Disponível em: http://www.justificando.com/2017/06/16/sem-uma-secao-especial-de-justica-para-reforma-trabalhista/. Acessado em: 18.06.2021.

momentos em que o Judiciário se mostrou, efetivamente, em condições de realizar sua principal tarefa, que é a preservação da ordem constitucional. O aval à autoanistia, que alimenta a violência de Estado, cada vez mais turbinada; o Direito Penal da exceção, da emergência e do pânico, que oculta os princípios garantistas; a conivência com as guinadas radicais na Ordem Econômica; o congelamento de gastos que impede a consecução dos objetivos a que o país se impunha e, enfim, o retalho da proteção ao trabalhador com que convivemos nos últimos setenta anos. A Constituição estava preservada, mas apenas em seu lastro simbólico. Porém, o governo iliberal que assume após a encerramento do mandato-tampão de Temer investe pesadamente na destruição deste trapo democrático que ainda sustentava nosso *rule of law*. Mais um decréscimo do patamar civilizatório, portanto, ainda estava à nossa espreita.

4.2 Bolsonaro, outro patamar

Bolsonaro não se escondia – aliás, nunca se escondeu. Foi explícito. Na sessão em que a Câmara dos Deputados acolheu a abertura do processo de *impeachment*, o deputado pelo Rio de Janeiro fez a sua tétrica e repulsiva homenagem-provocação: "Pela memória do coronel Carlos Alberto Brilhante Ustra, o pavor de Dilma Rousseff". Ao fazê-lo, Bolsonaro não apenas elogiava publicamente a tortura (pois esse era a razão de ser Ustra "o pavor de Dilma Rousseff"), como o fazia troçando da própria vítima. O fato de que o deputado não tenha saído da sessão ao menos com a perspectiva de um processo, e sim com um passo a mais para a consolidação de sua candidatura presidencial, denotava que o espírito da Constituição já houvera abandonado o corpo do país. Como inferir que a apologia do torturador e da tortura pudesse, de alguma forma, conviver com a dignidade da pessoa humana, inscrita como fundamento da República?

Também a campanha eleitoral traria um *pot-pourri* de agressões e ofensas que passariam em branco: de uma humilhante e preconceituosa menção a "arrobas" para mencionar quilombolas – que, segundo Bolsonaro, não serviam nem para a procriação – à intimidatória conclamação para que seus opositores fossem levados à "ponta da praia" (local de execução durante a ditadura), passando à comprovada mentira do kit-gay, uma das mais populares armas dos disparos de comunicação disseminados pelo WhatsApp. O elevado grau de tolerância era um aviso de que os caminhos estavam livres para a depreciação, a virulência política e a invocação massiva do ódio, mecanismos que historicamente caracterizaram regimes fascistas. De modo que nenhuma das intercorrências posteriores à posse poderiam ter provocado a súbita indignação que ficara aquartelada até aquele momento – nem mesmo a forma agressiva, depreciativa, misógina e homofóbica com que se acostumou a tratar a imprensa.

Patrícia Campos Mello, no livro-reportagem *Máquina do Ódio*, descreveu o conjunto de assaques, ofensas e intimidações sofridas pelos jornais e por jornalistas que ousavam questionar o Presidente. É um compêndio expressivo, que reúne não apenas as ofensas disseminadas anonimamente pelo chamado *Gabinete do Ódio*, alojado nas entranhas do Palácio do Planalto, como os impropérios enunciados diretamente pelo Presidente da República[328] quando passavam a ter uma dimensão bem mais lesiva. Mello conclui:

> Durante a ditadura militar no Brasil, jornalistas foram censurados, torturados e assassinados. A ditadura acabou em

---

328 "Passados sete dias, quando mais provas haviam sido publicadas comprovando as mentiras da testemunha, o Presidente Bolsonaro levantou o assunto, sem sequer ser perguntado, em uma das coletivas improvisadas na frente do Palácio da Alvorada. 'Ela [repórter] queria um furo. Ela queria dar o furo', afirmou diante de um grupo de simpatizante (...). Ao amplificar a ofensa, o Presidente dava sinal verde para milhares de pessoas me ofenderem, legitimava ataques sexistas contra mulheres". (MELLO, Patrícia Campos. *A Máquina do Ódio*: notas de uma repórter sobre *fake news* e violência digital. São Paulo: Companhia das Letras, 2020, pp. 82-85).

> 1985. Sob Bolsonaro, Presidente eleito democraticamente, a era da perseguição voltou, por meio das redes sociais e milícias virtuais. Trata-se de uma forma nova de censura, terceirizada para exércitos de trolls patrióticos repercutidos por robôs no Twitter, Facebook, Instagram e WhatsApp.[329]

Campos Mello está longe de ter sido a única vítima deste assassinato de reputação praticado com a participação ativa do Presidente, que lançou impropérios contra uma infinidade de jornalistas, preferencialmente mulheres. Mas é importante observar que junto à retórica foram tomadas medidas coativas a órgãos de imprensa – sobretudo Folha de S. Paulo e Rede Globo, com maiores audiências entre os que lhe questionam. Em 31/10/2019, o Presidente afirmou:

> "Nenhum órgão aqui do meu governo vai receber o jornal Folha de S. Paulo, aqui em Brasília. Está determinado", declarou Bolsonaro. "Espero que não me acusem de censura. Quem quiser comprar a Folha de S. Paulo, ninguém vai ser punido por isso, manda o assessor dele, vai lá na banca e compra a Folha de S. Paulo, e se divirta". Presidente também disse que os anunciantes do jornal "devem prestar atenção".[330]

No mês seguinte, a Folha de S. Paulo foi excluída de licitação para aquisição de jornais, em uma relação que englobava mais de vinte veículos – a Folha é um dos jornais de maior circulação no país; uma semana depois, Bolsonaro recuou, considerando as possíveis consequências da ação, sobretudo o seu reconhecimento

---

329 MELLO, Patrícia Campos. *A Máquina do Ódio*: notas de uma repórter sobre fake news e violência digital. São Paulo: Companhia das Letras, 2020, p. 92.

330 EXAME. "Bolsonaro cancela assinaturas da Folha e ameaça anunciantes". *Exame*, 2019. Disponível em: https://exame.com/brasil/bolsonaro-cancela-assinaturas-da-folha-e-ameaca-anunciantes/. Acessado em: 18.06.2021.

como improbidade administrativa.[331] Com a Rede Globo, a quem costumeiramente chama de "lixo" e "canalha", a vingança foi mais explícita: "Globo perde participação em verba oficial de publicidade sob Bolsonaro. Relatório do TCU aponta que SBT e Record receberam mais recursos, mesmo com menos audiência".[332]

Ao menos em relação a Patrícia Campos Mello, as razões do ataque eram expressivas, embora obviamente não justificadas: a reportagem para a Folha de S. Paulo, publicada ainda antes da eleição, revelava práticas ilícitas que estavam sendo levadas a efeito pelos partidários do então candidato, com o impulsionamento industrial de material depreciativo do adversário, em listas adquiridas de terceiros, por doações empresariais não permitidas e não contabilizadas, e ainda de fora do país. O potencial explosivo da reportagem explicou a virulência do contra-ataque: a apuração tinha aptidão para provocar até a cassação da chapa. Mas assim não se deu. Explica Mello:

> Após a reportagem, a Polícia Federal abriu um inquérito sobre a disseminação de *fake news*. O corregedor do TSE, ministro Jorge Mussi, por sua vez, instituiu uma ação para investigar a compra de disparos em massa. No entanto, foram negados diversos pedidos para que houvesse busca e apreensão nas agências e quebra de sigilo bancário, telemático e telefônico dos donos. Na época, Mussi afirmou que não acataria o pedido de busca nas agências por ele estar

---

331 URIBE, Gustavo. "Bolsonaro recua e revoga licitação da Presidência, que excluía a Folha". *Folha*, 2019. Disponível em: https://www1.folha.uol.com.br/poder/2019/12/bolsonaro-recua-e-revoga-licitacao-da-presidencia-que-excluiu-a-folha.shtml. Acessado em: 18.06.2021.

332 FABRINI, Fábio. "Globo perde participação em verba oficial de publicidade sob Bolsonaro". *Folha*, 2019. Disponível em: https://www1.folha.uol.com.br/poder/2019/11/globo-perde-participacao-em-verba-oficial-de-publicidade-sob-bolsonaro.shtml. Acessado em: 18.06.2021.

> lastreado apenas "em matérias jornalísticas", mas que isso poderia ocorrer em outro momento (nunca ocorreu).[333]

Mais dados foram agregados à apuração – como o volume de chips e de CPFs de terceiros utilizados para registrá-los, além da aquisição, para os disparos, de cadastros de milhões de números de celular agregados a título de eleitor e perfil socioeconômico – tudo em contrariedade às regras eleitorais. Mas, para a resignação da jornalista, "Mesmo com todos esses indícios de irregularidades, a polícia não investigou a fundo a Yacows nem qualquer uma das outras empresas citadas". Até a administração do aplicativo reconheceu, em público, em evento em 2019: "Na eleição brasileira do ano passado, houve a atuação de empresas fornecedoras de envios maciços de mensagens, que violaram nossos termos de uso para atingir um grande número de pessoas"[334] – sendo que as fontes indicadas eram todas ligadas à campanha de Bolsonaro.

Mas a Justiça, conforme conclui Mello, prosseguiu em um *timing* desanimador:

> (...) mesmo com mais evidências sobre o esquema, a investigação do TSE aberta em 2018 continuou andando a passos de tartaruga. Desde o início, quando a autoridade eleitoral resolveu não quebrar o sigilo dos donos das agências, nem fazer busca e apreensão, ficara evidente que era escasso o apetite para levar adiante as apurações. (...) No fim de setembro, o ministro impediu que sete testemunhas fossem ouvidas, entre elas donos da agência citada na reportagem, o funcionário que fez a denúncia, um representante do

---

333 MELLO, Patrícia Campos. *A Máquina do Ódio*: notas de uma repórter sobre *fake news* e violência digital. São Paulo: Companhia das Letras, 2020, p. 80.

334 MELLO, Patrícia Campos. *A Máquina do Ódio*: notas de uma repórter sobre *fake news* e violência digital. São Paulo: Companhia das Letras, 2020, p. 66.

> WhatsApp e os autores da reportagem. Ao indeferir os pedidos, alegou que os testemunhos 'de nada acrescentariam de útil e necessário ao esclarecimento dos fatos relatados na petição inicial.[335]

Nada que se pudesse comparar, por exemplo, à contundência, publicidade e rapidez com que vinha sendo tocada a Operação Lava Jato.

Para pensar nas possíveis consequências para a democracia, é bom observar que o cerco à imprensa e o apego às redes subterrâneas de difamação e desinformação são duas estratégias que governos extremistas modernos vêm desenvolvendo com relativo sucesso, a primeira por Viktor Orban na Hungria, a segunda por Nahrendra Modi, na Índia.

Outro abalo fulcral nos pilares do Estado Democrático é o revisionismo acerca do tenebroso período da ditadura militar. A ausência de julgamento, a realização de uma Comissão Nacional da Verdade com poderes esvaziados, e a aclamação da autoanistia mesmo contra a jurisprudência internacional, indiretamente vitaminaram esse movimento. Uma vez obtida a impunidade e obscurecida parte substancial da memória, a disputa histórica seria um passo natural. E poucos governos teriam tanto apetite para fazê-lo quanto o de Bolsonaro, nascido de uma evocação à tortura e tendo aparelhado a administração civil com um diversificado escrete fardado.

As ações de revisionismo foram múltiplas.

Às vésperas de 31 de março de 2019, Bolsonaro manda avisar, por seu porta-voz, que quer as unidades militares comemorando o golpe de 1964, a despeito da posição do Estado brasileiro consignada

---

335 MELLO, Patrícia Campos. *A Máquina do Ódio*: notas de uma repórter sobre *fake news* e violência digital. São Paulo: Companhia das Letras, 2020, pp. 64/65.

pela Comissão Nacional da Verdade e, ademais, da condenação pela Corte Interamericana de Direitos Humanos determinando a realização não apenas de julgamentos dos crimes contra a humanidade envolvidos, mas um pedido oficial de desculpas do Estado. Mas a verdade do Estado não é propriamente um empecilho, porque:

> O Presidente não considera 31 de março de 1964 um golpe militar. Ele considera que a sociedade reunida e percebendo o perigo que o país estava vivenciando naquele momento, juntou-se, civis e militares, e nós conseguimos recuperar e recolocar nosso país em um rumo.[336]

A questão do aniversário dos 55 anos do golpe militar chegou a ser judicializada. Uma juíza federal do DF proibiu que a União patrocinasse essa comemoração. Segundo a magistrada,

> o ato administrativo impugnado, não é compatível com o processo de reconstrução democrática promovida pela Assembleia Nacional Constituinte de 1987 e pela Constituição Federal de 1988 (...) Nesse contexto, sobressai o direito fundamental à memória e à verdade, na sua acepção difusa, com vistas a não repetição de violações contra a integridade da humanidade, preservando a geração presente e as futuras do retrocesso a Estados de exceção.[337]

---

336 MAZUI, Guilherme. "Bolsonaro determinou que Defesa faça as 'comemorações devidas' do golpe de 64, diz porta voz". *G1*, 2019. Disponível em: https://g1.globo.com/politica/noticia/2019/03/25/bolsonaro-determinou-que-defesa-faca-as-comemoracoes-devidas-do-golpe-de-64-diz-porta-voz.ghtml. Acessado em: 18.06.2021.

337 COELHO, Gabriel. "Justiça proíbe comemorações dos 55 anos do Golpe de 1964". *Consultor Jurídico*, 2019. Disponível em: https://www.conjur.com.br/2019-mar-29/justica-proibe-comemoracao-55-anos-golpe-1964. Acessado em: 18.06.2021.

Mas a decisão não durou mais do que 24 horas. Na decisão do TRF1 que cassou a liminar, um argumento muito utilizado pelos artífices do revisionismo: "o Estado Democrático de Direito pressupõe o pluralismo de ideias e projetos".[338] O argumento tem um incômodo paralelismo com a invocação da liberdade de expressão contra punições de propagação de *fake news*: a relativização da verdade histórica e o rebaixamento da ciência como mera opinião. Não à toa, o pesquisador José Rodrigo Rodriguez chama a atenção para o fato de o revisionismo não ser, simplesmente, o dilema:

> O problema não é a diversidade de opinião. Aliás, os historiadores profissionais nunca atacaram diretamente os autores revisionistas porque defendem claramente que a história não pode ser só o monopólio da Universidade. O problema é que há pessoas que mentem, falseiam os fatos. Não há problema trabalhar com novas interpretações, propor uma outra visão dos fatos. O problema é esse "terraplanismo histórico", digamos assim, em que o sujeito usa argumentos enviesados para defender uma ideologia, uma posição extremamente idealizada. Isso rompe com todos os critérios de cientificidade da história, da apresentação de documentos, consulta de arquivos.[339]

---

338 TERRA. "Justiça derruba decisão que proibiu governo de comemorar golpe de 64". *Terra*, 2019. Disponível em: https://www.terra.com.br/noticias/brasil/justica-derruba-decisao-que-proibiu-governo-de-celebrar-golpe-de--64,d5323d6ad7ff15a9dd75bd87bd41730br15e4qf6.html. Acessado em: 18.06.2021.

339 BASSO, Murilo. "Problema não é revisionismo, mas terraplanismo histórico". *Deutsche Welle*, 2020. [Entrevista com José Rodrigo Rodriguez]. Disponível em: https://www.dw.com/pt-br/problema-n%C3%A3o-%C3%A9-revisionismo-mas-terraplanismo-hist%C3%B3rico/a-55356144. Acessado em: 18.06.2021. Poucas expressões demonstraram de forma tão expressiva esse terraplanismo histórico do que a ideia, propagada pelo ministro das Relações Exteriores e replicada por Bolsonaro, de que o nazismo era um movimento de esquerda. (GLOBO. "Bolsonaro diz não ter dúvida de que nazismo era de esquerda". *G1*, 2019. Disponível em: https://g1.globo.com/politica/noticia/2019/04/02/

Terraplanismo histórico, com argumentos enviesados para defender uma posição idealizada e ainda para ferir foi a manifestação do próprio Presidente da República ao Presidente da Seção Federal da Ordem dos Advogados do Brasil, Felipe Santa Cruz: "Se o Presidente da OAB quiser saber como o pai desapareceu no período militar, eu conto para ele". O pai de Felipe Santa Cruz desapareceu em 1974, como centenas de outras pessoas, depois de ter sido preso por agentes do DOI-CODI. A manifestação de Bolsonaro foi repudiada por dezenas de grupos, políticos e intelectuais, entre os quais a Presidente da Comissão Especial de Mortos e Desaparecidos Políticos, a procuradora da República Eugênia Gonzaga. Meses antes, a Comissão inclusive havia providenciado a retificação do atestado de óbito de Fernando Santa Cruz. A reação do governo a este repúdio foi imediata: Gonzaga foi exonerada, a forma de escolha dos membros da Comissão foi alterada e a própria competência para tratar da retificação de atestados de óbitos dos mortos e desaparecidos políticos foi subtraída da comissão. Meses depois, a ministra da Mulher, Família e Direitos Humanos anularia de baciada a declaração de anistia política de 300 ex-cabos da Aeronáutica, com base em uma genérica "ausência de comprovação da existência de perseguição exclusivamente política no ato concessivo" – sem abertura de procedimento com direito de defesa.[340]

A ânsia pelo revisionismo andou em várias frentes, sobretudo, carregado pelos estandartes da crítica a um suposto "marxismo cultural", de que tanto falava o ideólogo do bolsonarismo Olavo de Carvalho. A busca do denuncismo contra professores "doutrinadores", a ideia de uma Escola sem Partido (que só pretende subtrair o "partido" adversário, todavia) e o apagamento histórico das lideranças progressistas. O paroxismo se deu com o diretor da Fundação Palmares, Sérgio Camargo, censurando biografias

---

bolsonaro-diz-nao-haver-duvida-de-que-nazismo-era-de-esquerda.ghtml. Acessado em: 18.06.2021).

340 O ato foi questionado pela ADPF 777, ainda sem decisão.

de lideranças negras históricas, que eram referenciadas no site da instituição. Camargo, um negro em luta aberta contra o movimento negro, a quem chama de "escória maldita".

A imprensa noticiou:

> Na tentativa da fundação de reescrever a experiência negra no país, sumiram os artigos sobre Zumbi dos Palmares, os abolicionistas Luís Gama e André Rebouças, a escritora Carolina de Jesus e muitos outros homens e mulheres negros de projeção na história. Também desapareceram artigos sobre personalidades negras de destaque no esporte do país. (...) Os esforços de apagamento, no entanto, também se refletem no dia a dia da instituição fora do site. Outro projeto revisionista nos planos de Camargo é a construção de uma biblioteca que valoriza o papel da corte portuguesa na formação da identidade brasileira e mesmo no processo de abolição da escravatura. A nova ala deve ocupar um prédio que pertence à Empresa Brasil de Comunicação.[341]

Algo similar com o que se pretendeu fazer, na linha do apagamento histórico, com a figura de Paulo Freire, patrono da Educação brasileira. Ao mesmo tempo, em que se buscou lançar na TV Escola, por intermédio de convênios com a produtora conservadora Brasil Paralelo, "o maior resgate histórico já produzido no país", apresentando, coincidentemente, já no primeiro episódio, uma entrevista com Olavo de Carvalho. Crítica a esse acerto, a historiadora Maria Aparecida de Aquino, revolve os argumentos constantemente esgrimidos pelos cientistas: "É bastante preocupante veicular em um canal de sinal aberto, voltado para estudantes e

341 BORGES, Pedro; SIMÕES, Nataly; FIORATTI, Gustavo. "Fundação Palmares censura biografias de lideranças negras históricas em seu site". *Folha*, 2020. Disponível em: https://www1.folha.uol.com.br/ilustrada/2020/06/fundacao-palmares-censura-biografias-de-liderancas-negras-historicas-em-seu-site.shtml. Acessado em: 18.06.2021.

professores, um material sem comprovação histórica, sem documentos que possam dar embasamento a essa visão".[342]

E, finalmente, embora não menos importante, o episódio mais grotesco desse movimento revisionista, os editais de Ricardo Alvim, sobre os programas de incentivo à cultura, para "rever a história do Brasil". E para a demonstrar o afinamento na política e a importância do projeto, na *live* de lançamento, estavam presentes, além do secretário da Cultura, o Ministro da Educação, Abraham Weintraub, e o próprio Presidente da República. A grandiosidade do programa se media pelas cifras:

> Um dos tópicos anunciados foi o investimento de R$ 20 milhões do Fundo Nacional de Cultura para editais com aportes diretos do governo (...). Em suas sete categorias, o prêmio vai selecionar cinco óperas, 25 espetáculos teatrais, 25 exposições individuais de pintura e 25 de escultura, 25 contos inéditos, 25 CDs musicais originais e 15 propostas de histórias em quadrinhos.[343]

O secretário também disse que o governo lançaria um edital para o cinema estimulando "filmes sobre a independência do Brasil e sobre figuras históricas brasileiras, alinhados ao conservadorismo nas artes" e ainda que "dignifique o ser humano".[344] O Presidente Jair Bolsonaro elogiou entusiasticamente o secretário: "Depois de

---

342 ISTOÉ. "TV Escola dá espaço à produção revisionista". *ISTOÉ online*, 2019. Disponível em: https://istoe.com.br/tv-escola-da-espaco-a-producao-revisionista/. Acessado em: 18.06.2021.

343 FOLHA DE S. PAULO. "Ao lado de Bolsonaro, Alvim anuncia editais de cultura para rever a história do Brasil". *Folha*, 2020. Disponível em: https://www1.folha.uol.com.br/ilustrada/2020/01/ao-lado-de-bolsonaro-alvim-anuncia-editais-de-cultura-para-rever-a-historia-do-brasil.shtml. Acessado: 18.06.2021.

344 FOLHA DE S. PAULO. "Ao lado de Bolsonaro, Alvim anuncia editais de cultura para rever a história do Brasil". *Folha*, 2020. Disponível em: https://www1.folha.uol.com.br/ilustrada/2020/01/ao-lado-de-bolsonaro-alvim-anuncia-editais-de-cultura-para-rever-a-historia-do-brasil.shtml. Acessado: 18.06.2021.

décadas, agora temos sim um secretário de Cultura de verdade, que atende o interesse da maioria da população brasileira".[345] No dia seguinte, Alvim disponibilizaria um vídeo explicitando o programa, com uma imagética e palavras assustadoras.

> A arte brasileira da próxima década será heroica e será nacional. Será dotada de grande capacidade de envolvimento emocional e será igualmente imperativa, posto que profundamente vinculada às aspirações urgentes de nosso povo, ou então não será nada.

O secretário citava, quase na íntegra, um discurso do ministro da propaganda de Hitler, Joseph Goebbels, discurso referido em sua biografia como "um ato forte, grandioso e simbólico", dois dias antes de protagonizar a famosa queima de livros de Berlim. Além das palavras, a estética do vídeo de Alvim emulava o líder nazista, da aparência do secretário, roupas e penteado, o tom de voz e a trilha escolhida (a ópera Lohengrin, de Richard Wagner, uma das favoritas de Hitler). O vídeo causou enorme repercussão e a demissão do secretário, após pressão de inúmeros políticos e representantes da comunidade judaica. O projeto cultural nacionalista grandioso, saudado na véspera, ao vivo, pelo Presidente da República, seria arquivado.

Outra vertente da desconstrução democrática vem se dando pela extinção e esvaziamento dos conselhos, ou a exclusão pura e simples dos representantes da sociedade civil.

Como apontam Lotta e Abramovay, "o padrão de participação confere à política seu caráter mais profundamente democrático", sendo

---

345 FERNANDES, Talita. "Secretário de Bolsonaro é exonerado após discurso que copia ministro de Hitler". *Folha*, 2020. Disponível em https://www1.folha.uol.com.br/ilustrada/2020/01/secretario-de-bolsonaro-e-exonerado-apos-pronunciamento-semelhante-a-de-ministro-de-hitler.shtml. Acessado em: 18.06.2021.

que a criação das "instituições participativas",[346] como reconhecem, "acabou por resgatar a multidimensionalidade da democracia".[347]

Na gestão de Bolsonaro, contudo, vários perderam atribuições, outros se mantiveram apenas com os membros do governo, e condicionantes para voltarem a funcionar. Vejam-se os exemplos: a) em junho de 2019, o governo esvaziou o Conselho Nacional de Política Cultural, excluindo membros eleitos, transformando o caráter deliberativo em consultivo e eliminando representante das comunidades LGTB; b) em julho de 2019, extirpou a participação da sociedade civil no Conselho Nacional de Políticas sobre Drogas (Conad), como os cargos dedicados a médico, jurista e psicólogo; c) em setembro de 2019, esvaziou atribuições e suprimiu representatividade da sociedade civil no Conselho Nacional dos Direitos da Criança e do Adolescente (Conanda); d) em fevereiro de 2020, excluiu a participação da sociedade civil no Conselho Nacional do Meio Ambiente (Conama);[348] e) Conselho Nacional de Erradicação do Trabalho Infantil (Conaeti), extinto em 2019 é recriado em julho de 2020, mas sem a presença de representantes da sociedade civil,[349] sem contar o Decreto n. 9.759/2019, que sinalizava a extinção quase generalizada dos órgãos, parcialmente limitado

---

346 LOTTA, Gabriela; ABRAMOVAY, Pedro. *A democracia equilibrista*: políticos e burocratas no Brasil. São Paulo: Companhia das Letras, 2022, p. 39.

347 LOTTA, Gabriela; ABRAMOVAY, Pedro. *A democracia equilibrista*: políticos e burocratas no Brasil. São Paulo: Companhia das Letras, 2022, p. 38. Fazendo referência à pesquisa de Roberto Pires e Alexandre Vaz, de que, "nas décadas de 1990 e 2000, o país testemunhou um crescimento exponencial de instituições participativas".

348 TAJRA, Alex. "Bolsonaro esvazia Conselho Ambiental e diminui participação da sociedade". *UOL*, 2019. Disponível em: https://noticias.uol.com.br/meio-ambiente/ultimas-noticias/redacao/2019/05/29/bolsonaro-esvazia-conselho-ambiental-e-diminui-participacao-da-sociedade.htm. Acessado em: 18.06.2021.

349 VILA-NOVA, Carolina. "Bolsonaro esvazia Comissão contra trabalho infantil". *Folha*, 2020. Disponível em: https://www1.folha.uol.com.br/cotidiano/2020/12/bolsonaro-esvazia-comissao-contra-trabalho-infantil.shtml. Acessado em: 18.06.2021.

pelo STF para impedir a extinção de conselhos ou comissões que tivessem sido criados ou regulamentados por leis. O sentido de todos os atos é o mesmo: representantes da sociedade não podem fazer parte de conselhos com incumbências de planejamento – e se o fizerem, as competências se esvaem.

De outro lado, em um paradoxo apenas aparente, o veio autoritário que é evidente quando o Estado cala a sociedade civil organizada, também se revela pela desconstrução do poder regulatório do próprio Estado – considerando, sobretudo, o potencial protetivo que o desenho do Estado Democrático de Direito se impôs. Assim, desregulamentar é também deixar de limitar – e, por consequência, de tutelar. A ideia de uma sociedade sem peias está marcada, profundamente como se verá, por dois importantes atributos: a) a nostalgia do "homem de bem", quando ainda não havia tantas proteções e proibições para que exercesse sua vocação natural; b) o darwinismo social, que se revolta com a superproteção aos desvalidos e os obstáculos a que os fortes se imponham, como seria natural.

A falta de regulação também é um instrumento autoritário, como avalia José Rodrigo Rodriguez:

> Parece que a estratégia hoje é desmontar o poder regulatório do Estado e das instâncias estatais ou desmontar as estruturas administrativas para conseguir mais autonomia para ordens normativas que estão na sociedade, como as Igrejas. Estávamos acompanhando essa discussão sobre perdão das dívidas dos templos religiosos. Esse é um caso em que fica claro o interesse em fortalecer estruturas sociais conservadoras e destruir qualquer tipo de mecanismo que possa estabelecer controle sobre elas, como a imprensa, a ciência e o próprio direito.[350]

---

350 BASSO, Murilo. "Problema não é revisionismo, mas terraplanismo histórico". *Deutsche Welle*, 2020. [Entrevista com José Rodrigo Rodriguez]. Disponível em:

Esses mecanismos de implosão da atividade fiscalizatória foram aplicados nas relações de trânsito (reduzindo multas e penas), em que o Presidente criticou pessoalmente seja a existência de radares[351] seja punições pelo não uso da cadeirinha de bebê;[352] na tutela ao meio ambiente, com órgãos e fiscalização enfraquecidos, ademais de estímulos aos desmatamentos (até com demissão do cientista que apontou seu crescimento)[353] e, por fim, na busca da ampla liberdade do porte e do emprego de armas de fogo – em relação às quais inúmeras providências foram tomadas, até mesmo uma inusitada pretensão de liberar porte de fuzis.[354] Na lógica de

---

https://www.dw.com/pt-br/problema-n%C3%A3o-%C3%A9-revisionismo--mas-terraplanismo-hist%C3%B3rico/a-55356144. Acessado em: 18.06.2021. Também Wendy Brown: "(...) os mercados desregulamentados tendem a reproduzir, em vez de amenizar, os poderes e a estratificação sociais produzidos historicamente (...) a moralidade tradicional serve, por exemplo, para repelir o combate às desigualdades como, por exemplo, assegurar a liberdade reprodutiva das mulheres ou desmantelar a iconografia pública que celebra um passado escravocrata. A moralidade tradicional também liga a preservação do passado ao patriotismo, promovendo-o não apenas como amor ao país, mas como amor ao modo como as coisas eram, o que tacha de antipatrióticas as objeções à injustiça racial e de gênero". (BROWN, Wendy. *Nas ruínas do neoliberalismo*: a ascensão da política antidemocrática no Ocidente. São Paulo: Politeia, 2019, p. 24).

351 HERNANDES, Raphael; ROCHA, Vanessa da. "Bolsonaro volta a defender retirada de radares de rodovias federais". *Folha*, 2021. Disponível em: https://www1.folha.uol.com.br/cotidiano/2021/02/bolsonaro-volta-a-defender-retirada-de-radares-de-rodovias-federais.shtml. Acessado em: 18.06.2021.

352 NEVES, Rafael; ÁLVARES, Débora. "Projeto de Bolsonaro elimina multa por transporte de crianças sem cadeirinhas". *Congresso em Foco*, 2019. Disponível em: https://congressoemfoco.uol.com.br/governo/projeto-de-bolsonaro-elimina-multa-por-transporte-de-criancas-sem-cadeirinhas/#:~:text=Entregue%20pessoalmente%20pelo%20presidente%20Jair,de%20reten%C3%A7%C3%A3o%2C%20as%20chamadas%20cadeirinhas. Acessado em: 18.06.2021.

353 GÓES, Bruno. "Diretor do INPE será exonerado por questionamentos sobre dados de desmatamentos". *O Globo*, 2019. Disponível em: https://oglobo.globo.com/sociedade/diretor-do-inpe-sera-exonerado-apos-questionamento--de-dados-sobre-desmatamento-23849988. Acessado em: 18.06.2021.

354 LEITÃO, Leslie; SOARES, Paulo Renato. "Decreto de Bolsonaro que regulamenta uso e porte de armas no país libera compra de fuzil por qualquer

que armadas as pessoas se defendem melhor, o governo lutou pelo aumento na isenção de pena em casos de homicídios, sob o pretexto (ele mesmo um absurdo) de servir como instrumento de combate da criminalidade. A ampliação da excludente de ilicitude não foi incorporada na Lei Anticrime, mas continuou objeto de desejo de Bolsonaro, sobretudo no apego às forças de segurança. O ânimo de atender às pretensões corporativas destas, aliás, permitiu até uma postura de reconhecimento e consideração a policiais grevistas no Ceará,[355] em contradição com o propalado discurso de lei e ordem que muito comumente se usa como pretexto.

Este desmonte da atividade regulatória é vendido como um incentivo à liberdade, invertendo a imputação autoritária – a liberdade de matar e de desmatar. A ressignificação da liberdade é um dos conceitos-chave desse novo autoritarismo. Em seu *Nas ruínas do neoliberalismo*, a cientista política Wendy Brown foca no fato de que as formulações neoliberais da liberdade, sobretudo a ideia de uma "licença pessoal não regulada", portanto, sem controle, acabaram por inspirar e legitimar a extrema direita para justificar suas exclusões e violações que visam reassegurar a hegemonia branca. A repulsa à ideia de justiça social e ao modelo de Welfare State, ao lado da louvação do binômio "mercado e moral", esvaziou o sentido democrático da liberdade. Liberdade sem sociedade, completa Brown, é puro exercício de poder, despida da preocupação com os outros.[356] Sempre será a liberdade do mais forte, a liberdade de oprimir.

---

cidadão". *G1*, 2019. Disponível em: https://g1.globo.com/politica/noticia/2019/05/20/decreto-de-bolsonaro-que-regulamenta-uso-e-porte-de-armas-no-pais-libera-compra-de-fuzil-por-qualquer-cidadao.ghtml. Acessado em: 18.06.2021.

355 UIBE, Gustavo. "Para Bolsonaro, paralisação ilegal de PMs no Ceará foi greve, não motim". *Folha*, 2020. Disponível em: https://www1.folha.uol.com.br/poder/2020/03/para-bolsonaro-paralisacao-ilegal-de-pms-no-ceara-foi-greve-nao-motim.shtml. Acessado em: 18.06.2021.

356 BROWN, Wendy. *Nas ruínas do neoliberalismo*: a ascensão da política antidemocrática no Ocidente. São Paulo: Politeia, 2019, pp. 57/58.

Essa inversão fica bem nítida no comportamento do governo, na reunião ministerial que, por decisão do Ministro Celso de Mello, tornou-se pública, para instruir inquérito contra o Presidente. Nesta, entre outras barbaridades (como a ofensa de Weintraub aos ministros do STF[357] e o oportunismo desregulatório do ministro do Meio Ambiente),[358] a Ministra Damares Alves aponta não ter visto agressão mais violenta aos direitos humanos do que o uso de força dos agentes de segurança estaduais para compelir indivíduos a respeitar o isolamento e o distanciamento social da Covid. Chegou a dizer que governadores deveriam ser presos. O Presidente invocou, na mesma reunião, o intuito de desobstruir por completo a posse e o porte de armas, sob o fundamento de que, armados, os cidadãos não se sentiriam coagidos a respeitar as regras impostas, sobretudo pelos governadores, em face da pandemia – às quais, como é notório, o Presidente procurou boicotar desde o primeiro dia. A concepção de direitos humanos foi, então, resumida a estimular a posse de armas para viabilizar o desrespeito a normas sanitárias.[359]

Essa inversão na concepção de direitos humanos foi também percebida nas instâncias internacionais. O Brasil rompeu com sua

---

357 GLOBO. "Eu, por mim, botava esses vagabundos todos na cadeia, começando no STF, diz ministro da Educação em reunião". *G1*, 2020. Disponível em: https://g1.globo.com/politica/noticia/2020/05/22/eu-por-mim-botava-esses-vagabundos-todos-na-cadeia-comecando-no-stf-diz-ministro-da-educacao-em-reuniao.ghtml. Acessado em: 18.06.2021.

358 GONÇALVES, Eduardo. "Ricardo Salles fala em aproveitar a pandemia para 'ir passando a boiada". *Veja*, 2020. Disponível em: https://veja.abril.com.br/politica/ricardo-salles-fala-em-aproveitar-a-pandemia-para-ir-passando-a-boiada/. Acessado em: 18.06.2021.

359 Em igual sentido, Ronilson Pacheco: "Direitos humanos agora é ter armas, quanto mais melhor. Direitos Humanos é impedir qualquer debate sobre o aborto e qualidade de vida das mulheres que abortam (...) Os direitos humanos no Brasil estão definitivamente indo embora". (PACHECO, Ronilso. "Ultraconservadorismo de Damares sequestrou os Direitos Humanos". *UOL*, 2021. Disponível em: https://noticias.uol.com.br/colunas/ronilso-pacheco/2021/03/01/ultraconservadorismo-de-damares-sequestrou-os-direitos-humanos.htm. Acessado em: 18.06.2021).

tradição ao votar contra a resolução que condenava Israel pela repressão aos palestinos na Faixa de Gaza; foi o único país a votar contra a convenção que obriga os países a consultarem os povos indígenas e tribais antes de fazerem obras em suas terras; se opôs à inclusão de menções em favor da universalização de serviços de saúde reprodutiva e sexual, em debate na Comissão das Nações Unidas sobre os Direitos da Mulher.[360]

Não se estranha, assim, a imersão da Ministra dos Direitos Humanos na operação que tentou inviabilizar a execução do aborto legal em uma menina de 10 anos, vítima de estupro, fortemente hostilizada.[361] A defesa intransigente de pautas de grupos religiosos, mostra que a laicidade foi mantida bem a distância. Bolsonaro comprou brigas jurídicas para permitir abertura de templos durante a pandemia,[362] instou pela negativa de produção de filmes "contra a moral", bancadas pela União ("Se não puder ter filtro, nós extinguimos a Ancine")[363] e se comprometeu a indicar um ministro "terrivelmente evangélico" para o Supremo Tribunal

---

360 MARIN, Denise Chrispim. "Brasil inverte sinal ideológico na relação com organismos internacionais". *Veja*, 2019. Disponível em: https://veja.abril.com.br/mundo/brasil-inverte-sinal-ideologico-na-relacao-com-organismos-internacionais/. Acessado em: 18.06.2021.

361 VILA-NOVA, Carolina. "Ministra Damares Alves agiu para impedir aborto em criança de 10 anos- enviados da pasta tentaram persuadir conselheiros tutelares e são suspeitos de vazar nome da vítima". *Folha*, 2020. Disponível em: https://www1.folha.uol.com.br/cotidiano/2020/09/ministra-damares-alves-agiu-para-impedir-aborto-de-crianca-de-10-anos.shtml. Acessado em: 18.06.2021.

362 TEMÓTEO, Antonio. "Bolsonaro afirma que recorrerá da decisão da Justiça de fechar Igrejas". *UOL*, 2020. Disponível em: https://noticias.uol.com.br/politica/ultimas-noticias/2020/03/29/bolsonaro-afirma-que-recorrera-da-decisao-da-justica-de-fechar-igrejas.htm. Acessado em: 18.06.2021.

363 MAZUI, Guilherme. "Se não puder ter filtro, nós extinguiremos a Ancine, diz Bolsonaro". *G1*, 2019. Disponível em: https://g1.globo.com/politica/noticia/2019/07/19/se-nao-puder-ter-filtro-nos-extinguiremos-a-ancine-diz-bolsonaro.ghtml. Acessado em: 18.06.2021.

Federal,[364] que se corporificou na indicação de André Mendonça. Observe-se, também aqui, o paralelismo com o ícone Trump, conforme analisa Wendy Brown:

> A campanha de Trump, e particularmente Steve Bannon, compreendeu desde cedo a importância do voto evangélico branco. Depois de assumir o cargo, Trump nunca parou de atiçar esse eleitorado – quanto ao aborto, casamento entre pessoas do mesmo sexo, aceitação de transgêneros, Jerusalém e à expansão do poder das Igrejas na vida cívica, educacional e política (...) A crença de que Deus escolheu explicitamente Donald Trump como seu instrumento para criar um mundo mais cristão – ou o Fim dos Dias – é comum entre os evangélicos brancos.[365]

Essa aproximação sem limites ao trumpismo provocou um abalo sísmico nas posições brasileiras nos organismos internacionais. Como apontou Jamil Chade,

---

364 GORTÁZAR, Naiara Galarraga. "Um ministro 'terrivelmente evangélico' a caminho do Supremo Tribunal Federal - Presidente Jair Bolsonaro assiste ao culto semanal da 'bancada da bíblia' na Câmara e reitera que, embora o Estado brasileiro seja laico, 'nós somos cristãos'". *El País*, 2019. Disponível em: https://brasil.elpais.com/brasil/2019/07/10/politica/1562786946_406680.html. Acessado em: 18.06.2021.

365 BROWN, Wendy. *Nas ruínas do neoliberalismo*: a ascensão da política antidemocrática no Ocidente. São Paulo: Politeia, 2019, pp. 116-118. Veja-se, a propósito discurso do chanceler Ernesto Araújo na cerimônia de formatura do Instituto Rio Branco: "A pedra que os construtores rejeitaram tornou-se a pedra angular do edifício. A pedra que a imprensa rejeitou e que os intelectuais rejeitaram; que os artistas rejeitaram e que os autoproclamados especialistas rejeitaram, ela tornou-se a pedra angular do edifício, o edifício do novo Brasil" (...) Nós do Itamaraty estamos prontos para, a partir da sua orientação e com base na pedra angular, rejeitada por tantos, mas escolhida pelo povo, ajudá-lo a construir esse novo Brasil". (COLLETA, Ricardo Della. "Chanceler compara Bolsonaro a Jesus ao chamá-lo de 'pedra angular'". *Folha*, 2019. Disponível em: https://www1.folha.uol.com.br/mundo/2019/05/diplomacia-precisa-ter-sangue-nas-veias-diz-chanceler-ernesto-araujo.shtml. Acessado em: 18.06.2021).

> Nas fichas de votações publicadas ao final de cada resolução, o nome do Brasil já não acompanhava a Europa ou mesmo a América Latina. Mas sim algumas das ditaduras mais cruéis do mundo. Ali, o grupo de Bolsonaro e príncipes árabes encontraram um ponto em comum: a suposta defesa da família e valores. Assim, o Brasil apoiaria propostas da Organização de Cooperação Islâmica para excluir educação sexual de textos da ONU, criticaria o uso do termo gênero, e até passou a concordar com sauditas sobre a necessidade de se manter em resoluções uma referência explícita à defesa do papel dos pais em casos em que se combatia o casamento forçado de meninas, muitas vezes patrocinados pelos próprios pais.[366]

Nas palavras do embaixador e ex-Ministro Rubens Ricupero, que também foi secretário-geral da Conferência das Nações Unidas para o Comércio e o Desenvolvimento (UNCTAD):

> Os valores adotados por este governo nas relações internacionais têm sido os da extrema direita. Não se pode dizer que sejam conservadores. Nenhum conservador britânico, belga ou francês os adota. São extremistas mesmo.[367]

Situação não muito diversa quanto se atenta à política migratória, calcada no "perigo estrangeiro" e no retorno à doutrina da segurança nacional, na visão de José Sacchetta Ramos Mendes e Fábio Bensabath Bezerra de Menezes:

---

366 CHADE, Jamil. "O Brasil ao lado das ditaduras mais cruéis do mundo". *El Pais*, 2019. Disponível em: https://brasil.elpais.com/brasil/2019/07/18/opinion/1563485645_650175.html. Acessado em: 18.06.2021.

367 MARIM, Denise Chrispim. "Brasil inverte sinal ideológico na relação com organismos internacionais". *Veja*, 2019. Disponível em: https://veja.abril.com.br/mundo/brasil-inverte-sinal-ideologico-na-relacao-com-organismos-internacionais/. Acessado em: 18.06.2021.

> Ainda em 2015, quando era deputado federal, Bolsonaro qualificou os migrantes e refugiados que chegam no Brasil como "ameaça" e "escória do mundo". (...) Eleito Presidente, aquela visão passou a ser reproduzida em atos oficiais e documentos, como a Portaria nº 666 de 25.07.2019, do Ministério da Justiça e Segurança Pública. O dispositivo faz menção a "pessoa perigosa" para se referir ao migrante que será impedido de ingressar no país ou que poderá ser repatriado, deportado sumariamente ou ter cancelada a permissão de permanência. Seu artigo 2º informa que considera perigosos "aqueles suspeitos de envolvimento" em um rol de delitos listados pela própria norma. Retoma, nesses termos, a desconfiança sobre o migrante, conforme o antigo paradigma de segurança nacional que fundamentava o Estatuto do Estrangeiro.[368]

Para consolidar o espírito autoritário, as referências episódicas ao AI-5 estão muito bem acompanhadas de intimidações efetivas a críticos, sobretudo políticos e jornalistas, com intimações da Polícia Federal e a ameaça de punições com base na Lei de Segurança Nacional. Embora o método tenha aumentado com a perda de popularidade ("Com a perda de sustentação política, Bolsonaro usa a Polícia Federal e a Lei de Segurança Nacional para calar os críticos do seu governo"),[369] há registros de seu emprego desde a gestão Moro.[370]

---

368 MENDES, José Aurivaldo Sanchetta Ramos; MENEZES, Fábio Bensabath Bezerra de. "Política migratória no Brasil de Jair Bolsonaro: 'perigo estrangeiro' e retorno à ideologia de segurança nacional". *Cadernos do CEAS: Revista Crítica de Humanidades*, Salvador, nº 247, 2019, pp. 302-321. Disponível em: https://cadernosdoceas.ucsal.br/index.php/cadernosdoceas/article/view/568. Acessado em: 18.06.2021.

369 IstoÉ, edição de 25/03/2021, disponível em: https://istoe.com.br/a-policia-do-capitao/.

370 PODER360. "Ministério da Justiça abre inquérito contra evento punk, FacadaFest". *Poder360*, 2020. Disponível em: https://www.poder360.com.

Por certo que a inusitada forma de enfrentamento da pandemia não poderia ser prevista apenas em face destas manifestações autoritárias. Mas a verdade é que os pilares da ação estatal já estavam todos implantados e, retrospectivamente, o *modus operandi* revela uma perfeita conexão com os atos que viriam a ser praticados. Um quociente maior de concessão à opinião pública talvez fosse esperado, mas outras das particularidades deste cariz autoritário é justamente a confiança e o estímulo aos apelos mais extremados, de modo que a reprovação ainda que amplificada dos moderados se compense com o fanatismo dos entusiastas.

Mas vejamos os pontos nos que nos detivemos anteriormente: a) a ânsia pela desregulamentação e esvaziamento do poder fiscalizatório, e o predomínio da *liberdade sem sociedade*, de que fala Wendy Brown, se casam perfeitamente com a repulsa tão consistente quanto inexplicável, do uso da máscara protetora. Ainda que a contrariedade ao isolamento e distanciamento social pudessem ser explicadas exclusivamente por estratégias eleitoreiras – o que é por si só questionável – a repulsa à máscara assim não se justificaria; b) o terraplanismo histórico a que se refere Rodriguez reflete-se no contínuo negacionismo acerca da gravidade da pandemia (desde a “gripezinha” até “pandemia no finalzinho”) aliada à teoria da conspiração, com a qual, entre outras providências igualmente inexplicáveis racionalmente, estimulou-se a ideia do enterro de caixões vazios, emulou-se a invasão a hospitais para desvelar o exagero da lotação dos leitos e reproduziu-se a abjeta expressão “vírus chinês”, propositadamente hostil; c) o pensamento mágico que contorna as declarações presidenciais (a consideração de “mito” mesclado com a visão de um escolhido) incorporam-se no apego desmesurado ao *tratamento precoce* e a ideia de um fármaco salvador, ora a cloroquina, ora a ivermectina, ora ambos, que ajudavam a compor a tônica do negacionismo (“não é tão grave se é curável”); d) o

br/governo/ministerio-da-justica-abre-inquerito-contra-evento-punk-facada-fest/. Acessado em: 18.06.2021.

darwinismo social é também estimulado pela ideia de que, enfim, todos os brasileiros vão pegar a doença e apenas os mais fracos, os que tem comorbidade ou não tem "histórico de atleta" serão mortos ou sequelados. A ânsia de cravar essa diferenciação levou o Presidente a reclamar, na reunião ministerial, do atestado de óbito de um militar (por não dar destaque às comorbidades) como a chamar de "bundões" os jornalistas pelo sedentarismo e cravar a repulsa ao "país de maricas"; e) a nova inserção no horizonte internacional, o antiglobalismo trumpista, levou o governo não apenas à colisão com a OMS, como o desprezo a outras iniciativas globais, o que viria a dificultar sobremaneira a rápida inserção no mercado das vacinas.

Tudo isso sem esquecer que a morte é um importante condimento na história política de Bolsonaro, um tema suscitado por ele com invulgar frequência. Quando a vereadora Marielle Franco e seu motorista Anderson Gomes foram cruelmente assassinados, em março de 2018, a campanha presidencial já estava a todo vapor. Os pretendentes ao Planalto cuidaram de manifestar solidariedade e indignação com o bárbaro crime. Exceto o então deputado Jair Bolsonaro, que preferiu o silêncio, sob o pretexto de que uma manifestação sua seria "muito polêmica". A campanha seguiu adiante e nem o episódio da facada de que foi vítima, foi suficiente para que a morte deixasse de ser um assunto vulgar. Bolsonaro fez arminha com as mãos, ensinando o movimento que se tornou seu símbolo a crianças de tenra idade; simulou metralhar adversários e encerrou a campanha com um virulento discurso onde insinuava, se eleito, mandar seus desafetos para a Ponta da Praia – local conhecido como desova de corpos durante a ditadura.

O apego de Bolsonaro pelo tema da morte tem estreita ligação com o apreço às milícias que vem, aliás, de longa data. Em 2003, no plenário da Câmara, o deputado, então filiado ao PTB, as estimulou explicitamente:

> Enquanto o Estado não tiver coragem de adotar a pena de morte, o crime de extermínio, no meu entender, será muito

> bem-vindo. Se não houver espaço para ele na Bahia, pode ir para o Rio de Janeiro. Se depender de mim, terão todo o meu apoio.[371]

O apoio da família, aliás, nunca lhes faltou – entre títulos, homenagens e cargos no gabinete do filho Flávio Bolsonaro, capitaneado pelo assessor, motorista e coletor de salários, Fabrício Queiroz.[372]

Em fevereiro de 2018, mesmo candidato, Bolsonaro permaneceu defendendo as milícias: "Tem gente que é favorável à milícia, que é a maneira que eles têm de se ver livres da violência. Naquela região onde a milícia é paga, não tem violência". De certa forma, com todo esse histórico, nem chega a surpreender que o Presidente tenha tido mais interesse em disponibilizar armas do que vacinas em plena pandemia.

Voltando ao desastre administrativo que se seguiu à pandemia, ademais dos movimentos que assinalavam essa política do ódio, o condimento conjuntural foi a enorme ineficiência que conjugou subnotificação, encalhe de testes e longa demora para intervir na crise do oxigênio, decorrente do colapso do sistema hospitalar da região norte, que se espalhou em pouco tempo. Mas em grande parte, a ineficiência também pode ser debitada à insistência no negacionismo e no tratamento precoce, que acabou por afastar

---

371 *Apud* MANSO, Bruno Paes. *A República das Milícias*: dos esquadrões da morte à era Bolsonaro. São Paulo: Todavia, 2020, p. 58.

372 Essa história é contada em assustadores detalhes em *A República das Milícias*. Dos Esquadrões da Morte à Era Bolsonaro, de Bruno Paes Manso, que arremata: "Flexibilizar as regras para o porte, posse e venda de armas; reduzir o controle dos homicídios cometidos pela polícia. Se eu tivesse que pensar em duas mudanças legislativas para facilitar a vida dos paramilitares no Brasil, essas estariam em primeiro lugar. Não apenas porque a venda de armas e munições é fonte complementar de receita dos milicianos, mas também porque os homicídios têm sido um dos principais instrumentos de poder desses grupos". (MANSO, Bruno Paes. *A República das Milícias*: dos Esquadrões da Morte à Era Bolsonaro. São Paulo: Todavia, 2020, p. 288).

médicos da direção da saúde. Não à toa, acabou avaliado como um dos piores combates à pandemia ao longo do planeta.[373]

A ação na pandemia resultou na principal derrota jurídica do governo no STF, na ADPF 672/DF: o reconhecimento da competência concorrente nas ações da saúde, sem o reconhecimento de que leis federais pudessem servir, de alguma forma, como normas gerais. O que o STF decidiu é que valem as políticas dos Estados (e de forma suplementar as dos Municípios), nos seus territórios, independente de norma federal em sentido contrário, concedendo-se, à União, apenas, a possibilidade de "estabelecer medidas restritivas em todo o território nacional caso entenda necessário". A *contrario sensu*, as normas da União que, no combate à pandemia, forem menos restritivas (ou mais liberatórias) não anulam as normas dos Estados, nos territórios destes. Deu-se nítida prioridade de valor não pelo ente ou pelo caráter mais geral da norma, mas pelo mérito, ou seja, pelo âmbito de maior proteção.

Coincidentemente ou não, durante o primeiro semestre da pandemia uma luta nada surda entre governo e STF instaurou um tétrico ambiente na praça dos Três Poderes. Bolsonaro estimulou e tomou parte em atos contra o STF e pelo endurecimento do regime; deu aval a ofensas contundentes de seu ministro da Educação aos ministros do tribunal; de outro lado, o STF aceitou investigar, por provocação do ex-Ministro Sérgio Moro, eventual interferência do Presidente sobre a Polícia Federal, em benefício de seus filhos investigados e, ainda, os ataques dirigidos ao próprio STF por meio de *fake news* nas redes sociais e nas manifestações de cunho autoritário. Negou, ademais, a possibilidade de posse ao diretor da Polícia Federal escolhido após a demissão de Moro.

---

373 MANIERO, Valéria. "Brasil é o 91° em eficácia no combate ao coronavírus, diz estudo". *UOL*, 2020. Disponível em: https://noticias.uol.com.br/ultimas-noticias/rfi/2020/06/10/brasil-esta-na-lanterna-de-ranking-de-paises-mais-eficazes-no-combate-a-covid-19.htm. Acessado em: 18.06.2021.

Em nenhum momento, com ou sem pandemia, Bolsonaro abriu mão do estímulo às manifestações de massa e, o quanto pôde, manteve acesa sua retórica golpista, com a qual sintetizou, por mais de uma vez, a análise em tom intimidatório, que são as Forças Armadas que "permitem a existência da democracia";[374] e batendo antecipadamente na tecla da fraude eleitoral, para insinuar que em 2022 pode-se ver por aqui um movimento ainda pior que o ataque ao Capitólio,[375] que marcou os últimos dias da gestão Trump –aviso que se tornaria realidade com os atos golpistas de 8 de janeiro.

Conjugado com outros elementos, a retórica inflamada e o perene discurso às massas, são algumas das características que reverberam manifestações fascistas, como têm sido insistentemente apreciados. Para Marcio Sotelo Felippe:

> Bolsonaro jamais dissimulou. Ao longo de sua abjeta vida e de sua ridícula trajetória política, ele nunca escondeu o culto à morte, o gosto pela tortura, a frustração porque a ditadura não matou 30 mil pessoas em vez de 430, a admiração pelo homem que enfiava ratos e baratas na vagina de mulheres.
>
> Como isso foi possível? A resposta está na compreensão do fascismo. Do que é a sua essência. Bolsonaro jamais escondeu o que era e o que pretendia, tal como Hitler e Mussolini. Hitler cumpriu rigorosamente o programa do *Mein Kampf*,

---

374 GOMES, Pedro Henrique. "Forças Armadas é que decidem se país vai viver numa democracia ou numa ditadura, diz Bolsonaro". *G1*, 2021. Disponível em: https://g1.globo.com/politica/noticia/2021/01/18/quem-decide-se-um-povo-vai-viver-numa-democracia-ou-numa-ditadura-sao-as-suas-forcas-armadas-diz-bolsonaro.ghtml. Acessado em: 18.06.2021.

375 CARVALHO, Daniel; TEIXEIRA, Matheus. "Se Brasil não tiver voto impresso em 2022, vamos ter problema pior que os EUA, diz Bolsonaro". *Folha*, 2021. Disponível em: https://www1.folha.uol.com.br/poder/2021/01/se-brasil-tiver-voto-eletronico-em-2022-vai-ser-a-mesma-coisa-dos-eua-diz-bolsonaro-apos-invasao-ao-capitolio.shtml. Acessado em: 18.06.2021.

publicado anos antes de sua ascensão ao poder. Bolsonaro cumpriu seu programa com a contingência da pandemia.

A fala do fascista é essencial para levá-lo ao poder. Não se trata de bravatas ou palavras ao léu como costumeira e ingenuamente se interpreta. O fascista busca se legitimar por meio do apelo a certa massa suscetível ao ressentimento social e por meio do apelo à pequena-burguesia, ou classe média, perdida entre o pavor da proletarização (que se torna pavor dos proletários, de seus partidos e de seus movimentos) e a sua própria representação no imaginário da grande burguesia. O ressentimento transforma-se em ódio. Essa massa cresce com desqualificados, escroques, oportunistas, lúmpens, também amealhados entre os trabalhadores.[376]

Abordagem similar faz o professor português Manoel Loff:

(...) o programa do governo Bolsonaro é socialmente tão reacionário e, na sua tentativa de fundir os interesses das direitas políticas e econômicas do Brasil, tão ambicioso que deverá avaliar da necessidade de usar uma violência institucional, paralegal, que está fora do alcance de qualquer governo democrático. Se não hesitar em usá-la, a prática será muito próxima da abordagem fascista. O discurso que tem sobre os movimentos sociais e políticos que se lhe opõem, sobre as mulheres, as minorias étnicas, a família, a nação, o Ocidente configura um neofascismo adaptado ao Brasil do século 21.[377]

---

376 FELIPPE, Marcio Sotelo. "Para além do Impeachment". *Revista Cult*, 2021. Disponível em: https://revistacult.uol.com.br/home/para-alem-do-impeachment-bolsonaro/. Acessado em: 18.06.2021.

377 VIEL, Ricardo. "O bolsonarismo é o neofascismo adaptado ao Brasil do século 21". *Agência Pública*, 2019. Disponível em: https://apublica.org/2019/07/o-bolsonarismo-e-o-neofacismo-adaptado-ao-brasil-do-seculo-21/. Acessado em: 18.06.2021.

Das pesquisas do Laboratório Política, Comportamento e Mídia ("Bolsonarismo: o novo fascismo brasileiro") também se pode extrair:

> O movimento a que chamamos *bolsonarismo ou novo fascismo brasileiro*, para ficar no exemplo diretamente relacionado à investigação, articula-se como "representante do povo", prometendo uma "relação imediata" com esse mesmo "povo" reivindicado (remetendo, assim, à ideia de "democracia delegativa" como articulada por O'Donnell e ao conceito de populismo como definido por Urbinati.[378]

Dormindo com o perigo, os agentes de mercado permanecem otimistas quanto à implantação de medidas do ideário neoliberal, tratando as manifestações autoritárias como meros subprodutos das reformas que, ao fim e ao cabo, foram as principais responsáveis pelo apoio empresarial na eleição e continuam sendo para a manter o governo em pé. Felippe, aliás, enfatiza que uma das características essenciais do fascismo é justamente sua natureza capitalista, fortemente impregnada nos exemplos históricos:

> Não bastariam os meios clássicos de repressão, a violência do Estado. Era preciso mais do que isso. Era necessário, além de coagir pela violência, fortalecer os meios ideológicos de dominação. Os valores da sociedade burguesa capitalista. Era preciso que à violência se somasse o controle da consciência da massa. Isto tanto para reforçar a dominação quanto para legitimar a repressão pelo apoio dessa massa. Essa é característica essencial do fascismo, que nos permite distinguir esse fenômeno do século 20, ainda presente, de outros fatos históricos.[379]

---

378 OFF LATTES. "Bolsonarismo: o novo fascismo brasileiro". *Off Lattes*, 2020. Disponível em: https://offlattes.com/archives/2975. Acessado em: 18.06.2021.

379 FELIPPE, Marcio Sotelo. "Para além do Impeachment". *Revista Cult*, 2021. Disponível em: https://revistacult.uol.com.br/home/

Em *A Ordem do Dia*, livro com que Éric Vuillard ganhou o prêmio Goncourt 2017, relata-se o firme apoio do grande empresariado alemão, sem dramas de consciência ou hesitações morais, à vitoriosa campanha do partido nazista, em 1933. O que disse Hitler que convenceu aos principais industriais? "Era preciso acabar com um regime fraco, afastar a ameaça comunista, suprimir os sindicatos e permitir que cada patrão fosse um Fuhrer em sua empresa".[380]

Em entrevista à Folha de S. Paulo, o Presidente do Banco Itaú deixa entrever a possibilidade de convivência entre os veios autoritário e reformista:

> "O que tenho notado é que o avanço das reformas não tem sido influenciado pelas turbulências políticas", disse Bracher em teleconferência a jornalistas ao ser perguntado sobre as declarações do Presidente. Nos últimos dias, Bolsonaro vem atraindo críticas ao expressar suas opiniões sobre os mais diversos temas: disse que não há fome no Brasil, chamou de mentirosos os dados oficiais sobre desmatamento e emitiu opiniões preconceituosas sobre nordestinos, entre outras abordagens.[381]

Normalização que, apesar das violências sofridas, permaneceu, sobretudo, patrocinada pela mídia. Segundo Marcos Nobre:

> A campanha midiática de normalização do governo Bolsonaro como um governo democrático ficou delegada sobretudo ao ministro da Economia, Paulo Guedes. Na semana em

---

para-alem-do-impeachment-bolsonaro/. Acessado em: 18.06.2021.

380 VUILLARD, Eric. *A ordem do dia*. São Paulo: Planeta, 2019 [Kindle: posição, 162].

381 GOULART, Josette. "Presidente do Itaú diz que declarações de Bolsonaro não atrapalham reformas". *Folha*, 2019. Disponível em: https://www1.folha.uol.com.br/mercado/2019/07/presidente-do-itau-avalia-que-declaracoes-de-bolsonaro-nao-atrapalham-reformas.shtml. Acessado em: 18.06.2021.

> que a *Folha de S. Paulo* foi frontalmente atacada por Bolsonaro, Guedes concedeu uma entrevista ao jornal, em 3 de novembro último. A entrevista pretendeu mandar o recado de que o governo continua contando com gente esclarecida, ciosa das liberdades democráticas, verdadeiramente liberal no sentido político da expressão.[382]

Não à toa, o jornal foi capaz de, em mais de um editorial, depois de sofrer seguidas e individualizadas agressões, apontar que o governo estaria "no caminho certo". A dubiedade da indignação temperada para com os "excessos verbais" e a energia de sepultar os resquícios da Era Vargas, nessa luta que, como vimos, se reproduz há décadas, ou seja, o medo do retorno do trabalhismo ou da social-democracia, produz uma adesão ligeiramente envergonhada, com um capital nitidamente insuficiente para se contrapor à volúpia do exercício do poder e de sua continuação.

Fora do jogo mais direto, mas nem tanto assim, o Judiciário também administra suas ambiguidades, até porque convive com uma formação não homogênea. De uma maneira geral, resistente por longos períodos a se integrar de corpo e alma ao modelo e ao espírito democrático imposto pela Carta de 1988 parece se amoldar, sem grandes desconfortos, a um ambiente marcado pelo retrocesso político e social. Não aparenta desconformidade com os novos ares, que excluem participações comunitárias no âmbito decisório ou

---

382 NOBRE, Marcos. "Contagem Regressiva". *UOL*, 2019. Disponível em: https://piaui.folha.uol.com.br/materia/contagem-regressiva/. Acessado em: 18.06.2021. O esforço de normalização pôde ser bem descrito, de forma retrospectiva, neste artigo de MENDES, Conrado Hubner: "O programa de autocratização do governo Bolsonaro pediu que confiássemos no 'risco-zero' da democracia e na promessa de que esse regime 'modera' sociopatas. Pediu que os poderes 'dialogassem' dentro das 'quatro linhas' sob 'moderação' das Forças Armadas. Jornais hesitaram em usar as palavras certas para reportar o que viam. Extremistas eram 'manifestantes', mentir equivalia a 'declarar', delinquência se parecia com 'polêmica', violação passava por 'excesso', crime por 'controvérsia jurídica'". (MENDES, Conrado Hubner. "100 dias de civilidade". *Folha de S. Paulo*, 05 abr. 2023).

que golpeiam duramente a laicidade; faz coro ao recrudescimento do vigor punitivo (do qual, aliás, é um dos principais disseminadores), e avaliza a castração dos direitos dos trabalhadores, numa mostra de quão esmaecidos foram os princípios que nortearam o desenho de um prometido Estado Democrático. Anui, por fim, a uma ordem que combina sem grandes dramas morais, o incremento da disciplina com o espetáculo da desigualdade.

Na estrada para a perdição em que nos metemos, com a participação ora omissiva ora protagonista do Judiciário, o Poder parece ter encontrado seu lugar em uma estrutura mais conservadora – mas, ao mesmo tempo, de uma forma que se lhe aparenta cada vez mais perigosa. Em suma, alinhando-se ao paradoxo que resulta de toda a conjugação das vertentes liberais com as abertamente reacionárias: na oposição à emancipação das forças populares, acabam por engrossar, às vezes até inadvertidamente, o caldo do autoritarismo.

O quadro mais recente nos aponta para perspectivas contraditórias: de um lado, um certo vigor na democracia pela resistência ao autoritarismo e a vitória eleitoral de Lula, a despeito da plêiade de abusos de poder político e econômico; de outro a resistência social dos grupos bolsonaristas, demonstradas, sobretudo, pelos atos golpistas de 8 de janeiro, com apoio de autoridades civis e militares.

A difícil e contraditória convivência do Judiciário com a autocracia de Bolsonaro, pela dimensão em que os embates acabaram revelando, será objeto de nosso próximo capítulo.

CAPÍTULO V

O ESTADO DE EXCEÇÃO EM LEGÍTIMA DEFESA

Até que tenha assumido a Presidência, Jair Bolsonaro não tinha muito do que reclamar do Judiciário.

Em meio à campanha eleitoral, a Primeira Turma do Supremo Tribunal Federal rejeitou denúncia de racismo contra ele, por um placar apertado de 3 votos a 2. Ao fazer discurso em um clube, o candidato expusera sua intenção de não agasalhar qualquer reivindicação de indígenas e quilombolas, sobretudo, pela demarcação de terras. Mas não fez isso simplesmente dizendo que não demarcaria nem transferiria recursos para ONGs. Teve de explicar, à sua moda, o porquê da injustiça dessas políticas:

– "Eu fui num quilombo, o afrodescendente mais leve lá pesava sete arrobas. Não fazem nada! Eu acho que nem para procriador ele serve mais".

Quilombolas não eram apenas gordos, preguiçosos – eram medidos em "arrobas", como se ainda fossem tratados como coisas, no período em que haviam sido escravizados.

A declaração causou risos e fez sucesso, na linha do escatológico e de compressor da dignidade humana que era exatamente a marca com que pretendia se identificar ao eleitorado: um candidato sincero e desbocado, sem qualquer concessão ao "politicamente correto".

Mas era também escandalosa. Bolsonaro, deputado federal que era, foi denunciado por racismo pela Procuradoria Geral da República, mas acabou tendo sua denúncia rejeitada pelo Supremo Tribunal Federal. Com dois votos para o recebimento (Luis Roberto

Barroso e Rosa Weber) e dois votos pela rejeição (Marco Aurélio Mello e Luiz Fux), foi o então novato Alexandre de Moraes quem deu o voto de minerva, concluindo que:

> não me parece que a conduta do denunciado tenha extrapolado os limites da liberdade de expressão qualificada e abrangida pela imunidade material. Não teria a meu ver extrapolado um verdadeiro discurso de ódio, de incitação ao racismo ou à xenofobia... Suas declarações, principalmente as mais grosseiras e vulgares em momento algum tiveram intuito, pelo menos o intuito objetivo que se percebe, de negar o sofrimento ou ser contra, o sofrimento causado aos negros e seus descendentes pela escravidão.

Duas outras ações penais corriam no STF contra o então deputado, pelas agressões públicas que havia feito à deputada Maria do Rosário, no curso de uma discussão fora do plenário, quando chegara a dizer que ela "não merecia ser estuprada". As denúncias haviam sido recebidas em junho de 2016, mas não fora possível julgá-las até o final de 2018. Pouco tempo antes de que os processos fossem suspensos pela assunção do réu à presidência, o relator havia concordado com que Bolsonaro substituísse uma testemunha defesa, alongando, assim, a fase de instrução. Despachou o então relator, Ministro Luiz Fux:

> Ocorre que também possui importante respaldo jurisprudencial o entendimento de que o arrolamento ou pedido de substituição de testemunha extemporâneos formulados pela defesa não atentam contra a higidez do processo penal quando a inquirição se afigurar como pertinente para o esclarecimento do objeto da causa, uma vez que, em casos tais, o próprio Juízo poderia, de ofício e a qualquer tempo antes da sentença, determinar tal inquirição, com fundamento no art. 209 do CPP.

E, embora o fato tenha sido presenciado por inúmeros parlamentares, jornalistas e funcionários da Casa, além de ter sido televisionado, entendeu-se relevante permitir que o réu substituísse sua testemunha de defesa, do deputado Rogério Marinho para o deputado Ônix Lorenzoni. Quando 2019 chegou, os processos ainda não haviam terminado e foram suspensos, porque o Presidente da República só pode ser julgado criminalmente por fatos cometidos durante o mandato – a prescrição estaria à sua espera, ao final.

A terceira agressão verbal de Bolsonaro, que ficou famosa, uma elegia, dentro do Plenário da Câmara, ao torturador Carlos Alberto Brilhante Ustra, como se sabe, não chegou nem mesmo a ser considerada uma infração ética: por 11 votos a 1, a representação, formulada pelo Partido Verde por quebra de decoro, foi arquivada na Comissão de Ética da Câmara dos Deputados. A apologia ao crime de tortura, feita no dia da votação do *impeachment*, para constranger, humilhar e fazer sofrer a então Presidente Dilma Roussef, fora considerada dentro do espaço regular da imunidade parlamentar.

A virulência do discurso seria capitalizada como um ativo eleitoral, distribuída, sem parcimônia, durante as disputas e, principalmente, após as eleições – o discurso de ódio, que já se antevia à posse no Palácio, em diversas oportunidades, fora normalizado, como seria, durante o governo, por incontáveis vezes, inclusive pelo próprio Supremo Tribunal Federal. Ao deixar a presidência da Corte, quando Bolsonaro já exigira a comemoração oficial do Golpe Militar de 1964 nos quartéis, e distribuía, a torto e direito, suas violências verbais a jornalistas (sobretudo mulheres), o Ministro Dias Toffoli frisou não ter visto, da parte do Presidente e de seus ministros, "*nenhuma atitude contra a democracia*".[383] Luiz Fux, logo depois de assumir a Presidência, afirmou que o

---

383 TEIXEIRA, Matheus. "Nunca vi atitude de Bolsonaro contra democracia, diz Toffoli". *Folha*, 2020. Disponível em: https://www1.folha.uol.com.br/poder/2020/09/nao-pode-deixar-investigacao-na-gaveta-e-depois-vazar-com-interesse-politico-diz-toffoli-sobre-a-lava-jato.shtml. Acessado em: 18.06.2021.

discutido *impeachment* de Bolsonaro, sobretudo pela drástica ação na pandemia, seria simplesmente "*desastroso para o país*" e que, afinal de contas, os eventos danosos (como o colapso hospitalar de Manaus) não haviam sido tão previsíveis assim.[384]

Não se pode esquecer de que foi justamente uma decisão judicial, esta do Superior Tribunal Militar, que permitiu a Bolsonaro reverter a expulsão dos quadros do Exército, depois que foi acusado de preparar uma bomba para pressão por propósitos supostamente sindicalistas, cuja prova principal era uma entrevista dele mesmo à revista *Veja*. O maior estudioso do processo, Luis Maklouf Carvalho (*O Cadete e o Capitão. A vida de Jair Bolsonaro no quartel*) avaliou que o capitão foi beneficiado por um "espírito de corpo militar" e por uma "hostilidade à imprensa", na época da transição democrática, por uma maioria de ministros indicados ainda na ditadura. A análise que segue é da revista *Consultor Jurídico*: "STM fez vista grossa a planos terroristas de Bolsonaro nos anos 1980":

> O livro de Maklouf mostra que alguns ministros que votaram pela absolvição fizeram críticas genéricas ao jornalismo, citando reportagens que nem tinham a ver com o caso. A volta da liberdade de imprensa era recente no Brasil.
>
> A imprensa é o segundo personagem do livro. A discussão era de quem mentiu no caso – o capitão, que negou ter participação no plano da bomba, ou a revista, que sempre reiterou que as declarações foram dadas por ele.
>
> O réu no processo do STM, e isso se ouve no áudio, foi muito mais a revista e a repórter, que foi insultada de maneira diversa, covarde. Como era sessão secreta, ela foi chamada de famigerada, e coisas piores.

---

384 CARTA CAPITAL. "Fux sobre o impeachment de Bolsonaro: seria um desastre para o país". *Carta Capital*, 2021. Disponível em: https://www.cartacapital.com.br/politica/fux-sobre-impeachment-de-bolsonaro-seria-um-desastre-para-o-pais/. Acessado em: 18.06.2021.

> Na introdução do livro, o jornalista escreve que o julgamento teve "singularidades" que "permitem aventar, com base também na análise da documentação, um jogo combinado para preservar o capitão – o espírito de corpo militar, dito de outra forma –, desde que ele apressasse sua saída do Exército".

E, embora não se trate de decisões que tenham envolvido diretamente a pessoa de Jair Bolsonaro, não deixam de ser relevantes, sobretudo pelo reflexo que isso causou de forma estrondosa no processo eleitoral, as decisões do STF que mantiveram a custódia provisória de Lula, pela novel interpretação da "prisão em segundo grau", foram decisivas para consolidar a viabilidade da candidatura do capitão em 2018. Nem se pode dizer que vieram como frutos desinteressados. Primeiro, porque elas se balizaram, sobretudo, nas decisões de Sérgio Moro, que viria a ser o Primeiro Ministro da Justiça de Bolsonaro; depois, porque houve episódio patente de intimidação militar, movido por um tuíte do General Villas Boas, sustentáculo militar de Bolsonaro, contra a soltura do ex-Presidente.[385]

Por fim, a decisão do TSE, que indeferiu a candidatura Lula, mesmo diante de Recomendação do Comitê de Direitos Humanos na ONU, colocou pá de cal nas pretensões do ex-Presidente,[386]

---

385 "Nessa situação que vive o Brasil, resta perguntar às instituições e ao povo quem realmente está pensando no bem do País e das gerações futuras e quem está preocupado apenas com interesses pessoais?" e "Asseguro à nação que o Exército Brasileiro julga compartilhar o anseio de todos os cidadãos de bem de repúdio à impunidade e de respeito à Constituição, à paz social e à democracia, bem como se mantém atento às suas missões institucionais". Posteriormente, admitiu, em livro de memórias, o intuito intimidatório: BOGOSHIAN, Bruno. "Ex-comandante deixa claro que Exército tentou intimidar STF em 2018". *Folha de S. Paulo*, 10 fev. 2021. Disponível em: https://www1.folha.uol.com.br/colunas/bruno-boghossian/2021/02/ex-comandante-deixa-claro-que-exercito-tentou-intimidar-stf-em-2018.shtml. Acessado em: 09.04.2023.

386 TSE. *TSE indefere pedido de registro de candidatura de Lula à Presidência da República*. Disponível em: https://www.tse.jus.br/comunicacao/

permitindo a disputa de Bolsonaro sem o principal adversário, até então líder nas pesquisas.

Quanto às políticas predatórias enquanto candidato, lembremos apenas da denúncia, formulada pela repórter Patrícia Campos Mello que, na *Folha de S. Paulo*, às vésperas da eleição, descortinara uma rede de mensagens industrialmente estimuladas pela campanha de Bolsonaro, junto ao WhatsApp e sua crítica à forma como fora registrada e recebida pelo Tribunal Superior Eleitoral, melhor descrita e referenciada no capítulo anterior:

> (...) mesmo com mais evidências sobre o esquema, a investigação do TSE aberta em 2018 continuou andando a passos de tartaruga. Desde o início, quando a autoridade eleitoral resolveu não quebrar o sigilo dos donos das agências, nem fazer busca e apreensão, ficara evidente que era escasso o apetite para levar adiante as apurações. (...) No fim de setembro, o ministro impediu que sete testemunhas fossem ouvidas, entre elas donos da agência citada na reportagem, o funcionário que fez a denúncia, um representante do WhatsApp e os autores da reportagem. Ao indeferir os pedidos, alegou que os testemunhos 'de nada acrescentariam de útil e necessário ao esclarecimento dos fatos relatados na petição inicial.

Nenhum dos métodos de ação ou meios de comportamento eram propriamente desconhecidos do Judiciário brasileiro, quando Jair Bolsonaro tomou posse no cargo de Presidente da República, em janeiro de 2019. E, até lá, ele tinha mesmo muito pouco a reclamar da forma como vinha sendo amistosamente recebido pelos

---

noticias/2018/Setembro/tse-indefere-pedido-de-registro-de-candidatura-de--lula-a-presidencia-da-republica. Acessado em: 10.04.2023.

tribunais, bem ainda normalizado pelo sistema político que, afinal, anunciava tentar explodir desde o primeiro dia:[387]

> Em 1999, o capitão reformado expôs suas ideias no programa "Câmera Aberta", na Bandeirantes. Em 35 minutos, ele defendeu a ditadura e a tortura, pregou o fechamento do Congresso e disse que o Brasil precisava de uma guerra civil, mesmo que isso provocasse a morte de inocentes.
>
> A entrevista mostra um Bolsonaro sem retoques. À vontade, ele se gaba de sonegar impostos e estimula os telespectadores a fazerem o mesmo. "Conselho meu e eu faço. Eu sonego tudo que for possível", afirma. Depois, diz que a democracia é uma "porcaria" e conta o que faria se chegasse ao poder: "Daria golpe no mesmo dia. Não funciona".

Para uma considerável gama de analistas políticos, a assunção da Presidência da República mudaria esse quadro, o líder seria acomodado em situações de maior normalidade e a convivência com demais poderes seria harmônica. Quando em junho de 2020, o Ministro Edson Fachin precisou se municiar das lições de Karl Loewenstein, escritas em 1937, como uma cartilha para as democracias resistirem ao fascismo que se expandia quase que sem limites pela Europa, alguma coisa certamente havia mudado.

5.1 STF x governo

Ainda que a mística dos apoiadores de Bolsonaro, tal como os demais políticos "antissistema" pretendessem afirmar que o Presidente lutava contra os Poderes, e deles deveria ser salvo, tampouco

387 FRANCO, Bernardo Melo. "Bolsonaro sem retoques". *Folha de S. Paulo*, 10 out. 2017. Disponível em: https://www1.folha.uol.com.br/colunas/bernardomellofranco/2017/10/1925781-bolsonaro-sem-retoques.shtml. Acessado em: 07.04.2023.

é correto dizer que tenha sido, de alguma forma, boicotado pelo Judiciário após assumir a Presidência.

É certo que o governo Bolsonaro iniciou a gestão sem a obtenção de maiorias consistentes no Parlamento, sobretudo, para projetos extremamente questionáveis, que passa a querer regular por via dos decretos, como as mudanças que pretende impor ao Estatuto do Desarmamento. Como explicam Oscar Vilhena Vieira, Rubens Glezer e Ana Laura Pereira Barbosa, a conduta não era apenas circunstancial:

> Bolsonaro valeu-se de algo que chamamos de *infralegalismo autoritário*. Esse método privilegiou a implementação de uma agenda populista e autoritária por meio da edição de decretos, nomeações e ações no âmbito administrativo, orçamentário e burocrático, amparadas por pressões parainstitucionais sobre agentes públicos e voltadas para a erosão ou neutralização de diversos direitos e valores estabelecidos pela Constituição de 1988.[388]

À fúria sub-legislativa vai corresponder, naturalmente, a judicialização de parte significativa da política pública. Bolsonaro, por meio de decretos, também procurou esvaziar a participação social em conselhos – inclusive aqueles em que a participação era prevista por lei; mais, a implosão do poder de polícia, sobretudo, nas questões ambientais, fez explodir o desmatamento e a devastação das terras indígenas com a estimulada ocupação ilegal de garimpeiros.

Continuam Vieira e outros, analisando que, "após uma primeira etapa marcada por uma retorica mais conciliadora, o

---

388 VIEIRA, Oscar Vilhena; GLEZER, Rubens; BARBOSA, Ana Laura Pereira. "Supremocracia e infralegalismo autoritário. O comportamento do Supremo Tribunal Federal durante o governo Bolsonaro". *Revista Novos Estudos*, CEBRAP, São Paulo, vol. 41, nº 3, set.-dez. 2022, pp. 591-605.

STF passou a se mostrar cada vez mais preocupado e disposto a controlar atos do governo".[389]

Mas esse comportamento sobre as políticas públicas, efetuadas por debaixo da lei, não exibe o complexo de aceites de diversas soluções juridicamente propostas pelo governo, nem a salvação, por meio da judicialização no topo, de questões profundamente incômodas a Bolsonaro e à sua família.

Assim, é de se apontar que, em grandes questões, que faziam parte dos planos econômicos do governo, houve pouco dissídio. Na Reforma da Previdência, os obstáculos foram apenas legislativos. Ações contestando alterações da mudança constitucional, até o momento, não causaram nenhum impacto – o relator Luis Roberto Barroso apresentou voto somente no segundo semestre de 2022, em doze ações diretas de inconstitucionalidade que questionam vários pontos da reforma da Previdência de 2019 (Emenda Constitucional 103/2019), propondo manter hígida a parte mais expressiva dela.

Outra questão de grande magnitude foi a autorização para a privatização de empresas subsidiárias, sem a necessidade de autorizações legislativas individualizadas. O STF, por larga maioria, entendeu suficiente a autorização genérica de programa de desestatização, no julgamento da ADI 6241 – o que viabilizou a realização dos principais planos de privatização do governo. Quando necessário, o plenário do STF flexibilizou as regras fiscais orçamentárias no combate à pandemia, e negou medida liminar contra a PEC dos Precatórios, que acabou por significar um enorme derrame de dinheiro às vésperas da eleição – nem mesmo a utilização do *orçamento secreto*, que bombeou dinheiro para a irrigação do controle parlamentar, chegou a ser suspenso antes das eleições

389 VIEIRA, Oscar Vilhena; GLEZER, Rubens; BARBOSA, Ana Laura Pereira. "Supremocracia e infralegalismo autoritário. O comportamento do Supremo Tribunal Federal durante o governo Bolsonaro". *Revista Novos Estudos*, CEBRAP, São Paulo, vol. 41, nº 3, set.-dez. 2022, pp. 591-605.

Sem contar que o STF também negou a possibilidade de que Rodrigo Maia, adversário de Bolsonaro, pudesse se candidatar novamente à presidência da Câmara – em votação apertada, após o voto concessivo do relator Gilmar Mendes,[390] abrindo a possibilidade de que o favorito à disputa, Arthur Lira, assumisse a presidência da Casa. Como se sabe, Lira restabeleceu a aliança do Centrão e assegurou, ainda que por métodos juridicamente discutíveis, maioria parlamentar ao governo, o que se diga, espancou em absoluto a possibilidade do *impeachment*.

No mesmo campo, pode-se dizer que praticamente todos os recursos, que foram interpostos para evitar o processamento de Flávio Bolsonaro, tiveram êxito, ao menos na concessão de medidas liminares: a) em janeiro de 2019, Fux suspende investigações contra Fabrício Queiróz e Flávio Bolsonaro;[391] b) em Julho de 2019, Dias Toffoli suspende processos com dados bancários compartilhados sem autorização judicial, atendendo a pedido de Flávio Bolsonaro;[392] c) em setembro de 2019, Gilmar Mendes suspende investigações contra Flávio Bolsonaro;[393] e) em setembro de 2020, Marco Aurélio Mello suspende inquérito sobre interferência de Bolsonaro

---

390 SANTOS, Rafa; VOLTARE, Emerson: "STF confirma que reeleição de Câmara e Senado é inconstitucional". *Consultor Jurídico*, 07 dez. 2020. Disponível em: https://www.conjur.com.br/2020-dez-07/stf-decide-reeleicao-camara-senado-inconstitucional. Acessado em: 07.04.2023.

391 BRASIL DE FATO. "Luiz Fux suspende investigação sobre o 'caso Queiroz' a pedido de Flávio Bolsonaro". *Brasil de Fato*, 17 jan. 2019. Disponível em: https://www.brasildefato.com.br/2019/01/17/fux-suspende-investigacao-sobre-o-caso-queiroz-a-pedido-de-flavio-bolsonaro. Acessado em: 07.04.2023.

392 COELHO, Gabriela. "Toffoli suspende processos com dados compartilhados por órgãos de controle". *Consultor Jurídico*, 16 jul. 2019. Disponível em: https://www.conjur.com.br/2019-jul-16/toffoli-suspende-processos-dados-compartilhados-coaf. Acessado em: 07.04.2023.

393 COELHO, Gabriela; VOLTARE, Emerson. "Gilmar suspende investigação do MP-RJ contra Flávio Bolsonaro". *Consultor Jurídico*. Disponível em: https://www.conjur.com.br/2019-set-30/gilmar-suspende-investigacao-mp-rj-flavio-bolsonaro. Acessado em: 07.04.2023.

na PF;[394] f) em novembro de 2021, STF mantém foro privilegiado de Flávio Bolsonaro.[395]

Dadas as circunstâncias, portanto, não é possível reconhecer premissas contrárias aos interesses do governo, por mera disposição política, nem que o STF tenha, de forma orgânica, se colocado como um obstáculo à governabilidade.

5.2 Bolsonaro x STF

A situação muda um pouco de figura quando se analisam duas contendas que acabaram por distinguir Bolsonaro e STF em lados distintos – ao longo do tempo, essas linhas vieram a cruzar-se.

A primeira delas não começa propriamente com os bolsonaristas, mas com os antecessores lavajatistas – as críticas dos membros do MPF às condutas que o Tribunal, enquanto órgão revisor, começa a dar nos apelos das condenações da Operação Lava Jato. O primeiro indício de que a situação começa a virar são as decisões que antecipam a conclusão pela incompetência das acusações que abrigaram fatos que também envolviam a Justiça Eleitoral. As primeiras decisões da Segunda Turma do Supremo Tribunal Federal foram fortemente criticadas pelos procuradores, com destaque especial para o artigo de Diogo Castor, publicado no site O *Antagonista*, assim destacado: "Em artigo exclusivo, o procurador Diogo Castor, da força-tarefa da Lava Jato, denuncia a

394 COELHO, Gabriela. "Marco Aurélio suspende inquérito sobre suposta interferência de Bolsonaro na PF". *CNN*, 17 set. 2020. Disponível em: https://www.cnnbrasil.com.br/politica/marco-aurelio-suspende-inquerito-sobre-suposta-interferencia-de-bolsonaro-na-pf/. Acessado em: 07.04.2023.

395 GLOBO. "STF mantém foro privilegiado de Flávio Bolsonaro e anula provas no caso das rachadinhas". *JN*, 30 nov. 2011. Disponível em: https://g1.globo.com/jornal-nacional/noticia/2021/11/30/stf-mantem-foro-privilegiado-de-flavio-bolsonaro-e-anula-provas-no-caso-das-rachadinhas.ghtml. Acessado em: 07.04.2023.

manobra do STF para tentar transferir investigações de corrupção para a Justiça Eleitoral".

O artigo foi publicado dia 09.03.2019 e não poupava adjetivos aos ministros:

> (...) se o entendimento da **turma do abafa** sobressair, praticamente todas as investigações da Lava Jato sairiam da Justiça Federal e iriam para Justiça Eleitoral, isto incluindo complexas apurações de crimes de lavagem de dinheiro transnacional, corrupção e pertencimento à Organização criminosa (g.n.).[396]

Com um pouco menos de adjetivos, mas em igual medida de culpabilizar o STF, o procurador Deltan Dallagnol, chefe da Força Tarefa da Lava Jato em Curitiba, disse algo similar sobre a decisão do STF: "Ela começa a fechar a janela de combate à corrupção política que se abriu há 5 anos".[397] Os discursos estimulam e vitaminam críticas nas redes sociais.

Dias depois, em 14.03.2019, o Presidente do STF, Ministro Dias Toffoli baixaria a Portaria GP 69/2019, com a qual instaurava o Inquérito das *Fake News*. Como noticiou a *Folha de S. Paulo* à época: "A investigação foi aberta em uma semana marcada por

---

396 O ANTAGONISTA. "Procurador da Lava Jato denuncia 'o mais novo golpe' do STF". *O Antagonista*. Disponível em: https://oantagonista.uol.com.br/brasil/procurador-da-lava-jato-denuncia-o-mais-novo-golpe-stf/. Acessado em: 07.04.2023.

397 ESTADÃO DE MINAS. "Deltan afirma que decisão do STF 'fecha a janela do combate à corrupção'". *Estadão Conteúdo*, 14 mar. 2019. Disponível em: https://www.em.com.br/app/noticia/politica/2019/03/14/interna_politica,1038033/deltan-afirma-que-decisao-do-stf-fecha-a-janela-do-combate-a-corrupca.shtml. Acessado em: 07.04.2023.

derrotas da Operação Lava Jato no STF e troca de farpas entre magistrados, congressistas e membros da força-tarefa em Curitiba".[398]

E continua:

> O escopo do inquérito, aberto de ofício por Toffoli, é bem amplo. Entre possíveis alvos da apuração estão procuradores da força-tarefa da Lava Jato em Curitiba que teriam, no entendimento de alguns ministros, incentivado a população a ficar contra decisões do Supremo, como Deltan Dallagnol e Diogo Castor.[399]

Ao que se indicava no momento, à crítica lavajatista se unia uma saraivada de mensagens de grupos próximos ao Presidente da República, que aportavam no tribunal:

> Nesta quinta-feira, a coluna Painel da Folha mostrou que, liderados por bolsonaristas, grupos de WhatsApp que tinham sido desativados após a campanha voltaram a operar. A retomada coincidiu com o apelo da cúpula do Congresso para que o Presidente religasse, em nome da reforma da Previdência, a rede de contatos que o ajudou a chegar ao Planalto.
>
> Além de textos de defesa da medida, as comunidades elegeram um alvo comum: o Supremo. Montagens pedem o "fim do STF", apontam "a toga contra o povo" e chamam os ministros de criminosos. Além do tom de protesto, mensagens

---

398 FOLHA DE S. PAULO. "Entenda o inquérito do Supremo contra fake news e conheça os pontos polêmicos". *Folha de S. Paulo*. Disponível em: https://www1.folha.uol.com.br/poder/2019/03/entenda-o-inquerito-do-supremo-contra-fake-news-e-conheca-os-pontos-polemicos.shtml. Acessado em: 07.04.2023.

399 TUROLLO JR., Reynaldo. "Toffoli abre inquérito para apurar fake news e ameaças contra ministros do STF". *Folha de S. Paulo*. Disponível em: https://www1.folha.uol.com.br/poder/2019/03/toffoli-abre-inquerito-para-apurar-fake-news-e-ameacas-contra-ministros-do-stf.shtml. Acessado em: 07.04.2023.

> que circulam nesses grupos disseminam informações falsas sobre a função, o funcionamento e os membros do STF.
>
> Uma das postagens chega a afirmar que a corte tem "clientes como o BNDES", e que "OAB e Judiciário estão aparelhados com essa máfia comunista e o narcotráfico de toda a América Latina". "O STF só pode ser derrubado com uma ação efetiva e massiva do povo. O governo não pode os tirar de lá (sic)".[400]

A propósito, o importante estudo de Fábio de Sa e Silva, publicado na *Law and Society Association*, em 2022, que aborda as interações, sobretudo, das menagens de Deltan Dallagnol, no Facebook, buscando galvanizar o ativismo popular. Em determinado momento, o STF se torna o mais direto antagonista, e às suas pesadas e constantes críticas, o perfil recebia como respostas: "O STF virou o maior inimigo do Brasil #VergonhaSTF" e "os únicos que podem fazer qualquer coisa, e agora eles podem mais do que nunca, são os generais, intervindo no STF". A conclusão do pesquisador:

> Os diálogos entre procuradores da Lava Jato e usuários do Facebook coproduziam um esquema cultural avesso ao estado de direito. O trabalho anticorrupção foi glorificado, interpretado como messiânico ou patriótico, não como um esforço institucional baseado e sujeito a regras. A sociedade foi chamada a participar de uma luta contra a corrupção que se tornou uma cruzada contra as instituições, com ataques sistemáticos ao Congresso e, sobretudo, o Supremo Tribunal Federal (STF).[401]

---

400 TUROLLO JR., Reynaldo. "Toffoli abre inquérito para apurar fake news e ameaças contra ministros do STF". *Folha de S. Paulo*. Disponível em: https://www1.folha.uol.com.br/poder/2019/03/toffoli-abre-inquerito-para--apurar-fake-news-e-ameacas-contra-ministros-do-stf.shtml. Acessado em: 07.04.2023.

401 SILVA, Fábio de Sá e. "Relational legal consciousness and anticorruption: Lava Jato, social media interactions, and the coproductionof law's detraction

Antes de ingressar, de uma forma mais minuciosa, nas críticas e consequências do Inquérito das *Fake News*, atentemos para segunda contenda que, essa sim, distinguia de uma forma mais clara a posição do governo e as decisões a que chegou o STF, bem ainda a forma pela qual o Presidente Bolsonaro e seu exército de aliados repudiaram as decisões. Estamos falando sobre a questão da pandemia e a da federalização das restrições sanitárias.

Neste ponto específico, a colidência chegou a uma situação em que a composição se tornava impossível. Não era mistério para ninguém, como se indicou no capítulo anterior, a dedicação e o esforço do governo Bolsonaro em implementar uma política pública baseada na propalada "imunização de rebanho", o que correspondia a dizer, a omissão nas recomendações cientificamente abalizadas, como mecanismos de isolamento e distanciamento social, justamente para que o contágio se acelerasse e, com isso, diante do raciocínio toscamente exibido, o país pudesse regressar, o mais rápido possível, à "normalidade econômica" – não se contavam, por evidência, com o milhão e meio de mortos que as estatísticas sugeriam.

É possível que uma preocupação, com o impacto do retrocesso de índices econômicos para uma eleição futura, possa ter justificado a política da forçada normalidade, representada pelo avolumar de categorias consideradas essenciais e, por este motivo, livres para continuar exercendo suas funções, ademais da ausência de regras claras com relação a distanciamento social e a emprego de máscaras.[402] A questão chega ao STF por ação do

---

in Brazil (2017–2019)". *Law ans Socitey Review*, vol. 56, 2022.

402 Um consistente trabalho de Grupo científico comandado pela professora Daysi Ventura aferiu a hipótese de que esteve em curso no Brasil uma estratégia de disseminação da Covid-19, promovida de forma sistemática em âmbito federal: "A linha do tempo da estratégia federal de disseminação da covid-19". (Disponível em: https://static.poder360.com.br/2021/06/CEPEDISA-USP-Linha-do-Tempo-Maio-2021_v2.pdf. Acessado em: 08.04.2023).

Partido Democrático Trabalhista (ADI 6341) e a reclamação dos governadores de Estado que se sentiam limitados na fixação das restrições sanitárias.

A decisão do STF foi unânime, assentando que as regras constitucionais não serviam apenas para proteger liberdades individuais, que a discricionariedade da ação política não se faz sem controle ou contrapesos típicos do Estado Democrático de Direito, que o pior erro, na formulação das políticas públicas, é a omissão e fuga da racionalidade. Enfim, o exercício da competência da União, em nenhum momento, poderia diminuir a competência própria dos demais entes da Federação e que a solução de conflitos sobre o exercício da competência deve se pautar pela melhor realização do direito à saúde, amparada em evidências científicas e nas recomendações da OMS. Por fim, anota que seria grave que, sob o manto da competência exclusiva ou privativa da União, se premiassem as inações do governo federal.[403]

---

403 Várias outras medidas foram acolhidas pelo STF no mesmo sentido, como apontam Vieira e outros no artigo referido: Declarou que o governo deveria parar de produzir e circular campanhas publicitárias contrárias a medidas restritivas de combate à pandemia em decisões nas ADPF 668 e 669 (Maia, 2020); determinou que o governo deveria manter a divulgação de dados oficiais de infecção e óbitos relacionados à Covid-19; impôs critérios de transparência e publicidade ao Ministério da Saúde (ADPF 690, 691 e 692); e barrou restrições indevidas à Lei de Acesso à Informação (ADI 6.351, 6.347 e 6.353). Além disso, o STF demandou do Poder Executivo a adoção de medidas ativas no enfrentamento à Covid-19 em terras indígenas (ADPF 709) e no que concerne à população quilombola (ADPF 742), bem como obrigou o governo a elaborar planos de vacinação (ADPF 754 e 756) ou de medidas de contenção da pandemia, com especificidade suficiente para ser controlados pelo STF (ADPF 709). Diante da insuficiência do sistema de saúde no estado do Amazonas, o Ministério da Saúde foi obrigado a apresentar um plano de estratégias para lidar com a crise naquele local (ADPF 756). Ao impedir que o negacionismo de Bolsonaro implicasse boicote à vacinação, o STF decidiu pela obrigatoriedade da vacinação, estabelecendo tanto a impossibilidade de que crenças ou convicções pessoais impeçam os pais de vacinarem seus filhos (ADI 6.586 e 6.578) quanto a possibilidade de Estados e Municípios importarem e distribuírem vacinas por conta própria, desde que em acordo com o plano federal de vacinação (ADPF 770). O STF também determinou

Em um breve resumo, entendeu-se a competência comum entre União e Estados e que as regras da União poderiam prevalecer, desde que ampliassem as restrições sanitárias – as Municipais seguiam as de seus respectivos Estados, salvo, como é tradicional, em questões de assuntos peculiares.

A partir dessa decisão, concedida em medida cautelar e convertida em mérito, o Presidente da República passa a dizer que o STF lhe impediu de governar e tomar as providências cabíveis contra a Covid – ao mesmo tempo, todavia, meteu-se em aglomerações que desrespeitavam as regras de distanciamento social, inclusive para criticar de forma contundente e sem limites o próprio Supremo Tribunal Federal. Participou em manifestações explicitamente antidemocráticas, que prestigiavam, em grande medida, soluções golpistas, como a intervenção militar. Ao jogar-se em uma posição de antagonista do Supremo, estimulou seus apoiadores a centrar as manifestações violentas sobre o próprio tribunal e a alguns de seus membros.

A essa altura, embora o STF permanecesse decidindo questões de interesse do governo sem restrições – como o relato a que se fez acima – permanece vigilante, sobretudo, por intermédio dos inquéritos abertos.

O que nos cabe, no momento avaliar, é a pertinência jurídico-institucional da ação do STF, sobretudo no que delegado ao Ministro Alexandre de Moraes, no uso da competência das medidas atípicas empreendidas a partir da instauração, também atípica, do Inquérito das Fakes News, inclusive pela circunstância de que estas continuam ainda produzindo efeitos jurídicos questionáveis. A emergência deste procedimento, o empoderamento dele resultante e o abandono progressivo dos princípios formadores da ação judicial, de um lado; a superação dos golpes prenunciados e

---

que o governo federal divulgasse a ordem de preferência entre os grupos prioritários para a vacinação contra a Covid-19 (ADPF 754).

o transcurso do processo eleitoral sem máculas, de outro, podem e devem ser sopesados para evitar uma avaliação distante da realidade político-institucional que se apresenta. Mas as sequelas hauridas nesta travessia e o receio da fixação de precedentes não deixam de se apresentar como consequências relevantes.

5.3 O estado de exceção em legítima defesa

Já mencionamos aqui a ideia da jurisprudência defensiva – uma forma com que os tribunais encontram de desviar de temas espinhosos ou apenas arrefecer o movimento judiciário. Esta jurisprudência pode tanto proporcionar interpretações restritivas em ações coletivas, para evitar discussões classistas e politicamente incômodas, por exemplo, como estabelecer formalidades que imponham obstáculos quase insuperáveis em determinados recursos, ajudando a regular o volume de processos. Mas a exposição do Judiciário, em campos políticos mais abertos, vai proporcionar uma outra perspectiva para a jurisprudência defensiva, as formas pelas quais reinterpreta mecanismos para impor proteção à sua própria autoridade ou, em um afiado instinto de sobrevivência, resguardar o poder.

A melhor representação desta vertente, nos dias atuais, é o chamado Inquérito das *Fake News*, por meio do qual o STF, alargando enormemente o conceito de preservação da autoridade, estendeu a ideia autorizada pelo regimento, de autorização para inquérito sobre crimes que acontecem em suas dependências (art. 43, RISTF) para funcionar como uma espécie de chave-mestra que tutela, e ao mesmo tempo intimida, quem o constrange ou ameaça.

É possível compreender, politicamente, os motivos dessa autoafirmação: a retórica fascista que, por meio de violências verbais, procurou antagonizar o Judiciário com a população, a perda dos pruridos e prudência em críticas de baixo calão por altas autoridades, e a convocação de movimentos que emulam o autoritarismo e intimidam a independência do poder. Podemos invocar, aqui, a retórica do Ministro Abraham Weintraub, as ameaças veladas de Eduardo Bolsonaro, a participação do Presidente da República em atos apologéticos de medidas de força, inclusive contra a Justiça, os xingamentos ameaçadores do discurso de ódio mobilizado contra os ministros.

A última questão, que ainda se agrega à formatação dessa que poderia ser considerada uma injusta agressão, atual ou iminente, é a captura da Procuradoria Geral da República que, durante o governo Bolsonaro, alinhou-se com a presidência em praticamente todos os momentos, não servindo, assim, de anteparo a agressões deferidas, ou a ameaças propaladas, em que pese representasse o Ministério Público da União e não propriamente, como parecia, sua advocacia. O Ministério Público secundou-o nas principais medidas, propondo arquivamentos de inquéritos em praticamente todas as situações,[404] inclusive aquelas que visavam a contenção das propostas da imunidade de rebanho.[405]

Do ponto de vista jurídico, todavia, uma série de questões mal resolvidas nas repostas formuladas: uma fissura considerável no sistema acusatório, o abandono do juiz natural e a eternidade de um instrumento que paira, também de forma ameaçadora, contra possíveis e até futuros agressores.

---

404 EXTRA. "PGR de Aras se alinhou a Bolsonaro e filhos em 95% das manifestações no STF". Disponível em: https://extra.globo.com/noticias/politica/pgr-de-aras-se-alinhou-bolsonaro-filhos-em-95-das-manifestacoes-no-stf-25666806.html. Acessado em: 08.03.2023.

405 TEIXEIRA, Matheus; ROCHA, Marcelo. "Para defender Bolsonaro, PGR coloca em xeque eficácia de máscara contra COVID. Procuradoria contraria estudos sobre uso de equipamento e diz ao STF que Presidente não cometeu crime ao retirar máscara de criança nem com aglomerações". *Folha de S. Paulo*. Disponível em: https://www1.folha.uol.com.br/poder/2021/08/pgr-poe-em-xeque-eficacia-de-mascara-contra-covid-e-diz-nao-ver-crime-de-bolsonaro.shtml. Acessado em: 06.03.2023.

Por ato do Ministro, então Presidente Dias Toffoli, foi instaurado o que se acostumou chamar de Inquérito das *Fake News*, com a seguinte fundamentação:

> Considerando que velar pela intangibilidade das prerrogativas do Supremo Tribunal Federal e dos seus membros é atribuição regimental do Presidente da Corte (RISTF, art. 13, I);
>
> Considerando a existência de notícias fraudulentas (*fake news*), denunciações caluniosas, ameaças e infrações revestidas de *animus calumniandi, diffamandi e injuriandi*, que atingem a honorabilidade e a segurança do Supremo Tribunal Federal, de seus membros e familiares.

Ao inquérito instaurado, foi designado, como condutor, o Ministro Alexandre de Moraes.

Entre as questões que viriam a ser discutidas a partir deste decreto, o afastamento por completo da Procuradoria Geral da República – órgão para onde o inquérito seria encaminhado, em caso de apuração de crime; e ainda a circunstância de que, por seguir norma regimental anterior à Constituição de 1988, não houve distribuição, mas simples designação, por delegação, do Presidente. Utilizou-se, como referido, uma interpretação alargada acerca do que seria um crime cometido "nas dependências do Tribunal", uma vez que parte significativa dos fatos vinha sendo cometida pela internet.

A hipótese, posteriormente defendida no acórdão da ADPF 572, pelo relator Edson Fachin, de que a modernidade permitiu a ampliação deste escopo territorial, tornaria o STF, se assim pretendesse, uma espécie de investigador geral.

Mais ainda pela circunstância que o art. 43, do RISTF, referir-se à colheita de informações para posterior distribuição, "se envolver autoridade ou pessoa sujeita à sua jurisdição". A utilização do referido inquérito para investigação de todas as pessoas supostamente envolvidas em produção de *fake news* (e, posteriormente, de participação em atos antidemocráticos) reuniria, ao revés, uma espécie de "jurisdição universal" no Supremo Tribunal Federal, que, como se sabe, só pode julgar agentes com prerrogativa de função.

Maior crítica se refere ao fato de que, além de ser ultraterrestre (ou seja, não apenas nas dependências do Tribunal), e ultrassubjetivo (ou seja, não apenas em relação a autoridades sujeitas ordinariamente à sua jurisdição), o inquérito fora também ultra-ativo (pois não se limitou a apurar os fatos pretéritos, que lhe haviam dado causa).

O Inquérito foi utilizado, a partir da questionável aplicação das regras de conexão, a avaliar toda e qualquer conduta que pudesse colocar, não mais a "honorabilidade e a segurança" do STF em risco, mas a própria democracia e a licitude do processo político-eleitoral que se avizinhava, com o que, o conjunto de inquéritos dele nascendo, acabou por reduzir drasticamente o princípio de inércia tradicional ao Judiciário. Para isso, constou também, que, a partir de agosto de 2022, o mesmo Ministro Alexandre de Moraes, passou a acumular a presidência do TSE, com naturais atribuições administrativas no gerenciamento da eleição. E foi justamente no campo eleitoral que veio a terceira contenda política do governo com os tribunais: a implicância de que as urnas eletrônicas não seriam confiáveis para dar legitimidade ao processo eleitoral, gerando fortes suspeitas de que o Presidente da República tinha outros planos para a sua própria sucessão.

Devemos lembrar que Bolsonaro fez *lives* dizendo que havia insegurança nas urnas[406] – em relação a uma delas, acabou sendo investigado pelo próprio TSE, por noticiar inquérito que estava

---

406 BARBOSA, Bernado; MONTESANTI, Beatriz. "Em live, Bolsonaro repete desinformação sobre urnas eletrônicas e Barroso". *UOL*, 05 ago. 2021. Disponível em: https://noticias.uol.com.br/confere/

sob sigilo.[407] Conferiu a líderes militares a tarefa de tomar parte de conselhos do TSE e indagar acerca de mecanismos de segurança, inexistentes e desnecessários, atribuindo ao Exército, a função de conferência de urnas no processo eleitoral[408] e, em atitude de maior enfrentamento, convocou oficialmente diplomatas estrangeiros para indicar vulnerabilidades nas urnas que as incompatibilizavam com o processo eleitoral, o que mais tarde provocaria sua condenação à inelegibilidade pelo TSE (AIJE 0600814-85.2022.6.00.0000).[409] Tudo recheado de declarações que: ora indicavam que não acolheria o resultado que delas saísse; ora dizia que esse seria um comportamento do povo, podendo ser esperado um novo "Capitólio" brasileiro.[410]

Diante desses temores, algumas respostas jurídicas foram produzidas, como o fato de que o STF estava apenas respondendo a um

---

ultimas-noticias/2021/08/05/em-live-bolsonaro-repete-desinformacao-sobre--urnas-eletronicas-e-barroso.htm. Acessado em: 08.04.2023.

407 FALCÃO, Márcio; VIVAS, Fernanda. "Suposto vazamento de dados por Bolsonaro: Moraes dá 15 dias para PF fazer relatório sobre material do inquérito". *TV Globo*, 03 mai. 2022. Disponível em: https://g1.globo.com/politica/noticia/2022/05/03/moraes-determina-que-pf-conclua-em-15-dias--analise-de-mensagens-sobre-suposto-vazamento-de-dados-por-bolsonaro.ghtml. Acessado em: 08.04.2023.

408 FEITOZA, Cesar. "Forças Armadas farão apuração paralela em tempo real com 385 urnas". *Folha de S. Paulo*, 11 set. 2022. Disponível em: https://www1.folha.uol.com.br/poder/2022/09/forcas-armadas-farao-apuracao-paralela-em-tempo-real-com-385-urnas.shtml. Acessado em: 08.04.2023.

409 UOL. "Bolsonaro convoca embaixadores estrangeiros para criticar urnas eletrônicas na 2ª". *Estadão Conteúdo*. Disponível em: https://noticias.uol.com.br/ultimas-noticias/agencia-estado/2022/07/15/bolsonaro-convoca-embaixadores-estrangeiros-para-criticar-urnas-eletronicas-na-2a.htm. Acessado em: 08.04.2023.

410 CARVALHO, Daniel; TEIXEIRA, Mateus. "Se Brasil não tiver voto impresso em 2022, vamos ter problema pior que os EUA, diz Bolsonaro". *Folha de S. Paulo*, 07 fev. 2021. Disponível em: https://www1.folha.uol.com.br/poder/2021/01/se-brasil-tiver-voto-eletronico-em-2022-vai-ser-a-mesma-coisa-dos-eua-diz-bolsonaro-apos-invasao-ao-capitolio.shtml. Acessado em: 08.04.2023.

contempt of the court[411] ou de que a situação exigiu simplesmente o emprego das técnicas da chamada "democracia militante".[412] Antes de concluir as avaliações, atentemos para as argumentações fornecidas, iniciando-se com as dos próprios juízes.

O Ministro Edson Fachin, como relator da ADPF 572, afastou as irregularidades apontadas diante da instauração do Inquérito das *Fake News*, embora com argumentos que não teriam sido suficientes para a totalidade das consequências que as conexões dos inquéritos surgiriam posteriormente.

Entre os argumentos deduzidos, a competência legalmente atribuída ao STF para o papel de polícia judiciária, no curso das investigações, sobretudo "até que os elementos pudessem ser suficientes para identificar o Ministério Público para o qual os autos deveriam ser encaminhados". O Ministro Fachin teve o cuidado de chamar essa de "competência investigatória atípica" e de enunciar expressamente que "não é espécie de salvo conduto genérico, amplo e sem limites", frisando que a titularidade da ação penal não elidia a promoção de diligências investigatórias, sobretudo na coleta de elementos informativos – muito embora, como se viu, essa ampla competência investigativa derivou para uma enormidade de providências cautelares, como ordens de bloqueio, suspensão de perfis em rede social e até mesmo de prisões provisórias.

---

411 Que é por exemplo o argumento expendido pelos juristas NETO, Almir Megali; OLIVEIRA, Marcelo Andrade Cattoni de "A democracia constitucional entre militantes contra a democracia e a democracia militante". *Empório do Direito*, 07 dez. 2022. Disponível em: https://emporiododireito.com.br/leitura/a-democracia-constitucional-entre-militantes-contra-a-democracia-e-a-democracia-militante. Acessado em: 08.04.2023.

412 VIEIRA, Oscar Vilhena; BORGES, Ademar. "Democracia Militante e a quadratura do círculo". *JOTA*, 16 fev. 2013. Disponível em: https://www.jota.info/opiniao-e-analise/artigos/democracia-militante-e-a-quadratura-do-circulo-16022023. Acessado em: 08.04.2023.

Fachin traz à tona a teoria da democracia militante de Karl Loewenstein, observando que "ao invés de simplesmente abolir grupo ou partidos, como às vezes é lida a tese do constitucionalista alemão, ela restringe sua aplicação aos atos que, abusando dos direitos e garantias protegidas pela Constituição, invocando-os a pretexto de ideologia política, visam abolir ou restringir direitos de determinadas pessoas ou grupos" – insinuando, assim, a pertinência de seu emprego jurisdicional, o que não havia sido expressamente indicado pelo doutrinador alemão.

Aponta ainda a preferência para o sorteio na atribuição da relatoria, consoante os princípios normalmente deduzidos na jurisdição, sem, no entanto, admitir que a norma que fixasse a delegação pudesse ser, por si só, uma ilegalidade, uma vez nada sendo discriminado no Regimento Interno de forma distinta, levando a crer que a necessária "atualização" da norma regimental não tinha abrangência sobre todos os aspectos. Alguns poderiam mesmo seguir a vetusta letra da lei.

Por fim, recorreu a teoria dos poderes inerentes, que estaria no centro do instituto de reclamação constitucional, tal como a vocação do inquérito regimental, enquanto outro instrumento de defesa da própria jurisdição. Aduziu ainda que a competência constitucional de processar e julgar, âmago da jurisdição, não eram firmadas na Constituição como atividades exclusivas – o que, portanto, não invalidaria a função investigatória.

Ao arquivar a pedido da PGR o Inquérito 4828/DF (Atos antidemocráticos), o Ministro Alexandre de Moraes assentou, por sua vez:

a) que era inconfundível a titularidade da ação penal com os mecanismos investigatórios, razão pela qual a privatividade da ação penal pelo Ministério Público não era estendida às investigações penais, garantindo-se, então, à Polícia Judiciária (papel que o STF estava desempenhando) se utilizar de todos os meios de obtenção de provas necessárias para a comprovação da materialidade e autoria dos delitos;

b) que no referido inquérito, haviam surgido fortes indícios e inúmeras provas sobre outras condutas, em tese, criminosas, anteriormente não conhecidas pela autoridade policial, ou pela PGR;

c) que em inúmeras condutas narradas no relatório da Polícia Federal, que necessitariam de maiores investigações, aparecem citações ou efetivas participações de parlamentares federais, que teriam prerrogativa de foro no STF e;

d) que a análise dos fortes indícios e significativas provas apresentadas pela investigação realizada pela Polícia Federal apontaram a existência de uma organização criminosa, de forte atuação digital com a nítida finalidade de atentar contra a Democracia e o Estado de Direito.

Com esses fundamentos, a despeito de homologar o arquivamento formulado pelo PGR, o ministro se reservou a continuar analisando os atos investigativos, agora anexados ao Inquérito das *Fake News*.

Do que se pôde compreender, basicamente, considerando que parte dos atos se mantiveram em sigilo, a competência investigatória do STF lastreou-se não apenas nas normas regimentais, cuja compreensão se deu de forma exageradamente elástica, mas pela conjuntura, ou seja, na inércia da atividade do Ministério Público. As ações dos inquéritos não se resumiram a investigação de fatos pretéritos, tendo sido mantidos em atividade para a colheita de fatos posteriores, todos se encadeando como temas conexos, sempre na relatoria do mesmo Ministro Alexandre de Moraes, e em nenhum momento se limitando a apenas atos meramente investigativos, vez que várias providências cautelares foram sendo deduzidas no curso destes procedimentos, também sem distribuição para juiz certo.

A essa altura, a submissão do protagonismo a que nos referimos no Capítulo II tinha se ido. Não apenas pela necessidade da defesa, mas pelo fato de que o STF passa a pautar a política e não apenas se submeter a ela.

Quanto à questão da competência, apenas a presença de autoridades com foro por prerrogativa de função, é que lhes forneceria a jurisdição, mas esta foi sendo estendida, inclusive sobre fatos em relação aos quais aparentemente não pairavam indícios referentes a autoridades. A perpetuação jurisdicional, como se soube, manteve-se até mesmo com as prisões em flagrante praticadas diante das condutas delituosas do dia 8 de janeiro, que, em tese, poderiam inaugurar novo curso procedimental, mas as investigações sobre relações anteriores e fatos consequentes continuam estipulando as regras de competência, conquanto toda a jurisprudência recente do Supremo aponte para o recalibramento, a menor, dos atributos do foro privilegiado. Fatos posteriores, aparentemente sem conexão, como falsificação de comprovantes de vacina, também entraram no pacotão do Inquérito.

A questão da "democracia militante" voltou como mecanismo de argumentação das decisões atípicas. Arguelhes e Recondo defenderam a necessidade de que os atos do Ministro Alexandre de Moraes sejam individualmente escrutinados, para evitar que ele receba um poder que, na verdade, nunca pediu: o de escolher quais regras vai ou não utilizar:

> Nenhuma versão de "democracia militante" chegaria tão longe. O conceito se refere a um dilema para um regime democrático: se o direito deveria ou não criar instrumentos para impedir ou restringir o uso dos próprios mecanismos da democracia (como voto, partidos e liberdade de expressão) para atacá-la. É um debate sobre que regras deveríamos ter para defender a democracia. Não sobre se juízes podem ignorar regras e fazer o que quiserem, como quiserem, a pretexto de salvá-la.[413]

---

413 ARGUELHES, Diego Werrneck; RECONDO, Felipe. "Nem 'carta branca', nem 'ditadura judicial'". *JOTA*. Disponível em: https://www.jota.info/

Para Vieira e Borges, ao revés, a democracia brasileira sobreviveu ao mais intenso teste de resiliência a que foi submetida desde o fim do regime militar, inclusive e principalmente, pela conveniente adoção das premissas e do espírito da teoria de Loewenstein:

> (...) parece equivocado que o paradigma da democracia também não se expanda para o campo da interpretação e aplicação da lei. Aliás, Loewenstein é claro ao afirmar que sem a lealdade à democracia por parte de quem tem que aplicar a lei, a ideia de democracia é irrelevante. É evidente que, como adverte a literatura especializada no tema, há quase um século, a noção de democracia militante está sujeita à regra da legalidade. Essa constatação, porém, não resolve o principal desafio, que é o de interpretar as leis existentes para fazer frente às ameaças autoritárias. A contundência como a Corte Constitucional alemã assumiu a doutrina da democracia militante no pós-guerra indica o papel central que instâncias contramajoritárias podem ser obrigadas a ocupar na defesa da democracia.[414]

É justamente a ideia de que a democracia militante pode demonstrar grande parte de sua funcionalidade ao impor parâmetros à interpretação e aplicação dos mecanismos de autodefesa democrática, para maximizar o efeito paralisante das agressões autoritárias, que a valoriza para este estudo, apontam Vieira e Borges, trazendo como exemplos a interpretação "atualizada" da norma regimental, a excepcional função probatória de ofício pela inércia da PGR, ou o "esforço interpretativo" para caracterizar o injusto penal de abolição violenta do Estado Democrático de Direito atribuído ao deputado

---

opiniao-e-analise/artigos/nem-carta-branca-nem-ditadura-judicial-27012023. Acessado em: 10.04.2023.

414 VIEIRA, Oscar Vilhena; BORGES, Ademar. "Democracia militante e a quadratura do círculo". *JOTA*. Disponível em: https://www.jota.info/opiniao-e-analise/artigos/democracia-militante-e-a-quadratura-do-circulo-16022023. Acessado em: 10.04.2023.

Daniel Silveira, para concluir que o Brasil é um caso bem-sucedido de "defesa judicial combativa da democracia".[415]

A situação conjuntural trouxe à baila os ensinamentos de Karl Loewenstein, sobretudo, de seus textos publicados à sombra da 2ª Guerra Mundial,[416] na ânsia de descrever e disseminar os mecanismos legais dos Estados para a contenção dos movimentos fascistas, que reputava como uma técnica de governo, sobretudo emocional (contra a razão) e que se expandiam fortemente na época. Cremos, todavia, que essas lições se referem ao próprio aparelhamento da democracia e seus limites – até porque as mudanças legais (ele mencionava questões políticas e legislativas) sempre têm marcos determinados de vigência e revogação. Por outro lado, há de se atentar para que a formulação das "defesas ao subversivo", como mencionado em diversas legislações citadas pelo autor alemão, algumas delas dirigidas ao "perigo comunista", já municiaram diversos outros mecanismos de fortalecimento da "segurança nacional", inclusive como instrumento da supressão da própria democracia – como nos apontam Megali e Cattoni.[417]

---

415 VIEIRA, Oscar Vilhena; BORGES, Ademar. "Democracia militante e a quadratura do círculo". *JOTA*. Disponível em: https://www.jota.info/opiniao-e-analise/artigos/democracia-militante-e-a-quadratura-do-circulo-16022023. Acessado em: 10.04.2023.

416 LOEWENSTEIN, Karl. "Militant Democracy and Fundamental Rights I e II". *The American Political Sciemce Review*, vol. XXXI, jun. 1937.

417 "(...) o argumento de que seria válido combater o fascismo como inimigo interno por instrumentos semelhantes ao do fascismo chama a atenção. Esse argumento, contudo, não é novo em nossa história constitucional. Ele foi utilizado pelo preâmbulo do Ato Institucional nº 5, o mais repressivo de nossa história republicana, quando o Governo do General Costa e Silva afirmou que o recrudescimento do regime se justificaria ao argumento de que setores da sociedade brasileira estariam subvertendo os próprios instrumentos legais da 'revolução de 1964' para destruí-la. Assim, o regime autoritário dizia ser imperioso adotar medidas que impedissem a frustração dos seus próprios ideais. Isto é, razões análogas que motivaram Loewenstein a justificar a adoção de medidas legislativas de promoção da democracia militante autorizariam o governo militar da ditadura brasileira a editar o Ato Institucional

Nos momentos aflitivos de 1937, Loewenstein apontava que não se devia temer a denominação de "democracia autoritária", mas a história nos mostra que a construção das autocracias também se faz sob o pálio das intenções salvacionistas.

Não há dúvida de que é preciso levar em conta as situações evidentemente inusuais diante do jogo democrático que foram presenciadas no país nesse período, e que não podem ser simplesmente desprezadas. Como registro da escalada da violência verbal da presidência da República, observe-se o ato público convocado por Bolsonaro para o dia 7 de setembro de 2021, quando, em palanque, chamou o Ministro Alexandre de Moraes de "canalha" e anunciou que a partir de então, não cumpriria mais determinações que dele emanassem[418] – dias antes, houvera apresentado pedido de *impeachment* contra o ministro, rejeitado liminarmente pela presidência do Senado.[419] A resposta do Presidente em comício: "nós mostraremos que podemos fazer também valer a vontade e a força desse povo".[420] A tensão eleitoral foi, ainda, levada às últimas

---

nº 5. Uma proposta teórica que serviria a ambos os fins, contudo, não é compatível com uma democracia constitucional". (NETO, Almir Megali; OLIVEIRA, Marcelo Andrade Cattoni de. "A democracia constitucional entre militantes contra a democracia e a democracia militante". *Empório do Direito*, 07 dez. 2022. Disponível em: https://emporiododireito.com.br/leitura/a-democracia-constitucional-entre-militantes-contra-a-democracia-e-a-democracia-militante. Acessado em: 08.04.2023).

418 PODER 360. "Bolsonaro chama Moraes de 'canalha' e diz que não cumprirá suas decisões". *Poder360*. Disponível em: https://www.poder360.com.br/governo/bolsonaro-chama-moraes-de-canalha-e-diz-que-nunca-sera-preso/. Acessado em: 08.03.2023.

419 PINCER, Pedro. "Rodrigo Pacheco rejeita pedido de impeachment de Alexandre de Moraes". *Rádio Senado*, 25 ago. 2021. Disponível em: https://www12.senado.leg.br/radio/1/noticia/2021/08/25/rodrigo-pacheco-rejeita-pedido-de-impeachment-de-alexandre-de-moraes. Acessado em: 10.04.2023.

420 PODER 360. "7 de setembro será 'ultimato' pela 'vontade do povo', diz Bolsonaro". *Poder 360*. Disponível em: https://www.poder360.com.br/governo/7-de-setembro-sera-ultimato-pela-vontade-do-povo-diz-bolsonaro/. Acessado em: 08.03.2023.

consequências, inclusive no dia da eleição, com o aparelhamento da Polícia Rodoviária Federal para dificultar, por longa fiscalização de veículos, o voto do eleitor do Nordeste[421] – fatos que são hoje objeto de investigação.

A tensão pós-eleitoral foi ainda pior, com a recusa do Presidente em reconhecer sua derrota, e a realização, por seus apoiadores, de bloqueios em estradas ao redor do país, inviabilizando o transporte de pessoas e bens.[422] Logo após, a reunião, por estímulo do próprio Presidente, destes apoiadores negacionistas em acampamentos defronte a bases militares com o propósito de que as Forças Armadas interviessem violando o resultado das urnas.[423]

A dubiedade de posição dos militares se expressou em garantir tais acampamentos assumidamente golpistas e, ao mesmo tempo, não realizar quaisquer atos antidemocráticos. A omissão também saiu caro, porque no dia 8 de janeiro, uma semana após a posse oficial, milhares de pessoas que estavam acampadas diante destas sedes militares se reuniram para invadir e depredar as sedes dos três poderes, em Brasília.[424] Ainda assim, os militares

---

421 GOUVEIA, Aline. "PRF dificulta acesso em estradas do Nordeste, denunciam eleitores". *Correio Braziliense*. Disponível em: https://www.correiobraziliense.com.br/politica/2022/10/5048054-prf-dificulta-acesso-em-estradas-do-nordeste-denunciam-eleitores.html. Acessado em: 08.03.2023.

422 MARQUES, Gilvan *et al.* "Caminhoneiros bolsonaristas fecham estradas em 25 Estados e DF". *Uol.* Disponível em: https://noticias.uol.com.br/eleicoes/2022/10/30/caminhoneiros-bolsonaristas-fecham-estrada-em-mt-nao-vamos-aceitar.htm. Acessado em: 08.03.2023.

423 UOL. "Convencidos de fraude, Bolsonaristas acampam diante de quartéis no Brasil". *Uol.* Disponível em: https://noticias.uol.com.br/ultimas-noticias/afp/2022/11/11/convencidos-de-fraude-eleitoral-bolsonaristas-acampam-diante-de-quarteis-no-brasil.htm. Acessado em: 08.03.2023.

424 UOL. "Bolsonaristas golpistas invadem e depredam sedes dos três poderes". *Deutsche Welle*. Disponível em: https://operamundi.uol.com.br/politica-e-economia/78483/bolsonaristas-golpistas-invadem-e-depredam-sedes-dos-tres-poderes. Acessado em: 08.03.2023.

impediram a ação das polícias pelo desaparelhamento imediato dos núcleos golpistas.[425]

Diante das ameaças e agressões verbais, e posteriormente de extrema violência física, demonstra-se que a gestão autoritária do Presidente comprimiu o livre exercício dos poderes – ainda que Bolsonaro, enquanto candidato, não tenha sido afastado por abuso do poder político, mesmo que tenha dado causa a isso por mais de uma vez.

As forças político-sociais não criaram condições para que, sem o Judiciário, a questão pudesse ser solucionada. E, à evidência, os instrumentos judiciais eram manifestamente insuficientes para debelar as ameaças persistentes à democracia, sobretudo, diante do princípio da inércia. O inquérito instaurado e mantido aberto por anos teve como principal consequência justamente a de flexibilizar essa inércia – e de colocar o Judiciário como o garante político e jurídico da eleição.

Ultrapassado o momento de perigo à democracia, ainda que violências continuem a ser praticadas pelos vencidos, inicia-se a discussão acerca de como recolocar o quadro institucional em seus trilhos, inclusive para evitar que as exceções se transformem em regras e acabem por violentar ainda mais o Estado de Direito. É o caso da repulsa na prática, excepcional e motivada, ao sistema acusatório no Inquérito das Fake News (pela nítida captura do PGR) ser posteriormente consolidada na decisão que esvaziou dispositivos legais que criavam o instituto do Juiz das Garantias.

O ineditismo da situação permite, ao menos, uma análise de modulação. Vários atos foram praticados em desconformidade com princípios processuais, sobretudo, o sistema acusatório. A

---

425 CAPPELLI, Paulo. "Exército monta barreira e impede PM de desmobilizar acampamento no QG". *Metrópoles*. Disponível em: https://www.metropoles.com/colunas/paulo-cappelli/exercito-monta-barreira-e-impede-pm-de-desmobilizar-acampamento-no-qg. Acessado em: 08.03.2023.

expansão incontida de um inquérito ilimitado acabou propiciando uma indevida extensão de competência, que se mantém até a apreciação de atos posteriores à eleição, como as violências de 8 de janeiro. A omissão da política e a pressão a que foi o Judiciário submetido, sob o manto do golpismo, permitem compreender as hipóteses de trabalho a que tenha sido levado o Judiciário, ainda que isso possa ter representado uma inédita expansão da competência e a não-aplicação de diversos institutos. Esta não-aplicação excepcional de normas que, todavia, continuam em vigor traduz a forma moderna como o estado de exceção é aplicado, ou seja, sem uma formalização expressa, como já havia diagnosticado Agambem.

Assim, explicitado:

> Longe de responder a uma lacuna normativa, o estado de exceção apresenta-se como a abertura de uma lacuna fictícia no ordenamento, com o objetivo de salvaguardar a existência da norma e sua aplicabilidade à situação normal. A lacuna não é interna à lei, mas diz respeito à sua relação com a realidade, à possibilidade mesmo de sua aplicação. É como se o direito contivesse uma fratura essencial entre o estabelecimento da norma e sua aplicação e que, em caso extremo, só pudesse ser preenchida pelo estado de exceção, ou seja, criando-se uma área onde essa aplicação é suspensa, mas onde a lei, enquanto tal, permanece em vigor.[426]

Compreender, em resumo, o importante trabalho que o Judiciário desempenhou para a defesa da democracia, não impõe

---

426 "(...) conforme uma tendência em ato em todas as democracias ocidentais, a declaração do estado de exceção é progressivamente substituída por uma generalização sem precedentes do paradigma da segurança como técnica normal de governo". (AGAMBEN, Giorgio. *Estado de exceção*. São Paulo: Boitempo, 2004, pp. 27/28).

consolidar seu empoderamento ou dar como fato consumado a ampliação, sem mesuras, da judicialização da vida política. Ao contrário, o saldo que se pode depreender do enfrentamento excepcional das situações inéditas e abusivas impõe concluir que:

a) estimular que as questões políticas sejam amplamente resolvidas pelos tribunais tende a esgarçar a política e enfraquecer os princípios da aplicação da lei;

b) a situação a que foi o Judiciário brasileiro submetido nessa quadra de compressão e hostilidade, se pode se legitimar pela excepcionalidade, jamais se legitima pela cristalização de precedentes;

c) o reconhecimento implícito de um estado de exceção, permite a compreensão de que, ultrapassado o perigo iminente, ele se desfaça, sem prejuízo da análise das legalidades de cada decisão judicial;

d) mecanismos de controle devem ser aguçados para inibir e adequar as decisões imperiais que não se submetam, de direito ou de fato, a órgãos colegiados, em tempo oportuno, inclusive quando isso se refere ao Supremo Tribunal Federal e a Procuradoria Geral da República.

Ainda que compreendamos a situação como um inusitado estado de exceção em legítima defesa, ou seja, uma contraordem ampliada e politicamente inevitável, em face de uma ordem tirana, as consequências dela decorrentes devem ser analisadas de acordo com as limitações constitucionais que, por disposição expressa, não podem ser afastadas do controle judicial. Eventuais desvios praticados no curso da investigação não podem gerar como consequência a alteração de competência para a ação penal, por exemplo. Não é de se criminalizar o fato de que o agente tenha subtraído uma arma para, em situação de perigo iminente, repelir agressão injusta com meios moderados e necessários. Mas que, uma vez repelida a agressão, não se cristalize a situação resultante e a arma possa ser regularmente devolvida a seu titular.

Cabe aos juristas pensar e caberá aos tribunais decidirem a fixação dos limites das ações praticadas na excepcionalidade, bem como o reconhecimento dos prejuízos e modulações, sobretudo, para que a exceção não permaneça produzindo efeitos nem se consolide em precedentes, como o julgamento pelo STF de quem não tenha foro por prerrogativa de função ou a ideia recentemente vulgarizada da supressão do sistema acusatório para continuar viabilizando prisões provisórias de ofício – uma assentada processual de proporções drásticas no dia a dia.

É preciso não corroer a democracia pelo excesso de militância, ainda que sob os melhores argumentos.

REFERÊNCIAS BIBLIOGRÁFICAS

ABRÃO, Paulo; TORELLY, Marcelo D. "Mutações do Conceito de Anistia na Justiça de Transição Brasileira". *Revista de Direito Brasileira*, vol. 3, nº 2, 2012.

ADORNO, Sérgio. *Os aprendizes do poder*: o bacharelismo liberal na política brasileira. São Paulo: Edusp, 2019.

AGAMBEN, Giorgio. *Estado de exceção*. São Paulo: Boitempo, 2004.

ALBUQUERQUE, Grazielle. "O papel da imprensa na reforma do Judiciário brasileiro". *Revista Direito & Práxis*, vol. 6, nº 12, 2015.

ALMEIDA, Cleber Lúcio de. "A regra da prevalência do negociado sobre o legislado na perspectiva da reforma trabalhista". *RDRST*, vol. IV, nº 3, 2018.

ALMEIDA, Frederico de. "As elites da Justiça: instituições, profissões e poder na política da justiça brasileira". *Revista de Sociologia e Política*, vol. 22, nº 52, 2014.

ALMEIDA, Silvio; BATISTA, Waleska Miguel Batista; ROSSI, Pedro. "Racismo na economia e austeridade fiscal". *In*: DWECK, Esther; ROSSI, Pedro; OLIVEIRA, Ana Luiza Matos de (Coord.). *Economia Pós-Pandemia*: desmontando os mitos da austeridade fiscal e construindo um novo paradigma econômico. São Paulo: Autonomia Literária, 2020.

AMARAL, Thiago Bottino do. *Habeas corpus nos Tribunais Superiores*: uma análise e proposta de reflexão. Rio de Janeiro: Escola de Direito-FGV, 2016.

ARANTES, Rogério Bastos. "Direito e Política: o Ministério Público e a defesa dos direitos coletivos". *Revista Brasileira de Ciências Sociais*, vol. 14, nº 39, 1999. Disponível em: https://www.scielo.br/pdf/rbcsoc/v14n39/1723. Acessado em: 08.04.2023.

ARGUELHES, Diego Werrneck; RECONDO, Felipe. "Nem 'carta branca', nem 'ditadura judicial'". *JOTA*. Disponível em: https://www.jota.info/opiniao-e-analise/artigos/nem-carta-branca-nem-ditadura-judicial-27012023. Acessado em: 10.04.2023.

ARIDA, Pérsio; BACHA, Edmar; RESENDE, André Lara. "Credit, Interest and Jurisdictional Uncertainty: Conjectures on the case of Brazil". *Inflation targeting, debt, and the Brazilian experience, 1999 to 2003*. Cambridge: MIT, 2005.

ASSOCIAÇÃO DOS MAGISTRADOS BRASILEIROS (AMB). "Estudo da Imagem do Judiciário Brasileiro". *IPESPE – Judiciário*, 2019. Disponível em: https://www.amb.com.br/wp-content/uploads/2019/12/ESTUDO-DA-IMAGEM-DO-JUDICIA%cc%81RIO-BRASILEIRO.pdf. Acessado em: 14.06.2021.

AVELAR, Lúcia. *Mulheres na elite política*. 2ª ed. São Paulo: Unesp, 2001.

BALLARD, Megan J. "The Clash Between Local Courts and Global Economics: The Politics of Judicial Reform in Brazil". *Berkeley Journal of International Law*, vol. 17(2), nº 230, 1999.

BARROSO, Luís Roberto. *Interpretação e aplicação da Constituição*. São Paulo: Saraiva, 2003.

______. "A Razão sem Voto: a função representativa e majoritária das Cortes Constitucionais". *Revista de Estudos Institucionais*, vol. 2, nº 2, 2016.

BLYTH, Mark. *Austeridade*: a história de uma ideia perigosa. São Paulo: Autonomia Literária, 2017.

BOBBIO, Norberto. *O futuro da democracia*: uma defesa das regras do jogo. São Paulo: Paz e Terra, 1986.

BONELLI, Maria da Glória. "Os magistrados, a autonomia profissional e a resistência à reforma do judiciário no Brasil". Trabalho apresentado no *X Congreso Nacional de Sociología Jurídica*, novembro de 2009 e publicado no *Latin American Studies Association Congress*, 2010.

BONELLI, Maria da Glória; OLIVEIRA, Fabiana Luci de. "Mulheres magistradas e a construção de gênero na carreira judicial". *Novos Estudos CEBRAP*, vol. 39, nº 1, jan.-abr. 2020.

BROWN, Wendy. *Nas ruínas do neoliberalismo*: a ascensão da política antidemocrática no Ocidente. São Paulo: Politeia, 2019.

BUSTAMANTE, Thomas. "A Triste História do juiz que acreditava ser Hércules". *In*: OMMATI, José Emílio. *Ronald Dworkin e o Direito brasileiro*. vol. 2. Belo Horizonte: Conhecimento, 2021.

CALDEIRA, Teresa Pires do Rio. *Cidade de Muros*: crime, segregação e cidadania em São Paulo. São Paulo: Editora 34, 2003.

CAMPOS, Veridiana de. "Uma Justiça mais justa: o que dizem as juízas acerca da relevância das mulheres atuando na magistratura". *Revista Alabastro (Escola Sociologia e Política)*, ano 4, nº 7, 2016.

CARDOSO, Luciana Zaffalon Leme. *A política da justiça*: blindar as elites, criminalizar os pobres. São Paulo: Hucitec, 2018.

CARVALHO, Laura. *Valsa brasileira*: do boom ao caos econômico. São Paulo: Todavia, 2018.

CARVALHO, Luis Gustavo Grandinetti; DEPAOLI, Solon B. "Porque o juiz não deve produzir provas – a nova redação do artigo 156 do CPP (Lei 11.690/2008)". *Boletim do Instituto Brasileiro de Ciências Criminais*, nº 190, 2008.

CASARA, Rubens R. R. *Mitologia Processual Penal*. São Paulo: Saraiva, 2015.

______. "Um banquinho, o Ministério Público e a Constituição". *Boletim do Instituto Brasileiro de Ciências Criminais*, vol. 13, nº 151, 2005.

CASARA, Rubens R. R.; MELCHIOR, Antonio Pedro. *Teoria do Processo Penal brasileiro – dogmática e crítica*: conceitos fundamentais. vol. 1. Rio de Janeiro: Lumen Juris, 2013.

CERQUEIRA, Thales Tácito; CERQUEIRA, Camila. *Fidelidade partidária e perda de mandato no Brasil*. São Paulo: Premier Máxima, 2008.

CICCACIO, Ana Maria. *AJD – 20 anos para a democracia*. São Paulo: Dobra Editorial, 2011.

CINTRA Jr., Dyrceu Aguiar Dias. "O Judiciário brasileiro às portas do Terceiro Milênio". *In*: MESSUTI, Ana; SAMPEDRO ARRUBLA, Julio Andrés. *La Administración de Justicia*. Buenos Aires: Editorial Universidad, 2001.

CINTRA Jr., Dyrceu Aguiar Dias; VILLEN, Antonio Carlos. "Súmulas Vinculantes: controle interno inadmissível". *Jornal Juízes para a Democracia*, 1995. Disponível em: https://ajd.org.br/publicacoes/jornal/135-59jornal-05. Acessado em: 14.06.2021.

CITTADINO, Gisele. "Poder Judiciário: ativismo judicial e democracia". *Revista da Faculdade de Direito de Campos*, ano III, nº 3, 2001/2.

COMISSÃO NACIONAL DA VERDADE. *Relatório final*. Brasília, Governo Federal, 2014. Disponível em: http://www.cnv.gov.br/. Acessado em: 14.06.2021.

COMPARATO, Fábio Konder. *A oligarquia brasileira*: visão histórica. São Paulo: Contracorrente, 2017.

______. "O Poder Judiciário no Brasil". *Revista Estudos Institucionais*, vol. 2, nº 1, 2016.

CONSELHO NACIONAL DE JUSTIÇA. *Censo do Poder Judiciário*: Vetores Iniciais e Dados Estatísticos. 2014. Disponível em: https://bibliotecadigital.cnj.jus.br/jspui/handle/123456789/74. Acessado em: 01.04.2023.

______. *Portal Justiça em Números*. 2018. Disponível em: https://www.cnj.jus.br/pesquisas-judiciarias/justica-em-numeros/. Acessado em: 14.01.2021.

______. *Perfil Sociodemográfico dos Magistrados Brasileiros*. 2018. Disponível em: https://www.cnj.jus.br/wp-content/uploads/2019/09/a18da313c6fdcb6f364789672b64fcef_c948e694435a52768cbc00bda11979a3.pdf. Acessado em: 14.06.2021.

______. *Diagnóstico da participação feminina no judiciário*. 2019. Disponível em: https://www.cnj.jus.br/wp-content/uploads/conteudo/arquivo/2019/08/81f29f0813e465dbe85622cfad08b4b1.pdf. Acessado em: 14.06.2021.

CONTINENTINO, Marcelo Casseb. "História do Judicial Review: o mito de Marbury". *RIL*, a. 53, nº 209. Brasília, 2016.

CORTEZ, Antonio Celso Aguilar. "O avanço do atraso". *Folha de S. Paulo*, 1994. Disponível em: https://www1.folha.uol.com.br/fsp/1994/3/24/cotidiano/8.html. Acessado em: 14.06.2021.

COSTA, Eduardo Maia. "Para a democratização das salas de audiências". *In*: LIMA, Joel Corrêa de; CASARA, Rubens, R. R. (Coord.). *Temas para uma perspectiva crítica do Direito*: estudos em homenagem ao professor Geraldo Prado. Rio de Janeiro: Lumen Juris, 2012.

COSTA, Flávio Dino C. *Autogoverno e controle do Judiciário*. UFPE, 2001. (Dissertação de Mestrado).

COUTINHO, Jacinto Nelson de Miranda. "Sistema acusatório: cada parte no lugar constitucionalmente demarcado". *Revista de Informação Legislativa*, Senado Federal, vol. 46, nº 183, 2009.

DRUCK, Graça; SILVA, Selma Cristina. "Reforma Trabalhista: uma contrarreforma para impor a precarização como regra". *In*: BENDA, Laura Rodrigues. *A Reforma Trabalhista na visão da AJD*: análise crítica. Belo Horizonte: Casa do Direito, 2018.

DWECK, Esther; SILVEIRA, Fernando G.; ROSSI, Pedro. "Austeridade e desigualdade social no Brasil". *In*: DWECK, Esther; ROSSI, Pedro; OLIVEIRA, Ana Luíza M. (Coord.). *Economia para Poucos*: impactos sociais da austeridade e alternativas para o Brasil. São Paulo: Autonomia Literária, 2018.

ENGELMANN, Fabiano. "Sentidos políticos da Reforma do Judiciário no Brasil". *Direito & Práxis*, vol. 7, nº 12, 2015.

EXPOSIÇÃO DE MOTIVOS – LEI N. 11.343, DE 23 DE AGOSTO DE 2006. *Câmara dos Deputados*, 2006. Disponível em: http://www2.camara.leg.br/legin/fed/lei/2006/lei-11343-23-agosto-2006-545399-exposicaodemotivos-150201-pl.html. Acessado em: 14.06.2021.

FELIPPE, Marcio Sotelo. "Para além do impeachment". *Revista Cult*, 2021. Disponível em: https://revistacult.uol.com.br/home/para-alem-do-impeachment-bolsonaro/. Acessado em: 14.06.2021.

FGV – SÃO PAULO. "Índice de confiança na justiça brasileira". *FGV - São Paulo*. Disponível em: https://direitosp.fgv.br/en/publicacoes/icj-brasil. Acessado em: 14.06.2021.

FERNANDES, Florestan. *A Revolução Burguesa no Brasil*: ensaio de interpretação sociológica. 6ª ed. São Paulo: Contracorrente, 2020.

FRANCO, Alberto Silva. *Crimes Hediondos*. São Paulo: Saraiva, 2005.

GARAPON, Antoine. *O Juiz e a Democracia*: o guardião das promessas. Trad. Maria Luiza de Carvalho. Rio de Janeiro: Revan, 1996.

GARAPON, Antoine; SALAS, Denis. *La République pénalisée*. Paris: Hachette, 1996.

GARLAND, David. *A Cultura do Controle*: crime e ordem social na sociedade contemporânea. Rio de Janeiro: Revan, 2008.

GELLATELY, Robert. *Apoiando Hitler*: consentimento e coerção na Alemanha nazista. Rio de Janeiro: Record, 2011.

GOMES FILHO, Antonio Magalhães. *A motivação das decisões penais*. São Paulo: RT, 2001.

GRIFFITH, John A. G. *The Politics of Judiciary*. Londres: Fontana, 1997.

GRECO, Luis; LEITE, Alaor. "Fatos e mitos sobre a teoria do domínio do fato". *Folha de S. Paulo*, coluna Tendências e Debates, 2013.

GUSMÃO, Xerxes. "Trabalho (formalmente) autônomo". *In*: BENDA, Laura Rodrigues (Coord.). *A Reforma Trabalhista na visão da AJD*: análise crítica. Belo Horizonte: Casa do Direito, 2018.

HIRSCHL, Ran. "O novo constitucionalismo e a judicialização da política pura no mundo". *Revista de Direito Administrativo*, vol. 251, 2009.

INFOPEN. "Levantamento Nacional de Informações Penitenciárias". *Ministério da Justiça*. Disponível em: http://www.justica.gov.br/noticias/mj-divulgara-novo-relatorio-do-infopen-nesta-terca-feira/relatorio-depen-versao-web.pdf. Acessado em: 14.06.2021.

INSTITUTO DE PESQUISA ECONÔMICA APLICADA (IPEA). "Aplicação de Penas e Medidas Alternativas". *Instituto de Pesquisa econômica aplicada (IPEA)*, 2015. Disponível em: http://repositorio.ipea.gov.br/bitstream/11058/7517/1/RP_Aplica%c3%a7%c3%a3o_2015.pdf. Acessado em: 14.06.2021.

______. *Excesso de prisão provisória no Brasil*: um estudo empírico sobre a duração da prisão nos crimes de furto, roubo e tráfico. Disponível em: http://www.uff.br/sites/default/files/news/arquivos/rogerio_finalizada_web.pdf. Acessado em: 14.06.2021.

KARSTEDT, Susanne. "Atrocity: the Latin American experience". *In*: CARLEN, Pat; FRANÇA, Leandro Ayres (Coord.). *Alternative Criminologies*. Nova York: Routledge, 2018.

KOERNER, Andrei. "Um Supremo coadjuvante: a reforma judiciária da distensão do pacote de Abril de 1977". *Revista Novos Estudos CEBRAP*, vol. 37, nº 1, 2018. Disponível em: https://www.scielo.br/pdf/nec/v37n1/1980-5403-nec-37-01-81.pdf. Acessado em: 14.06.2021.

______. "As Súmulas de efeito vinculante e as futuras crises institucionais do Judiciário brasileiro". *Jornal Juízes para a Democracia*, ano 5, nº 19, 2000.

LANFREDI, Luis Geraldo Sant'Ana. *El Juez de Garantías y el Sistema Penal*: (re)planteamientos socio-criminológicos críticos hacia la (re) significación de los desafíos del Poder Judicial frente a la política criminal brasileña. Florianópolis: Empório do Direito, 2017.

LAURENTIIS, Lucas Catib de. "Tenho medo, do medo, do medo da ADC: uma resposta a Breno Magalhães". *Revista de Direito Administrativo e Constitucional*, ano 18, nº 73, 2018. Disponível em: http://www.revistaaec.com/index.php/revistaaec/article/view/958/741. Acessado em: 14.06.2021.

LEITE, Carlos Henrique Bezerra. "A Reforma Trabalhista e a desconstitucionalização do acesso à justiça: breves comentários sobre alguns institutos de Direito Processual do Trabalho". *Revista Unifacs*, nº 208, 2017. Disponível em: https://revistas.unifacs.br/index.php/redu/article/view/5087/3250. Acessado em: 14.06.2021.

LEWANDOWSKI, Enrique Ricardo. "O protagonismo do Poder Judiciário na era dos direitos". *Palestra na FGV-Rio no Projeto "Diálogos com o Supremo"*, 2009. Disponível em: http://bibliotecadigital.fgv.br/ojs/index.php/rda/article/view/7529/6043. Acessado em: 14.06.2021.

LIMA, Amanda Evelyn Cavalcanti de. *Entre parábolas e teoremas*: uma sociologia política de Lava Jato e Mani Pulite. UERJ, Instituto de Estudo Sociais e Políticos, 2021. (Tese).

LOEWENSTEIN, Karl. "Militant Democracy and Fundamental Rights I e II". *The American Political Sciemce Review*, vol. XXXI, jun. 1937.

LOFF, Manuel. "O bolsonarismo é o neofascismo adaptado ao Brasil do século 21". *Agência Pública*, 2019. Disponível em: https://apublica.org/2019/07/o-bolsonarismo-e-o-neofacismo-adaptado-ao-brasil-do-seculo-21/. Acessado em: 14.06.2021.

LOPES, Iara Machado. *O sistema penal brasileiro em tempos de lavajatismo*. Florianópolis: EMais, 2020.

LOTTA, Gabriela; ABRAMOVAY, Pedro. *A democracia equilibrista*: políticos e burocratas no Brasil. São Paulo: Companhia das Letras, 2022.

MANSO, Bruno Paes. *A República das milícias*: dos esquadrões da morte à Era Bolsonaro. São Paulo: Todavia, 2020.

MARTINS, Ana Paula Alvarenga; DIAS, Carlos Eduardo Oliveira. "A 'Reforma Trabalhista' e o comprometimento do desenvolvimento econômico: os efeitos transcendentes do retrocesso social". *Revista do TRT-15*, vol. 52, 2018. Disponível em: https://www.trt1.jus.br/documents/21843/9192540/03-Revista+do+Tribunal+Regional+do+Trabalho+da+15+%C2%AA+Regi%C3%A3o.pdf/08b08def-3207-43d0-ba4d-6766110e6c3b?version=1.0. Acessado em: 14.06.2021.

MARKUN, Paulo. *Farol alto sobre as diretas*: brado retumbante 2. São Paulo: Benvirá, 2014.

MARTINEZ, Mauricio. "Populismo punitivo, maiorias e vítimas". *In*: BATISTA, Vera Malaguti; ABRAMOVAY, Pedro (Coord.). *Depois do grande encarceramento*. Rio de Janeiro: Revan, 2010.

MAUS, Ingeborg. "Judiciário como Superego da Sociedade – Sobre o papel da atividade jurisprudencial na sociedade orfã". *Revista Novos Estudos CEBRAP*, nº 58, nov. 2000.

MEDINA, Damares. "A Previdência Social no contexto da Seguridade Social e da Ordem Social". *Revista do Tribunal Regional Federal da 1ª Região*, vol. 21, nº 9, set. 2009.

MELLO, Patrícia Campos. *A máquina do ódio*: notas de uma repórter sobre fake news e violência digital. São Paulo: Companhia das Letras, 2020.

MELO FILHO, Hugo Cavalcanti. "A Reforma do Poder Judiciário brasileiro: motivações, Quadro atual e perspectivas". *Revista CEJ*, Brasília, nº 21, abr. 2003.

MENDES, Gilmar. "A Reforma do Sistema Judiciário no Brasil: elemento fundamental para garantir segurança jurídica ao investimento estrangeiro no país". *Conferência promovida pela Organização para a Cooperação e o Desenvolvimento Econômico (OCDE)*, Paris, 2009. Disponível em: http://www.stf.jus.br/arquivo/cms/noticiaArtigoDiscurso/anexo/discParisport.pdf. Acessado em: 14.06.2021.

MENDES, José Aurivaldo; MENEZES, Fábio Bezerra de. "Política migratória no Brasil de Jair Bolsonaro: 'perigo estrangeiro' e retorno à ideologia de segurança nacional". *Cadernos do CEAS: Revista Crítica de Humanidades*, Salvador, nº 247, 2019. Disponível em: https://

cadernosdoceas.ucsal.br/index.php/cadernosdoceas/article/view/568. Acessado em: 14.06.2021.

MENDES, Conrado Hubner. "Magistocracia: a 'gran famiglia' judicial brasileira". *Revista ÉPOCA*, 02 de abr. de 2018. Disponível em: https://epoca.oglobo.globo.com/politica/Conrado-Hubner/noticia/2018/04/magistocracia-gran-famiglia-judicial-brasileira.html. Acessado em: 01.04.2023.

______. "Jurisprudência impressionista". *Revista Época*, 14 de set. de 2018. Disponível em: https://epoca.globo.com/conrado-hubner-mendes/jurisprudencia-impressionista-23066592. Acesssado em: 03.04.2023.

______. "100 dias de civilidade". *Folha de S. Paulo*, 05 abr. 2023.

MENEZES, Ana Paula do Rego; MORETTI, Bruno; REIS, Ademar Arthur Chioro dos. "O futuro do SUS: impactos das reformas neoliberais na saúde pública – austeridade versus universalidade". *Saúde Debate*, vol. 43, nº especial, dez. 2019.

MISSE, Michel. "O Papel do Inquérito Policial no Processo de Incriminação no Brasil: algumas reflexões a partir de uma pesquisa". *Revista Sociedade e Estado*, vol. 26, 2011.

MONTESQUIEU, Charles. *Do espírito das leis*. Rio de Janeiro: Pimenta de Mello, 1919 [versão Kindle].

MOREIRA, Adilson José. *Pensando como um negro*: ensaio de hermenêutica jurídica. São Paulo: Contracorrente, 2019.

MORETTI, Bruno; FUNCIA, Francisco R.; OCKÉ-REIS, Carlos Octávio. "O teto de gastos faz mal à saúde". *In*: DWECK, Esther; ROSSI, Pedro; OLIVEIRA, Ana Luiza Matos de (Coord.). *Economia Pós-Pandemia*: desmontando os mitos da austeridade fiscal e construindo um novo paradigma econômico. São Paulo: Autonomia Literária, 2020.

MORO, Sérgio Fernando. "Considerações sobre a Operação Mani Pulite". *Revista CEJ*, nº 26, 2004.

MOTTA, Manoel Barros da. *Crítica da razão punitiva*: nascimento da prisão no Brasil. Rio de Janeiro: GEN, 2011.

MULLER, Ingo. *Los Juristas del Horror – la justicia de Hitler*: el pasado que Alemania no puede dejar atrás. Trad. para o espanhol Carlos Armando Figueiredo. Bogotá: Alvaro Nora, 2014.

NEDER, Gizlene. *Discurso Jurídico e Ordem Burguesa no Brasil*. Porto Alegre: Sergio Antônio Fabris Editor, 1995.

NETO, Almir Megali; OLIVEIRA, Marcelo Andrade Cattoni de "A democracia constitucional entre militantes contra a democracia e a democracia militante". *Empório do Direito*, 07 de dez. de 2022. Disponível em: https://emporiododireito.com.br/leitura/a-democracia-constitucional-entre-militantes-contra-a-democracia-e-a-democracia-militante. Acessado em: 08.04.2023.

NOBRE, Marcos. "Contagem Regressiva: a responsabilidade do campo democrático para evitar a catástrofe". *Revista Piauí*, 2019. Disponível em: https://piaui.folha.uol.com.br/materia/contagem-regressiva/. Acessado em: 14.06.2021.

NOHARA, Irene Patrícia. *Reforma Administrativa e Burocracia*. São Paulo: Atlas, 2012.

NORONHA, Gustavo Souto de. "O desmonte das políticas de reforma agrária". *In*: DWECK, Esther; ROSSI, Pedro; OLIVEIRA, Ana Luiza Matos de (Coord.). *Economia Pós-Pandemia*: desmontando os mitos da austeridade fiscal e construindo um novo paradigma econômico. São Paulo: Autonomia Literária, 2020.

NOVAIS, Jorge Reis. *Direitos Fundamentais*: trunfos contra a maioria. Coimbra: Coimbra Editora, 2006.

OLIVEIRA, Vanessa Elias de. "Judiciário e privatizações no Brasil: existe uma judicialização da política?" *Revista Dados*, vol. 48, nº 3, 2005.

ORGANIZAÇÃO DAS NAÇÕES UNIDAS. Escritório Contra Drogas e Crime (UNODC). "Comentários aos Princípios de Bangalore de Conduta Judicial". *Organização das Nações Unidas – Escritório Contra Drogas e Crime (UNODC)*, 2008. Disponível em: https://www.unodc.org/documents/lpo-brazil/Topics_corruption/Publicacoes/2008_Comentarios_aos_Principios_de_Bangalore.pdf. Acessado em: 14.06.2021.

PAE KIM, Richard. "O Conselho Nacional de Justiça e suas políticas judiciárias garantidoras de direitos fundamentais". *Federalismo e Poder Judiciário*, Cadernos da Escola Paulista da Magistratura, 2019.

PEDRON, Flávio Quinaud. "Um olhar reconstrutivo da modernidade e da crise do Judiciário: a diminuição de recursos é mesmo uma solução?" *Revista do TRT*, vol. 44, nº 74, 2006. Disponível em: https://juslaboris.tst.jus.br/bitstream/handle/20.500.12178/73836/2006_pedron_flavio_olhar_reconstrutivo.pdf?sequence=1&isAllowed=y. Acessado em: 14.06.2021.

PELLANDA, Andressa; CARA, Daniel. "Educação na pandemia: oferta e financiamento remotos". *In*: DWECK, Esther; ROSSI, Pedro; OLIVEIRA, Ana Luiza Matos de (Coord.). *Economia Pós-Pandemia*: desmontando os mitos da austeridade fiscal e construindo um novo paradigma econômico. São Paulo: Autonomia Literária, 2020.

PÉREZ TREMPS, Pablo. *Tribunal Constitucional y Poder Judicial*. Madri: Fundación Alternativas, 2003.

PEREIRA, João Márcio Mendes. "Estado e Mercado na Reforma Agrária Brasileira". *Revista Estudos Históricos*, vol. 28, nº 56, 2015.

PERRIN, Fernanda Fagundes. *Ovo de Pato*: uma análise do deslocamento político da Federação das Indústrias do Estado de São Paulo. FFLCH (USP), 2020. (Dissertação de Mestrado).

PILATTI, Adriano. *A Constituinte de 1987-1988*: Progressistas, Conservadores, Ordem Econômica e Regras do Jogo. 4ª ed. Rio de Janeiro: Lumen Juris, 2020.

PINHEIRO, Armando Castellar; CABRAL, Célia. "Mercado de Crédito no Brasil: o papel do Judiciário e de outras instituições". *Ensaios BNDES*, nº 9, 1998.

PINHEIRO, Paulo Sérgio. "As diretas e o eterno regresso da conciliação". *Folha de S. Paulo*, abr. 1994.

PRADO, Geraldo. "Campo jurídico e capital científico: o acordo entre a pena e o modelo acusatório no Brasil – a transformação de um conceito". *In*: MARTINS, Rui Cunha; CARVALHO, Luis Gustavo Grandinetti Castanho de. *Decisão Judicial*: a cultura jurídica brasileira na transição para a democracia. São Paulo/Madri: Marcial Pons, 2012.

RECONDO, Felipe; WEBER, Luiz. *Os Onze*: o STF, seus bastidores e suas crise. São Paulo: Companhia das Letras, 2019.

RIBEIRO, Darcy. *O povo brasileiro*: a evolução e o sentido do Brasil. São Paulo: Companhia das Letras, 1995.

RIBEIRO, Leandro Molhano; ARGUELHES, Diego Werneck. "Contextos da Judicialização da política: novos elementos para um mapa teórico". *Revista Direito GV*, São Paulo, vol. 15, nº 2, 2019.

ROBERTS, Julian. "Exploring public attitudes at sentencing". *In*: ROBERTS, Julian; HOUGH, Mike (Coord.). *Mitigation and Aggravation at sentencing factor at England and Wales*. Cambridge: CUP, 2011.

ROBERTS, Julian; DOOB, Antony. "Social Psycology, Social Attitudes and Attitude Toward sentencing". *Canadian Journal of Behavioural Science/Revue canadienne des Sciences du comportement*, vol. 16, 1984.

ROCHA, Antônio Sérgio. "Genealogia da Constituinte: do autoritarismo à democratização". *Lua Nova*, São Paulo, nº 88, 2013.

RODRIGUEZ, José Rodrigo. "Problema não é revisionismo, mas terraplanismo histórico" [Entrevista]. *Deutsche Welle*, 23 out. 2020. Disponível em: https://www.dw.com/pt-br/problema-n%C3%A3o-%C3%A9-revisionismo-mas-terraplanismo-hist%C3%B3rico/a-55356144. Acessado em: 22.11.2023.

ROS, Luciano da. "Difícil hierarquia: a avaliação do STF pelos magistrados da base do Poder Judiciário". *Revista Direito GV*, São Paulo, vol. 9(1), 2013. Disponível em: http://bibliotecadigital.fgv.br/ojs/index.php/revdireitogv/article/view/20889/19613. Acessado em: 14.06.2021.

SADEK, Maria Tereza. "Judiciário: mudanças e reformas". *Revista de Estudos Avançados*, vol. 18, nº 51, 2004.

SADEK, Maria Tereza; ARANTES, Rogério Bastos. "A crise do Judiciário e a visão dos juízes". *Revista USP*, nº 21, 1994. Disponível em: https://www.revistas.usp.br/revusp/article/view/26934/28712. Acessado em: 14.06.2021.

______. "A importância da Reforma Judiciária". *In*: SADEK, Maria Tereza (Coord.). *Reforma do Judiciário*. Rio de Janeiro: Centro Edelstein de Pesquisas Sociais, 2010.

SALLUM JR., Brasílio. "O Brasil sob Cardoso. Neoliberalismo e desenvolvimentismo". *Tempo Social*, nº 11(2), out. 1999.

SAMPAIO, Plínio de Arruda. "Para além da ambiguidade: uma reflexão histórica sobre a CF/88". *In*: CARDOSO JR., José Celso (Coord.). *A Constituição Brasileira de 1988 Revisitada*. vol. 1. IPEA, 2009. Disponível em: https://www.ipea.gov.br/portal/images/stories/PDFs/livros/Livro_ConstituicaoBrasileira1988_Vol1.pdf. Acessado: 14.06.2021.

SANTOS, Boaventura de Souza. "O Direito e a Comunidade: as transformações recentes da natureza do poder do Estado nos países capitalistas avançados". *Revista Crítica de Ciências Sociais*, nº 10, dez. 1982. Disponível em: http://www.boaventuradesousasantos.pt/

media/pdfs/O_direito_e_a_comunidade_RCCS10.PDF. Acessado em: 14.06.2021.

SANTOS, Gislene Aparecida dos. "Nem crime, nem castigo: o racismo na percepção do Judiciário e das vítimas de atos de discriminação". *Revista do Instituto de Estudos Brasileiros*, nº 62, dez. 2005.

SANTOS, Rogério Dultra dos. "Conceito, natureza e extensão da atividade político-partidária, da dedicação à mesma e sua distinção de atividades políticas e político-sociais em geral". *Parecer*. Disponível em: https://www.conjur.com.br/dl/parecer-rogerio-dultra-casara-cnj.pdf. Acessado em: 14.06.2021.

SARMENTO, Daniel. "O crucifixo nos tribunais e a laicidade do Estado". *Revista Eletrônica PRPE*, ano 5, mai. 2007. Disponível em: http://www.prpe.mpf.mp.br/internet/index.php/internet/Revista-Eletronica/Revista-Eletronica/2007-ano-5/O-Crucifixo-nos-Tribunais-e-a-Laicidade-do-Estado. Acessado em: 14.06.2021.

SEMER, Marcelo. *Sentenciando Tráfico*: o papel dos juízes no grande encarceramento. 2ª ed. São Paulo: Tirant lo Blanch, 2020.

______. "Um aviso prévio para a Justiça do Trabalho". *Justificando*, 2017. Disponível em: http://www.justificando.com/2017/03/11/um-aviso-previo-para-justica-do-trabalho/. Acessado em: 14.06.2021.

______. "Com *10 Medidas*, MP propõe um Código para chamar de seu". *Justificando*, 2016. Disponível em: http://justificando.com/2016/08/20/com-10-medidas-mp-propoe-um-codigo-para-chamar-de-seu/. Acessado em: 14.06.2021.

______. "Lógica Lava Jato dilacera racionalidade do STF". *Revisa Cult*, *Coluna Além da Lei*, jun. 2018. Disponível em: https://revistacult.uol.com.br/home/logica-lava-jato-dilacera-racionalidade-do-stf/. Acessado em: 14.06.2021.

______. "Um Habeas Corpus para a Constituição". *Revista Cult*, nov. 2019. Disponível em: https://revistacult.uol.com.br/home/um-habeas-corpus-para-a-constituicao/. Acessado em: 14.06.2021.

______. "Ruptura institucional e desconstrução do modelo democrático: o papel do Judiciário". *In*: JINKINGS, Ivana; DORIA, Kim; CLETO, Murilo. *Por que gritamos Golpe? Para entender o impeachment e a crise política no Brasil*. São Paulo: Boitempo, 2016.

______. "Princípio do Juiz Natural é malferido com juiz sem cargo fixo". *Consultor Jurídico*, mar. 2007. Disponível em: https://www.conjur.com.br/2007-mar-05/principio_juiz_natural_ferido_juiz_cargo_fixo. Acessado em: 14.06.2021.

______. "Para governo, pandemia não é tragédia, mas oportunidade". *Revista Cult*, mai. 2020. Disponível em: https://revistacult.uol.com.br/home/para-o-governo-pandemia-nao-e-tragedia-mas-oportunidade/. Acessado em: 14.06.2021.

______. "Uma indevida concentração de poder". *Folha de S. Paulo*, 01 fev. 2022. Disponível em: https://www1.folha.uol.com.br/opiniao/2022/02/uma-indevida-concentracao-de-poder.shtml. Acessado em: 01.04.2023.

SEMER, Márcia Maria Barreta Fernandes. *Advocacia das Políticas Públicas*: uma proposta de identidade para a Advocacia Pública. São Paulo: USP, 2020. (Tese de Doutorado).

SIKKINK, Kathryn; WALLING, Carrie B. "The Impact of Human Rights Trials in Latin America". *Journal of Peace Research*, vol. 44, nº 4, 2007.

SILVA, Denival Francisco da. *De guardião a vilão*: a construção do Poder Judiciário no desmonte da democracia no Brasil. Florianópolis: EMais, 2018.

SILVA, José Afonso da. *Curso de Direito Constitucional Positivo*. 28ª ed. São Paulo: Malheiros, 2007.

SILVA, Virgilio Afonso. "Ulisses, as sereias e o poder constituinte derivado". *Revista de Direito Administrativo*, nº 226, 2001. Disponível em: https://constituicao.direito.usp.br/wp-content/uploads/2001-RDA226-Ulisses_e_as_sereias.pdf. Acessado em: 14.06.2021.

SILVA, Fábio de Sá e. "Relational legal consciousness and anticorruption: Lava Jato, social media interactions, and the coproductionof law's detraction in Brazil (2017–2019)". *Law ans Socitey Review*, vol. 56, 2022.

SIMON, Jonathan. *Governing Through Crime*: How the War on Crime Transformed American Democracy and Created a Culture of Fear. [Kindle]. Nova York: Oxford University, 2007.

SOUTO MAIOR, Jorge Luiz. "Sem uma Seção Especial de Justiça para a 'Reforma' Trabalhista". *Revista eletrônica [do] Tribunal Regional do Trabalho da 9ª Região*, vol. 6, nº 61, 2017. Disponível em: https://

juslaboris.tst.jus.br/handle/20.500.12178/111375. Acessado em: 14.06.2021.

STRECK, Lenio Luiz; BARRETO, Brasil Vicente; OLIVEIRA, Rafael Tomaz. "Ulisses e o canto das sereias: sobre ativismos judiciais e os perigos da instauração de um 'terceiro turno da constituinte'". *Revista de Estudos Constitucionais, Hermenêutica e Teoria do Direito*, vol. 1, nº 2, 2009. Disponível em: http://revistas.unisinos.br/index.php/RECHTD/article/view/47/2401. Acessado em: 14.06.2021.

SUPREMO TRIBUNAL FEDERAL. Pasta dos Ministros, CELSO DE MELLO, *Discurso*. Disponível em: http://www.stf.jus.br/arquivo/cms/publicacaoPublicacaoInstitucionalPossePresidencial/anexo/Plaqueta_Possepresidencial_CelsodeMello_NOVACAPA.pdf. Acessado em: 14.06.2021.

TATE, C. Neal; VALLINDER, Torbjörn. *The Global Expansion of Judicial Power.* Nova York: NYUP, 1995.

TAVARES, André Ramos. *Manual do Poder Judiciário Brasileiro*. São Paulo: Saraiva, 2012.

TEIXEIRA, Alex Niche. "Televisão, hipercrimes e violências na modernidade tardia". *In*: SANTOS, José Vicente; RUSSO, Maurício; TEIXEIRA, Alex Niche (Coord.). *Violência e Cidadania*: práticas sociológicas e compromissos sociais. Porto Alegre: UFRGS e Sulina, 2011.

TELES, Janaina de Almeida. "As disputas pela interpretação da lei da anistia de 1979". *Ideias*, Campinas, Unicamp-IFCH, vol. 1, nº 1, 2010.

TENENBLAT, Flávio. "Limitar o acesso ao Poder Judiciário para ampliar o acesso à Justiça". *Revista CEJ*, Brasília, ano XV, nº 52, 2011.

TERRAZAS, Fernanda Vargas. "O Poder Judiciário como voz institucional dos pobres: o caso das demandas judiciais de medicamentos". *Revista de Direito Administrativo*, vol. 253, 2010.

TOLEDO FILHO, Manoel Carlos. "Formação Histórica e Política da Justiça do Trabalho do Brasil". *Revista LTr*, ano 84, 2020.

VALE, Silvia Izabelle R. T. "As decisões trabalhistas no STF: a nossa *Era Lochner*". *Revista TST*, vol. 86, nº 2, 2020.

VALLE, André Flores Penha. "Divisão e reunificação do capital financeiro: do impeachment ao governo temer". Campinas: Unicamp, 2019. Disponível em: http://repositorio.unicamp.br/jspui/bitstream/

REPOSIP/336145/1/Valle_AndreFloresPenha_M.pdf. Acessado em: 26.06.2021. (Dissertação).

VENTURA, Deisy de Freitas Lima; REIS, Rosana. "A linha do tempo da estratégia federal de disseminação da Covid-19". *In*: CEPEDISA; Conectas Direitos Humanos. *Direitos na pandemia*: mapeamento e análise das normas jurídicas de resposta à Covid-19 no Brasil. nº 10, 2021. Disponível em: https://static.poder360.com.br/2021/01/boletim-direitos-na-pandemia.pdf. Acessado em: 08.04.2023.

VERSIANI, Maria Helena. "Uma República na Constituinte (1985-1988)". *Revista Brasileira de História*, São Paulo, vol. 30, nº 60, 2010.

VIANNA, Luiz Werneck. "Poder Judiciário, 'positivação' do Direito Natural e política". *Revista Justiça e Cidadania*, vol. 9, nº 18, 1996. Disponível em: http://bibliotecadigital.fgv.br/ojs/index.php/reh/article/view/2033/1172. Acessado em: 14.06.2021.

VIANNA, Luiz Werneck; CARVALHO, Maria Alice Rezende de; BURGOS, Marcelo Baumann. "Quem somos – A Magistratura que queremos". *AMB*, 2019. Disponível em: https://www.amb.com.br/wp-content/uploads/2019/02/Pesquisa_completa.pdf. Acessado em: 14.06.2021.

VIEIRA, Oscar Vilhena; GLEZER, Rubens; BARBOSA, Ana Laura Pereira. "Supremocracia e infralegalismo autoritário. O comportamento do Supremo Tribunal Federal durante o governo Bolsonaro". *Revista Novos Estudos*, CEBRAP, São Paulo, vol. 41, nº 3, set.-dez. 2022.

VIEIRA, Oscar Vilhena; BORGES, Ademar. "Democracia Militante e a quadratura do circulo". *JOTA*, 16 fev. 2013. Disponível em: https://www.jota.info/opiniao-e-analise/artigos/democracia-militante-e-a-quadratura-do-circulo-16022023. Acessado em: 08.04.2023.

VUILLARD, Eric. *A ordem do dia*. São Paulo: Planeta, 2019. [Kindle].

WESTIN, Ricardo. *Há 40 anos, Lei da Anistia preparou caminho para fim da ditadura*. Disponível em: https://www12.senado.leg.br/noticias/especiais/arquivo-s/ha-40-anos-lei-de-anistia-preparou-caminho-para-fim-da-ditadura. Acessado em: 03.04.2023.

YEOUNG, Luciana. *Uma análise econômica do Judiciário brasileiro*. FGV, 2010. (Tese de Doutorado).

ZACCONE, Orlando. *Indignos de vida*: a desconstrução do poder punitivo. Rio de Janeiro: Revan, 2015.

ZAFFARONI, Eugenio Raul. *Poder Judiciário*: crise, acertos e desacertos. São Paulo: RT, 1995.

______. *A palavra dos mortos*: conferências de criminologia cautelar. São Paulo: Saraiva, 2012.

______. *Doutrina Penal Nazista*. Florianópolis: Tirant lo Blanch, 2019.

ZANIN, Cristiano; MARTINS, Valeska; VALIM, Rafael. *Lawfare*: uma introdução. São Paulo: Contracorrente, 2019.

ZELIC, Marcelo. "A auto-anistia e a farsa de um acordo nacional". *Grupo Tortura Nunca Mais-RJ*, 2010. Disponível em: http://www.torturanuncamais-rj.org.br/artigo/a-auto-anistia-e-a-farsa-de-um-acordo-nacional/. Acessado em: 14.06.2021.

ZIMBARDO, Philip. *The Lucifer Effect*: understand how good people turn evil. Nova York: Ramdon House, 2007.

NOTAS

NOTAS

A Editora Contracorrente se preocupa com todos os detalhes de suas obras! Aos curiosos, informamos que este livro foi impresso no mês de agosto de 2024, em papel Polén Soft Natural 80 g/m2.